피터 럭크만의 주석서

다 니 엘

피터 럭크만 지음

편 집 부 옮김

말씀보존학회

THE BIBLE BELIEVER'S COMMENTARY

THE BOOK OF DANIEL

By

Peter S. Ruckman, Ph.D.

Bible Baptist Bookstore

Pensacola, Florida

2002 / Korean by Word of God Preservation Society

Seoul, Korea

이 책을 내면서

하나님의 말씀인 성경은 이 세상의 어떠한 책들보다 위대하다. 그 이유는 성경에 기록된 예언의 확실성 때문이다. 오늘날 많은 사람들은 성경의 예언을 무시하고, 단지 성경에서 발견되는 영적인 혹은 도덕적인 교훈들만을 중요시하지만, 성경이 성경의 가치를 인정받을 수 있는 이유는 예언 때문이다.

이 세상의 어떤 책들도 감히 하나님의 말씀인 성경의 예언을 흉내낼 수 없다. 어떠한 경전에도 성경과 같은 예언은 없으며, 혹 있다 할지라도 그것은 성취될 수 없기에 틀린 예언, 즉 거짓 예언들이 된다. 하지만 성경의 기록되어 있는 예언들은 모든 것들이 문자적으로 하나하나 정확하게 실현되어 왔고, 또 그렇게 실현될 것이다. 예수 그리스도께서는 초림 때에도 예언에 따라 오셨고, 예언에 따라 고난받아 죽으셨고, 예언에 따라 부활하셨다. 그분의 삶과 사역 자체가 구약의 예표들과 예언들을 성취시키시는 것이었다. 그 모든 예언들은 하나도 땅에 떨어지지 않고 문자적으로 정확하게 이루어졌다. 예수 그리스도의 생애 뿐 아니라, 그 주변 상황들에까지 정확하게 성취된 것이 바로 성경의 예언이다. 마찬가지로 예수 그리스도의 재림도 구약과 신약에 널리 있는 예언에 따라 정확하게 성취될 것이다. 구약의 많은 선지자들이 외쳤던 것이 바로 그리스도의 재림과 그분의 왕국인 것이다.

다니엘 선지자가 말하는 것이 바로 그것이다. 위대한 선지자 다니엘은 포로기의 선지자로서, 바빌론에서 사역했는데, 그가 본 환상들은 메시아 왕국이 임하는 모습을 아주 극적이면서도 실제적으로 보여주고 있다. 모든 선지자들이 한결같이 그리스도의 왕국을 외쳤지만, 다니엘은 그 왕국이 어떤 경로로 어떻게 실현되는가를 자세하게 보여준다.

다니엘서에서는 이방왕국들의 흥망성쇠의 모습이 두드러지게 보인다. 그러한 모습은 마지막에 나타날 적그리스도의 왕국으로 드러나고, 그것은 또한 궁극적으로 예수 그리스도의 왕국 앞에 무너지게 된다. 많은 사람들은 다니엘서에서 과거의 왕국들의 모습만을 파악하고, 거기에서 보이는 영적인 교훈들만을 찾으려고 하기에, 여기에서 드러나는 그리스도의 왕국도 어떤 피상적이고 영적인 개념의 왕국으로만 해석하지만, 다니엘서에서 보이는 그분의 왕국은 이 세상의 모든 권세들을 깨뜨리고 실제적으로 세우시는 천년왕국인 것이다.

그러므로 다니엘서는 전천년주의의 매우 중요한 요소를 제공한다. 그렇다 보니 학자들에 따라 많은 이견과 논란이 제시되기도 한다. 특히 다니엘 2장에 있는 "느부갓넷살왕의 꿈"이나 9장에 있는 "70주의 환상"은 그 해석을 어떻게 하느냐에 따라 전천년주의가 되기도 하고 무천년주의가 되기도 한다. 그러나 성경이 기록된 문자 그대로 해석하게 되면, 그리스도께서 오셔서 천년왕국을 세우신다는 전천년주의의 신앙을 다른 어떤 장에서보다도 명확하게 해 주고 있는 내용이다. 다니엘서에서 그리스도의 실제적인 왕국을 보지 못하는 사람들은 이 책을 너무 "묵시적"으로 보기 때문이다. 그들은 이 책을 고대 유대인들의 "묵시문학" 정도로 이해하고 넘어

간다. 그래서 요한계시록과 더불어 다니엘서는 "환상으로 가득찬 이해할 수 없는 책"이 되어 버린다. 하지만 하나님께서 기록하신 말씀들 하나하나를 문자적으로 보기만 한다면 전혀 문제될 것이 없다.

다니엘서는 또한 요즘에 유행되고 있는 소위 "하나님의 나라 신학"을 바로잡는 책이다. 무천년주의자들을 중심으로 일어나고 있는 이 "하나님의 나라 운동"은, 예수 그리스도께서 하나님의 나라를 전파하셨으니 우리도 그분의 뜻을 받들어 이 땅에 그분의 나라를 실현시키기 위해 노력해야 한다는 것이다. 하지만 우리는 다니엘서를 통하여 그분의 왕국은 우리의 어떠한 노력으로도 이루어질 수 없다는 것을 본다. 어떠한 신학자나 교단이나 교회들이나 선교단체들이나 기독교 단체들이나 기타 여하한 사회 단체들의 노력과는 전혀 관계없이, 오직 예수 그리스도의 재림 때에 있을 그분의 위대한 능력으로만 그분의 왕국은 이루어질 수 있다고 선지자 다니엘은 말하고 있는 것이다. 적그리스도와 더불어 세상의 모든 권세들은 그리스도의 "돌 왕국" 앞에서 산산히 부서지고, 그분의 왕국이 영원토록 서게 될 것이다.

다니엘서는 흔히들 구약의 계시록이라 한다. 그만큼 요한계시록과 짝을 이루어 예언들이 병행되고 있다는 말이기도 하다. 따라서 독자들이 요한계시록과 함께 다니엘을 읽는다면 그 위대한 예언들은 더 밝히 계시될 것이다. 이 책의 저자 피터 럭크만 박사의 〈요한계시록 주석〉은 그 해석의 정확성과 신학적 깊이가 높이 평가되고 있으므로, 독자들에게는 또 하나의 귀한 참고도서가 될 것이다.

본 회에서 앞서 출간한 〈요한복음〉과 〈고린도전서〉, 〈에스겔〉, 〈야고보서〉 주석서와 마찬가지로 〈다니엘〉 또한 피터 럭크만 박사가 직접 주석서의 형태로 쓴 것이 아니라, 미국의 펜사콜라성경신학원(Pensacola

Bible Institute)에서 강의한 녹음 테이프를 번역한 것이다. 책보다 테이프를 풀어 번역 정리하는 것이 더 힘들다는 것은 누구라도 아는 사실이지만, 또한 그렇기 때문에 우리는 피터 럭크만 박사의 생생한 강의를 간접적으로나마 듣는 기쁨을 맛볼 수 있게 된다.

아무쪼록 이 책 〈다니엘〉 주석서가 신학적으로 혼동되어 있는 한국교계에 바른 신학적 지침이 되기를 바라며, 성경을 공부하는 신학도들에게 귀한 참고 도서가 되기를 바란다.

2001년 10월

편집인

차 례

이 책에 인용된 성경 구절은 〈한글킹제임스성경〉입니다.

서 문

전체 12장 357절로 구성된 다니엘서는 영어 〈킹제임스성경〉의 경우, 총 11,606개의 단어로 돼 있다.

히브리어로 "단"(דָּן)이라고 할 때, 이것은 "심판주"란 뜻이고, "다니"(דָּנִי)라고 말하면 "나의 하나님", 또는 "나의 심판주"란 뜻이며, "엘"(אֵל)은 "엘로힘"의 약자로 "하나님"을 뜻한다. 그래서 "다니엘"이라는 이름은 곧 "하나님은 나의 심판주시라." 또는 "나의 심판주는 하나님이시라."라는 뜻이 된다.

신약이 끝나는 시점으로부터 그리스도의 재림까지에 걸쳐 일어나게 될 미래의 일들을 기술하고 있는 책이 요한계시록이라면, 구약이 끝나는 시점에서 신약이 시작되는 시점까지의 역사 기간 동안에 일어나게 될 미래의 일들을 기술하고 있는 책이 바로 다니엘서이다. 이런 점에서 다니엘서는 성경 안에서도 매우 독특한 위치를 점한다고 할 수 있는데, 요한계시록과 다니엘서가 갖는 공통점이 바로 이 두 책이 모두 어떤 공백기를 메우고 있다는 점이라고 하겠다. 그렇기 때문에 말라키에서 마태복음까지의 모든 역사적 정보를 입수하려면 이 기간의 공백을 빈틈없이 메우고 있는 다니엘서에 우리는 의존할 수밖에 없다. 물론 다니엘서에는 구약이 끝나는 말라키에서 신약이 시작되는 마태복음 사이의 공백기를 메우는 역사적 사실들뿐만 아니라 교회 시대를 건너뛰어 대환란과 재림의 일들까지 멀리 내다보는 예언들이 담겨 있기 때문에 우리는 이 책을 읽으면서 우리의 시야를 과거뿐만 아니라 미래까지 폭넓게 향할 수 있지 않으면 아니 되는데, 실은 이 점이 다니엘서에 담긴 예언들을 정확히 이해하는 데 매우 중요한 요건이 된다.

말라키에서 마태복음까지에 이르는 이 기간의 역사적 정보를 금석학 분야의 비문 해석 연구를 통하여 찾아내 보려는 시도가 없지 않지만, 비문들에 기록된 내용들이나 고대 유적의 흔적들이 유력한 역사적 자료가 될 수는 있으되, 그렇다고 그것이 결코 성경을 통한 하나님의 설명은 될 수가 없다. 말라키에서 마태복음 사이에 걸친 역사적 사실에 대한 하나님의 설명은 역시 다니엘서밖에 없다. 이것은 신약의 끝에서 그리스도의 재림에 이르기까지에 걸친 이야기를 듣기 위해 이 기간의 역사를 기술하고 있는 교회사라는 것이 있으되, 이 기간의 역사에 대한 하나님의 설명을 듣기 위해서라면 우리가 교회사보다는 어디까지나 요한계시록에 의존할 수밖에 없는 것과 마찬가지 맥락이다. 다시 말해서, 요한계시록이 교회 시대라는 공백기를 다루고 있는 것처럼 다니엘서는 말라키에서 신약의 시작에 이르는 공백기를 다루고 있다는 얘기다. 성경 이외의 역사적 자료들이나 기록들, 그리고 교회사 같은 역사 기록들이 매우 귀중한 참고 자료가 되는 것은 사실이지만, 그것은 어디까지나 참고 자료들일 뿐 모든 설명의 원천이 될 수는 없다. 우리를 위한 모든 정보의 원천은 역시 하나님의 말씀인 성경이다.

다니엘서를 공부하기 위해서 가장 훌륭한 교과서를 한 권 사 읽고 싶다면, 나는 클라렌스 라킨의 저서를 서슴없이 권하는데, 그 까닭은 지금까지 저술된 모든 다니엘 연구서들 가운데서 클라렌스 라킨이 "헌정 · 주 예수 그리스도"라고 부제를 달고 있는 그의 저서 〈다니엘서, The Book of Daniel〉만한 책이 아직까지는 나오지 않았기 때문이다. 성경을 가르치는 학교들이 너나 할 것 없이 각기 다니엘서 관련 교과서들을 갖고 있지만, 그 대부분이 사실은 클라렌스 라킨의 저서에 의존해서 제작된 것들이다.

클라렌스 라킨의 〈다니엘서〉는 1929년에 출간되었는데, 지난 20년 동안 세일리언트 키엘바움이나 하워드 림제이, 오순절파들, 데오도어 에프, M. R. 디한 박사, 찰리 풀러 등과 같은 사람들이 그리스도의 재림에 관해서는 별로 언급하지 않았거나, 설사 언급은 하였으되, 내가 아는 한 1929년에 출간된 클라렌스 라킨의 〈다니엘서〉에서 단 한 발짝이라도 더 나아간 사람은 아직까지 아무도 없다. 그렇기 때문에 나 역시 다니엘 주석을 진행하는 동안 클라렌스 라킨의 주석서를 상당히 자주 참고하게 될 것이다.

하나님께서 〈킹제임스성경〉을 통하여 성경대로 믿는 사람들에게 지금까지 조명해 주신 그 수많은 진리들에도 불구하고, 그들이 이것을 세상에 충분히 공개적으로 알리지 않았다는 것은 참으로 이상한 일이 아닐 수 없다. 가령, 하워드 림제이 같은 사람은 "위대한 지구 행성"에 관한 저서들을 써냈지만, 정작 주님께서 "지구 행성"에 관하여 그에게 성경을 통하여 보여 주신 진리들에 대해서는 일언반구도 발설하지 않았는데, 그러면서도 "지구 행성"에 관한 그의 저서들이 잘 팔려나가는 바람에 그는 백만장자가 되었다. 그가 비록 여러 권의 책들을 써서 부자가 되었지만, 1905년 ASV가 나오면서 미국에서 진리가 가려지기 시작하더니, 그 이래로 하워드 림제이의 책들 역시 지구 행성이 안고 있던 당시의 참담한 고뇌를 뇌까리고 있을 뿐 하나님의 진리에 관해서라면 새로운 내용을 하나도 담지 못했던 것이다. 세일리언트 키엘바움 역시 그리스도의 재림에 관해서 무려 다섯 권의 책을 펴냈지만, 클라렌스 라킨의 〈세대적 진리, Dispensational Truth〉의 관점에서 볼 때, 세일리언트 키엘바움의 책들 어디를 들춰보아도 새로운 것은 단 한 가지도 찾아볼 수가 없다.

다니엘서는 B.C. 607년에서 534년 사이, 약 73년간에 걸쳐 일어난 사건들을 기록하고 있다. 이 책에 기록돼 있는 사건들의 시간적 범위를 우리가 이처럼 정확하게 추정할 수 있는 것은 다니엘이 바빌론의 느부갓넷살왕에게 포로로 사로잡혀가 있는 동안의 일들이 이 책에 기록되어 있다는 사실을 우리가 분명하게 알고 있기 때문이다.

다니엘서는 원래 히브리 성경 가운데서 "선지서들"(나흐빔)에 포함돼 있지 않고 그와는 별도로 "성문서들"(케투빔) 가운데 속해 있다. 그 이유에 대해서는 여러 가지 설이 있고, 특히 유대인들 사이에서는 여러 가지 방식으로 그 이유를 설명하고 있지만, 아마도 다니엘이 이방인들 가운데서 생애의 대부분을 보냈을 뿐만 아니라 그가 또 유달리 이방인들에 관해서 주로 이야기하고 있는지라 유대인들로서는 그런 다니엘이 선지자의 반열에 끼는 것을 껄끄럽게 여겼던 게 아닌가 한다.

또한, 이 책의 일부는 아람어(시리아의 고대 언어)로 기록되었다. 구약은 대체로 히브리어로 기록되었지만 창세기의 일부 역시 아람어로 기록되었음을 우리는 본다. 아람어는 히브리어에서 파생된 일종의 지방 사투리에 해당한다. 전체적으로 볼 때 성경은 두 가지 언어, 즉 구약은 히브리어로, 신약은 헬라어로 기록되었지만, 창세기의 일부처럼 다니엘서의 일부도 시리아어로 기록되었다. 다니엘 2:4에서 『**칼데아인들이 왕에게 시리아 말로 말하기를...**』이라고 기술하고 있는 바, 여기서부터 7:28까지는 히브리어 대신 아람어로 기록된 것이다. 그리고 이스라엘의 미래에 관한 예언 부분에 해당하는 다음 부분부터 다시 히브리어로 기록된다.

이 책의 상당 부분이 이처럼 시리아어로 기록된 데다가 페르시아어 단어와 헬라어 단어까지 몇 마디 눈에 띄는 바람에 이 책의 기록 연대를 둘러싸고 많은 논란이 일기도 했고, 그 기록 연대를 훨씬 후대(예컨대, 알렉산더 대왕의 팔레스타인 정복 이후인 B.C. 332년)로 잡아야 한다는 주장까지 나오기도 했지만, 여러 가지 정황으로 미루어 이러한 주장들은 설득력이 없다(이에 대해서는 말씀보존학회 1999년 간, 〈스코필드 주석성경〉의 다니엘 2:4 부분 각주에 상세하게 설명돼 있으므로 참고하기 바란다).

다니엘 1장

**1:1 유다의 여호야킴왕 치리 제삼년에, 바빌론의 느부캇넷살왕이 예루살
렘에 와서 그 성을 포위하였더라.**
**2 주께서 유다의 여호야킴왕을 하나님의 집 기명 일부와 더불어 그의
손에 주셨더니, 그가 그것을 시날 땅 자기 신의 집으로 가져와, 그
기명들을 그의 신의 보물창고로 옮겼더라.**

이집트의 느코왕이 남왕국 유다를 침공하여 유다 왕 여호아하스를 폐위시키고 그의 형제 엘리야킴을 유다 왕으로 옹립하였다. 이 엘리야킴이 바로 여호야킴왕이다. 이집트의 느코왕이 엘리야킴을 왕으로 옹립한 뒤 그 이름을 여호야킴으로 바꾸어 주었던 것이다(대하 36:3,4). 이렇게 볼 때, 여호야킴은 이집트 세력을 등에 업은 허수아비 왕이었던 셈이다. 성경은 이 여호야킴왕 역시 『**그의 조상들이 행한 모든 것 대로 주의 목전에 악을 행하였더라.**』(왕하 23:37, 대하 36:5)고 적고 있는데, 그는 이집트에 보낼 조공을 마련하기 위해 『**그 땅의 백성 각자에게 매긴 세금에 따라 은**

과 금을 억지로』 거둬들였다(왕하 23:35). 열왕기하 23장에서는 바빌론의 느부캇넷살이 유다를 침공하게 된 이유가 『**므낫세가 행한 모든... 죄들 때문**』(왕하 24:3)이라고 적고 있는데, 므낫세는 히스키야왕을 이은 왕으로 여호야킴의 증조부가 되는 인물이었고, 선왕 히스키야와는 달리 하나님께 심히 가증스럽고 악한 범죄를 헤아릴 수 없이 자행한 왕이었다. 그리하여 하나님께서는 유다 왕들이 자행한 그 악한 범죄를 응징하시기 위해 바빌론의 느부캇넷살에게 유다를 넘겨주셨던 것이다.

이집트의 파라오느코에 의해 여호야킴이 왕위에 올라 치리하기 시작한 지 3년만에 유다는 바빌론 왕 느부캇넷살의 침공을 받는다. 느부캇넷살이 유다를 침공한 것은 비단 이번 한 번으로 끝나는 게 아니었다. 여호야킴이 차꼬에 묶인 채 바빌론으로 끌려가고 그의 아들 여호야킨이 겨우 여덟 살의 나이에 왕위에 오른 뒤에도 석 달 남짓 지나기가 무섭게 느부캇넷살이 또다시 침공해 와서 여호야킨왕을 바빌론으로 사로잡아갔으며, 여호야킨의 뒤를 이은 시드키야(맛타냐, 왕하 24:17)도 치리 9년 만에 느부캇넷살왕의 침공을 받고(왕하 25:1-7, 대하 36:17-21) 3년 동안 버티다가, 결국 예루살렘이 함락되고 바빌론으로 사로잡혀 간다. 이것으로 유다 왕국이 멸망하고 말지만, 유다 왕국의 마지막 왕 시드키야를 잡아간 뒤에도 바빌론의 느부캇넷살왕은 예루살렘에 군대를 보내 성읍에 남아 있던 백성들과 도망자들을 모조리 사로잡아 갔다(왕하 25:8-11). 유다에 대한 하나님의 징벌은 이처럼 철저했던 것이다.

다니엘이 포로가 되어 바빌론으로 사로잡혀갔던 때가 바로 여호야킴왕이 바빌론의 침공을 받았을 때였다(대하 36:5,6). 이때 다니엘은 다른 세 명의 히브리 청년들과 함께 붙잡혀 갔고, 이들이 느부캇넷살의 명령에 따라 바빌론 왕궁에서 바빌론의 학문과 언어를 익히게 된다.

다니엘 1장은 먼저 유다 왕국이 처했던 피폐한 시대 상황부터 기술하기 시작한다. 1절에서 바빌론 느부캇넷살왕의 침공 사실을 언급하고, 2절에서 느부캇넷살이 유다에 쳐들어와 자행한 일을 간략하게 설명한다. 예루살렘에 입성한 느부캇넷살은 유다 왕 여호야킴을 생포하여 포박한 뒤, 성전에 들어가 하나님의 집 기명들을 마구 노략한다. 그가 노략한 기명들이 어떤 것들인지는 상세하게 기록돼 있지 않지만, 금촛대라든가, 빵을 차려놓는 상이라든가, 뭐 이런 것들일텐데, 그 하나 하나를 하나님께서는 다 알고 계시겠지만, 우리로서는 자세히 알 수가 없다. 내 생각으로는 느부캇넷살이 예루살렘 성전에서 취득한 노획물 가운데 언약궤까지 포함되었던 것 같지는 않다. 왜냐하면, 사도 요한이 영 안에서 셋째 하늘에 끌려 올라갔을 때, 『**하늘에서 하나님의 성전이 열리며 성전 안에 있는 그의 언약궤**』를 분명히 보고 있기 때문이다(계 11:19). 모르면 모르되, 하나님께서는 사람을 하늘로 끌어올려 가시듯, 어느새 언약궤를 하늘로 옮겨 놓으셨던 것인지도 모른다. 2절에서 하나님께서 느부캇넷살의 손에 넘겨주셨던 하나님의 집 기명들이 "일부"라고 구태여 언급하고 있는 것은 아마도 언약궤를 제외한 기명들이었음을 암시하고 있는지도 모른다. 아무튼, 일부 주석가들이 성전의 언약궤까지 이때 느부캇넷살에게 노획당했다고 주장하는 것은 성경 기록에도 없기 때문에 전혀 근거가 없다.

느부캇넷살이 성전의 기명들을 노획해 갔다는 사실은 역대기하 36:7에도 기록되어 있다. 다른 재화들도 아닌 거룩한 하나님의 성전 기물들이 이방 나라 군대에 노략 당하여, 그것도 다른 곳이 아닌 이방 신을 섬기는 더러운 신전으로 옮겨졌다는 사실이야말로 이스라엘 민족으로서는 치욕 중에서도 큰 치욕이었고, 수모 중에서도 참기 어려운 수모였다. 이스라엘은 하나님께서 선택한 백성이었지만, 이 백성의 죄악에 대한 하나님의 징계는 그만큼 더 철저하고도 준엄했던 것이다.

1:3 ○ 왕이 그의 내시 장관 아스페나스에게 이스라엘 자손들과 왕의 씨들과 고관들 중에서 몇 사람을 데려오라고 일렀더니,

4 곧 흠 없고 잘생겼으며 모든 지혜에 능숙하고 지식에 뛰어나며 과학을 이해하며 그들 안에 왕궁에서 설 수 있는 능력을 갖춘 그러한 소년들로서, 그들에게 칼데아인들의 학문과 언어를 가르치기 위함이더라.

5 또 왕이 그들에게 왕의 음식과 왕이 마시는 포도주를 매일 일정량 지정하였으니, 삼 년간 그들을 길러 마지막에 그들로 왕 앞에 서게 하려 함이었더라.

3절에서 『**왕의 씨들**』이라고 언급하고 있는 것으로 보아, 6절에 나오는 다니엘과 하나냐와 미사엘과 아사랴는 유다의 히스키야왕 이후 어느 왕들의 손자들이었거나 증손자들쯤 되는 고귀한 신분을 가진 귀족 청년들이었던 게 분명하다. 왕손에 속하는 이들 청년들이 포로로 사로잡혀 가게 되리라는 사실은 벌써 여러 해 전 이사야 선지자에 의하여 예언된 바 있는 일이었다(사 39:3-7). 『**또 네게서 나올, 즉 네가 낳을 네 아들 중 몇을 그들이 잡아가서 바빌론 왕궁의 내시들이 되게 하리라**』(사 39:7).

다니엘과 히브리의 세 청년들은 이와같이 "왕의 씨들"에 속했었는지라, 그 용모가 준수하고 고급 교육을 받았을 터였으므로 지혜가 있고 지식이 풍부했으며 과학에 대한 이해가 깊었을 것인즉, 『**왕궁에서 설 수 있는 능력을 갖춘 그러한 소년들**』(4절)이었으리라는 것을 짐작하기는 어렵지 않다. 문제는 이들에게서 유다 왕족의 뿌리를 뽑아내고 유대인으로서의 정신적 잔재들을 말끔히 씻어 내어, 이들을 바빌론을 위해 일할 수 있는 일꾼들로 재교육시키고 양성하는 일이었다. 바빌론의 느부캇넷살왕은 이러한 인재들을 바빌론 식으로 재교육시켜 바빌론 왕국을 위해 능력을 발휘

할 수 있는 인재들로 양성코자 욕심을 낼만큼 폭이 넓고 현명한 통치자였던 모양이다. 그래서 이들에게 왕궁에서 『**칼데아인들의 학문과 언어**』를 가르치도록 조치를 취했던 것인데, 이 책임을 왕의 내시 장관 아스페나스에게 맡겼고 내시 장관은 또 이들을 멜살에게 감독하도록 맡겼다(11절).

"내시"란 자식을 낳을 수 없는 남자를 말한다. 동양 나라의 군주들 쳐놓고 왕궁에서 자신의 곁에 늘 붙어 있으면서 갖가지 심부름과 연락 업무 및 조언을 하는 신하들을 고자들 중에서 선별해 쓰지 않는 왕이 없었는데, 느부캇넷살왕은 이들 유대 청년들도 그러한 내시로 삼아 쓰려고 했던 것이다. 여기서 느부캇넷살이 노렸던 것은 이스라엘의 지혜 있는 모든 자들로부터 그들 속에 잠재해 있던 모든 유대인의 뿌리를 말끔히 뽑아버리고 바빌론의 학문적 지식과 언어를 그들에게 주입함으로써 그 자질을 바빌론식으로 완전히 바꾸어 놓으려는 것이었다. 이것은 일종의 세뇌교육인 셈이다. 그는 다니엘이 더 이상 유대인이 아닌 바빌론 사람이 되기를 바랐던 것이다. 이들 청년들이 내시 장관의 손에 맡겨졌다는 것이 이를 보여 주는데, 이것 역시 이사야 선지자가 예언한 바였다(사 39:7).

특별히 이들이 "내시"가 되었다는 것은 요한계시록 14장에서 언급되는 "동정들"과도 관계가 있다. 사도 요한은 영 안에서 셋째 하늘에 올라가, 대환란 기간에 땅에서 구속받은 유대인 144,000명이 시온 산 위에 서 계신 어린양과 함께 있는 것을 보는데, 그때 그들을 향해서 『**이들은 여자들과 더불어 더럽혀지지 아니한 자들이니 이는 그들이 동정들임이라.**』(계 14:4)고 말하고 있다. 예수 그리스도께서도 『**모태로부터 고자로 태어난 자들도 있고, 사람에 의해서 고자 된 자들도 있으며, 또 천국을 위하여 스스로 고자 된 자들도 있느니라.**』(마 19:12)고 말씀하신 바 있다.

바빌론의 느부캇넷살이 대환란 때 등장하는 적그리스도의 예표인 것은 다들 잘 알 것이다(계 17장). 대환란 기간 동안 적그리스도의 온갖 박해에도 불구하고 유대인 144,000명이 짐승의 표를 받지 않은 채 끝까지 견뎌 내고 믿음과 행위로 구원을 받아 대환란 기간 끝 무렵에 휴거되는 것도 잘 알 것이다(말씀보존학회 1993년 간, 〈럭크만의 주석서·요한계시록〉 14장 부분 참조). 느부캇넷살에게 사로잡혀와 내시가 된 다니엘과 유대인 청년 세 사람은 대환란 기간에 끝까지 견뎌낸 이들 유대인 "동정들" 144,000명을 예표한다. 이들은 『**여자들과 더불어 더렵혀지지 아니한 자들**』(계 14:4)인 것이다. 대환란 기간의 예배에는 음행이 예배 의식의 일부로 등장한다. 그러나 끝까지 견뎌낸 유대인 144,000명은 그런 음란한 예배 행위와는 관계가 없는 사람들이다. 그리고 내시가 된 다니엘은 이들의 모형이었던 것이다.

이들은 또 『**모든 지혜에 능숙하고 지식에 뛰어나며 과학을 이해**』(4절)했다고 기술한다. 기원 전 600여 년 전에 벌써 "과학"이라는 단어가 나온다는 게 놀랍지 않은가? 그러나 사실은 그보다 더 이른 시대에 멕시코를 중심으로 한 중남미의 고대 인디언들이 이른바 잉카 문명을 건설하고 고도의 과학 기술을 소유하고 있었다는 사실은 잘 알려진 일이다. 이것은 고대 이집트도 마찬가지였다. 현대의 과학 전문 잡지들이 고대 문명의 흔적들과 그 잔재들을 소개하면서 수세미처럼 헝클어진 머리카락에 수염을 길게 기르고 이빨까지 빠져 초라하고 볼품없는 현 시대 그 지역 주민들의 사진을 곁들여 설명함으로써 은근히 고대 이교도 문명의 야만성과 낙후성을 암시하고 있지만, 이런 것들은 모두 진실을 가리려는 수작에 불과하다. 이집트인들이 피라미드 같은 구조물을 건축할 수 있었다는 사실이나, 사람의 시체를 수백 년, 수천 년이 지나도 썩지 않게 미이라 처리를 할 수 있었다는 사실 등에서 우리는 그들이 고도의 과학 기술을 지니고 있었다는 것을 능히 짐작할 수가 있다. 고고학자들이 발굴한 고대인의 유골에서도 현대 의술로 풀 수 없는 고도의 치과 기술이 응용되고 있었다는 사실도 일찍이 확인된 바 있다. 천체 연구를 통하여 점성술이 나온 것도 바벨론 시대에서 비롯된 것이었다. 이 "과학"을 통하여 천체 과학자들은 예수 그리스도의 초림을 그 2천 년 전에 벌써 내다보고 있었음을 우리는 성경에서 본다. 동방의 현자들은 이를 알리는 별의 움직임을 따라 그리스도의 탄생지까지 정확하게 때를 맞춰 정확한 장소를 찾아내지 않았던가?(마 2:1-10).

1:6 그때 이러한 자들 가운데 유다 자손 다니엘과 하나냐와 미사엘과 아사랴가 있었더라.
7 내시 장관이 그들에게 이름을 주었으니, 그가 다니엘에게는 벨트사살이라는 이름을, 하나냐에게는 사드락이라는 이름을, 미사엘에게는 메삭이라는 이름을, 그리고 아사랴에게는 아벳느고라는 이름을 주었더라.
8 ○ 그러나 다니엘은 그가 왕의 음식으로나 왕이 마시는 포도주로 자신을 더럽히지 않으리라고 마음에 결심하고, 내시 장관에게 요청하여 자신을 더럽히지 않겠다고 하였더라.

다니엘과 하나냐, 그리고 미사엘과 아사랴에게서 유대인의 뿌리를 제거하고 바벨론의 쓸모 있는 일꾼으로 바꾸어 놓기 위한 첫 번째 조치가 내려졌으니, 곧 그들에게 새 이름을 지어주는 일이었다. 사람은 이름이 바뀌면 그 사상적 근간 자체가 흔들리고 사고를 전환하기 쉽게 되기 마련이다. 이집트의 파라오느코가 유다에 침공하여 여호아하스왕을 폐위시키고 그의 형제 엘리야킴을 왕으로 옹립한 뒤, 그로 하여금 이집트에 충성하도록 하기 위하여 이름을 여호야김으로 바꾸었던 것이나, 바빌론 왕 느부갓네살이 여호야긴을 대신하여 그의 삼촌 맛타냐를 왕으로 옹립하고 그의 이름을 시드키야로 바꾸었던 것(왕하 24:17)도 모두가 이런 맥락에서 취해진 조치였다.

그래서 바빌론 왕은 내시 장관을 통하여 다니엘에게는 "벨트사살"이라는 이름을, 하나냐에게는 "사드락," 미사엘에게는 "메삭," 그리고 아사랴에게는 "아벳느고"라는 이름을 하사한다. 그런 다음 취한 조치가 바빌론 언어와 바빌론의 학문을 그들에게 가르치는 일이었다. 그런 다음에는 또 먹는 음식까지도 3년 동안이나 바빌론 식의 음식을 먹게 했다. 그는 어떻게든 이들을 바빌론인으로 뒤바꾸어 놓고 싶었던 것이다.

『**그러나 다니엘은 그가 왕의 음식으로나 왕이 마시는 포도주로 자신을 더럽히지 않으리라고 마음에 결심하고**』(8절).

다니엘은 벨트사살이라는 새 이름을 받았어도, 그들이 무어라고 부르든 자기만 다니엘로 남아 있으면 상관이 없겠지만, 바빌론 왕이 하사하는 바빌론의 음식과 음료만은 받아먹지 않기로 결심했다. 무엇을 먹건 하나님의 사람이요, 유대인으로 남아 있으면 그만일 텐데 어째서 그런 것이었을까? 먹는 음식이 뭐 그리 대수란 말인가? 먹는 음식에 무슨 잘못이라도 있단 말인가? 물론 그렇다. 고린도전서 8장은 음식, 특히 우상에게 바쳐진 음식에 대해 한 지침을 준다. 그것은, 우상 자체는 아무것도 아니로되, 그 음식이 우상에게 바쳐진 음식임을 아는 형제를 실족시키지 않게 하기 위해서는 먹지 말라는 것이다(고전 8:4-13). 먹는 음식은 사람들에게 그릇된 인식을 갖게 할 위험이 있다. 즉 "약한 양심에 상처"를 입혀 "약한 형제를 망치게" 할 위험이 있다는 말이다.

다니엘 1:8에서의 다니엘의 태도도 이와 비슷했다. 물론 율법 하에 있던 다니엘에게는 이 문제가 더 심각했다. 그는 『**왕의 음식으로나 왕이 마시는 포도주로 자신을 더럽히지 않으리라**』고 마음에 결심했던 것이다. 왕의 음식과 왕이 마시는 포도주는 우상 신에게 바쳐졌던 것이 명백했다. 이것을 우리는 앞서 2절에서 알 수 있다. 느부캇넷살왕은 예루살렘에서 노획해온 하나님의 성전 기명들과 보화들을 『**자기 신의 집으로 가져와... 그의 신의 보물창고로**』(2절) 옮겼다. 그는 의심할 여지없이 우상 숭배자였다. 이방인들은 대부분 우상 신들을 섬기는 게 통례였다. 그렇다면, 자신의 음식과 음료도 먼저 우상 신에게 제물로 바친 후 먹고 마셨을 것이요, 그 중 일부를 다니엘과 나머지 유대인 청년들에게 하사했을 게 틀림없다. 이러한 터에 다니엘이 그 음식을 그냥 받아먹는다면 내시 장관이나 다른 사람들이 이를 보고 이렇게 생각했을 것이다.

"옳거니! 한 분 하나님만을 섬긴다는 다니엘이 우상에게 바쳐졌던 제물을 먹는 걸 보니 우상에게 제물을 바쳐도 문제될 게 하나도 없는 모양이군."

그래서 다니엘은 내시 장관에게 말한다.

"나는 우상에게 바쳐졌던 이 음식을 먹음으로써 나 자신을 더럽히지 않겠소!"

다니엘은 '율법 하에 있던 유대인'이었다. 그렇기 때문에 우상 신에게 바쳤던 음식을 먹는 것은 곧 자신을 "더럽히는" 행위였다.

1:9 그때 하나님께서 다니엘로 내시 장관의 호의와 은총을 얻게 하셨더니,

10 내시 장관이 다니엘에게 말하기를 "내가 내 주 왕을 두려워하노라. 그가 너희의 음식과 너희의 음료를 정해 놓으셨으니, 너희의 얼굴이

너희와 같은 또래의 소년들보다 못한 것을 그가 어찌 보셔야 하겠느냐? 그렇게 되면 너희가 왕 앞에서 내 머리를 위태롭게 만들 것이니라." 하더라.

11 그러자 다니엘은 내시 장관이 다니엘과 하나냐와 미사엘과 아사랴를 감독하라고 세운 멜살에게 말하기를

12 "내가 당신께 간구하노니, 열흘 동안 당신의 종들을 시험하시어, 우리에게 콩죽을 주어 먹게 하고 물을 주어 마시게 하신 후,

13 당신 앞에서 우리의 용모와 왕의 음식을 먹은 소년들의 용모를 살펴보시어 당신이 보시는 대로 당신의 종들을 처분하소서." 하니라.

왕의 음식을 받아먹기를 거절하는 다니엘에 대한 내시 장관의 반응(10절)은 오히려 호소에 가깝다. 이들이 음식 섭취에 소홀하여 몸이 허약해지기라도 한다면 그 책임은 자기가 져야 할 것인즉, 이렇게 되면 느부캇넷살왕의 준엄한 질책을 모면키 어렵게 되리라고 하소연하고 있는 것이다.

이에 대해 다니엘은 내시 장관이 감독으로 붙여준 멜살에게 한 가지 제안을 하는데, 자신들이 "콩죽"만 먹고 "물"만 마시더라도 결코 건강한 모습을 잃지 않을 테니 걱정하지 말고 열흘 동안만 시험해 보라는 것이었다(12,13절). 말하자면, 채식 위주로 살겠다는 것이다. 다니엘은 지금 무슨 '부분 금식'을 하겠다는 게 아니다. 그러고도 다니엘은 건강을 유지할 자신이 있었던 것이다. 우상 신을 섬기는 느부캇넷살왕이 설마 "콩죽"이나 "물"을 우상에게 바칠 리가 없다. 다니엘은 이것을 알기에 우상에게 바쳐지지 않은 깨끗한 음식을 먹고자 했던 것이다. 그렇게 함으로써 곁에 있는 사람들에게 하나님의 사람으로서의 간증을 보여 주기를 원했던 것이다.

사람이 열흘만 제대로 먹지 못한다면 금방 안색에 표가 나기 마련이다. 그러나 다니엘은 먹는 것으로 인하여 몸이 수척해지지는 않을 자신이 있었다. 그래서 열흘 동안의 시험기간을 가져 보도록 내시 장관에게 건의를 한다. 내시 장관이 염려하는 대로, 아닌 게 아니라 몸이 허약해지고 얼굴이 수척해지기라도 한다면, 그때 가서 처분대로 하겠다는 다짐이었다. 다니엘이 콩죽만 먹고 물만 마시고도 건강을 유지할 수 있다고 자신했던 것은 자신의 체질이나 콩죽과 물의 영양학적 가치를 믿고 있었기 때문이 아니다. 그는 고난을 두려워하지 않았고, 고난 중에서도 보살펴 주시는 하나님의 도우심을 절대로 신뢰하고 있었던 것이다. 하나님만을 신뢰하는 사람은 매사에 자신이 있는 법이다.

1:14 그러므로 그가 그 일에 대해 그들에게 동의하고 그들을 열흘 동안 시험하였더니,
15 열흘이 끝났을 때 그들의 용모가 왕의 음식을 먹은 모든 소년들보다 더욱 아름답고 더 살지게 보였더라.
16 그러므로 멜살이 그들의 음식과 그들이 마셔야 하는 포도주를 가져가고 그들에게 콩죽을 주니라.

다니엘의 제안대로 이들에게 열흘 동안 콩죽과 물만 먹고 마시게 한 결과 "왕의 음식을 먹은 모든 소년들보다" 이들이 오히려 더 용모가 곱고 살지게 보이는 게 아닌가! 그래서 이들은 마침내 본격적으로 콩죽 위주의 채식 생활을 시작하게 된다. 채식이 육식보다 건강에 더 좋다든지 나쁘다든지 하는 것이 여기서 문제가 되는 게 아니다. 어떤 사람은 채식이 육식보다 건강에 더 좋다고 주장하지만, 가령, 나 같은 사람은 고기를 먹지 않고는 하루도 견디지 못한다. 물론, 채식만 해도 얼마든지 건강을 유지할 수 있다는 증거를 보여 주는 사례는 얼마든지 있다. 이를테면, 필리핀이나 남태평양 밀림지대에서 몇십 년 동안 나무 열매와 푸성귀만 먹고 산 사람들을 조사해 보니 한 사람도 충치에 걸린 사람이 없더라는 보고도 있다. 그러나 이 구절에서 말씀하고자 하는 것은 이런 것을 따지자는 게 아닐 것이다. 한참 먹어야 할 나이에 다니엘을 비롯한 유대인 청년들이 음식에 근신하고 인내하며 고난을 자청했으나 하나님께서는 그들을 보살피셨다는 것이 이 구절의 말하는 바인 것이다.

자, 이번에는 다니엘서의 구절들 가운데 몇 구절에서 "마지막," 또는 "끝"("the end")이라는 단어가 자주 등장한다는 데에 주목하기로 하자. 우선, 다니엘서 전체를 통하여 "마지막," 또는 "끝"이라 표기된 부분을 찾아 거기에 밑줄을 그어 놓으라. 먼저 1:5의 『**마지막에**』 밑에 밑줄을 그어 두라. 그 다음 1:15의 『**끝났을 때**』 밑에 밑줄을 그어 두라. 그리고 1:18에서도 『**끝에**』란 말이 눈에 띌 것이다. 이 단어들은 결코 우연히 나오는 것들로 보이지가 않는다. 다니엘서에서 눈에 띄는 이러한 『**마지막**』이라든가, 『**끝**』이라는 말들은 『**그러나 끝까지 견디는 자는 구원을 받으리라.**』(마 10:22)는 예수 그리스도의 말씀과 결코 무관하지가 않고, 이 사실과 관련하여 다니엘서가 시대의 마지막 때를 계시하고 있다는 사실을 절대로 놓치지 말라는 성령님의 경고인 것이다.

이번에는 12장으로 가 보자. 12:4에서도 『**마지막 때**』가 눈에 띌 것이다. 여기에도 표를 해 두라. 12:8에서도 『**마지막**』이라는 말을 찾아 밑줄을 그어 두라. 9절에도 『**마지막 때**』가 나오고 13절에도 『**마지막**』이 나올 것이다. 모두 표시해 두라. 자, 이번에는 11장으로 가보자. 40절에 『**마지막 때**』가 나올 것이다. 비단 여기들뿐만이 아니다. 4장에서만 해도 11,22,

29,34절 등 네 군데나 나오고, 6:26; 7:26,28; 8:17,19; 9:26; 11:6 등에서 다같이 "the end"란 말이 나올 것이다. 모두 밑줄을 그어 표시해 두도록 하라. 특별히 1장과 마지막 12장과 함께 다른 장들에서도 유독 『**마지막**』이라는 말씀이 많이 사용되고 있는 것은 다니엘서가 시대의 마지막을 다루는 책임을 잘 유념해 두도록 하라는 성경 저자의 의도적인 경고인 것이다.

다니엘서가 우리를 구약의 끝에서 마태복음 이전의 공백기로 데려다 주는 까닭은 마태복음 이전의 마카비 기간의 시대 상황이 여러 가지 면에서 사실상 대환란 기간 마지막 때의 선명한 그림이기 때문이다. 다니엘서를 읽으면서 이 점을 반드시 잊지 말도록 하라.

1:17 ○ 이 네 소년들에게 하나님께서 지식을 주셨고 모든 학문과 지혜에 익숙하게 하셨으며, 다니엘은 모든 환상들과 꿈들을 깨닫더라.

18 그때 왕이 말했던 날들의 끝에 그가 그들을 불러들이니, 내시 장관이 그들을 느부캇넷살 앞으로 데려오더라.

19 왕이 그들과 대화해 보니 그들 모두 가운데서 다니엘과 하나냐와 미사엘과 아사랴와 같은 자는 아무도 찾을 수 없으므로, 그들이 왕 앞에 서게 되니라.

20 왕이 지혜와 명철에 대해 그들에게 묻는 모든 문제들에 있어서 그들이 자기의 온 나라에 있는 모든 마술사들과 점성가들보다 열 배나 더 나은 것을 알더라.

21 다니엘은 코레스 왕의 첫해까지 계속 있더라.

『**이 네 소년들에게 하나님께서 지식을 주셨고 모든 학문과 지혜에 익숙**

하게 하셨으며, 다니엘은 모든 환상들과 꿈들을 깨닫더라』(17절).

주님께서는 이 네 소년들은 물론 특히 다니엘에게 특별한 은사들을 주셨는데, 사실상 주님께서 의도하셨던 것은 다니엘로 하여금 마귀에 버금가는 지혜와 지식을 갖추어 현명한 인물이 되게 하시는 일이었음을 우리는 성경에서 찾아 볼 수 있다. 주님께서 마귀의 현명함을 서술하면서 다니엘에 비교해서 서술하고 있는 구절을 우리는 실제로 성경에서 본다. 에스겔 28장을 보라. 『**보라, 네가 다니엘보다 더 현명하여 그들이 네게서 숨길 수 있는 비밀이 없고**』(겔 28:3)라고 말씀한다. 이만하면, 다니엘이 얼마나 현명한 인물이었던가를 당신은 능히 짐작할 수 있을 것이다. 지혜로 말한다면 주님 말고 이 세상에서 마귀를 따를 자가 어디 있겠는가? 이것을 서술하면서 성경은 유독 『**다니엘보다 더 현명하여**』라고 표현한다. 하나님께서는 다니엘로 하여금 그 지혜와 지식에 있어서 마귀 다음으로 으뜸이 되도록 하셨던 것이다.

『**그때 왕이 말했던 날들의 끝에 그가 그들을 불러들이니, 내시 장관이 그들을 느부캇넷살 앞으로 데려오더라**』(18절).

예정된 교육 기간이 차자 느부캇넷살왕이 드디어 히브리 소년들을 불러들인다. 그리고 이들이 그 동안 얼마나 바빌론의 학문을 잘 익혔고 얼마나 바빌론 사람답게 변모하여 얼마나 유능하게 왕궁에서 일할 수 있을 만큼 잘 성장하였는지를 시험해 보았다.

『**왕이 그들과 대화해 보니 그들 모두 가운데서 다니엘과 하나냐와 미사엘과 아사랴와 같은 자는 아무도 찾을 수 없으므로, 그들이 왕 앞에 서게 되니라**』(19절).

왕이 직접 불러 인터뷰를 해 본 결과 여러 명의 청년들 중에서 다니엘을 비롯한 히브리 청년들 네 사람이 단연 두각을 나타낸다. 그리하여 이들은 왕궁에서 일할 수 있는 자격을 얻게 된다. 그들 자신이 원했든 원하지 않았든 말이다. 이들은 왕궁에서 일하되, 『**왕 앞에 서게**』 되었다. 왕 앞에 선다는 것은 항상 왕의 곁에 서서 왕의 통치를 자문하는 요직을 맡게 되었다는 뜻이다. 왕이 대신들을 모아 회의를 열고 여러 가지 국사를 논한 뒤에 다들 왕 앞에서 물러나더라도 『**왕 앞에 서게**』 된 자들은 그대로 왕 앞에 머물러 더 깊은 이야기를 왕과 나눈다. 이것은 왕으로부터 대단한 신임을 받지 않고서는 불가능한 일이다. 다니엘은 그 지혜와 지식, 그리고 현명함에 있어서 마귀 다음으로 하나님께서 세우신 인물이었으니 이것은 오히려 당연한 결과였다. 한 제국의 통치자로서 이것을 알아본다는 것 또한 대단한 안목인데, 느부캇넷살왕은 그만한 안목을 갖춘 제왕이었다. 하나님께서 유다를 징벌하시기 위해 느부캇넷살의 손에 그들을 넘겨주신 데에는 그만한 이유가 있었던 것이다.

『**왕이 지혜와 명철에 대해 그들에게 묻는 모든 문제들에 있어서 그들이 자기의 온 나라에 있는 모든 마술사들과 점성가들보다 열 배나 더 나은 것을 알더라**』(20절).

느부캇넷살왕이 갖가지 질문을 통하여 청년들의 지혜와 지식을 시험해 보았더니 다니엘을 비롯한 유대인 청년들이 바빌론 전국의 『**마술사들과 점성가들보다 열 배나 더 나은 것**』을 알게 된다. 여기서 하필이면 다니엘을 『**마술사들과 점성가들**』에게 비교하는 것은 좀 이상하게 들릴지도 모르지만, 당대로서는 이들이 학문이 깊고 미래에 대한 안목이 뛰어난 지혜자들이었기 때문이다. 당시의 『**마술사들과 점성가들**』은 요즘의 엉터리 점성술사들이나 점쟁이들과는 유가 다른 사람들이었다. 그들은 천기를 보고 세상의 움직임을 예견할 수 있었고 별들의 운행을 보고 길흉화복을 점칠

수 있는 사람들이었다. 예수 그리스도께서 베들레헴에 탄생하셨을 때, 한 두 해 전부터 하늘의 별을 보고 메시아의 탄생을 예견했던 사람들 역시 동방의 현자들이었다.

여기 20절에서 언급되는 『**점성가들**』(“astrologers”)은 물론 “점성학”(astrology)에 능한 사람들을 말하는데, 이것은 1:4의 『**과학**』(science)과는 구별된다. “astro”란 “별”이란 뜻이다. 그리고 별에 대한 『**과학**』은 “천문학”(astronomy)이라고 하지 “점성학”이라고는 하지 않는다. “점성학”의 “astrology”란 단어에서 “~ogy”는 라틴어나 헬라어의 “*logia*”에서 나온 것으로 이것은 영어 단어로 “knowledge,” 즉 “지식”이란 뜻이다. 그래서 “astrology”(점성학)는 “knowledge of stars,” 즉 “별에 대한 지식”이란 뜻이 된다. 이에 반하여 “astronomy”(천문학)는 헬라어 어근의 기원을 추적해 볼 때, “law of stars,” 즉 “별들의 법칙”이란 뜻이다. 그러니까, “점성학”은 별을 보고 무엇인가를 알아내는(knowledge) 것이고, “천문학”은 별의 운행 법칙 자체를 연구하는 학문이다. “법칙”이란 어떤 규칙에 따라 일정하게 정해져 있는 것을 말한다. 그래서 “법칙”을 연구하는 학문은 “과학”이다. 그러니까, “점성학,” 또는 “점성술”은 과학이 아니지만, “천문학”은 과학이다. “점성학”이나 “점성술”에서 얻는 지식은 “과학적 지식”이 아니기 때문에 이랬다저랬다 하지만, 천문학 연구에서 알아내는 지식은 과학적 지식이 된다. 어떤 규칙에 입각한 법칙을 알아냈기 때문이다. 따라서 점성술사가 별을 보고 사람의 운명을 점치거나 미래의 일을 예견하는 것은 주관적인 요소가 개입할 소지가 원체 많고 또 점성가의 실력과 그의 정직성 여부에 따라 변수가 많기 때문에 전혀 믿을 게 못 된다.

그런데, 다니엘을 비롯한 유대인 청년들은 바빌론의 내로라하는 모든 지혜자들보다도 더 학문이 깊고 지혜가 뛰어났던 것이다. 뛰어나되, 세

배, 네 배도 아니요, 열두 배, 스무 배도 아닌, 하필이면 『**열 배나 더**』 뛰어났다고 언급한다. 우리는 앞서 14절에서 왕이 내리는 음식과 관련하여 다니엘이 자신들을 감독하도록 내시 장관이 세웠던 멜살에게 콩죽과 물만 먹고 지내는 『**열흘 동안**』의 시험기간을 제의했던 것을 보았다. 그 기간 역시 일주일도 아니요, 보름도 아닌, 『**열흘**』이었다. 우리는 또 7:7에서 다니엘이 『**열 뿔**』을 가진 짐승의 환상을 본다든지, 이 『**열 뿔**』이 『**장차 일어날 열 왕**』을 나타낸다는 사실을 또 7:24에서 본다. 뿐만 아니라, 느부갓넷살왕의 꿈에 나타났던 형상이 『**일부는 철이요 일부는 진흙**』(2:42)으로 된 발가락을 가졌던 것을 보거니와, 발가락은 모두 "열" 개다.

성경에서 "열"(10)은 이방인을 나타내는 숫자다. 수를 셀 때, 하나, 둘, 셋, 넷으로 시작하여 아홉까지 센 다음, 다시 "0"으로 복귀하여 하나, 둘, 셋으로 시작하는 숫자가 열하나(11), 열둘(12), 열셋(13)이다. 이방인의 계보를 따지자면, 그 시조는 노아이다. 역대기상을 보면 노아는 아담의 "10대" 후손이다. 그런가하면 또, 성경에서 이방인의 계보는 하필이면 창세기 "10장"에서 처음 공개된다. 그리고 이방인 나라의 왕도 창세기 "10장"에서 최초로 언급된다. 이처럼 성경에서 "열"이라는 숫자는 이방인과 매우 깊은 관련이 있다.

『**다니엘은 코레스 왕의 첫해까지 계속 있더라**』(21절).

바빌론의 느부갓넷살왕 다음에 그의 손자 벨사살왕이 바빌론을 통치하고, 그 다음 칼데아인들의 나라 바빌론은 페르시아의 메디아인 다리오왕의 통치하로 들어간다(5:31; 9:1). 그런 다음 메데와 페르시아는 코레스왕에 이르러 하나로 통합되고 그의 치하에서 유대인 남은 자들의 팔레스타인 귀환이 허용되기에 이른다. 그러니까 다니엘은 『**바빌론 전 지방의 치리자**』요, 『**모든 현자들을 주관하는 총독들의 우두머리**』가 되어(2:48) 느부캇넷살왕의 오른팔 역할을 하면서 왕이 죽을 때까지 그를 보필했을 뿐만 아니라, 그 땅의 주인이 페르시아로 바뀌고 통치자가 바뀌기까지 칼데아인들의 땅에서, 즉 『**코레스왕의 첫해까지 계속**』 남아 있었던 것이다. 그리하여 다니엘은 역사상 두 개의 세계 제국으로 기록되는 바빌론과 페르시아 두 나라에서 모두 공직생활을 하는 아주 희귀한 경험을 했던 인물인데, 이 모두가 하나님의 섭리였다.

다니엘 2장

다니엘 2장은 성경의 그 많은 장들 중에서도 가장 위대한 장들 가운데 하나다. 다니엘 2장이 특히 중요한 의미를 갖는 것은 우리가 이 장을 어떤 관점으로 보느냐에 따라서 전천년주의자인가, 후천년주의자인가, 아니면 무천년주의자인가를 가늠해 볼 수 있기 때문이다.

"밀레니엄"이란 단어는 성경에 나오는 용어는 아니지만, "일천"(1,000)을 나타내는 라틴어 "*밀*"(mil)과 "해"(year)를 의미하는 "*아눔*"(annum)이 합쳐져서 결국 "일천년"이라는 의미를 갖게 된 단어다. 그래서 누가 "전천년주의자"(pre-millenarian)라고 말할 때, 이것은 *그가* 주 예수 그리스도께서 천년 이전에 지상에 재림하셔서 친히 왕국을 통치하신다고 믿는 사람이라는 뜻이다. 반면에 누가 "후천년주의자"(post-millenarian)라고 말하면, 이것은 *그가* 그리스도께서 천년 이후에나 재림하셔서 왕국을 통치하신다고 믿는 사람이라는 뜻이며, 또 그리스도의 재림과 관련해서 그 전후에도 천년이라는 기간은 없다고 믿는 사람을 "무천년주의자"(amillenarian)라고 부른다.

17세기와 18세기 전체를 통틀어 대부분의 성경 주석자들은 한결같이 후천년주의를 고수했다. 그러나 제2차 세계대전이 터지자 그들의 후천년주의 신학은 산산이 부서질 수밖에 없었다. 제1차 세계 대전이 끝나자 곧 뒤이어서 지상 평화가 이룩되는가 싶더니 웬걸, 주님께서 오시기는커녕 제2차 세계대전이 터졌고, 이 세계대전이 끝난 후에도 왕은 결코 오시지 않았기 때문이다. 그러자 그들은 전천년주의로 방향을 잡는 대신 거꾸로 무천년주의로 돌아서고 말았다.

장로교파에 속하는 사람들은 거의가 무천년주의자들이다. 칼 매킨타이어가 전천년주의자였으므로 그로부터 유래된 성서 장로파 사람들은 일부 전천년주의자들이었는지도 모르지만, 전천년 교리는 결코 장로교파의 주류를 이루는 교리가 되지 못한다. 왜냐하면 존 칼빈 자신이 전천년주의자가 아니었기 때문이다.

모든 진화론자들은 후천년주의자들과 같다. 왜냐하면 그들은 이 세상이 점점 더 살기 좋은 세상으로 개선되어 간다고 믿는 헛된 꿈에 사로잡힌 사람이기 때문이다. 그들은 인류의 힘으로 지상 평화가 건설되고 모든 것이 완전한 세상이 된다고 믿는 사람들인데, 후천년주의자들이 바로 그렇다. 후천년주의자들은 인간이 지상에서 일하고 일하고 또 일해서 마침내 지상 평화를 이룩한 다음, 천년 동안 이상향이 지속된 뒤에야 예수 그리스도께서 이 땅에 오신다고 믿는다. 인간에 의하여 이상향이 이룩된 뒤에나 오시는 주님이시라면, 무엇 때문에 그분을 기다린단 말인가?

그런데 오늘날 신학교들에서 가르치는 것은 복음이 땅 끝까지 전파되어서 세상이 복음화되어 점점 더 좋아지고 모든 사람들이 한 사람도 남김없이 다 거듭나 그리스도인이 된 다음에야 주님께서 지상에 다시 돌아오시게 된다는 것이다. 말하자면, 주님께서 오시기 전에 우리 인간이 지상에서 모든 일을 완성해 놓아야 한다는 것이고, 또 얼마든지 그렇게 된다는 것이다. 이것이 바로 후천년주의 사상인 것이다.

결국, 반드시 "천년"이라는 기간과는 연관 짓지 않더라도, 인간들의 힘으로 이 세상을 점점 좋아지게 한다는 것이 바로 후천년주의 사상이다. 때문에 모든 진화론자들은 후천년주의자들이며, 모든 자유주의자들과 함께 로마카톨릭도 후천년주의자들이다. 모든 정치인들이 또 후천년주의자들이고, 모든 종교 지도자들 역시 후천년주의자들이다. 칼데마이어가 가르치는 게 무엇인가? 골드윈이 가르치는 게 무엇인가? 소크라테스니, 플라토니, 아리스토텔레스니, 쇼펜하우어니, 헤겔이니, 니체니 하는 철학자 나부랭이들이 가르치는 게 무엇인가? 모두 다 한결같이 후천년주의 사상인 것이다. 정치인들이나 교육자들이나 종교 지도자들이나, 하다못해 사회운동가들이나 환경보호단체들이 날마다 하는 말이 무엇인가? 세계 평화를 이루자, 더 살기 좋은 나라를 만들자, 더 쾌적한 지구 환경을 꾸미자, 굶주림이 없고, 도둑이 없고, 담장이 없는 사회를 건설하자 등등... 이런 말들이 모두 후천년주의 사상을 담은 말이라는 것이다.

그러나 이제 우리가 다니엘 2장을 통해 분명히 보는 것은, "돌"이신 예수 그리스도께서 재림하시면, 그 "돌"은 "형상의 발"을 쳐서 산산조각 내듯 이 세상의 나라들을 멸망시키신다는 것이다. 세상은 결코 좋아지지 않으며, 예수 그리스도께서 재림하셔야만 그분의 왕국이 세워지는 것이다.

자, 그럼 1절부터 살펴보기로 하자.

2:1 느부캇넷살의 치리 제이년에 느부캇넷살이 꿈을 꾸었는데, 그의 영이 그것으로 인하여 번민하였고, 그가 잠을 이루지 못하였더라.

2 그때에 왕이 마술사들과 점성가들과 요술사들과 칼데아인들을 불러 오도록 명하였으니, 이는 왕에게 그의 꿈들을 알게 하려는 것이었더

라. 그러므로 그들이 와서 왕 앞에 섰더라.

3 왕이 그들에게 말하기를 "내가 한 꿈을 꾸었는데, 그 꿈을 알고자 하
여 내 영이 번민하였도다." 하니,

4 칼데아인들이 왕에게 시리아 말로 말하기를 "오 왕이여, 영원히 사
소서. 당신의 종들에게 그 꿈을 말씀하소서. 그리하면 우리가 그 해
석을 알려 드리겠나이다." 하더라.

느부캇넷살왕도 어느 날 밤 악몽을 꾸고 나서 그 흉몽에 잠을 설치고 "번민"에 빠졌다(3절). 그래서 그는 "마술사들과 점성가들과 요술사들과 칼데아인들"을 불러오도록 명하였는데(2절), 그것은 그 꿈의 내용을 알고자 하는 것이었다.

2절에서 『**칼데아인들**』이란 평범한 어느 족속을 지칭하는 게 아니라, 왕의 명령에 따라 어떤 학문 분야에서 무엇인가를 전공하고 익힌 특별한 "현자들" 계층에 속하는 일단의 전문가 계급을 말한다. 말하자면, 『**칼데아인들**』은 『**마술사들과 점성가들과 요술사들**』과 구별되는 일단의 현자들 내지 예언자들 그룹이었는데, 이들은 마술사들이나 점성가들 및 요술사들처럼 특별한 직업명은 거론되지 않았으되, 어느 특수한 계층의 족속으로 분류되는 사람들인 것이다. 가령, 『**마술사들**』을 영어 〈킹제임스성경〉에서 "매지션스"(magicians)라고 표기하고 있는데, 마태복음 2:1에서 예수님이 탄생하신 베들레헴으로 찾아왔던 동방으로부터의 『**현자들**』(wise men)을 두고 일명 "매기들"(Magi)이라고도 부르는 데에는 "매지션스"(마술사)라는 말과 무관하지 않다. "매기"란 마술로 점을 쳤던 동방 어느 종족의 승려 계층을 일컫는데, 여기서 "확대경"이란 뜻의 "magnifier"라든가, "백만 사이클"이란 뜻의 "메가사이클"(megacycle)에서 "메가"라든가, "크다"는 뜻의 "magna," 또는 "magnum" 같은 단어들이 파생돼 나왔다. 영어에서

“mag-” 또는 “mega-” 같은 접두사가 붙으면 무엇이든지 “크다,” “중요하다,” 또는 “엄청나다.” 등의 뜻을 갖는 단어가 된다. 이에 반하여 “min-”이라는 접두사가 붙으면 “작은,” “보잘 것이 없는” 등의 뜻이 되어버린다. 그래서 영어로 “minister”라고 쓰는 목사는 사실인즉, “보잘 것 없는,” 아주 “작은” 직책을 가진 사람이다. 그래서 목사가 “큰 체”하고 “잘난 척”하면, 그 사람은 진짜 목사 자격이 없는 사람이다. 반대로, “magi”란 “큰 사람,” “거물”이란 뜻이다. 예전에는 마술사가 거물급 인사로 통했던 것이다. 그러니까, 요즘 목사이면서도 거물 행세를 하는 사람들은 사실상 “minister”(목사)가 아니라 “magician”(마술사)인 셈이다. 하긴, 요즘 거물 목사들을 보면 아닌 게 아니라 마술사나 요술사들인 게 틀림없어 보인다. 예수님께서는 섬김을 받으시기 위해서가 아니라 섬기려고 오셨다. 그래서 “목사”가 “minister,” 즉 “섬기는 작은 자”인 것은 당연할 수밖에 없다. 이런 사람이 거물 행세를 한다면, 그가 어찌 “minister”일 수 있겠는가? “minister”는 주님을 섬기고 하나님의 자녀들을 섬기는 사람이다. 그렇다면, 오늘날 로마카톨릭의 교황이라든가, 각종 기독교 단체장들처럼 “기독교계”에서 거물 행세를 하는 “magician”들이 과연 누구를 섬기는지는 보나마나 뻔하지 않은가?

어쨌든 여기서 『**칼데아인들**』이란 특수한 직업을 가진 현자들, 또는 예언가들 계층 사람들을 말한다. 이것은 『**마술사들**』이나 『**점성가들**』, 그리고 『**요술사들**』도 마찬가지였다. 고대 시대에 현자들이란, 그 능력과 지혜가 어디서 나왔건, 앞날을 내다보는 예지를 가진 사람들이었다.

성경에서 언급되는 옛 시대의 『**마술사**』들이란 요즘의 “마술사”들과는 종류가 다른 자들로서, 요즘처럼 사람들을 눈속임하는 손재주를 가진 자들이 아니었다. 이들은 악령이나 마귀에 들린 자들로서, 초혼력이나 강신술에 대한 전문적인 지식과 기술을 겸비하고 진짜 마술을 부릴 수 있는 실력이 있는 자들이었다.

『칼데아인들이 왕에게 시리아 말로 말하기를 "오 왕이여, 영원히 사소서. 당신의 종들에게 그 꿈을 말씀하소서. 그리하면 우리가 그 해석을 알려 드리겠나이다." 하더라』(4절).

왕이 지난 밤 자신이 꾸었던 꿈이 무슨 뜻인지 알지 못해 고민하고 있는 중이라고 말했더니, 다른 사람들은 아무말 못한 채 묵묵히 듣고만 있는데, 『**칼데아인들**』이 왕의 말에 응대하면서 꿈 이야기를 들려달라고 요청한다. 무슨 꿈인지 알아야만 해석을 해 올릴 게 아니냐는 것이었다. 이걸 보면, 『**칼데아인들**』이 당대의 마술사들이나 점성가들이나 요술사들보다는 왕 앞에서 한결 더 담대히 말할 수 있는 입장에 있었던 모양이다. (여기 2:4에서부터 7:28까지는 『**시리아 말**』, 즉 고대 아람어로 기록된다.)

2:5 왕이 칼데아인들에게 대답하여 말하기를 "그것이 내게서 사라져 버렸으니, 만일 너희가 그 꿈과 해석을 내게 알려 주지 아니하면 너희는 토막으로 잘려질 것이요, 너희 집들은 퇴비더미가 될 것이라.

6 그러나 너희가 그 꿈과 해석을 알려 주면 너희는 내게서 선물과 보상과 큰 명예를 받을 것이니라. 그러므로 내게 그 꿈과 그 해석을 알리라." 하였더니,

7 그들이 다시 대답하여 말하기를 "왕은 그 꿈을 종들에게 말씀하소서. 그리하시면 우리가 그 해석을 알려 드리겠나이다." 하더라.

8 왕이 대답하여 말하기를 "내가 확실히 알았노니, 너희는 내게서 그것이 사라져 버린 것을 알기에 시간을 얻으려 하는도다.

9 그러나 만일 너희가 그 꿈을 내게 알게 하지 아니하면 너희를 다스릴 법이 오직 한 가지뿐이니, 이는 너희가 거짓말을 꾸며 내 앞에서

그릇된 말을 하여 때가 바뀔 것을 기다리려 함이라. 그러므로 그 꿈을 내게 말하라. 그러면 나는 너희가 그 해석을 내게 알릴 수 있는지를 알리라." 하더라.

『왕이 칼데아인들에게 대답하여 말하기를 "그것이 내게서 사라져 버렸으니, 만일 너희가 그 꿈과 해석을 내게 알려 주지 아니하면 너희는 토막으로 잘려질 것이요, 너희 집들은 퇴비더미가 될 것이라』(5절).

느부캇넷살왕이 예언가들인 칼데아인들에게 **『그것이 내게서 사라져 버렸으니』**라고 대답한다. 꿈은 사실 깨고 나면 자칫 잊어버리기가 십상이다. 그래서 꿈을 잊어버렸다는 왕의 말은 사실인지도 모른다. 꿈을 꾸고 나서 바로 잠이 깬 뒤, 그 꿈에 대해 생각을 집중하지 않으면 거의 잊어버리게 되거나 기억나더라도 흔히 단편적으로만 기억나는 게 보통이다. 하지만, 지금 꿈을 잊어버렸다는 왕의 말은 거짓말인지도 모른다. 31절부터 45절까지 다니엘이 느부캇넷살왕에게 꿈의 내용을 알아맞히고 그것을 해석해 주자 왕은 다니엘이 정확하게 꿈을 알아 맞혔다는 사실을 46절에서 즉각 시인하는 것을 우리는 본다. 말하자면, 왕은 당대의 현자들이라는 자들이 과연 얼마나 명실상부하게 "현자들"인지를 한번 시험해 보고 싶어서 일부러 거짓말을 했는지도 모른다.

『그들이 다시 대답하여 말하기를 "왕은 그 꿈을 종들에게 말씀하소서. 그리하시면 우리가 그 해석을 알려 드리겠나이다." 하더라』(7절).

꿈의 내용을 알려주기만 하면 그것을 해몽해 주겠다는 이들의 말은 사실상 거짓말이다. 어떤 꿈이 예시하는 내용을 정확하게 해석할 수 있을 만큼 대단한 예지가 있었다면, 느부캇넷살의 기대대로 그 꿈이 어떤 것이었는지도 정확하게 알아맞힐 수 있어야 한다. 무엇인가를 이러쿵저러쿵 아무렇게나 해석하기는 식은 죽 먹기다. 인간의 해석은 언제나 가변적이고, 그것이 맞았는지 틀렸는지는 한참 세월이 지나고 나야 알 수 있는지라, 당장 그 자리에서 책임을 질 필요가 없으니, 눈앞에 닥친 곤경만은 얼마든 피할 수가 있다. 그래서 그들은 『**그 꿈을 종들에게 말씀하소서.**』 하고 하소연하는 것이다. 그러나 왕은 속지 않는다. 꿈이 무엇이었는지를 알만한 예지력이 있다면, 꿈의 해석쯤이야 식은 죽 먹기가 아니겠는가?

2:10 ○ 칼데아인들이 왕 앞에서 대답하여 말하기를 "땅 위에는 왕의 그 일을 알려 줄 수 있는 사람이 없나이다. 그러므로 어떠한 왕이나 주나 치리자도 그런 일들을 어느 마술사나 점성가나 칼데아인에게 물었던 자가 없나이다.

11 왕이 물으신 것은 드문 일이니이다. 육체와 함께 거하지 아니하는 신들 외에는 왕 앞에 그것을 알려 줄 자가 아무도 없나이다." 하니,

12 이 일로 인하여 왕이 노하고 심히 격노하여, 바빌론의 모든 현자들을 멸하라고 명령하였더라.

13 그 현자들을 죽이라는 칙령이 나가니 그들이 다니엘과 그의 동료들도 죽이려고 찾더라.

칼데아인들이 말한 것은 사실 옳았다. 땅 위에 있는 어떤 사람도 그런 일을 왕에게 말할 수 있는 사람은 없다(10절). 후에 다니엘이 왕에게 그 꿈에 대해 말하지만, 그것은 다니엘이 하나님께로부터 받아서 한 것뿐이었다.

『**왕이 물으신 것은 드문 일이니이다. 육체와 함께 거하지 아니하는 신**

들 외에는 왕 앞에 그것을 알려 줄 자가 아무도 없나이다." 하니』(11절).

여기서 "신들"(gods)을 언급한 것으로 보아 그들이 다신론자들이었음을 쉽게 알 수 있다. 이 "신들"에 대해서는 성경에서도 인정하고 있는 바다. 사도 바울은 『**비록 하늘에나 땅에나 신들이라고 불리는 (많은 신들과 많은 주들이 있어도)**』(고전 8:5)라고 말하고 있으며, 시편 82:6에서도 『**내가 말하기를 "너희는 신들이며 너희 모두는 지극히 높으신 분의 자손들이라.**』고 말씀하고 있다. 그러나 문제는 이러한 "신들"이 창조주도 아니요, 따라서 인간에게 아무런 자비도 베풀지 못하는 무능한 신들이라는 점이고, 그럼에도 불구하고 이런 사실을 다신론자들이 제대로 알지 못하고 있다는 점이다.

시편에서 하나님께서 언급하신 『**신들**』은 실은 『**지극히 높으신 분의 자손들**』, 즉 천사들을 일컫는 것이다. 그러나 『**육체와 함께 거하지 아니하는 신들**』, 즉 천사들은 영적인 존재들이고 초자연적인 존재들인지라, 초자연적인 능력을 가지고 초자연적인 활동을 할 수는 있기에 육체 안에 거하고 있는 사람이 할 수 없는 일을 할 수가 있다. 느부캇넷살왕이 마술사들과 점성가들과 요술사들, 그리고 칼데아인들을 모아 놓고 그들로 하여금 자신이 꾸었던 꿈의 내용을 알아맞혀 보라고 명령한 것은 초자연적인 능력을 발휘해보라는 무리한 요구였다. 초자연적인 일들은 자연적인 능력으로는 도저히 알 수가 없다. 칼데아인들이 왕께 고한 호소가 바로 이것이었다.

『**이 일로 인하여 왕이 노하고 심히 격노하여, 바빌론의 모든 현자들을 멸하라고 명령하였더라**』(12절).

어찌 보면 아주 무모한 억지이고 지나친 권력의 횡포처럼 보이지만, 사실은 느부캇넷살의 조치는 일리가 있었다. 적어도 『**현자**』라면 영적인 일들을 분별하고 이해하는 지혜를 갖고 있어야 한다. 적어도 현자들이라면 『**신들**』이었든 하나님이든 누군가에게 영적인 일들을 분별할 수 있는 능력을 달라고 요청할 수 있어야 한다. 그래야 현명한 사람이다. 그런데 바빌론의 현자라는 자들은 "그거야 신들이나 알지 우리가 어떻게 안단 말입니까?" 하고 변명만 했던 것이다. 그러니 왕이 『**심히 격노**』할 수밖에.

『**그 현자들을 죽이라는 칙령이 나가니 그들이 다니엘과 그의 동료들도 죽이려고 찾더라**』(13절).

불똥이 느닷없이 다니엘과 그의 동료들에게 튄다. 그도 그럴 것이 다니엘과 그의 동료들 역시 이미 바빌론의 현자들 무리 속에 끼였는지라 모든 현자들을 죽이라는 왕의 명령은 이들에게도 당연히 적용될 수밖에 없었다.

사실상 이들이 처했던 시험은 예언의 해석 능력에 대한 시험이었다. 그러나 예수 그리스도의 증거가 없으면 예언의 영이 있을 수 없다는 것이 성경의 가르침이다. 성경은 요한계시록 19:10에서 『**예수의 증거가 예언의 영**』이라고 분명히 말씀한다. 하나님께서 성경을 기록하시고 그것을 당신에게 읽을 수 있도록 해 놓으신 까닭은 당신이 이 책을 읽고 이 책에서 말씀하고 있는 일들이 사실 그대로 실현된다는 사실을 분명하게 확인할 수 있도록 하기 위함이셨고, 그 결과 이 책은 곧 하나님의 책인 것을 당신이 확실히 믿도록 하기 위함이셨다. 당신은 성경을 통하지 않고는 그 무엇도 예언할 수가 없다. 당신이 만약 다니엘처럼 예언의 능력에 대한 시험에 처하게 될 때, 당신은 성경을 얼마나 읽고 얼마나 바르게 이해해 두고 있었느냐에 따라 그 시험에 합격하느냐 떨어지느냐가 결정될 것이다. 그래서 당신은 성경을 읽고 예수 그리스도의 확실한 증거를 확보하고 있지 않으면 안 된다. 당신이 예수 그리스도의 증거를 충분히 확보하고 있다면, 당신은 필연적으로 성경이 하나님께서 쓰신 하나님의 책이라는 사실을 확신할 수 있게 될 것이다.

2:14 ○ 그러자 다니엘이 바빌론의 현자들을 죽이려고 나간 왕의 경호대장 아리옥에게 권고와 지혜로 대답하였는데,

15 그가 왕의 경호대장 아리옥에게 대답하여 말하기를 "왕이 내린 칙령이 어찌 그리 급하니이까?" 하니, 아리옥이 다니엘에게 그 일을 알려 주더라.

16 그러므로 다니엘이 들어가서 왕에게 구하기를, 왕이 자기에게 시간을 주면 자기가 왕에게 그 해석을 알려 주겠다고 하니라.

17 그리고 나서 다니엘이 자기 집으로 가서 자기의 동료 하나냐와 미사엘과 아사랴에게 그 일을 알려 주었더니,

18 그들이 이 비밀에 관하여 하늘의 하나님께 자비를 바라더라. 이는 다니엘과 그의 동료들이 바빌론의 다른 현자들과 더불어 죽임을 당하지 않으려 함이었더라.

『**그러므로 다니엘이 들어가서 왕에게 구하기를, 왕이 자기에게 시간을 주면 자기가 왕에게 그 해석을 알려 주겠다고 하니라**』(16절).

위기에 닥친 다니엘은 경호대장 아리옥에게 잠시 시간 여유를 얻고(15절), 왕에게 들어가 시간을 주면 꿈을 해석해 올리겠다고 약속한다. 이것은 자기가 만약 약속을 지키지 않으면 죽음을 달게 받겠다는 의지의 표명이기도 했다. 이런 점에서 다니엘의 태도는, 앞서 『**왕은 그 꿈을 종들에게 말씀하소서. 그리하시면 우리가 그 해석을 알려 드리겠나이다.**』(7절)라고 말했던 바빌론의 현자들과는 전혀 다른 태도였다. 다니엘이 이런 태도를 보일 수 있었던 것은 그가 하나님을 의지하고 있었기 때문이고, 하나님의 도우심을 믿고 있었기 때문이며, 하나님의 능력을 신뢰하기 때문이었다.

『**그리고 나서 다니엘이 자기 집으로 가서 자기의 동료 하나냐와 미사엘과 아사랴에게 그 일을 알려 주었더니**』(17절).

하나님의 사람들은 절망적인 사태에 직면했을 때 결코 걱정만으로 일관하다가 끝나지 않는 법이다. 하나님을 믿는 사람들은 문제 해결을 하나님께 의지한다. 그리고 함께 모여 주님께 한 마음으로 기도하는 법이다. 그리스도인들은 어떤 문제에 봉착했을 때, "무슨 좋은 수가 없는지 우리 함께 머리를 좀 짜내 봅시다." 하고 말하지 않는다. 그들은 "하나님께 매달려 그분의 도우심을 간구합시다." 하고 얼른 무릎을 꿇는다. 다니엘이 그랬고 그의 동료들이 그랬다. 다음 절을 보라.

『**그들이 이 비밀에 관하여 하늘의 하나님께 자비를 바라더라. 이는 다니엘과 그의 동료들이 바빌론의 다른 현자들과 더불어 죽임을 당하지 않으려 함이었더라**』(18절).

당신은 『**하늘의 하나님께 자비를**』 구할 때 기도할 것이다. 죽음을 모면할 수 없는 위기에 처하고서도 하나님께 기도할 줄 모른다면 당신은 하나님의 사람이 절대로 아니다. 당신이 성경을 이해하고 있다면, 다른 것은 몰라도 문제 해결을 위한 최선, 최상의 방법이 기도뿐이라는 것만은 최소한 알고 있을 것이다. 성경을 올바르게 이해하는 것도 기도 없이는 불가능하다. 당신이 정말로 성경을 읽는 사람이라면, 기도하지 않고 성경을 읽었을 때와 기도하면서 성경을 읽었을 때의 차이를 실제로 체험해 보았을 것이다. 기도하지 않고 성경을 읽는 것은 정말이지 무의미하기 짝없는 시간 낭비에 불과하다. 성경상의 문제들을 풀어서 그 부분 부분들을 낱낱이 밝히 보여 주시고 그것을 다시 하나로 꿰어서 말끔히 정리해 주실 수 있는 분은 오직 성령님이심을 나는 믿는다. 그분께서는 도저히 풀 수 없는 어떤 복잡한 기계의 나사를 푸는 일보다도 더 능란하게 성경 문제의 나사들을 더 잘 풀어내시는 분이고, 풀었던 것들을 정확하게 다시 조일 수 있는 분이시다. 이런 분의 도움과 조언과 조명도 없이 당신이 성경을 다 이해한다는 것은 그래서 애초부터 불가능하다.

성경 말씀에 대한 그분의 조명을 받으려면 당신은 기도하지 않으면 안 된다. 이것은 성경을 읽는 사람의 기본적인 자세요, 성경 이해의 필수 조건이며 최소한의 요건이다. 당신이 성경을 읽으면서 이해되지 않는 구절이 있다면, 다른 누가 쓴 주석서를 읽기 전에 무엇보다도 먼저 주님께 간절히 기도하고 성경이 성경을 해석해 주도록 간구하라. 그러면 모든 문제가 시원하게 풀릴 것이다. 나는 이것을 보증할 수 있다. 성경 주석서는 그 주석자가 어떻게 성경 말씀들을 풀어나갔는지 그것을 참고하는 책이지, 성경을 제쳐두고 성경을 대신 해설해 주는 책이 아니다.

2:19 ○ 그랬더니 그 비밀이 밤의 환상으로 다니엘에게 알려지더라. 그러자 다니엘이 하늘의 하나님을 송축하더라.

20 다니엘이 대답하여 말하기를 "하나님의 이름은 영원무궁토록 송축받으시리로다. 이는 지혜와 능력이 그분의 것임이라.

21 그는 때와 시기를 바꾸시며 왕들을 폐위시키시고 또 왕들을 세우시며 현자들에게 지혜를 주시고 명철을 아는 자들에게 지식을 주시며

22 깊고 은밀한 일들을 나타내시니, 그는 어두움 속에 있는 것을 아시며 빛은 그와 함께 거하는도다.

23 오 내 조상들의 하나님이여, 내가 주께 감사하고 주를 찬양하오니,

주께서는 내게 지혜와 능력을 주시고 우리가 주께 바라던 것을 이제 내게 알게 하셨나니, 이는 주께서 이제 왕의 일을 우리에게 알게 하셨음이니이다." 하더라.

『**그랬더니 그 비밀이 밤의 환상으로 다니엘에게 알려지더라...**』(19절)

이것은 다니엘이 밤에 잠을 자다가 "꿈에" 환상이 나타났다는 게 아니다. 『**환상**』은 밤에만 나타나는 게 아니라 낮에도 나타난다. 꿈은 잠자는 동안에 나타나지만, 환상은 잠자지 않고 있을 때 나타난다. 사도행전 10장에서 베드로가 환상을 본 것도 기도하려고 지붕 위에 올라갔다가 무아지경에 빠져 있는 동안에 일어난 일이었다. 다니엘의 환상 역시 밤에 기도하는 도중에 나타났다. 다니엘은 오직 기도를 통하여 하나님께로부터 그 『**비밀**』에 대한 해답을 얻어냈다. 하나님께서는 기도하며 하나님의 말씀을 구하는 자에게 그분의 『**비밀**』을 나타내 보여 주신다.

이에 다니엘은 하나님을 송축하며 그분의 위대하심을 높인다. 『**지혜와 능력이 그분의 것임이라**』(20절). 그러므로 인간이 지혜와 능력을 얻자면 그분께 얼굴을 돌려야 한다. 『**그는 때와 시기를 바꾸시며 왕들을 폐위시키시고 또 왕들을 세우시며**』(21절). 우주를 창조하신, 우주의 주인이신 그분께서 시간과 절기를 조정하시고 왕들을 세우시고 폐위시키시며 인류 역사를 주관하신다는 것은 구원받지 못한 자연인들도 양심만 있으면 다 알 만큼 아는 사실이다. 『**명철을 아는 자들에게 지식을 주시며**』(21절). 명철이 무엇인가? 『**악에서 떠나는 것이 명철이니라.**』(욥 28:28)고 성경은 말씀한다. 그러니까 하나님을 두려워하고 악에서 떠나는 사람에게 하나님께서는 지혜와 명철을 주신다. 『**깊고 은밀한 일들을 나타내시니, 그는 어두움 속에 있는 것을 아시며 빛은 그와 함께 거하는도다**』(22절). 하나님께서 깊고 은밀한 일들을 어디에 어떻게 나타내고 계신가? 그야 물론 성경에 기록된 것으로 나타내신다. 당신이 정말 『**깊고 은밀한 일들**』을 알고자 한다면, 당신은 불가불 그분께 의지하여 그분의 말씀에 눈길을 돌리지 않으면 안 된다.

2:24 ○ 그리하여 다니엘은 왕이 바빌론의 현자들을 멸하라고 지명한 아리옥에게로 들어갔으니, 그가 가서 그에게 이같이 말하기를 "바빌론의 현자들을 멸하지 말고 나를 왕 앞으로 인도하소서. 내가 왕께 그 해석을 알리리이다." 하더라.

25 이에 아리옥이 다니엘을 황급히 왕 앞으로 인도하고 왕에게 이같이 말하기를 "내가 유다의 포로 가운데서 한 사람을 찾았나니, 그가 왕께 해석을 알려 드리리이다." 하니,

26 왕이 대답하여 벨트사살이란 이름을 가진 다니엘에게 말하기를 "내가 보았던 꿈과 그 해석을 네가 내게 알려 줄 수 있겠느냐?" 하니,

27 다니엘이 왕 앞에서 대답하여 말하기를 "왕이 물으신 은밀한 것을 현자들이나 점성가들이나 마술사들이나 점쟁이들은 왕께 알려 드릴 수 없으며

28 오직 하늘에 계신 하나님뿐이시니, 그분은 은밀한 것을 나타내시며 그분이 느부캇넷살왕에게 훗날들에 있을 것을 알게 하시나이다. 왕의 꿈과 왕의 침상에서 머리에 떠오른 환상은 이러하나이다.

29 오 왕이여, 왕께서 침상에서 장차 있을 일을 생각하신 것은 은밀한 것을 나타내시는 분께서 장차 있을 일을 왕께 알게 하신 것이요,

30 내게 이 은밀한 일이 나타난 것은 내가 다른 사람들보다 더 많은 지혜를 지녔기 때문이 아니라, 오직 왕에게 그 해석을 알게 하기 위

함이며, 그리하여 왕으로 왕의 마음의 생각을 알게 하려 함이니이다.

다니엘이 담대하게 말하는 것을 보라. 그는『**왕이 물으신 은밀한 것을 현자들이나 점성가들이나 마술사들이나 점쟁이들은 왕께 알려 드릴 수 없으며**』(27절)라고 말한다. 당연하다. 그들은 이 일을 왕에게 말할 수 없었다. 그러나 다음 절을 보라. 다니엘은 "오직 나만이 그것을 알려 드릴 수 있습니다." 하고 말하지 않았다. 그는『**오직 하늘에 계신 하나님뿐이시니...**』(28절)라고 분명히 말했다. 다니엘은『**그분이... 알게 하시나이다**.』(28절) 하고 왕에게 선포하는 것이다.

『**그분이 느부캇넷살왕에게 훗날들에 있을 것을 알게 하시나이다**.』(28절)라는 말씀에 주목하라. 29절에서는 또한『**장차 있을 일**』이라고 말한다. 우리는 앞서 1:16까지 공부하고 나서, 다니엘서 전체를 통하여『**마지막**』, 또는『**끝**』이라는 단어에 주목하고 여기에 밑줄을 그어 두었다. 지금 여기 28절에서 언급하는『**훗날들에 있을 것**』이란 바로 이『**마지막**』, 또는『**끝**』에 있을 일들을 말한다. 그러니까, 다니엘이 지금 이 책에서 언급하고 있는 사실들은 첫째로는 예수 그리스도의 초림에 적용되는 내용들이고, 둘째로는 그분의 재림에 적용되는 내용들이다. 다니엘서에서 언급되는『**마지막**』이니,『**끝**』이라는 말은 초림과 재림에 이중적으로 적용되는데, 원래는 그리스도의 초림에 해당하는 때를 말하는 것이었으나, 유대인들에 의하여 메시아 왕이 거부되는 바람에 재림 때로 연기되었던 것이다. 뒤에서 느부캇넷살왕의 꿈에 나타났던 형상을 살펴볼 때 이에 대해 좀더 자세히 공부하기로 하자.

2:31 ○ 오 왕이여, 왕께서 보셨나니 한 큰 형상을 보심이라. 이 큰 형상
은 그의 광채가 찬란하며 왕 앞에 섰는데 그 용모가 무서웠나이다.
32 이 형상의 머리는 정금이요, 그의 가슴과 양 팔은 은이요, 그의 배
와 넓적다리는 놋이요,
33 그의 다리는 철이요, 그의 발의 일부는 철이며, 일부는 진흙이었나
이다.
34 왕께서 보셨는데, 손으로 다듬지 아니한 돌이 철과 진흙으로 된 그
형상의 발을 쳐서 산산이 부수니,
35 그 철과 진흙과 놋과 은과 금이 함께 산산이 부서져서 여름 타작마
당의 쭉정이같이 되어 바람에 날려 사라져 간 곳이 없어졌으며, 그
형상을 친 돌은 태산을 이루어서 온 세상을 가득 채웠나이다.

『**오 왕이여, 왕께서 보셨나니 한 큰 형상을 보심이라. 이 큰 형상은 그의 광채가 찬란하며 왕 앞에 섰는데 그 용모가 무서웠나이다**』(31절).

자, 다니엘은 자신이 직접 듣지도, 보지도 못한 왕의 꿈을 해석하기에 앞서 그 내용부터 하나님께서 가르쳐 주신대로 밝혀나가기 시작한다. 이것은 하나님의 말씀에 대한 절대적인 신뢰가 아니고서는 실로 위험천만하고도 무모한 모험이 아닐 수 없다.

꿈을 통한 환상은 느부캇넷살왕에게 나타난 것이었고, 그 환상의 내용을 밝히고 해석하는 일은 다니엘이 하게 되었는데, 사실상 다니엘은 선지자였고, 신약에서도 그는 선지자로 불린다(마 24:15, 막 13:14). 선지자란, 어떤 일이 장차 일어날 것을 오래 전에 미리 예견할 수 있어야 하며, 그 예견했던 일이 실제로 일어났을 때, 구체적으로 나타난 세부 사항들이 어느 것 하나 우연적인 것이 없고 전반적으로 본래의 예언과 틀림없이 앞뒤가 맞아야 한다. 다니엘은 이 꿈의 내용을 해석하는 과정에서 향후 600여

년간에 걸쳐 지구상에 출현하게 될 이방 왕국의 역사 전체를 순서대로 하나씩 정확하게 한 줄로 엮어나간다. 이 예언은 정확하게 맞아 떨어졌다.

『**이 형상의 머리는 정금이요, 그의 가슴과 양 팔은 은이요, 그의 배와 넓적다리는 놋이요, 그의 다리는 철이요, 그의 발의 일부는 철이며, 일부는 진흙이었나이다**』(32,33절).

다니엘의 예언을 통하여 밝혀진 이 형상의 특징 가운데서 우리가 주목하지 않을 수 없는 사실은, 이 형상을 구성하고 있는 금속 재료의 비중 변화다. 형상의 머리는 금으로 돼 있었다. 금의 비중(specific gravity)은 19.3이다. 이것은 부피가 같은 물에 비하여 무게가 19.3배나 된다는 것을 말한다. 이 형상은 꼭대기가 이처럼 가장 무거운 금속으로 되어 있었다. 그 다음, 이 형상의 가슴과 양팔은 은으로 돼 있었다. 은의 비중은 10.47이다. 역시 무거운 금속이지만, 금보다는 훨씬 가볍다. 그 아래로 이 형상의 배와 넓적다리를 이루고 있는 놋은 비중이 8.0이다. 그리고 다리를 이루고 있는 철은 비중이 5.0이다. 맨 아래의 발은 그 일부가 철이고 또 진흙이었는데, 진흙의 비중은 1.93이다. 이 형상은 이처럼 위에서 아래로 내려올수록 점점 가벼운 물질로 변질돼 가고 있었다.

이것은 가치적인 면에서도 동일하다. 은은 금보다 가치가 덜하고, 놋은 은보다 가치가 덜하며, 철은 놋보다, 진흙은 철보다 가치가 훨씬 떨어진다. 그런데 이것이 무엇을 말하는가? 하나님께서는 인간 세계의 지배 세력이 점차 퇴보하리라는 것을 이 형상을 통하여 그림으로 선명하게 보여 주고 계신 것이다. 인간 세상은 향상돼 가는 게 아니라 점점 더 쇠퇴해 간다는 것을 극명하게 그리고 있다는 말이다. 현대주의자들이나 진화론자들은 세상이 점점 더 향상돼 간다고 믿고 평화가 확장돼 간다고 말하지만, 이것은 하나님의 계시와는 정반대되는 관점이다. 하나님의 계시는 인간 세상이 점점 더 쇠퇴하고 퇴보하다가 마지막에는 주님께서 산산이 부수어 버리신다는 것이다. 시골 사람들 사이에 "더 좋아지기 전에 먼저 더 나빠진다."는 속담이 있거니와, 이것은 바보처럼 들리지만 절대로 옳은 격언이다. 영원한 하늘나라에 가려면 먼저 죽어야 할 테니까 말이다. 인류 역사는 시간이 흐를수록 쇠퇴하기 마련이고 결국에는 종말을 맞게 돼 있으며, 이것은 하나님께서 정해 놓으신 과정이다. 하나님께서는 인류 역사에 개입하시되, 악화되고 쇠퇴한 상황을 다시 바로잡으셔서 새로 시작하시는 게 아니라 반대로 갈가리 찢고 산산조각 내셔서 멸망하게 만드신다. 다니엘이 해석한 느부캇넷살의 형상이 바로 이것을 말한다.

『**이 형상의 머리는 정금이요**』(32절).

이 꿈의 내용에 대해서는 36절부터 해석이 되는데, "금 머리"에 대한 해석에 따르면, 이 금 머리는 바빌론의 느부캇넷살왕이다(38절). 이 "금 머리"에 해당하는 느부캇넷살왕의 바빌론 제국은 B.C. 606년에서 B.C. 536년까지 세계 권력으로 군림했다. 그런데, 이 "금 머리"가 "왕"일 뿐만 아니라 또 "왕국"임을 유의하라. 39절은 『**왕 이후에 왕보다 못한 다른 왕국이 일어날 것이요, 또 다른 셋째 왕국이...**』라고 기술하고 있는 것이다. 40절에서도 『**왕국**』, 42절에서도 『**왕국**』이 언급된다. 다시 말해서, "왕"이 곧 "왕국"이요, "왕국"이 동시에 "왕"인 것이다. 다니엘 7장에서도, 네 짐승이 바다에서 올라오는데, 이 짐승들에 대해서 성경은 정의하기를 『**이 커다란 네 짐승은 땅에서 일어날 네 왕이라.**』(단 7:17)고 말하면서 동시에 『**...넷째 짐승은 땅 위의 넷째 왕국이 되리니...**』(단 7:23)라고 말한다.

『**그의 가슴과 양 팔은 은이요**』(32절).

39절은 그것을 『**왕 이후에 왕보다 못한 다른 왕국이 일어날 것이요**』라고 언급한다. 즉 바빌론의 느부갓넷살왕에 이어서 나타날 왕국인데, 이 『**은**』에 해당하는 왕국은 군사 독재 체제인 메데-페르시아 왕국이다. 이 나라가 군사 독재 체제인 것은 군대 장군이 권력을 쥐고 세운 왕국이기 때문이다. 이 나라는 B.C. 536에 발흥하여 세계 지배 권력으로 군림하다가, B.C. 330년에 그리스의 알렉산더 대왕에 의해 멸망했다.

『**그의 배와 넓적다리는 놋이요**』(32절).

이번에는 『**은**』에 해당하는 페르시아보다 못한 왕국이 『**놋**』으로 등장한다. 이 왕국이 알렉산더 대왕의 그리스로서, 39절에서 다니엘이 『**또 다른 셋째 왕국이 놋으로 일어나 온 세상을 다스리게 되리이다.**』라고 예언했던 왕국이다. 이 왕국은 군사적 군주 국가였다. 알렉산더 대왕은 독재자라기보다 한 사람의 군대 장군으로서 군주가 된 사람이었다. 군주란 한 지방을 다스리는 군왕을 말한다. 알렉산더는 마케도니아 지방에서 발흥하여 세계 여러 곳을 두루 돌아다녔지만, 절대적 독재권자로서 세계 지배 권력을 쥐지는 못했다. 이런 점에서 알렉산더 대왕은 바빌론의 느부갓넷살왕에 비할 바가 못되는 인물이었지만 그래도 군주는 역시 군주였는지라, 지금 세상의 권력을 쥔 자들과는 그 수준이 다른 위치에 있었다. 이것은 비단 권력뿐만 아니라 금력에 있어서도 그렇고, 지혜에 있어서도 1,000배는 더 나은 인물들이 고대 왕국의 군주들이었다.

알렉산더의 그리스는 B.C. 330년에서 B.C. 100년까지 지속되었다. 알렉산더 자신은 아주 젊은 나이에 죽었고, 그의 왕국도 네 나라로 나뉘어졌지만 말이다. 이에 대해서는 뒤에서 공부하게 된다.

『**그의 다리는 철이요**』(33절).

이에 대해서는 40절이 해석해 주고 있다. 『**넷째 왕국은 철같이 강한 왕**

국이 될 것이니, 철은 모든 것을 산산조각내며 이기는 것이라.』B.C. 100년 경 로마가 고개를 들고 일어나 세계 권력으로 부상했다. 로마는 절대 독재 체제나, 군사 독재 체제는 물론, 절대 군주 국가 체제도 되지 못하고 이른바 공화정 군주 국가 체제로, 왕의 지배 권력이라는 점에서 보면 또한 발짝 물러난 체제였다. 역시 역사의 퇴행 과정을 여전히 밟고 있었던 것이다. 공화 군주제인지라 로마에는 원로원이라는 것이 있어 왕권을 견제하고 있었던 것이다. 시저(카이사)는 결코 절대 군주나 절대 독재자가 되지 못했다. 시저는 군주였으되, 그 권력은 원로원에 의하여 제약을 받고 있었던 것이다. 어떤 경우에는 시저가 원로원과 반목하는 바람에 원로원의 미움을 사서 암살당하는 사례도 많았다. 이처럼 시대가 지나고 왕국이 바뀌어 감에 따라 왕의 권력은 점점 더 쇠약해 갔던 것이다.

『**그의 발의 일부는 철이며, 일부는 진흙이었나이다**』(33절).

이제 왕국 흥망의 마지막 단계에 이른다. 이것이 어떤 왕국인지에 대해서는 41절이 해석해 준다. 『**그 일부는 토기장이의 진흙이며 일부는 철인 발과 발가락을 왕께서 보셨으니 그 왕국이 나뉘어질 것이며, 왕께서 철과 차진 진흙이 섞인 것을 보셨으니 그 왕국에는 철의 강함이 있을 것이니이다.**』 다니엘이 예언하고 있는 이 마지막 왕국은 사회주의 민주공화국 내지 민주주의 사회주의 국가 체제임이 분명하다. 말하자면, 누군가가 자랑스럽게 주창했던 “국민에 의한 국민을 위한 국민의 정부” 운운하는 진흙탕 잡동사니 국가 체제로서, 이런 부류, 저런 계층 사람들이 온통 뒤범벅이 되어 있는 혼란스러운 나라요 사회 체제를 말한다.

한 가지 간과하지 말아야 할 사실은, 앞에서 설명했듯이, 이 “왕국(들)”이 단순히 왕국(들)만이 아니라 “왕(들)”도 된다는 것이다. 바빌론의 느부캇넷살왕에 이어서 페르시아가 등장하고 그리스가 등장하며 그에 이어서 또 로마가 등장하고 발가락에 해당하는 열 왕국들이 등장하지만, 이들 왕국들이 "왕"들을 수반한다는 사실을 망각하지 말라는 것이다. 사실상, 열 발가락에 해당하는 "왕국"들은 "왕국"이라기보다 "열 왕"들로 인식하는 것이 오히려 더 좋다. 이 "열 왕"들에 대해서는 요한계시록에서도 자주 언급된다. 『**그가 나를 영 안에서 광야로 이끌어가니라. 또 내가 보니, 한 여자가 주홍빛 짐승 위에 앉아 있는데, 그 짐승은 하나님을 모독하는 이름들로 가득하고 일곱 머리와 열 뿔을 가졌더라**』(계 17:3). 『**내가 바닷가 모래 위에 서서 보니, 한 짐승이 바다에서 올라오는데, 일곱 머리와 열 뿔을 가졌더라. 그 뿔들에는 열 개의 왕관이 있고 그 머리들에는 하나님을 모독하는 이름이 있더라**』(계 13:1). 『**전에는 있었으나 지금은 없는 그 짐승이 여덟 번째지만 일곱 중에 속한 자라. 그가 멸망으로 들어가리라. 또 네가 본 그 열 뿔은 열 왕이라. 아직 왕국을 받지는 못하였으나 그 짐승과 더불어 한 시간 동안 왕들로서의 권세를 받으리라**』(계 17:11,12).

요한계시록에서 "열 뿔"은 "열 왕"이다. 이들은 먼저 왕들로서의 권세를 받고 앞으로 왕국까지 받으려고 기다리고 있다. 그리고 이 "열 왕"은 하나의 "짐승"과 긴밀한 관계를 맺고 있다. 다시 말해서, 적그리스도와 관련을 맺고 있는 존재들인 것이다.

여기에 "짐승"이라 지칭되는, 한 왕국을 대표하는 자가 있는데, 그는 바다에서 올라온다(이 경우 '바다'는 지중해를 말한다). 『**이 일 후에 내가 밤에 환상들을 보았고 넷째 짐승을 보았는데, 두렵고 무서우며 힘이 매우 세고 또 철로 된 큰 이빨을 가졌더라. 그 짐승이 먹고 산산이 부수며 그 나머지는 발로 밟더라. 그 짐승은 먼저 있었던 모든 짐승들과 다르며 또 그 짐승은 열 뿔을 가졌더라**』(단 7:7).

느부갓넷살이 본 형상의 발에 해당하는 이 왕국은 일부가 철로 된 왕국인데, 다니엘의 환상에 나타난 짐승도 『**철로 된 큰 이빨**』을 갖고 있다는 데에 주목하라. 장차 출현하게 될 연합 세력에 관계하고 있는 로마는 "철의 왕국," 즉 지난날의 로마 제국이라기보다는 로마는 로마이되, 철 이빨을 가진 어떤 짐승이다. 이 짐승 역시 "열 뿔"을 가졌는데, 그중 하나가 적그리스도로서, 그는 이 열 뿔들 가운데서 나오고 "작은 뿔"이라고 불린다(단 7:8). 여기서 "로마"라고 말할 때, 이것은 반드시 "로마카톨릭 집단"만을 의미하는 게 아니라, "로마 제국적인" 모든 요소들을 말한다. 말하자면, 오늘의 유럽은 모든 나라들이 "로마 제국적인" 요소들을 포괄하고 있다. 이른바 서양 사람들 쳐놓고 "로마 제국적인" 요인을 지니고 있지 않은 사람은 하나도 없다. 왜냐하면, 로마는 유럽 대륙 전체를 마지막으로 지배했던 대제국이었고 오늘날 서양 사람들의 정신적, 문화적, 사상적, 기질적 기반이 되었기 때문이다.

형상의 발이 철과 진흙으로 구성되어 있다는 것으로, 우리는 마지막 왕국이 로마의 요소를 지닌 것임을 알 수 있다. 이를 두고 라킨은 로마 제국이 "부활"할 것이라고 설명하지만, 그보다는 로마가 "존속"하고 있다고 봐야 한다. 로마는 여전히 존속하고 있으되, 그분의 초림 때처럼 로마가 세계 권력으로 군림하고 있는 게 아니라 "진흙"과 함께 연합해서 존속하고 있을 것이다.

『**왕께서 보셨는데, 손으로 다듬지 아니한 돌이 철과 진흙으로 된 그 형상의 발을 쳐서 산산이 부수니**』(34절).

자, 느닷없이 『**돌**』이 나타나 그 형상을 쳐서 산산조각 낸다. 이 돌은 『**손으로 다듬지 아니한 돌**』이다. 이 돌은 무엇인가? 먼저 베드로전서 2장으로 가보자. 『**사람들로부터는 정녕 버림받았으나 하나님께는 택하심을 받은 귀중한 산 돌이신 그분께 나아와서 너희도 산 돌들로서 영적인 집으로 지어지고 예수 그리스도로 인하여 하나님께서 기뻐하실 영적인 제물들을**

드리는 거룩한 제사장이 되느니라.』(벧전 2:4,5)는 말씀에서처럼 예수 그리스도를 『**귀중한 산 돌**』이시라고 말씀한다. 그런가 하면 또, 같은 장 6절에서는 『**그러므로 성경에도 이런 말씀이 있으니 "보라, 내가 택한 귀중한 모퉁잇돌을 시온에 두노니 그를 믿는 사람은 수치를 당하지 아니하리라."고 하였느니라.**』고 말씀한다. 여기서처럼 그분을 『**귀중한 모퉁잇돌**』이라고 지칭하는 것이다. 뿐만 아니라 8절에서는 또 『**또 넘어지게 하는 돌과 거치는 반석이 되었으니, 곧 불순종함으로 말씀에 걸려 넘어지는 자들에게니라.**』에서처럼 그분께서는 『**돌**』이시되, 『**넘어지게 하는 돌**』이시고, 『**거치는 반석**』이시라고 언급한다. 그러니까, 여기 다니엘 2:34에서 언급되는 『**손으로 다듬지 아니한 돌**』, 『**철과 진흙으로 된 그 형상의 발을 쳐서 산산이 부수**』는 이 돌은 곧 『**산 돌**』이시요, 『**모퉁잇돌**』이시며, 불순종하여 말씀에 실족하는 자들을 『**넘어지게 하는 돌**』이시고, 『**거치는 반석**』이신 예수 그리스도이신 것이다. 이 돌은 인간의 손으로 다듬거나 사람의 손이 닿은 돌이 아니다. 이 돌은 곧 예수 그리스도시기 때문이다. 이 돌은 하늘에서 오신 돌이다.

그런데 이 돌이 무엇을 쳐서 산산이 부순다고 하는가? 바로 형상의 『**발**』이다. 이점이 2장 전체에서 가장 중요한 사실이다. 이 돌은 "다리"를 부수는 것이 아니라 "발"을 부수는 것이다. "다리"가 무엇인가? 로마다. 그렇다면 이 돌은 로마 제국을 쳐부수는 것이 아니라, 로마 제국이 출현한 다음 나중에 출현하게 될 왕국을 쳐부수는 것이다. 그런데 이 발이 일부는 철로 되어 있고, 또 일부는 진흙으로 되어 있다. "철"은 로마를 나타낸다. 이런 점에서 이 마지막 세계 지배 권력은 어떤 유형으로든 로마와 혼합돼 있는 존재임을 시사한다. 그러나 역사적으로 실재했던 로마 제국 그 자체는 아니다. 그렇다면, 여기서 "돌"로 나타나는 그분의 오심이 초림을 말하는 게 아니라는 사실이 분명해진다. 그분께서 초림하셨을 때는 로마가 부서지기는커녕 오히려 로마가 그분의 몸을 찢었다. 주님께서 초림하셨을 때 로마 제국은 그분을 십자가에 못박고 그분의 옆구리를 찔렀으나(못도 철이고, 창도 철로 돼 있다), 주님께서는 그들을 치지 않으셨다.

『**그 철과 진흙과 놋과 은과 금이 함께 산산이 부서져서 여름 타작마당의 쭉정이같이 되어 바람에 날려 사라져 간 곳이 없어졌으며, 그 형상을 친 돌은 태산을 이루어서 온 세상을 가득 채웠나이다**』(35절).

자, 돌이 형상의 발을 치니 형상의 전부가 무너져 내렸다. 그리고 금속 물질로 된 형상의 각 부분들은 어찌나 산산조각이 나서 부서져 버렸던지 마치 고운 가루처럼 분쇄되는 바람에 타작마당의 "쭉정이"처럼 바람에 날아가 버린다. 금도 날아가고 은도 날아가고, 놋도, 철도, 진흙도 다 날아가 버리는 것이다.

예수 그리스도께서 재림하시면 모든 이방인들의 연합 세력들을 쳐서 산산이 부수어 버리실 것이다. 그렇게 되면 모든 이방 나라들은 『**여름 타작마당의 쭉정이같이 되어 바람에 날려**』 버리는 바람에 어디로 가버렸는지 흔적도 찾아볼 수 없게 될 것이다. 이방인들의 왕국들이 말끔히 사라지고 아무것도 남지 않은 세상에 오직 『**그 형상을 친 돌**』만이 『**태산을 이루어서 온 세상을 가득**』 채우게 될 것이다. 이에 대해 이사야는 다음과 같이 예언한다. 『**그들은 나의 모든 거룩한 산에서 해치거나 파괴시키지 않으리니 이는 마치 물들이 바다를 덮음같이 세상이 주의 지식으로 충만할 것임이니라**』(사 11:9). 이것은 결국 예수 그리스도께서 재림하셔서 온 세상을 통치하시게 될 것을 예고하는 말씀이다. 요한계시록 11장에서도 이 모습을 『**그 후에 일곱째 천사가 나팔을 부니, 하늘에서 큰 음성들이 있어 말하기를 "이 세상의 나라들이 우리 주와 그의 그리스도의 왕국들이 되어서 그분이 영원무궁토록 통치하시리라."고 하더라.**』(계 11:15)고 말씀한다.

2:36 ○ 그 꿈이 이러하오며, 우리가 그 해석을 왕 앞에서 설명하리이다.
37 오 왕이여, 왕은 왕 중의 왕이시라. 하늘의 하나님께서 왕께 왕국과
권세와 능력과 영광을 주셨나이다.
38 또 사람의 자손들과 들의 짐승들과 하늘의 새들이 살고 있는 모든
곳들을 하나님께서 왕의 손에 주셔서 왕으로 그들 모두를 다스리는
자가 되게 하셨나니, 왕은 곧 이 금 머리니이다.
39 왕 이후에 왕보다 못한 다른 왕국이 일어날 것이요, 또 다른 셋째
왕국이 놋으로 일어나 온 세상을 다스리게 되리이다.
40 넷째 왕국은 철같이 강한 왕국이 될 것이니, 철은 모든 것을 산산
조각내며 이기는 것이라. 철이 모든 것을 부수는 것같이 그 왕국이
산산조각을 내고 깨뜨릴 것이니이다.

『**그 꿈이 이러하오며, 우리가 그 해석을 왕 앞에서 설명하리이다**』(36절).

우리는 앞서 35절까지 공부하면서 사실상 43절까지 대강 다 공부한 셈이다. 31절부터 35절까지는 느부캇넷살왕이 꾸었던 꿈의 내용을 말하는 부분이고, 45절까지는 그 꿈의 해석 부분이다.

『**오 왕이여, 왕은 왕 중의 왕이시라. 하늘의 하나님께서 왕께 왕국과 권세와 능력과 영광을 주셨나이다**』(37절).

느부캇넷살이 비록 위대한 왕으로서 『**왕 중의 왕**』이라 일컬을 만한 인물이긴 했지만, 진짜 『**만왕의 왕**』(딤전 6:15, 계 17:14; 19:16)이신 예수 그리스도와는 비교도 안 되는 존재인지라 〈킹제임스성경〉이 이것을 "the King of kings"가 아닌 "a king of kings"로 표기한 것은 절대로 옳은 것이었다.

꿈에서 본대로 금으로 된 형상의 머리에 해당할 만큼 위대한 절대 권력자요, 절대 독재자였던 느부갓넷살의 위세와 권위는 그 뒤를 이은 여하한 왕국의 왕들도 따를 수가 없는 것이었고, 그가 통치하는 왕국 바빌론의 위세 또한 역사상 나타났던 그 어떤 왕국들이 따를 수 없는 것이었다. 예를 들면, 지금까지 발견된 바빌론의 유적들 가운데 이른바 "공중 정원"(hanging garden)이라는 것이 있는데, 이것은 지상에 만들어 놓은 통상적인 왕궁의 정원이 아니라 문자 그대로 "공중에 매달려 있는" 거대한 정원이었다. 기록에 의하면, 창세기 11장에 언급되는 바벨 탑에 버금갈 만한 또 하나의 거대한 탑이 세워져 있었던 이 정원은 그 둘레가 자그마치 87피트 두께의 성벽으로 둘러싸여 있었는데, 그 높이가 무려 300여 피트에 이르렀고 한 변의 길이가 무려 15마일(약 24킬로미터)이나 되었음을 입증하는 성벽 기초가 발견되었다고 한다. 이 성벽을 쌓았던 벽돌들 가운데에는 느부갓넷살왕의 치적에 대한 기록들이 새겨져 있었다. 이 정원 내부에 세워져 있던 건물의 규모가 얼마나 어마어마했던가는 잔해로 남아 있는 육,칠십 피트 높이의 기둥들 250개로도 가히 짐작하고도 남는데, 기둥과 기둥 사이의 간격만도 약 26야드에 이르렀다고 한다. 이 공중 정원에 올라가려면 폭이 10피트에 전체 높이 350피트나 되는 계단을 밟아 올라가야 했다고 한다. 이 유적에서 수많은 흉상들과 집기들이 발굴되었는데, 유적 발굴에 2억 달러 이상의 경비가 소요되었다고 한다. 이것만으로도 다니엘이 『**왕국과 권세와 능력과 영광을**』 하나님께서 주셨다고 언급한 것은 매우 적절한 서술이었음을 알 수 있다.

『**왕 이후에 왕보다 못한 다른 왕국이 일어날 것이요, 또 다른 셋째 왕국이 놋으로 일어나 온 세상을 다스리게 되리이다**』(39절).

자, 『**왕보다 못한**』 다른 왕국이다. 그토록 막강한 권세와 능력과 영광을 지닌 왕과 왕국도 시간이 흐름에 따라 결국에는 쇠락하고 멸망하기 마련이요, 그 뒤를 이어 새로운 왕과 왕국이 출현하기 마련인데, 문제는 이렇게 세월이 흘러감에 따라 점점 더 나아지고 좋아져 향상돼 가는 게 아니라 점점 더 퇴보해 간다는 데에 있다. 이것은 세계 인류의 역사 자체가 명백하게 입증하고 있는 사실이요, 하나님의 말씀 자체가 강조하고 있는 진리다. "금 머리"에 해당하던 바벨론과 느부갓넷살이 사라지고, 그 뒤를 이어 "은"으로 된 가슴과 양팔에 해당하는, 즉 금보다 "못한" 왕국이 일어나고, 또 그 뒤를 따라 "놋"에 해당하는 셋째 왕국이 등장한다(39절).

『넷째 왕국은 철같이 강한 왕국이 될 것이니, 철은 모든 것을 산산조각 내며 이기는 것이라. 철이 모든 것을 부수는 것같이 그 왕국이 산산조각을 내고 깨뜨릴 것이니이다』(40절).

넷째 왕국인 로마는 "철"로 묘사되어 있는데, 가치로 따지면 금과 은과 놋보다는 못하지만, 부수고 산산조각내는 그 강한 위력으로 따지자면 철을 당할 금속이 없다. 로마는 『**모든 것을 부수는**』 제국으로 등장하여 세상을 엉망으로 만들어 놓을 존재로 묘사되고 있는 것이다. 로마는 섬뜩한 존재다. 역사에서도 로마를 일컬어 "철권 통치 국가"(Iron Rule)라고 부른다.

2:41 그 일부는 토기장이의 진흙이며 일부는 철인 발과 발가락을 왕께서 보셨으니 그 왕국이 나뉘어질 것이며, 왕께서 철과 차진 진흙이 섞인 것을 보셨으니 그 왕국에는 철의 강함이 있을 것이니이다.

42 또한 그 발가락의 일부는 철이요 일부는 진흙이므로 그 왕국이 부분적으로 튼튼하고 부분적으로 부서질 것이니이다.

43 왕께서 철과 차진 진흙이 섞인 것을 보셨으니 그들은 사람들의 씨와 섞일 것이나 그들이 서로 합하지 못하는 것이 철이 진흙과 섞이

지 못함과 같으리이다.

44 이들 왕들의 때에 하늘의 하나님께서 결코 멸망하지 않는 한 왕국을 세우시리니, 그 왕국은 다른 백성에게 넘겨지지 않을 것이요, 도리어 그 왕국이 이 모든 왕국들을 쳐부수고 멸하여 영원히 설 것이니이다.

45 왕께서 사람의 손을 대지 않고 산에서 떨어져 나간 돌과, 그 돌이 철과 놋과 진흙과 은과 금을 산산조각을 내는 것을 보신 것은 위대하신 하나님께서 이후에 있을 일을 왕께 알게 하신 것이니, 그 꿈은 분명하고 그 해석은 확실하나이다." 하였더라.

『**그 일부는 토기장이의 진흙이며 일부는 철인 발과 발가락을 왕께서 보셨으니 그 왕국이 나뉘어질 것이며, 왕께서 철과 차진 진흙이 섞인 것을 보셨으니 그 왕국에는 철의 강함이 있을 것이니이다**』(41절).

형상의 다리는 철인데 반하여 그 발과 발가락은 철과 진흙으로 돼 있다. 철과 진흙이라면 서로 "혼합"은 될 수 있으나 서로 "화합"하여 하나가 될 수는 없는 물질들이다. 그런즉, 그 왕국이 나뉘어져 형성된 이 연합체는 『**철의 강함**』에도 불구하고 매우 불안정한 상태를 유지할 것이다.

하나님의 말씀은 어느 곳을 보나 분명한 무엇인가를 제시해 주고 있는데, 우리는 지금 또, "열"(10)이라는 숫자가 명백하게 이방인의 숫자임을 본다. 이방인의 조상 노아는 아담의 10대 후손이었다. 이방인들의 계보는 창세기 10장에서 언급된다. 이방인들을 위한 복음 전파자의 파송 필요성은 로마서 10장에서 역설된다(롬 10:14,15). 이방인들에게 천국의 문이 열린 것은 사도행전 10장에서다. 이방인이었던 선한 사마리아인 이야기는 누가복음 10장에 나온다. 이처럼 이방인들은 "열"이라는 숫자를 받았다. 이사야 10:10에서 적그리스도가 언급된다. 예수 그리스도께서 재림하실 때에도 지상에는 이방인 "열" 왕국을 "열" 왕들이 맡고 있을 텐데, 이 "열" 왕은 곧 마귀적인 존재들이다. 내가 이들을 "마귀적인 존재들"이라고 말하는 까닭은 이들이 우주의 어딘가로부터 지구로 날아 올 초자연적인 외계인들과 관계가 있음을 성경이 시사하기 때문이다. 이 존재들이 지구상의 열 왕국을 맡게 될 터인데, 이 "열" 나라로 된 연합 세력이 반드시 한 군데서 머리를 쳐드는 게 아니라 다섯 나라들은 유럽에서, 나머지 다섯 나라들은 미국과 중남미 및 남미 지역의 나라들로 구성된 아메리카 대륙에서 형성될 수도 있고, 아니면 다섯 개 나라는 러시아, 터키, 이라크, 이란, 이집트, 다른 다섯 개 나라들은 스페인, 이태리, 프랑스, 독일, 영국일 가능성이 높다. 열 왕국들이 두 『**발**』에 해당한다는 점에서 이런 해석이 가능한 것이다.

『**또한 그 발가락의 일부는 철이요 일부는 진흙이므로 그 왕국이 부분적으로 튼튼하고 부분적으로 부서질 것이니이다**』(42절).

이 열 개의 세계 연합 세력은, 일부는 철이요 일부는 진흙이므로, 부분적으로는 튼튼한 것 같지만 서로 엉키지는 못한다.

『**왕께서 철과 차진 진흙이 섞인 것을 보셨으니 그들은 사람들의 씨와 섞일 것이나 그들이 서로 합하지 못하는 것이 철이 진흙과 섞이지 못함과 같으리이다**』(43절).

자, 『**철**』이 『**진흙**』과 섞인다. 그러나 서로 섞이지 못할 것들이 섞인 것이다. 그런데 흥미롭게도 성경은 이것을 두고 『**그들**』이 『**사람들의 씨**』와 섞일 것이라고 기술한다. 말하자면, 『**그들**』은 『**사람들의 씨**』와는 달리 구별되는 "어떤 자들"인 것이다. 사람들의 씨가 사람들의 씨와 섞이는 것은 자연스러운 순리이지만, 사람들의 씨가 사람들의 씨가 아닌 다른 어떤 "그들"과 섞인다면 이것은 아주 이상한 일이고, 이변 중에서도 이변임에 틀림이 없다. 〈킹제임스성경〉이 언급하는 『**그들**』이란 과연 누구를 말하는 것일까? 그들은 외계에서 온 자들이다. 외계에서 온 자들이되, "사람들"이 아니다. 이들이 사람들의 씨, 즉 사람들과 섞이는 것이다. 이렇게 되면 그들은 어떤 거인족들을 낳게 될 것이다. 이런 일은 사실 과거에도 있었던 일이다. 창세기 6장을 보라. 『**그 당시에 땅에는 거인들이 있었고, 그 후에도 있었으니, 즉 하나님의 아들들이 사람의 딸들에게 들어와서 그녀들이 그들에게 자식들을 낳았을 때며, 그들은 옛날의 용사들로 유명한 사람들이 되었더라**』(창 6:4).

『**그들**』이 사람들과 섞이되, 『**서로 합하지**』는 못한다. 그야 당연한 일이다. 그것은 "한 몸"을 이루는 결합이 아니기 때문이다.

『**이들 왕들의 때에 하늘의 하나님께서 결코 멸망하지 않는 한 왕국을 세우시리니, 그 왕국은 다른 백성에게 넘겨지지 않을 것이요, 도리어 그 왕국이 이 모든 왕국들을 쳐부수고 멸하여 영원히 설 것이니이다**』(44절).

자, 지상의 모든 왕국들을 쳐부수고 멸한 다음 『**한 왕국**』이 『**영원히**』 서게 될 것인데, 이 왕국은 『**하늘의 하나님께서**』 세우시게 될 왕국이다. 그러니까, 이 왕국은 "하나님의 나라"(the kingdom of God)요, 동시에 "하늘의 나라," 즉 "천국"(the kingdom of heaven)인 셈이다. 다니엘은 여기서 "하나님의 나라"와 "천국"을 동시에 보고 있는 것이다. 우리는 여기서 예수 그리스도께서 재림하시고 이방인 세계 국가들이 멸망당한 다음 이 땅에 세워질 천년왕국에는 "하나님의 나라"와 "천국"이 동시에 임하게 된다는 데에 주목해야 한다.

예수 그리스도께서 재림하시면, 모든 유대인들이 주님께서 이방인들의 세계 국가를 멸하시고 주님의 왕국을 세우게 되실 것을 기대할 수 있는 완전한 권리를 갖게 될 것을 다니엘은 예언하고 있는 것이다. 광야에서 유대인들을 향하여 외쳤던 침례인 요한이 무엇을 내다보고 있었던가? 그는 이 “왕국”을 내다보고 있었다. 『**너희는 회개하라. 천국이 가까이 왔느니라**』(마 3:2). 유대인들은 하나님께서 세계 정부를 멸하시고 그분의 왕국 정부를 세우신 다음 주님께서 왕의 보좌에 앉으실 것을 기대하고 있었던 것이며, 다니엘은 그것을 예언하고 있는 것이다. 사실, 유대인들은 2천 년 전 예수 그리스도께서 오셨을 당시 그분을 메시아로 받아들였더라면 그 당시에 이미 그 왕국을 소유했을 것이다. 그러나 그들은 자신들의 메시아를 십자가에 매달아 버렸다. 그리고 이 왕국은 그리스도의 재림 이후로 연기되었던 것이다. 이 실제적이고도 가시적인 왕국이 곧 “천국”(the kingdom of heaven)이다. “하나님의 나라”(the kingdom of God)는 지금 우리 그리스도인들이 들어가 있는 영적인 나라다. 천년왕국이 이 땅에 세워지면 천국과 하나님의 나라는 동시에 임하게 된다. (이 부분에 대한 더 자세한 설명은 본 학회에서 발행한 피터 럭크만의 〈하나님의 나라와 천국〉를 참조하라. - 편집자 주)

『**왕께서 사람의 손을 대지 않고 산에서 떨어져 나간 돌과, 그 돌이 철과 놋과 진흙과 은과 금을 산산조각을 내는 것을 보신 것은 위대하신 하나님께서 이후에 있을 일을 왕께 알게 하신 것이니, 그 꿈은 분명하고 그 해석은 확실하나이다**』(45절).

참으로 “확실한” 예언이다. 이 세상 그 어떤 책도 미래에 출현하게 될 정치 권력에 대해 이처럼 확실하게 예언한 책은 없다. 코란을 아무리 뒤져도 지상의 권력에 대한 어떤 예언도 나오지 않는다. 그러나 성경은 다니엘을 통하여 바빌론 이후에 출현하게 될 정치 권력의 “이름들”까지 예언하고 있다. 다니엘 8장을 보라. 『**네가 본 두 뿔을 가진 그 숫양은 메디**

아와 페르시아의 왕들이요, 그 거친 숫염소는 그리스의 왕이며 그의 양 눈 사이에 있는 큰 뿔은 그 첫째 왕이라』(단 8:20,21). 다니엘은 지금, 현재의 세계 제국 바빌론의 느부캇넷살왕 앞에서 "바빌론이 멸망하고 메디아와 페르시아가 세계 지배 정치 권력으로 부상할 것이요, 이것이 또 멸망하고 그리스라는 정치 세력이 군림하게 될 것이요..." 하고 장차 출현하게 될 왕국들을 거명하고 있는 것이다.

하지만 어떤 사람들은, 다니엘의 예언이 어찌나 정확했던지, 다니엘서가 기록된 것은 실은 그리스가 출현한 다음일 것이라고 추측한다. 이것은 성경이 미래의 일들을 미리 기록한 역사책이라는 사실을 이해하지 못한 데에서 기인한 어리석음이다. 다니엘은 지금 다섯 왕국들을 느부캇넷살에게 보여준다. 여기 2장에서는 아직 그 왕국들의 이름까지는 언급하지 않지만, 8장에서는 메데-페르시아와 그리스라는 이름을 언급한다. "로마"라는 왕국의 이름은 거명하지 않았지만, 이 왕국을 형상의 "두 다리"에 비견함으로써 장차 로마 제국이 동서로 갈라질 것까지 정확하게 예언해 주었고, 열 발가락을 통하여 여기서 결국 UN이나, 북대서양조약기구나, EU같은 연합국 세력으로 진전돼 갈 것을 보여 주었다. 페르시아가 메디아와 페르시아로 이루어졌다는 것 역시 형상의 양팔에 빗대어 나타내 보여 주었던 그였다.

다니엘이 도대체 이런 것들을 어떻게 알았단 말인가? 지금으로부터 2,600여 년 전에 다니엘이 내다 본 지금의 유럽을 보라. 이사야도, 예레미야도, 에스겔도 모두 그랬지만, 다니엘 역시 하나님의 말씀을 대변하던 위대한 선지자였던 것이다. 선지자들은 하나님께로부터 미래의 일들에 관해 직접 말씀을 들을 수 있었고 그것을 사람들에게 전달하도록 부르심을 받았던 아주 특별한 사람들이었다. C.I. 스코필드가 1909년에 출간한 〈스코필드 주석성경〉(말씀보존학회 1999년 역간)에서 에스겔 38장에 대해 주석하면서 "곡과 마곡"에 대해 설명하고 있는 내용을 한 번 읽어 보라. 1909년이라면 "러시아"라는 나라는 결코 "사회주의 소비에트연방 공화국"이라는 세계 양대 초강국 중 한 나라가 아니었다. 그 당시 러시아는 "짜르"라는 군주가 왕위에 앉아 있던 일개 제정 국가에 지나지 않았다. 그런데도 스코필드는 "곡과 마곡"에 대한 주석에서 다음과 같이 언급하고 있다.

> "곡과 마곡 땅은 러시아가 이끄는 북방(유럽)의 권세들을 일컫는 것이라는 데에 모두가 의견을 같이 한다. 문단 전체는 스가랴 12:1-3; 14:1-7, 마태복음 24:15-30, 요한계시록 14:14-20; 19:17-21 등과 관련하여 읽어야 한다. '곡'은 왕을 가리키고 '마곡'은 그의 나라를 말한다. 메섹과 투발(모스크바와 토볼스크)이 무엇을 가리키는지는 분명하다. 러시아와 북방 권세들은 최근까지도 흩어진 이스라엘에 대한 박해자들이다. 이들은 예루살렘에 있는 이스라엘의 남은 자들을 몰살하기 위한 최후의 광란극이 그 절정에 달하면서 파멸을 맞게 될 것인데, 이러한 사실은 하나님의 의와 언약 양쪽에 모두 걸맞는 일이다. 예언 전체가 미래의 '주의 날'(사 2:10-22, 계 19:11-21)과 아마겟돈 전쟁(계 16:14; 19:19)에 속하지만, 또한 왕국 시대의 끝에 있게 될 민족들의 최종적인 반란까지도 포함하고 있다(계 20:7-9)."

말하자면, 스코필드는 1909년 당시의 일개 군주 국가에 불과했던 제정 러시아가 세계를 지배하는 강대국으로 부상하게 되리라는 것을 훤히 내다보고 있었다. 그 당시 러시아는 세계 강대국은커녕, 보잘것없는 일본에게마저 함대를 격파 당하고 1905년 러일전쟁에서 참패했을 정도로 별 볼일 없는 나라였고, 1909년에는 볼셰비키 혁명이 일어나 온 나라 안이 쑥밭이 된 채 금방 붕괴되고 말 것 같던 때였다. 그런데도 이런 나라가 장차 세계 최대의 초강대국이 되어서 세계를 지배하고 북방 세력들을 규합하게 되리라는 것을 내다볼 수 있었다는 것은 스코필드가 그만큼 대단한 통찰력을 갖고 있었다는 것을 증명한다. 비록 "선지자"가 아니더라도 성경대로 믿는 구원받은 그리스도인이라면 미래를 바라다보는 이만한 통찰력과 세계 역사에 대한 이만한 안목을 갖는 법이다. 그래서 성경은 누가 기록하였든, 아직 일어나지 않은 미래의 역사들을 마치 과거에 일어났던 역사인 것처럼 기술하고 있을 뿐만 아니라 그 기술들이 지금까지 어느 것 한 가지도 틀린 적이 없기 때문에 나는 성경을 두고 "미래의 역사 책"이라고 말하는 것이다. 성경 기록자들은 앞으로 일어날 세계 역사를 미리 알고 예언했을 뿐만 아니라 앞으로 하나님의 "의"가 실현될 것도 미리 알고 그것을 예언했다. 이런 점에서 당신이 구원받고 그리스도인이 되어 성경을 읽게 되었다는 것 자체가 얼마나 엄청난 복인가를 당신은 알 수 있을 것이다.

2:46 ○ 느부캇넷살왕이 엎드려 다니엘에게 경배하고, 그들로 예물과 향품을 그에게 바치도록 명령하더라.

47 왕이 다니엘에게 대답하여 말하기를 "네가 이 은밀한 일을 나타낼 수 있음을 보니 너희의 하나님은 신들 중의 신이시요 왕들 중의 주시며 은밀한 일을 나타내시는 분이심이 분명하도다." 하였더라.

48 그후 왕이 다니엘을 위대한 인물로 세우고 그에게 큰 선물을 많이 주며 그를 바빌론 전 지방의 치리자로 삼고 바빌론의 모든 현자들을 주관하는 총독들의 우두머리로 삼았더라.

49 또 다니엘이 왕에게 청하니 왕이 사드락과 메삭과 아벳느고를 세워 바빌론 지방의 일을 다스리게 하였으며 다니엘은 왕의 문에 앉았더라.

『**느부갓넷살왕이 엎드려 다니엘에게 경배하고, 그들로 예물과 향품을 그에게 바치도록 명령하더라**』(46절).

느부갓넷살은 다니엘의 예언을 듣고 어찌나 놀라고 깊은 감명을 받았던지 얼른 『**엎드려... 경배**』한다. 그는 주 하나님의 말씀이 어떤 것인가를 알고 있었던 것이다. 이처럼 세상에는 하나님의 말씀을 바티칸의 교황보다도 얼른 알아듣는 사람이 있다. 느부갓넷살은 하나님의 말씀을 듣고 그것이 하나님의 말씀인 것을 금방 깨달을 줄 알았고, 그 말씀 앞에 허리를 굽힐 줄 알았다. 비록 그가 하나님을 향하여 경배한 게 아니라 『**다니엘에게 경배**』했지만 말이다.

그는 또 『**예물과 향품**』을 다니엘에게 바쳤다. 이에 대해 다니엘이 어떻게 했는가? 자기 발 앞에 엎드린 왕을 내버려두었고 선물로 주는 예물과 향품도 넙죽 받았다. 실은 그 정도가 아니다. 49절을 보면 『**다니엘은 왕의 문에 앉았더라.**』고 말씀한다. 그 『**왕**』이 누구인가? 꿈에서 본 형상의 "금 머리"에 해당하는 존재가 아니었던가? 이것을 알고 있는 다니엘이었으면서도, 그는 그 『**왕의 문에**』 서슴없이 앉았다. 왕이 사드락과 메삭과 아벳느고를 세워 바빌론 지방의 일을 다스리게 했을 때(49절) 다니엘은 어떻게 했던가? 아무 소리 말고 받아들이도록 했다. 실은 이것을 청한 장본인이 다름 아닌 다니엘 자신이었던 것이다. 이것은 분명 다니엘이 그만 시험에 걸려 넘어진 경우다. 이것은 어떻게 보더라도 하나님의 사람으로서는 취할 수 없는 태도였고 죄였다. 아무리 하나님의 사람이라 하더라도 이처럼 자칫 방심하는 사이에 죄를 범하게 된다. 『**이는 모든 사람이 죄를 지었으므로 하나님의 영광에 이르지 못하다가**』라고 바울이 역설한 까닭이 여기에 있다(롬 3:23). 이 죄로 말미암아 하나님께서 다니엘을 어떻게 다루셨던가? 하나님께서는 나중에 다니엘을 사자 굴에 던져 곤욕을 치르게 하셨다(6:16). 물론 그는 사자 굴에서 나왔지만, 어쨌든 거기에 들어가 죽을 뻔하는 끔찍한 고난을 당하게 만드셨던 것이다.

세상에는 완전한 사람이 없다. 성경에 등장하는 그 어떤 훌륭한 인물도 한 가지 이상의 흠을 지니고 있었다. 이를테면 요셉을 보라. 그는 실로 위대한 혼을 지녔던 인물이었던 게 분명하다. 그렇지만, 그런 그도 "은잔"으로 사람을 속였고 "돈"으로 형제들을 속였다(창 44:1,2). 의도가 무엇이었건, 속인 것은 속인 것이었다. 노아는 또 어떤가? 그는 술에 취하는 바람에 죄를 범했다. 다윗은 어떤가? 간음했고 또 살인했다. 모세는 어떤가? 울화를 참지 못했다. 바울은 또 어떤가? 성령의 명령을 네 번이나 무시하고 예루살렘 행을 강행했다. 시몬 베드로는 어떤가? 맹세를 저버리고 주님을 세 번이나 부인했다. 스테판은 또 어떠했던가? 나는 스테판이야말로 지상에 살았던 사람들 가운데 가장 거룩한 인물이었다고 생각한다. 그러나 그런 그도 죽을 때, 자기 자신을 위해 먼저 기도했고, 그런 다음에야 원수를 위해 기도했다. 주 예수 그리스도께서 십자가에 달려 숨을 거두실 때, 그분께서는 누구를 위해 먼저 기도하셨던가? 원수들을 위해 먼저 기도하셨다. 이처럼 이 지구상에 나타났던 사람들 가운데 인간으로 오셨던 예수 그리스도 말고는 온전하고 완벽한 사람이 하나도 없었고 지금도 없으며 앞으로도 없을 것이다. 이런 점에서 다니엘도 예외가 아니었던 것이다.

『**왕이 다니엘에게 대답하여 말하기를 "네가 이 은밀한 일을 나타낼 수 있음을 보니 너희의 하나님은 신들 중의 신이시오 왕들 중의 주시며 은밀한 일을 나타내시는 분이심이 분명하도다." 하였더라**』(47절).

느부캇넷살에게는 하나님의 말씀이 하나님의 말씀임을 즉각 알아차릴 줄 아는 예지가 있었지만, 오직 한 분 주님이시라는 사실만은 알지 못한 채, 『**하나님은 신들 중의 신**』이라는 것만 알 뿐이다. 지금도 구원받지 못한 죄인들은 아무리 똑똑하더라도 그 한계가 여기에 있는 것이다.

『**그후 왕이 다니엘을 위대한 인물로 세우고 그에게 큰 선물을 많이 주며 그를 바빌론 전 지방의 치리자로 삼고 바빌론의 모든 현자들을 주관하는 총독들의 우두머리로 삼았더라**』(48절).

다니엘은 느부캇넷살왕의 꿈을 정확하게 알아맞히고 해석해 주는 놀랍고도 위대한 능력을 나타낸 결과 대 바빌론 제국의 총리 대신 자리에 앉아 『**치리자**』로서의 한 몫을 차지한다. 이것을 혹자는 하나님의 보상이었다고도 말하지만, 나는 그렇게 생각하지 않는다.

『**또 다니엘이 왕에게 청하니 왕이 사드락과 메삭과 아벳느고를 세워 바빌론 지방의 일을 다스리게 하였으며 다니엘은 왕의 문에 앉았더라**』(49절).

다니엘은 자신의 동료들까지 추천하여 지방 관리의 벼슬을 얻게 하고 자신은 『**왕의 문**』에 앉아 권력의 제2인자가 된다. 이 때문에 그의 동료들이나 다니엘 자신은 머지않아 혹독한 대가를 치르게 된다. 비록 하나님의 보호하심으로 목숨은 건지지만 말이다.

다니엘 3장

**3:1 느부캇넷살왕이 금으로 형상을 만들었으니, 그 높이는 육십 큐빗이
요, 너비는 여섯 큐빗이라. 그가 그것을 바빌론 지방에 있는 두라 평
원에 세웠더라.**

**2 느부캇넷살왕이 고관들과 총독들과 군대 대장들과 재판관들과 재무
관들과 자문관들과 법률가들과 각 지방의 모든 치리자들을 함께 모
이도록 보내어 느부캇넷살왕이 세운 형상의 낙성식에 오게 하였더
니,**

**3 고관들과 총독들과 군대 대장들과 재판관들과 재무관들과 자문관들
과 법률가들과 각 지방의 모든 치리자들이 느부캇넷살왕이 세운 형
상의 낙성식에 함께 모여서 느부캇넷살이 세운 형상 앞에 서니라.**

우리는 앞서 2장에서 다니엘이 왕의 경배를 받음으로써 죄를 지었다는 것을 보았거니와, 그러한 죄에 한 번 빠져들면 나오기 힘든 법이다. 여기 3장에서 느부캇넷살왕이 금으로 형상을 만들어 세우고 모든 자가 그 형상

에게 엎드려 경배하라는 어처구니없는 명령이 떨어졌을 때, 다니엘은 과연 어떤 반응을 보였는지 자못 궁금하지 않을 수가 없는데, 아무리 눈치를 살펴보아도 다니엘은 여기서 일언반구도 없이 끝내 침묵으로 일관하는 것을 우리는 보게 된다. 어쩌면 침묵하는 정도가 아니라 왕의 명령대로 그 형상에게 절을 했을는지도 모른다. 뒤에서 보듯이 왕의 명령에 불복하는 자는 누구나 죽음을 면치 못했고, 아닌게아니라 다니엘의 동료 사드락과 메삭과 아벳느고는 왕의 명령에 따르지 않는 바람에 불타는 뜨거운 용광로에 던져지고 만다. 그러나 다니엘이 용광로에 던져졌다는 언급은 그 어디에도 없지 않은가? 자신의 동료들이 절대절명의 위기에 처했는데도 "왕의 문에 앉아" 왕과 아주 가까이 있던 다니엘이 그들을 위해 구명 활동을 했다는 징후조차 보이지 않는다. 도대체 다니엘은 여기 3장에서 어디에 가 있는 것일까? 자신의 동료 사드락과 메삭과 아벳느고가 왕 앞에 끌려나와 불타는 뜨거운 용광로에 던져지던 순간에도 다니엘은 거기 서서 그 광경을 두 눈으로 똑바로 보고 있었을 게 분명하다. 그러나 그는 하나님의 명령에 순종한 자신의 동료들이 그 끔찍한 일을 당하는 광경을 보면서도 전혀 입을 열지 않았다. 이것은 실로 놀라운 일이 아닐 수 없다. 『**이는 모든 사람이 죄를 지었으므로...**』(롬 3:23)

『**느부캇넷살왕이 금으로 형상을 만들었으니, 그 높이는 육십 큐빗이요, 너비는 여섯 큐빗이라. 그가 그것을 바빌론 지방에 있는 두라 평원에 세웠더라**』(1절).

금으로 형상을 만든 느부캇넷살왕에게서 우리는 여지없이 적그리스도의 모습을 보게 된다. 느부캇넷살이 적그리스도의 예표가 된다는 것은 이런 점에서도 의심의 여지가 없다. 무엇보다도 『**금**』으로 형상을 만들었다는 것이 결코 우연일 수가 없다. 우리는 요한계시록 18장에서 대환란 기간 동안에 "큰 바벨론"이 불에 타는 연기를 보고 "땅의 상인들"이 울며 애통해 하는 광경을 보는데, 이들 상인들의 취급 상품 목록 가운데서 무엇보다도 "금"이 맨 먼저 손꼽히고 있는 것을 본다. 『**또 땅의 상인들도 그녀로 인하여 울고 애통하리니 이는 이제 자기들의 상품을 사는 사람이 더 이상 없기 때문이니라. 그 상품들은 금과 은과 보석과 진주와 세마포와 자주색 옷감과 비단과...**』(계 18:11,12)

요한계시록 17장에서는 "큰 바벨론"이라는 이 창녀가 『**금과 보석과 진주로 장식하고 손에는 금잔을**』(계 17:4) 들고 있다. 이렇게 볼 때, "금"이라는 금속은 의미심장한 무언가를 나타내는 게 분명하다. "금"은 지금 이 시대에도 재화의 최고 가치 기준이 된다.

이 "금"이 본래의 가치를 상실하지 않기는 새 예루살렘에서도 마찬가지다. 새 예루살렘은 온통 금으로 되어 있는 도성이다. 이 도성은 거리도 금으로 포장되어 있어서, 길에서 넘어지더라도 당신은 금 길바닥에 넘어진다.

어쨌든 이 "금"은 의미심장한 데가 있는 금속인데, 느부캇넷살이 이것으로 형상을 만들었다. 그리고 그 형상의 규모가 또 하필이면 『**높이는 육십 큐빗이요, 너비는 여섯 큐빗이라.**』고 기록하고 있다. "부피"를 가진 입체의 규격을 기술하려면 높이와 너비(breadth)뿐만 아니라 "폭"(width)도 명기되어야 하는데, 여기 1절에서는 높이와 너비만 언급한다. 이것은 필경 "너비"와 "폭"이 같기 때문일 것이다. 형상의 몸통은 거의 모든 경우 원통에 가까운 게 보통이다. 말하자면 폭이나 너비가 같다는 말인데, 그렇다면 그 형상의 규격은 60×6×6큐빗이다. 이것은 이 형상이 "666"과 무관하지 않다는 것을 의도적으로 나타내는 언급이다.

또 이 형상에게 엎드려 경배하는 시각을 알리는 악기가 "여섯" 개라는 점을 주목하라. 5절에는 (1) 뿔나팔, (2) 피리, (3) 하프, (4) 사베카, (5)

솔터리, (6) 덜시머, 이렇게 여섯 가지 악기가 나열되고 있다. 이것은 결코 우연한 진술이 아니다.

이 "여섯"에 얽혀 있는 의도와 관련하여 한 가지를 더 보면, 형상을 "세웠다"(set up)는 말이 또 공교롭게 여섯 번 반복되는 것도 범상치가 않다. 1절에서 『**세웠더라.**』, 2절에서 『**세운**』, 3절에서 『**세운**』(두 번), 5절에서 『**세운**』, 7절에서 『**세운**』, 이렇게 "set up"이라는 말이 여섯 번 반복된다.

성경에서 "666"이라는 숫자는 요한계시록 말고도 다른 곳에서 두 번 나오는데, 그 한 군데가 솔로몬과 연관된다. 『**일 년 동안 솔로몬에게 들어온 금의 무게가 금 육백육십육 달란트인데**』(대하 9:13). 여기서 "666"이 "금"의 무게라는 점이 중요하다. 또 다른 한 군데는 포로에서 돌아온 유대인들을 다루는 에스라 2장이다. 『**아도니캄 자손이 육백육십육 명이요**』(스 2:13). 이 두 경우에 있어서 모두 "13"절이라는 사실이 또 중요한데, 왜냐하면 "13"은 "반역의 수"이기 때문이다. 이 사실은 창세기 14:4의 『**십삼 년째에 반역하였더라.**』는 언급에서 최초로 시사된다. 그 뒤로 이 "13"이란 숫자는 반역을 나타내는 숫자가 되었다. 미국 역사에서 1776년에 선포된 독립선언과 관련하여 이른바 "76년 정신"이라고 일컫는 것은 사실상 대영제국에 대한 "반역 정신"과 결부되는데, 이 당시 "13개"의 별이 그려진 미국 국기는 그 "반역 정신"의 대표적인 표상이었던 셈인데, 이것 역시 우연은 아니라고 나는 생각한다.

『**느부캇넷살왕이 고관들과 총독들과 군대 대장들과 재판관들과 재무관들과 자문관들과 법률가들과 각 지방의 모든 치리자들을 함께 모이도록 보내어 느부캇넷살왕이 세운 형상의 낙성식에 오게 하였더니**』(2절).

느부캇넷살이 세웠던 형상의 낙성식에 각계 각층 사람들이 모였던 것을 보면 이것은 그야말로 "에큐메니칼 운동"의 일환이었다. 형상을 하나

세워놓고 제국의 모든 거물들이 한 자리에 모였으니 말이다.

『**고관들과 총독들과 군대 대장들과 재판관들과 재무관들과 자문관들과 법률가들과 각 지방의 모든 치리자들이 느부캇넷살왕이 세운 형상의 낙성식에 함께 모여서 느부캇넷살이 세운 형상 앞에 서니라**』(3절).

여기서 요한계시록 13장으로 가보자. 여기서도 우리는 결코 성경 구절이 성경 구절을 해석해 주는 문맥을 하나라도 놓칠 수가 없다. 요한계시록 13장은 적그리스도를 다루는 장이다. 형상을 세우고 그 형상에게 경배하지 않는 사람은 모조리 죽이는 "짐승"의 숫자가 "666"이라고 밝히는 장이 바로 요한계시록 "13"장이다. 느부캇넷살이 "666"의 규격을 가진 형상을 세웠던 것은 실은 대환란 기간에 적그리스도가 세우게 될 형상의 모형이었다. 『**그가 짐승 앞에서 행할 권세를 받아 그 같은 기적들을 통하여 땅에 거하는 자들을 미혹하며, 또 땅에 거하는 자들에게 말하기를 칼로 상처를 입었다가 살아난 그 짐승을 위하여 형상을 만들어야 한다고 하더라. 또 그가 짐승의 형상에게 생명을 주는 권세를 받아 그 짐승의 형상으로 말도 하게 하고, 그 짐승의 형상에게 경배하지 아니하는 자는 다 죽이도록 하니라**』(계 13:14,15).

어떤가? 다니엘 3장에서 읽는 것과 한 치도 어긋남이 없지 않은가? 월트 디즈니가 아브라함 링컨이라든가, 조지 워싱턴 같은 미국의 과거 대통령들의 형상을 만들어 놓고 전시하는 밀랍 인형 박물관을 열었는데, 그 형상들이 입을 열고 말을 하도록 장치를 해놓고 사람들에게 굉장한 쇼를 연출해 보였던 것은 요한계시록 13장에서 언급하고 있는 것을 미리 예시해 주는 것이었다. 요한계시록 13:15에서 "짐승"의 형상은 말까지 하니까 말이다.

요한계시록에서 언급하는 이 "짐승"은 짐승이면서 또 사람이라는 데에 주목하라. 느부갓넷살은 사람이었을 뿐만 아니라 또 "짐승"이었다고 성경은 말씀한다. 예레미야 51장을 보라. 『**바빌론 왕 느부갓넷살이 나를 삼켰으며 나를 짓밟았으며 나를 빈 그릇이 되게 하였으며 그가 용처럼 나를 삼켰으며 그가 나의 맛있는 것들로 그의 배를 채우고 나를 쫓아내었느니라**』(렘 51:34). 바빌론 왕 느부갓넷살은 사람이면서 또 『**용처럼**』 사람을 삼키는 존재로 묘사된다. 느부갓넷살은 적그리스도의 예표였다. 우리는 예표에서 무엇을 보는가? 미래의 역사를 본다. 우리는 느부갓넷살을 통하여 장차 나타날 적그리스도를 보고 있는 것이다.

3:4 전달하는 자가 크게 외치기를 "너희에게 명령하셨나니, 오 백성과 민족들과 언어들아,

5 어느 때라도 너희가 뿔나팔과 피리와 하프와 사베카와 솔터리와 덜시머와 모든 악기 소리를 들으면 엎드려 느부갓넷살왕이 세운 금상에게 경배하라.

6 누구든지 엎드려서 경배하지 않는 자는 즉시 불타는 뜨거운 용광로 속으로 던져질 것이니라." 하더라.

7 그러므로 그 때 모든 사람들이 뿔나팔과 피리와 하프와 사베카와 솔터리와 모든 악기 소리를 들을 때에 모든 백성과 민족들과 언어들이 엎드려서 느부갓넷살왕이 세운 금상에 경배하더라.

『**전달하는 자가 크게 외치기를 "너희에게 명령하셨나니, 오 백성과 민족들과 언어들아**』(4절).

형상에게 엎드려 경배하라는 명령은 『**백성과 민족들과 언어들**』, 즉 전 세계 모든 나라, 모든 사람들에게 하달되는 전면적이고도 총체적인 명령인지라 그 누구도 예외가 적용되지 않는다.

『어느 때라도 너희가 뿔나팔과 피리와 하프와 사베카와 솔터리와 덜시머와 모든 악기 소리를 들으면 엎드려 느부캇넷살왕이 세운 금상에게 경배하라』(5절).

음악은 상징성을 갖는다. 그래서 음악은 예로부터 만국 언어로 통한다. 마지막 때에는 음악이 만국 언어가 되어 지상의 모든 자들이 마귀에게 경배하는 데에 아주 유용하게 이용될 것이다. 음악은 누구나 알아들을 수 있고, 어떤 종류의 음악이건 그것을 듣고 이해할 수 있다. 그래서 마지막 때에 이용될 마귀 경배의 도구로 음악만큼 쓸모 있는 수단이 또 없을 것이다. 음악이 의사소통 수단과 전달 매체로 이용되리라는 징후는 소위 현대 음악에서 강렬하게 나타나고 있고, 갖가지 장르의 음악들이 이 목적을 위해서 시험되고 있는 중이다. 그 중에서도 특히 현대인들이 음악이 소리로서 뿐만 아니라 영상화된 매체로 전달되는 것을 아주 좋아하게 되었다는 점 또한 범상치가 않다. 그들은 음악을 듣기만 하는 게 아니라 음악을 "보는 것"을 좋아한다.

『누구든지 엎드려서 경배하지 않는 자는 즉시 불타는 뜨거운 용광로 속으로 던져질 것이니라." 하더라』(6절).

성경에서 **『불타는 뜨거운 용광로』**는 지옥의 모형이다.

『그러므로 그 때 모든 사람들이 뿔나팔과 피리와 하프와 사베카와 솔터리와 모든 악기 소리를 들을 때에 모든 백성과 민족들과 언어들이 엎드려서 느부캇넷살왕이 세운 금상에게 경배하더라』(7절).

『뿔나팔과 피리와 하프와 사베카와 솔터리와 모든 악기 소리』 이야기가 3장에서 무려 네 번씩이나 반복되지만, 어쨌든 매 번 똑같은 심포니 오케스트라다. 정해진 시각에 똑같은 오케스트라가 연주되면 모든 자들이 적그리스도의 형상 앞에 일제히 엎드려 경배해야 한다. 생각만 해도 섬뜩한 장면이지만, 대환란 기간이 시작되면 실제로 이런 일이 시행될 것이다. 당신이 구원받지 못했다면, 당신은 대환란 기간으로 들어가 하루에도 몇 번씩 정기적으로 울려퍼지는 음악 소리 신호에 맞춰 적그리스도의 형상 앞에 몇 번씩 엎드려 경배를 할텐데, 그 결과는 지옥에 가는 것이다.

3:8 ○ 그러자 그 때 어떤 칼데아인들이 다가와서 유대인들을 비난하더라.

9 그들이 느부캇넷살왕에게 고하여 말하기를 "오 왕이여, 영원히 사소서.

10 오 왕이여, 왕께서 칙령을 내리사 누구나 뿔나팔과 피리와 하프와 사베카와 솔터리와 덜시머와 모든 악기 소리를 들으면 엎드려서 금상에게 경배하게 하시고,

11 엎드려 경배하지 않는 자는 누구나 불타는 뜨거운 용광로 가운데에 던져질 것이라고 하셨나이다.

12 그런데 왕께서 바빌론 지방의 정사를 다스리라고 세우신 어떤 유대인들, 곧 사드락과 메삭과 아벳느고라는 자들이 있는데, 오 왕이여, 이 사람들은 왕을 존중하지 아니하였으니 그들은 왕의 신들을 섬기지도 아니하고 왕께서 세우신 금상에도 경배하지 아니하나이다." 하더라.

『**그러자 그 때 어떤 칼데아인들이 다가와서 유대인들을 비난하더라**』(8

절).

대환란 기간 동안 유대인들은 마귀에게 『**비난**』받고, 고소 당하며, 박해 받게 될 것이다. 유대인들은 이 때 광야로 도망쳐 거기서 하나님의 부양을 받아야만 한다. 이것은 요한계시록 12장의 상황과 맥을 같이 한다(계 12:5,6).

『**그들이 느부캇넷살왕에게 고하여 말하기를 "오 왕이여, 영원히 사소서**』(9절).

왕 앞에 나와서 먼저 "만세!" 하고 왕을 높이는 것은 예로부터 오래된 관례지만, 역사상 『**영원히**』 살았던 왕은 아무도 없었다. 『**영원히**』 사실 왕은 오직 주 예수 그리스도 한 분뿐이시다.

『**오 왕이여, 왕께서 칙령을 내리사 누구나 뿔나팔과 피리와 하프와 사베카와 솔터리와 덜시머와 모든 악기 소리를 들으면 엎드려서 금상에게 경배하게 하시고, 엎드려 경배하지 않는 자는 누구나 불타는 뜨거운 용광로 가운데에 던져질 것이라고 하셨나이다**』(10,11절).

모든 명령은 복종을 요구한다. 명령은 불복종에 대한 징벌을 수반한다. 당신이 어떤 명령을 받았다면 거기에 복종해야만 징벌을 모면할 수가 있다. 당신이 이런 명령에 복종하기 싫다면, 그런 명령이 미치지 않는 곳으로 피해야 한다. 어떻게 하면 되는가? 어서 빨리 구원을 받아 두라. 그리고 대환란이 시작하기 전에 하늘로 끌려 올라가면 된다.

『**그런데 왕께서 바빌론 지방의 정사를 다스리라고 세우신 어떤 유대인들, 곧 사드락과 메삭과 아벳느고라는 자들이 있는데, 오 왕이여, 이 사람들은 왕을 존중하지 아니하였으니 그들은 왕의 신들을 섬기지도 아니하고**

왕께서 세우신 금상에도 경배하지 아니하나이다』(12절).

아무리 명령이 터무니없고 악한 것이라 하더라도 그 명령을 내린 왕이 치리하는 나라의 벼슬을 받았다면 그 왕의 명령에 따르지 않을 도리가 없다. 왕의 명령에 따르지 않으려면 처음부터 벼슬도 받지 말았어야 말이 된다. 유대인 청년들이 바빌론의 벼슬자리에 앉았다는 것 자체가 또다른 마찰과 갈등을 예고하는 것이었고, 이들은 아닌게아니라 칼데아인들에 의하여 맨 먼저 고소를 당하고 만다. 이들이 벼슬자리에 있지 않았더라면, 그들의 명령 불복종이 이렇게 눈에 띄지는 않았을 것이다.

3:13 ○ 그러자 느부캇넷살이 심히 분노하여 사드락과 메삭과 아벳느고
를 데려오라고 명하니 그들이 이 사람들을 왕 앞에 데려왔더라.
14 느부캇넷살이 그들에게 물어 말하기를 "오 사드락과 메삭과 아벳느
고야, 그것이 사실이냐? 너희가 내 신들을 섬기지도 않으며 내가 세
운 금상에 경배하지도 않느냐?
15 이제라도 너희가 준비하여 어느 때라도 뿔나팔과 피리와 하프와 사
베카와 솔터리와 덜시머와 모든 악기들의 소리를 들을 때에 엎드려
내가 세운 형상에 경배하면 좋거니와, 만일 너희가 경배하지 아니
하면 너희는 즉시 불타는 뜨거운 용광로 속으로 던져질 것이니 그
러면 내 손에서 너희를 구해 낼 신이 누구겠느냐?" 하니,
16 사드락과 메삭과 아벳느고가 왕에게 대답하여 말하기를 "오 느부캇
넷살이여, 우리가 이 일에 대하여 왕께 담대히 말하나이다.
17 만일 그렇게 된다 해도 우리가 섬기는 우리의 하나님께서는 불타는
뜨거운 용광로에서 우리를 구해 내실 수 있으며, 오 왕이여, 그분께
서는 우리를 왕의 손에서 구해 내실 것이니이다.

18 그러나 만일 그렇게 되지 아니할지라도, 오 왕이여, 우리가 왕의 신들을 섬기지 아니할 것이며 왕께서 세우신 금상에 경배하지도 아니할 것을 왕께서는 아소서." 하더라.

『**너희가 내 신들을 섬기지도 않으며**』(14절)라는 말을 다른 말로 표현하면, "너희가 이 세상에 살면서 세상의 관습과 규칙을 따르지도 않으며"라는 말과 같다. 우리가 사는 이 세상에는 수없이 많은 『**신들**』이 존재한다. 세상은 우리에게 이들 『**신들**』을 섬길 것을 요구한다. 세상은 우리들에게 "평화"를 섬길 것을 요구한다. 그들은 우리에게 "사회 안전"을 섬기라고 요구한다. "번영"을 존중하고, "돈"을 숭배하며, "사회주의" 이념을 신봉하라고 강요한다. 이런 것들이 모두 세상이 섬기는 『**신들**』이다. 남들이 다 섬기는 이런 세상의 『**신들**』을 거부하고 배척하게 되면 당신은 이 세상에 "적합치 않은 자"로 몰려 세상에서 제거되어야 할 "불순분자"로 낙인찍히고 만다.

예수 그리스도를 구세주로 영접하고 성령으로 거듭난 그리스도인들은 세상에 대하여 미련을 갖지 않고 오직 하나님의 말씀에 따라 사는 사람들이기 때문에 이 세상에는 적합지 않은 사람들이다. 이들은, 세상의 눈으로 볼 때, 이 세상에 적합지 않은 불순분자들인 것이다. 다시 말해서, 세상이 주는 "평화"라든가, 세상이 주는 "번영"이라든가, 세상이 제공하는 "사회 안전" 따위에 관심이 없는 사람들인지라, 당연히 이 세상에서 제거되어야 할 대상으로 분류되는 사람들이다. 따라서 당신이 그리스도인인데도 만약 세상에서 환영받고 많은 세상 사람들에게 존경받고 칭송되고 세상 명예를 누리고 있다면, 당신은 그것을 아주 심각하게 재고해 볼 필요가 있다. 당신이 진정으로 거듭난 그리스도인이라면, 당신은 당연히 구원받지 못한 세상 사람들에게는 증오의 대상이 되어야만 정상이다. 이것을 잘 알면서도 이 세상에서 미움받고 배척되고 비천하게 되어 세상으로부터 제거되는 것이 두려워서 어쩔 수 없이 세상의 『**신들**』 앞에 고개를 숙이게 되었다면, 당신에게는 당신을 보살피시는 하나님께 대한 신뢰가 전혀 없다는 것을 증명한다. 당신이 그리스도인으로서 하나님의 사람이라고 자처하면서도 그 하나님을 신뢰하지 못한다면, 이거야말로 비극적인 사태가 아닐 수 없다. 신뢰하지도 못할 하나님을 무엇 하러 믿는단 말인가? 우습지 않은가? 그리고 서글프지 않은가? 세상의 『**신들**』을 거부한 사드락과 메삭과 아벳느고가 어떻게 그렇게 담대할 수 있었는지, 당신은 여기서 곰곰이 생각해 볼 필요가 있다.

『**만일 너희가 경배하지 아니하면 너희는 즉시 불타는 뜨거운 용광로 속으로 던져질 것이니 그러면 내 손에서 너희를 구해 낼 신이 누구겠느냐?**』(15절)

당신은 아는가? 마귀가 지배하는 세상의 손에서 『**너희를 구해 낼 신이 누구**』이겠는지를? 세상의 『**신들**』에게 굴복하지 않더라도 당신을 보호해 주실 분이 누구이시겠는가?

『**너희를 구해 낼 신**』은 사실 하나님이시다. 하지만 이 이방왕은 그분이 하나님인 줄 모르고, 다만 막연히 어떤 "최고의 신"(supreme God)을 가리켜 말한 것이다. 즉 어떤 최고의 신이 너희를 구해낼 수 있겠느냐는 말이다.

유대인들과 구원받지 못한 자들이 겪게 될 대환란이란 실로 엄청난 고난을 강요하는 시기가 될 터인데, 만약 당신이 구원받지 못해 대환란을 겪게 된다면, 그 기간 동안 당신은 짐승의 표를 받고 적그리스도의 형상에게 경배하든지, 아니면 목이 잘리든지, 두 가지 중 하나를 선택해야 할 텐데, 이 때 어느 쪽을 선택할 것인가를 결정하려면 "나를 구해 낼 신이 누구겠느냐?"라는 질문을 스스로에게 자문해보고 이에 대해 당신이 어떤 대답을 하느냐에 달려 있다. 독일의 독재자 히틀러의 친위대 SS대원들이 충성을 맹세하면서 오른 팔을 앞으로 쭉 뻗고 오른 손 검지와 장지 두 손가락을 수평으로 모았는데, 실은 이것이 『**너희를 구해 낼 신이 누구겠느냐?**』라는 위협적인 질문에 대한 응답으로 "우리를 구해 낼 신은 사탄이다. 우리는 그 신에게 충성을 맹세하노라."라는 표시와 같았다. 바티칸의 교황청 친위대원들이 이와 유사한 맹세를 할 때에는 검지와 장지 및 약지의 세 손가락을 이용하는데, 그 내용은 SS대원들의 것과 똑같다. 말하자면, "작은 절"은 두 손가락으로, "큰 절"은 세 손가락으로 표시하는 것이다. 어쨌든 이런 식의 충성 맹세가 세상에서 계속 행해지고 있다는 것은 『**너희를 구해 낼 신이 누구겠느냐?**』라는 위협적인 질문이 계속 던져지고 있다는 것을 의미하는데, 이렇게 볼 때, 세계 역사 속에서 평화의 때는 단 한 번도 없었다는 것을 알 수 있다. 협박 때문에 세상이 조용하다면, 그것은 진정한 평화가 아니라 위장된 평화이기 때문이다.

『**사드락과 메삭과 아벳느고가 왕에게 대답하여 말하기를 "오 느부캇넷살이여, 우리가 이 일에 대하여 왕께 담대히 말하나이다**』(16절).

자, 여기에 그리스도인의 위대한 간증이 펼쳐진다. 지극히 겸손하고, 침착하고, 조용하고, 냉정하고, 또 그러면서도 당당하고, 은은하고, 우아하고, 또 그러면서도 두려움이 없는 태도와 권위가 넘치는 당당한 목소리, 그리스도인의 간증은 이렇게 펼쳐지는 법이다. 『**너희를 구해 낼 신이 누구겠느냐?**』라는 질문에 대한 그리스도인의 대답은 그 태도와 말소리부터가 히틀러의 SS대원들이나 바티칸의 교황청 친위대들과는 사뭇 다르다. 『**내 손에서 너희를 구해 낼 신이 누구겠느냐?**』는 느부캇넷살왕의 서릿발 같은 질문에 대해 사드락과 메삭과 아벳느고가 어떻게 입을 여는지 잘 살펴 보라. 『**우리가 이 일에 대하여 왕께 담대히 말하나이다**.』 느부갓넷살의 질문은 질문이라기보다 공포를 자아내는 협박이었다. 그러나 이들은 조금도 그 협박 앞에서 두려워 몸을 떨거나, 말을 더듬거나, 우물쭈물 대거나 하지 않았다. 그들은 "예, 말씀드리겠습니다." 하고 즉각 입을 연다. 그것도 『**담대히**』, 즉 조금도 두려워함이 없이 말하겠노라면서 입을 여는 것이다.

『**만일 그렇게 된다 해도 우리가 섬기는 우리의 하나님께서는 불타는 뜨거운 용광로에서 우리를 구해 내실 수 있으며, 오 왕이여, 그분께서는 우리를 왕의 손에서 구해 내실 것이니이다**』(17절).

하나님의 능력 안에 있으면 당신은 어떠한 상황에서도 안전하다. 우리의 문제는 언제나 하나님께서 "~하실 수 있을까?" 하고 의문을 품는 데 있다. 더 심각한 문제는 "우리가 ~할 수 있을까?" 하고 자신의 능력을 가늠해 보려는 데에 있다. 그리스도인들은 하나님께서 능히 하실 수 있다는 확신에 앞서 자신이 할 수 있느냐 여부를 먼저 생각해 보려고 하기 때문에 문제에 봉착하여 땀을 뻘뻘 흘리다가 마음이 약해지고 사람을 두려워하게 되며 세상에 대해 겁을 집어먹고 전전긍긍하게 된다. 그러나 하나님께서 능히 하실 수 있다는 확신을 가진 그리스도인들은 무엇이나 겁내지 않는다. 사드락과 메삭과 아벳느고가 그러했다. "좋습니다. 얼마든지 용광로에 던져 넣으십시오. 우리가 섬기는 우리의 하나님께서는 우리를 능히 건져내실 겁니다."

『**그러나 만일 그렇게 되지 아니할지라도, 오 왕이여, 우리가 왕의 신들을 섬기지 아니할 것이며 왕께서 세우신 금상에 경배하지도 아니할 것을**

왕께서는 아소서." 하더라』(18절).

이 말은 하나님의 능력을 조금이라도 의심해서 한 말이 아니었다. 그들은 하나님의 능력을 터럭만큼도 의심치 않았다. 그들은 다만, 하나님께서 자신들을 구해내실 뜻을 갖고 계시느냐의 여부만 알지 못했을 뿐이다. 용광로에서 구해 내시느냐의 여부는 그분의 능력 문제가 아니라 그분의 뜻이 어떠하냐의 문제다. 그리스도인에게 문제가 있다면, 그 문제가 바로 이것을 혼동하는 데에 있다. 다시 말하거니와, 하나님의 능력에는 아무 문제가 없다. 다만, 그 하나님께서 뜻을 갖고 계시느냐 여부만이 문제일 뿐이다. 하나님께서 뜻을 갖고 계시든, 갖고 계시지 않든, 그것이 하나님의 뜻이라면, 당신은 거기에 순응하기만 하면 된다. 그 결과에 대해서는 당신이 걱정할 필요가 없다. 모든 것은 하나님께서 알아서 하실 일이기 때문이다. 그래서 이들 유대인 청년들은 하나님의 명령을 어겨가면서까지 금상에게 절하는 죄는 절대 범하지 않기로 마음먹었던 것이고, 그 사실을 왕에게 침착하고도 확고하게 고했던 것이다. 믿음이란 바로 이런 것이다. 믿음을 가진 사람이란 이렇게 결의에 차 있는지라, 그들의 행동은 분명하고도 간결한 법이다. 그들은 자신들의 믿음에 따라서만 행동하였고, 그 믿음에 따라 뜨거운 용광로에 던져지고서도 머리카락 하나 손상되지 않은 채 거기서 나올 수 있었던 것이다.

3:19 ○ 그러자 느부캇넷살이 분이 가득 차서 사드락과 메삭과 아벳느고를 향한 그의 얼굴 모양이 변하더라. 그러므로 그가 명령하여 말하기를, 그 용광로를 평상시에 뜨거웠던 것보다 칠 배나 더 뜨겁게 하라고 하더라.

20 왕이 자기 군대에서 가장 힘센 사람들에게 명하여 사드락과 메삭과

아벳느고를 묶어서 불타는 뜨거운 용광로 속으로 던져 넣으라고 하니,

21 이 사람들이 그들의 겉옷과 속옷과 모자와 다른 옷들을 입은 채로 묶여서 불타는 뜨거운 용광로 가운데에 던져졌더라.

22 왕의 명령이 엄격하여 용광로가 심히 뜨거우므로 불꽃이 사드락과 메삭과 아벳느고를 붙들어 간 사람들을 태워 죽였더라.

23 그리고 이 세 사람, 사드락과 메삭과 아벳느고는 묶여서 불타는 뜨거운 용광로 가운데로 떨어졌더라.

느부갓넷살은 어찌나 분노했던지 얼굴 모양이 일그러질 정도로 표정이 굳어진다. 그리고 명령에 불복종하며 저항하는 유대인 청년들을 던져 넣을 용광로의 열을 평상시보다 일곱 배나 더 뜨겁게 달구도록 명령한다(19절). 이 때문에 이들을 붙들어 갔던 사람들이 먼저 불타 죽었다(22절). 용광로에서 녹이는 금속의 종류에 따라 열을 더 올리기도 하고 내리기도 하는데, 통상적으로 열을 높이려면 풀무로 바람을 더 세게 불어넣으면 된다. 느부갓넷살은 아마도 히브리 청년들이 강철보다도 더 단단하여 쉽게 녹아버리지 않을 것이라고 여겼던 모양이다. 그리고, 용광로에 던져지면 옷이고 모자고 가릴 것 없이 사람의 살과 뼈와 함께 순식간에 연기로 변하고 말 터인즉, 구태여 옷을 벗기고 자시고 할 필요가 없는지라, 이들은 옷을 입은 채로 그냥 용광로에 던져진다(21절).

이 유대인 청년들을 용광로에 던져 넣을 때 꽁꽁 묶어서(20,23절) 던졌던 것은 혹시 뜨거운 불길 앞에서 순간적으로 완강하게 저항할지도 모른다는 우려 때문이었던 모양이겠지만, 이것부터가 이들의 믿음이 어떤 것인지 제대로 이해하지 못한 처사였다. 하나님을 신뢰하는 그리스도인들은 어떤 처지에서도 그 의연한 자세를 잃지 않는다. 중세 암흑시대에 그 숱한 성경대로 믿는 그리스도인들이 로마카톨릭의 잔인무도한 핍박자들에 의하여 장작더미 위에서 불타 죽었지만, 누구 하나 몸부림치며 울고불고 했다는 기록은 전해지지 않는다.

3:24 그때 느부캇넷살 왕이 놀라 급히 일어나서 그의 자문관들에게 일러
말하기를 "우리가 세 사람을 묶어서 불 가운데로 던지지 아니하였
느냐?" 하니, 그들이 대답하여 왕에게 말하기를 "오 왕이여, 옳소이
다." 하더라.
25 왕이 대답하여 말하기를 "보라, 내가 보니, 네 사람이 풀려서 불 가
운데서 걸어다니고 있는데, 그들이 다치지도 않았으며, 그 넷째의
모습은 하나님의 아들과 **같도다." 하더라.**

느부캇넷살의 얼굴이 돌처럼 굳어질 정도로 깜짝 놀란 것은 당연했다. 분명히 세 청년을 꽁꽁 묶어서 불타는 뜨거운 용광로에 던져 넣지 않았는가? 그런데 왕이 보니, 『**네 사람이 풀려서 불 가운데서 걸어다니고**』 있었던 것이다! 게다가 『**그 넷째의 모습은 하나님의 아들과 같도다.**』라고 말한다. 이것은 보통 놀랄 일이 아니다. 얼마나 놀랐던지 왕은 앉았던 자리에서 벌떡 일어나 소리친다.

여기서 왕이 본 것은 분명 『**하나님의 아들**』이었다. 영어 〈킹제임스성경〉에서도 분명히 대문자로, "the Son of God"이라고 표기하고 있다. 그러나 대부분의 성경들은 "신들의 아들"(a son of gods)이라고 바꾸어 놓았다. 말하자면, 용광로에 던져진 세 사람의 유대인들과 함께 거닐고 있는 "그 넷째 사람"은 느부캇넷살왕이 본대로 『**하나님의 아들**』일 리가 없다는 것이다. 그들은 현장에서 직접 목격한 느부캇넷살왕보다 자신들의 추측을 더 신뢰하거나, 아니면 느부캇넷살왕의 정직한 증언이 못마땅했던 모양이다. 그들은 〈킹제임스성경〉이 뭐라고 언급하든, 느부캇넷살이 『**하나님의 아들**』에 대해 알고 있었을 가능성이 전무하다고 우기면서, 이렇게 표기하고 있는 〈킹제임스성경〉을 가차없이 공격한다.

히브리어에서는 명사에 관사를 붙이지 않는 경우가 많아서 이것을 영어로 번역할 때 명사에 부정관사 "a"를 붙일 것이냐, 아니면 정관사 "the"를 붙일 것이냐 하는 것은 순전히 문맥의 내용에 따라 판단해야 될 경우가 많은데, 문제는 번역자가 그 문맥의 내용을 어떻게 해석하느냐에 있거니와, 여하한 경우에도 문법이나 번역자의 의견이 성경의 진리보다 우선할 수 없다는 것은 두말할 나위도 없다.

구약에서 "천사"를 "하나님의 아들"이라고 부르는 경우가 종종 있거니와, 특별히 그 천사가 주 예수 그리스도를 가리킬 경우 〈킹제임스성경〉은 혼동을 피하기 위하여 그 "천사"를 "**주**의 천사"나 『**하나님의 아들**』로 번역해 놓음으로써 하나님께 영광을 돌렸다. "천사"가 곧 주 예수 그리스도를 가리키는 경우가 있다는 것은 신약에서도 천명하고 있는 사실이다. 갈라디아서 4:14을 보면 바울은 『**또 너희는 나의 육체 안에 있는 나의 시련을 무시하거나, 거절하지도 아니하였고 오히려 하나님의 천사같이 곧 그리스도 예수같이 나를 영접하였도다.**』라고 언급하고 있다. 또 사도행전 27:23에서는 『**내가 속해 있고 또 내가 섬기는 하나님의 천사가 간밤에 내 곁에 서서**』(행 27:23)라고 말한다. 바울이 "섬기는" 『**하나님의 천사**』라면 예수 그리스도를 지칭한 것이 명백하지 않은가?

현대판 "새" 역본들을 만들어낸 자들은 느부캇넷살왕이 『**하나님의 아들**』에 대해 알고 있었을 리 만무하다고 우겨대지만, 그렇지 않다. 하나님께 "아들들"이 있다는 사실은 구약 시대 사람들은 누구나 다 알고 있는 사실이었고, 느부캇넷살이 태어나기 1,000년 전에도 이미 알려졌던 일이다. 욥기 38장을 보라. 『**언제 새벽별들이 함께 노래했으며 하나님의 아들들이 모두 기뻐서 소리쳤느냐?**』(욥 38:7) 성경에서 별들은 흔히 하나님의 아들들로 묘사된다.

그런가 하면, 예수 그리스도라는 "그 아들"을 하나님께서 소유하고 계셨다는 것 또한 느부캇넷살보다 400년 전의 솔로몬이 알고 있던 사실이었다. 『**주께서 태초에 일하실 때에, 옛적에 그의 일을 시작하시기 전에 나를 소유하셨느니라. 영원부터, 태초부터, 땅이 있기 전부터 내가 세움을 받았느니라.**』(잠 8:22,23). 여기서 『**나**』가 누구이시겠는가? 성경을 조금이라도 아는 사람이라면 이분이 곧 예수 그리스도이심을 이해할 수 있을 것이다. 이 『**나**』를 하나님께서는 『**영원부터, 태초부터**』 소유하셨었다고 말씀하신다. 잠언은 느부캇넷살보다 400년 전의 솔로몬이 기록한 책이다. 그런 그가 "하나님의 아들"이신 예수 그리스도에 대해서 얼마나 소상하게 알고 있었는지 놀랍지 않은가? 솔로몬은 지금으로부터 2,700년 전에 오늘의 당신에게 예수 그리스도, 그 하나님의 아들에 대해서 알고 있느냐고 오히려 묻고 있을 정도다. 『**하늘에 올라가셨다가 내려오신 분이 누구신가? 바람을 자기의 주먹 안에다 모으시는 분이 누구신가? 옷으로 물들을 싸매신 분이 누구신가? 땅의 모든 끝들을 정해 놓으신 분이 누구신가? 그분의 이름은 무엇이며, 그분의 아들의 이름이 무엇인지 네가 말할 수 있느냐?**』(잠 30:4) 당신은 『**그분의 아들의 이름이 무엇인지 네가 말할 수 있느냐?**』는 솔로몬의 질문에 "예."라고 대답할 수 있는가? 당신이 꾸물거리는 사이에 바로 그 다음 절에서 솔로몬이 친히 그 대답을 하고 있다. 그분은 곧 『**하나님의... 말씀**』이라고 말이다. "하나님의 말씀"이 누구신가? 바로 예수 그리스도시다(요 1:1-4). 자, 느부캇넷살보다 1,000년 전 사람 욥에게 알려져 있었고, 400년 전 사람 솔로몬에게도 알려져 있었던 『**하나**

님의 아들』을 느부캇넷살이 혼자 몰랐다고 말할 수 있는가?

중요한 것은, 이 사람이 과연 『**하나님의 아들**』이셨던 게 사실인지 여부를 떠나 최소한 느부캇넷살의 눈에는 그렇게 보였던 것이다. 느부캇넷살이 정말로 『**하나님의 아들**』이 누구이신지 알지 못했다 하더라도 그것이 중요한 게 아니다. 중요한 것은 그가 『**그 넷째의 모습은 하나님의 아들과 같도다.**』라고 말했다는 것이다. 용광로 속에 있던 세 명의 유대인 청년들 곁에 나타난 그 "넷째"가 최소한 "주의 천사"요 "하나님의 천사"였다는 것을 알고, 그 "하나님의 천사"가 진짜 『**하나님의 아들**』이신 예수 그리스도, 그분이셨음을 우리가 알고 있기만 하면 그것으로 충분하다.

3:26 ○ 그때에 느부캇넷살이 불타는 뜨거운 용광로 입구에 가까이 와서 일러 말하기를 "너희 지극히 높으신 하나님의 종 사드락과 메삭과 아벳느고야, 나와서 이리 오라." 하니, 사드락과 메삭과 아벳느고가 불 가운데서 나오더라.

27 고관들과 총독들과 군대 대장들과 왕의 의논자들이 함께 모여 이 사람들을 보니, 불이 그 사람들의 몸에는 힘을 쓰지 못했으며 그들의 머리카락 하나도 그슬리지 못하였고 그들의 옷도 변하지 않았으며 그들에게 불탄 냄새조차 없더라.

28 그러자 느부캇넷살이 일러 말하기를 "사드락과 메삭과 아벳느고의 하나님을 송축할지로다. 그분께서 그의 천사를 보내시어, 자기를 의뢰하며 왕의 명령을 바꾸고 자기들의 몸을 내어준 그의 종들을 구해 내셨으니, 이는 그들로 그들의 하나님말고는 어떤 다른 신도 섬기거나 경배하지 않게 하려 하심이라.

우리는 사드락과 메삭과 아벳느고에 대한 이야기에서 커다란 영적 교훈을 얻는다. 시몬 베드로는 베드로전서 4장에서 이렇게 충고한다. 『**사랑하는 자들아, 너희를 연단시키려는 불 같은 시련에 관하여 너희에게 어떤 이상한 일이 일어나는 것처럼 이상하게 여기지 말고 도리어 너희가 그리스도의 고난에 참여하는 자들이 되는 것이니 즐거워하라. 이는 그의 영광이 나타나실 때에 너희도 큰 기쁨으로 즐거워하게 하려 함이니라**』(벧전 4:12,13). 그리스도인들은 때때로 『**불 같은 시련**』을 당하지만, 그런 가운데서도 주님께서 보살펴 주신다는 것이다.

이들은 용광로 속에 들어갔다 나왔는데도 그슬린 냄새조차 없었다(27절). 하나님께서 하시는 일은 무엇이나 이렇게 완벽하다.

『**그분께서 그의 천사를 보내시어, 자기를 의뢰하며 왕의 명령을 바꾸고 자기들의 몸을 내어준 그의 종들을 구해 내셨으니**』(28절).

모든 타락한 현대판 "새" 역본들은 25절의 『**하나님의 아들**』을 "신들의 한 아들"로 변개해 놓고는, 여기 28절에 이르러서는 별 수 없이 "그의 천사"라고 그대로 표기하고 있다. 그러니까 그들에게는 "하나님의 천사"가 이 세상 "신들의 한 아들"쯤으로밖에는 여겨지지 않는 것이다.

천사는 하나님의 "현현"이다. 천사가 나타났다는 것은 하나님 자신이 나타나셨다는 것과 마찬가지다. 용광로에 던져진 세 명의 유대인 청년들에게는 주 예수 그리스도께서 천사처럼 현현하셔서 그들을 보호해 주셨던 것이다. 그 천사를 『**하나님의 아들**』과 같다고 본 느부캇넷살의 눈은 관찰력이 대단히 예리했고 실로 깊은 통찰력을 가진 눈이었으며, 이것을 그대로 서술한 그의 말은 대단히 정확한 표현이었던 것이다.

『**...그분께서 그의 천사를 보내시어, 자기를 의뢰하며 왕의 명령을 바꾸**

고 자기들의 몸을 내어준 그의 종들을 구해 내셨으니, 이는 그들로 그들의 하나님말고는 어떤 다른 신도 섬기거나 경배하지 않게 하려 하심이라』(28절).

이 구절은 그 자체가 위대한 한 편의 설교가 아닐 수 없다. 그들은 하나님을 신뢰하는 가운데 "의뢰"했고 하나님께 "몸을 내어 드렸으며," 그런 그들을 하나님께서는 "구해 내셨다!" 하나님께서 그들을 왜 구해 내셨는가? 첫째, 그들은 하나님께 의뢰했다. 둘째, 그들은 사람을 무서워하지 않고 하나님을 두려워했다. 셋째 그들은 하나님께 몸을 내어 드렸다. 로마서 12장에서 바울은 무어라고 설교하는가? 『**그러므로 형제들아, 내가 하나님의 모든 자비하심으로 너희에게 권고하노니, 너희 몸을 하나님께서 기뻐하시는 거룩한 산 제물로 드리라. 이것이 너희가 드릴 합당한 예배니라. 너희는 이 세상과 일치하지 말고 너희 마음을 새롭게 함으로써 변화를 받아 하나님의 선하시고 기뻐하시고 온전하신 뜻이 무엇인지 입증하도록 하라**』(롬 12:1,2).

로마서 12장은 『**합당한 예배**』가 어떤 것인지에 대해 가르치는 위대한 장이다. 바울은 당신의 『**몸을... 제물로**』드리는 것이 가장 『**합당한 예배**』라고 가르친다. 당신의 몸을 주님께 제물로 드릴 수 있다면, 당신은 하나님을 진정으로 사랑하고 있다는 것을 입증한다. 첫째로 주님을 신뢰하고 의뢰하라. 그런 다음 그분께 당신의 몸을 드려라. 그러면 주님께서 당신을 구해 내실 것이다. 사드락과 메삭과 아벳느고는 하나님을 의뢰하였기 때문에 『**왕의 명령을 바꾸**』었다. 이 왕이 누구인가? 자그마치 적그리스도의 예표가 되는 거물이었다. 느부캇넷살은 "666"이라는 숫자의 주인공 마귀의 표상이었다. 이들 유대인 세 청년은 하나님께 의뢰함으로써 마귀의 명령까지 바꿀 수가 있었던 것이다. 이렇게 하는 데에는 먼저 하나님을 의뢰하고 자신들의 몸을 드리는 합당한 예배가 전제되었음을 기억하라.

3:29 그러므로 내가 한 칙령을 내리노니, 어느 백성이나 민족이나 언어라
도 사드락과 메삭과 아벳느고의 하나님께 거슬러 무엇을 잘못 말하
면 그들은 토막으로 잘려질 것이요 그들의 집은 퇴비더미가 될 것이
니라. 이는 이처럼 구해 낼 수 있는 다른 신이 없기 때문이라." 하고,
30 왕이 사드락과 메삭과 아벳느고를 바빌론 지방에서 높였더라.

느부갓넷살의 칙령이 자못 흥미롭다. 사드락과 메삭과 아벳느고를 용광로에서 구해 내신 『**그들의 하나님**』을 거슬러 말하면 엄벌에 처한다는 것이었는데, 그 이유가 『**이처럼 구해 낼 수 있는 다른 신이 없기 때문**』이라는 것이다. 그는 유대인들이 섬기는 하나님이야말로 최고의 능력을 가진 신임을 솔직하게 인정한다. 그러면서도 그 하나님만이 참되신 하나님이요, 다른 신들은 가짜들이라고 말하지는 않는 것이다. 그의 칙령을 아무리 뜯어보아도 사드락과 메삭과 아벳느고의 하나님만이 참되신 신이심을 인정하고 그렇기 때문에 자기도 그분을 참되신 하나님으로 섬기겠다는 의지는 엿보이지 않는다. 『**이처럼 구해 낼 수 있는 다른 신이 없기 때문이라.**』는 그의 말 가운데에는 유대인들이 섬기는 하나님이 최고 능력을 가진 것은 사실이지만, 아무리 그렇더라도 그분 역시 "또 하나의 다른 신"에 불과한 것으로 간주하고 있음이 드러난다. 지금 느부갓넷살이 절대로 하나님을 거슬러 말하지 말라는 칙령을 내리면서 한 말은 말하자면 이런 것이었다. "사드락과 메삭과 아벳느고가 섬기는 하나님이야말로 최고의 신임에 틀림이 없다. 그분은 자기 종들을 불타는 뜨거운 용광로에서도 구해 내지 않았느냐? 세상에 신들이 많고 많지만, 이런 신이 또 어디 있단 말이냐? 내가 섬기는 신은 그만한 능력이 없지 않느냐? 그런즉 그 누구도 그들의 위대한 신에게 거슬러 말하는 일이 없도록 하라. 그리고 이 위대한 신을 섬기는 유대인 청년들을 비난하지 말라. 그들은 그들의 신을 섬기도록 내버려두고, 우리는 우리의 신들을 섬기면 그만 아니냐?"

여기서 느부캇넷살이 분명하게 잘못 이해하고 있는 게 한 가지 있는데, 그것은 "신"이 "신"임을 증명하는 가장 중요한 증거가 무엇인가를 제대로 알지 못했다는 점이다. 신이 신임을 입증하는 가장 기본적이고도 가장 중요한 요소는 구원의 능력이다. 느부캇넷살의 말대로 『**이처럼 구해 낼 수 있는**』 능력 말이다. 이 "구원의 능력"이 있느냐 여부에 따라 그가 참된 "신"이냐, 아니냐가 판가름 난다는 얘기다. 『**구해 낼 수 있는**』 능력이 없으면 그것은 신이 아니다. 다니엘 6:27을 보라. 『**그분은 구해 내시고 구출하시며 또 하늘에서나 땅에서 표적들과 이적들을 행하시고 사자들의 힘에서 다니엘을 구해 내신 분이시니라.**』 이처럼 하나님이 참되신 하나님이시라면, 그분께서는 『**구해 내시고 구출하시며... 구해 내신 분**』이셔야만 한다. 시편 50:15을 또 보라. 『**고난의 날에 나를 부르라. 내가 너를 구해 낼 것이요, 너는 나를 영화롭게 하리라.**』고 말씀하지 않는가? 사드락과 메삭과 아벳느고는 이것을 잘 알고 있었기에 고난의 날에 처했을 때 느부캇넷살왕에게 살려달라고 매달리지 않고 자신들의 하나님을 부르며 『**그들의 하나님**』께 의뢰했던 것이다. 그리고 『**그들의 하나님**』께서는 그들을 구해 내셨으며, 그들은 의심할 여지없이 『**그들의 하나님**』께 감사와 영광을 드렸을 터였다. 『**고난의 날에 나를 부르라. 내가 너를 구해 낼 것이요, 너는 나를 영화롭게 하리라.**』는 약속이 그대로 이행되었던 것이다.

당신이 섬기는 신이 『**구해 낼 수 있는**』 신이라면, 그 신은 참 하나님이시다. 만약 그렇지 않다면, 당신은 딱하게도 헛것을 섬기고 있는 중이다. 가령, 당신이 천주교에 다니면서 "교회에 다닌다."고 말한다면, 당신은 다음과 같은 나의 세 가지 질문에 "예스"라고 대답할 수 있어야 한다. 첫째, 당신은 진실로 행복한가? 둘째, 당신의 죄가 용서된 게 확실한가? 당신의 대답이 설사 "예스"라 할지라도 내가 다시 묻건대, 당신은 지금 죽더라도 지옥에 가지 않을 자신이 있는가? 이것이 세 번째 질문이다. 이 세 가지 질문에 정직한 마음으로 "예" 하고 대답할 수 없다면, 당신은 아직 구원받지 못했다는 증거다. 내 말은, 당신이 지금 살아 있으되, 죽은 송장이나 다름없다는 얘기다. 그러니 지금이라도 당신 자신에 대해 다시 한 번 더 곰곰이 생각해 보고 지금이라도 늦지 않았으니 어서 주 예수 그리스도를 믿고 당신의 구주로 영접하라.

다니엘 4장

4:1 느부캇넷살왕이 온 땅에 살고 있는 모든 백성과 민족들과 언어들에
게 *이렇게 말하더라.* **"너희에게 평강이 더할지어다.**
2 나는 높으신 하나님께서 나에게 행하신 표적들과 이적들을 알리는
것이 좋다고 생각했노라.
3 그분의 표적들이 얼마나 위대하며 그분의 이적들이 얼마나 능력이
있는가! 그분의 왕국은 영원한 왕국이요, 그분의 통치권은 대대에 이
르리로다.

『**느부캇넷살왕이 온 땅에 살고 있는 모든 백성과 민족들과 언어들에게** *이렇게 말하더라.* **"너희에게 평강이 더할지어다**』(1절).

이른바 『**이방인들의 때**』(눅 21:24, 계 16:14)를 지상에서 맨 처음 열고 이방인 세계 최초의 왕이 된 바빌론의 느부캇넷살왕은 전 세계적인 통치권을 위임받은 인물이었다. 우리는 앞서 2:37,38에서 다니엘이 왕의 꿈을 해석해 주는 가운데 이렇게 언급했던 것을 살펴보았다. 『**오 왕이여, 왕은**

왕 중의 왕이시라. 하늘의 하나님께서 왕께 왕국과 권세와 능력과 영광을 주셨나이다. 또 사람의 자손들과 들의 짐승들과 하늘의 새들이 살고 있는 모든 곳들을 하나님께서 왕의 손에 주셔서 왕으로 그들 모두를 다스리는 자가 되게 하셨나니, 왕은 곧 금 머리니이다.』 이를 통하여 느부캇넷살은 자신의 권세가 『**온 땅**』에 미치고 있음을 재확인할 수 있었다. 그런 그가 『**온 땅에 살고 있는 모든 백성과 민족들과 언어들에게... "너희에게 평강이 더할지어다.**』라고 말한 것은 지극히 자연스럽다. 그는 이렇게 말할 수 있는 권세와 능력과 영광을 하나님께로부터 부여받았던 왕이다.

여하한 형태의 정치적 권력일지라도 그것은 오직 하나님 자신의 뜻에 따라 선임된 자들에게 위임된다. 이것이 하나님께서 지상을 통치하시는 방식이다. 17절에서도 『**지극히 높으신 분이 인간들의 왕국을 다스리시며 그분께서 원하는 자에게 그것을 주시고**』라고 언급하고 있다. 하나님께서는 지상의 전면적인 통치권을 마귀에게 위임하셨다. 누가복음 4장에서 마귀에게 시험받으시는 하나님의 아들이신 예수 그리스도께 마귀는 무엇이라고 말하고 있는가? 『**또 마귀가 주를 높은 산으로 데리고 가서 잠깐 동안에 세상의 모든 나라들을 보여 주더라. 그리고 마귀가 주께 말하기를 "내가 이 모든 권세와 그것들의 영광을 너에게 주리라. 그것이 나에게 넘겨졌으므로 내가 원하는 자에게 줄 수 있느니라**』(눅 4:5,6).

마귀는 자신에게 위임된 세상 통치 권력을 쪼개어 그것을 여러 사람들에게 분산시킨다. 다시 말해서, 하나님께서는 지상 통치권을 마귀에게 위임하셨고, 마귀는 이것을 또 여러 사람들에게 나누어 위임하는 것이다. 그러나 이 통치권은 어디까지나 그 근원이 하나님께로부터 비롯되기 때문에 이 권세를 쥐고 있는 모든 권력자들은 실은 그 소유권이 모두 하나님께 속한다. 따라서 지상의 통치권자들은 하나님의 뜻에 따라 번성하기도 하고 멸망하기도 한다. 하나님께서는 자신의 백성인 이스라엘마저 느부캇넷살에게 넘기셨다.

『**나는 높으신 하나님께서 나에게 행하신 표적들과 이적들을 알리는 것이 좋다고 생각했노라**』(2절).

다니엘의 놀라운 꿈 해석을 통해서 뿐만 아니라 그의 동료 세 사람이 용광로에 던져지고도 멀쩡하게 살아 나온 불가사의한 일을 통하여 나타난 하나님의 『**표적들과 이적들**』은 이미 온 나라에 널리 알려졌을 터였다. 그런데, 여기 4장에서 다니엘에 의한 또 한 번의 꿈 해석을 통하여 그러한 『**표적들과 이적들**』이 또다시 나타났는지라, 느부캇넷살왕은 이것 역시 공식적으로 만백성에게 알리는 것이 좋겠다고 생각했는데, 그가 솔직하고 통이 큰 통치자였다기 보다는 모든 권세가 하나님께로부터 나온다는 사실을 이해하고 있던 그로서는 자신의 권세 역시 『**높으신 하나님**』께로부터 부여되었음을 세상에 과시하기 위해서라도 이렇게 하는 것이 좋다는 정치적 계산을 하고 있었으리라.

『**그분의 표적들이 얼마나 위대하며 그분의 이적들이 얼마나 능력이 있는가! 그분의 왕국은 영원한 왕국이요, 그분의 통치권은 대대에 이르리로다**』(3절).

얼마나 위대한 말인가! 그의 말 자체는 마치 선지자들이나 사도들의 말과도 같고, 대환란 기간을 통과하고 끝까지 견뎌낸 144,000명의 유대인의 남은 자들이 보좌에 앉으신 주님을 향하여 환호하는 소리와도 같이 들린다.

느부캇넷살이 성경에서 적그리스도의 예표들 가운데 대표적인 인물이라는 사실에 비추어 볼 때, 그런 인물이 어떻게 『**높으신 하나님**』 운운하는 따위의 언급을 할 수 있을까 하고 많은 사람들이 의문을 나타내지만, 성경에 등장하는 예표적 인물이란 그 누구도 100퍼센트 완전하게 모형이 되는 게 아니라는 사실부터 우선 알아야 한다. 가령, 요셉은 성경에서 예수 그리스도의 예표적 인물들 가운데서 가장 대표적인 인물로 무려 150여 가지 점에서 예수 그리스도의 모형적 특성을 띠고 있던 인물이었다. 그렇지만 그런 가운데서도 100퍼센트 완전하게 예수 그리스도와 일치했던 것은 결코 아니었다. 이를테면, 예수 그리스도께서는 요셉처럼 은잔을 몰래 자루에 숨겨 놓는 따위와 같은 거짓말을 하신 적은 없다. 주님께서는 선의로도 거짓말은 하실 수가 없는 분이시고 그럴 필요도 없는 분이시다. 그러나 요셉은 선의였든 악의였든 거짓말을 했다.

한편으로는 또, 대환란 기간에 적그리스도가 유대인들과 언약을 맺고 대환란 기간 중반기까지는 유대인들에게 호의적인 태도를 취하는 데서도 어찌 보면 적그리스도가 전혀 "적그리스도답지 않은" 면모를 보이기까지 한다는 점 역시 유의해 둘 일이다. 이렇게 볼 때, 느부캇넷살의 입에서『**그분의 왕국은 영원한 왕국이요, 그분의 통치권은 대대에 이르리로다.**』라든지,『**그분의 표적들이 얼마나 위대하며 그분의 이적들이 얼마나 능력이 있는가!**』같은 말이 나왔다는 사실은 조금도 이상할 것이 없다.

그 다음 생각해 볼 일은 대제국 바빌론의 통치자로서의 느부캇넷살이 지니고 있던 정치적 수완과 지혜이다. 그는 하나님의 위상을 높이면 높일수록 그분께로부터 권력을 위임받은 자신의 위상 또한 그만큼 높아진다는 계산을 하고 있었던 것이다.

4:4 ○ 나 느부캇넷살은 내 집에서 쉬고 내 궁에서 번영을 누리고 있는 중에

5 나를 무섭게 하는 한 꿈을 보았는데, 내 침상에서의 생각과 내 머리
의 환상이 나를 번민케 하였노라.
6 그러므로 내가 한 칙령을 내려 바빌론의 모든 현자를 내 앞에 불러
다가 그들로 그 꿈의 해석을 내게 알리도록 하였더니,
7 그때에 마술사들과 점성가들과 칼데아인들과 점쟁이들이 왔기에 내
가 그 꿈을 그들 앞에 말하였으나 그들이 내게 그 해석을 알려 주지
못하였느니라.

느부캇넷살은 꿈을 유달리도 자주 꾸었던 모양이다. 그런데 그 꿈들이 하도 괴이하여 그 뜻을 잘 이해할 수가 없었는지라, 꿈을 꾸고 나면 번번이 그 꿈 생각 때문에 『**번민**』에 빠진다(5절). 2장에서 "큰 형상"을 꿈꾸고 났을 때는 어찌나 번민하였던지 잠을 이루지 못했었다(2:1). 여기서도 그는 자기를 『**무섭게 하는 한 꿈**』을 꾸었다고 하소연한다. 말하자면, 악몽을 꾸고 난 느부캇넷살은 별의별 『**생각**』을 다하고 갖가지 『**환상**』이 머리에 떠올라 『**번민케**』 되었다고 호소하고 있는 것이다.

이에 느부캇넷살은 『**마술사들과 점성가들과 칼데아인들과 점쟁이들**』에게 그 해석을 요구했지만, 이들은 2장에서와 마찬가지로 아무것도 할 수 없었다(7절).

4:8 ○ 그러나 마지막에 다니엘이 내 앞에 들어왔으니 그의 이름은 내
신의 이름을 따라 벨트사살이요, 그의 안에는 거룩한 신들의 영이 있
도다. 그러므로 내가 그에게 그 꿈을 설명하여 말하기를
9 '오 마술사들의 우두머리인 벨트사살아, 네 안에는 거룩한 신들의 영
이 있어 어떤 은밀한 것이라도 너를 두렵게 하지 못하는 줄 내가 아

노니, 내가 본 내 꿈의 환상들과 그 해석을 내게 말하라.
10 내 침상에서 본 내 머리의 환상은 이러하니라. 내가 보니, 땅의 한가운데에 한 나무를 보았는데 그 높이가 크더라.
11 그 나무가 자라서 견고하게 되고 그 높이가 하늘에 닿았는데 그 모양은 온 땅의 끝까지 이르렀고
12 그 잎사귀들은 아름다우며 그 열매는 많아서 만민을 위한 식물이 되었고 들의 짐승들도 그 그늘 아래 있으며 공중의 새들도 그 가지에 깃들이고 모든 생물이 그것을 먹더라.

『**그러나 마지막에 다니엘이 내 앞에 들어왔으니 그의 이름은 내 신의 이름을 따라 벨트사살이요, 그의 안에는 거룩한 신들의 영이 있도다**』(8절).

느부캇넷살이 다니엘에게 하사한 『**벨트사살**』이란 이름은 느부캇넷살의 『**신의 이름을 따라**』 지어준 것으로, 이 "신"은 물론 다니엘의 하나님이시며 사드락과 메삭과 아벳느고의 하나님이신 그분과는 "다른 신"이었다. 이 신은 느부캇넷살 자신이 사적으로 섬기던 개인적인 신인데, 다신주의(polytheism)에서는 신들이 헤아릴 수 없이 많다. 사람도 각 개인에 따라 별도의 신들이 따로 있어서, 느부캇넷살이 말하는 『**나의 신**』이란 그야말로 느부캇넷살 혼자만의 사적인 신으로서, 느부캇넷살이 신고 있는 양말 한 짝만큼이나 흔해빠진 신이다. 로마카톨릭에서 채택하고 있는 "수호 천사"란 바로 이와 똑같은 다신교 사상에서 나온 것이다. "성모" 마리아에게도 경배하고 무슨무슨 "성인"에게도 경배하는 로마카톨릭의 뿌리는 사실인즉 바빌론의 다신교였다.

이 느부캇넷살의 말을 보라. 앞에서는 기껏 『**높으신 하나님**』이니, 『**그분의 표적들이 얼마나 위대하며**』, 『**그분의 왕국은 영원한 왕국**』 운운하면서 다니엘의 하나님을 높이더니, 이제는 자신이 고수하고 있는 다신론 사상의 굴레에서 끝내 벗어나지 못하는 것이다. 그는 여전히 『**나의 신**』이니, 『**신들의 영**』이니 하면서, 유대인의 유일신 사상을 계속 공격한다. 그렇기는 하되, 우리는 그가 여기서 『**그의 안에는 거룩한 신들의 영이 있도다.**』라고 한 말에 주목하지 않을 수 없는데, 그것은 느부갓넷살처럼 다신론자도 "거룩한 신"이 있고 또 "거룩하지 않은 신"이 있다는 것을 인식하고 있다는 것을 입증하기 때문이다.

『**오 마술사들의 우두머리인 벨트사살아, 네 안에는 거룩한 신들의 영이 있어**』(9절).

느부갓넷살이 다니엘더러 『**거룩한 신들의 영**』이 그의 "위에 임하고 있다."는 식으로 말하지 않고 『**네 안에**』 있다고 서술하고 있는 점도 흥미롭다.

『**내 침상에서 본 내 머리의 환상은 이러하니라. 내가 보니, 땅의 한가운데에 한 나무를 보았는데 그 높이가 크더라**』(10절).

2장에서 "큰 형상"을 꿈에 보았던 느부갓넷살은 이번에 다시 "큰 나무"에 대한 꿈을 꾸게 된다.

이 나무는 『**그 높이가 하늘에**』 닿을 정도였고, 또 그 모양이 『**땅의 끝까지**』 이르렀다. 이 정도면 바다 건너 모든 나라의 온 세상 사람들도 다 볼 수 있는 거대한 나무였으리라. 이 나무는 또 『**들의 짐승들도 그 그늘 아래 있으며 공중의 새들도 그 가지에 깃들이**』는 그런 나무였다(11,12절).

그런데 이와 유사한 나무가 마태복음 13장에서 언급된다. 『**천국은 어떤**

사람이 가져다가 자기 밭에 뿌린 겨자씨 한 알과 같으니, 그것은 참으로 모든 씨 중에서 가장 작지만 자라나면 푸성귀 중에서 가장 커지고, 나무가 되면 공중의 새들이 와서 그 가지에 깃들이느니라』(마 13:31,32).

이 나무는 온갖 마귀들을 끌어모으는 세상 종교들을 말한다. 로마카톨릭은 이 나무가 천국 복음이 확장되어 전 세계에 이르게 될 것을 의미한다고 해석하면서 자신들의 교회가 바로 그것이며, 따라서 카톨릭 "교회"의 세력이 전 세계를 뒤덮게 될 것이라고 가르치는데, 로마카톨릭이 아닌 게 아니라 온갖 마귀들을 불러모으고 있는 세상 종교의 원조 격이라는 점에서 그들의 주장이 틀린 것도 아니다.

이 나무는 에스겔 31장에서 『**레바논의 백향목**』(겔 31:3)으로 묘사되고 있다. 『**...그 나무의 높이가 들의 모든 나무보다 높으며... 큰 가지들이 무성하고... 하늘의 모든 새들이 그의 큰 가지들에 둥지를 만들며 그의 작은 가지 아래는 들의 모든 짐승들이 그들의 새끼들을 낳으며 그 그늘 아래는 모든 큰 민족들이 거하였느니라... 하나님의 동산에 있는 백향목들이 그를 가릴 수 없었으니 전나무들이 그의 큰 가지들 같지 아니하였으며 밤나무들이 그의 작은 가지들만 같지 아니하였고 하나님의 동산에 있는 어떤 나무들도 아름다움에는 그와 같지 못하였도다**』(겔 31:5-8). 이 나무는 마귀가 이 세상의 통치자요, 이 세상의 신이라는 사실과 결코 무관하지가 않은데, 이 무성하고 거대한 나무에는 지금도 이 세상에서 『**모든 큰 민족들**』이 거하고 있다. 말하자면, 적그리스도의 수하에 모든 큰 나라 민족들이 이미 들어가 있는데, 로마카톨릭이 지배하고 있는 UN을 생각해 보면 이게 무슨 소린지 금방 수긍이 갈 것이다. 이 나무는 현재 이미 모든 민족들을 압도하고 그 위에 군림하고 있지만, 적그리스도가 이 세상을 완전히 장악하게 될 대환란 기간에 그 절정기를 맞게 될 것이다.

4:13 내가 내 침상에서 내 머리의 환상들을 보니, 보라, 한 파수꾼, 곧 한 거룩한 이가 하늘에서 내려왔는데,

14 그가 크게 외쳐 이렇게 말하기를, 그 나무를 베고 그 가지를 자르고 그 잎사귀를 흔들어 떨며 그 열매를 흩어 짐승들로 그 아래에서 떠나게 하고 새들도 그 가지에서 떠나게 하라.

15 그러나 그 뿌리의 그루터기는 땅에 남겨 두어 철과 놋의 줄로 동이고 들의 부드러운 풀 속에 두어 하늘의 이슬로 젖게 하며 그의 분깃은 땅의 풀에 있는 짐승들과 함께 있게 하라.

16 또 그의 마음을 인간의 마음으로부터 변하게 하며 짐승의 마음을 그에게 주어서 일곱 때로 그에게 지나가게 하라.

이윽고 나무는 베어진다. 가지들도 잘려지고, 잎사귀들도 떨어지며, 열매도, 짐승들도, 새들도 없어진다(14절). 이것은 지상의 마지막 때를 언급하고 있는 게 분명하다. 지상의 모든 민족들을 수하에 거느리고 있는 이 거대한 나무를 베어 버리라는 명령이 『**한 거룩한 이**』로부터 떨어지는데, 그렇게 되면 온 세상은 출애굽기에 있었던 것처럼 『**메뚜기들이 온 지면을 덮으니 땅이 어두워지고 우박이 남긴 그 땅의 모든 채소와 나무에 달린 모든 열매들을 먹었으니, 이집트 땅 전역에 걸쳐 나무나 들의 채소들 중 푸른 것은 전혀 남아 있지 않더라.**』(출 10:15)라는 상황이 이윽고 연출될 것이다.

13절에 있는 『**한 파수꾼, 곧 한 거룩한 이**』("a watcher and an holy one")는 동격을 나타내는 서술로, "한 파수꾼, 즉 한 거룩한 이"라는 뜻이다. 14절에서 보듯이 이 『**한 파수꾼, 곧 한 거룩한 이**』를 "그들"(They)처럼 복수형 대명사가 아니라 "그"(He)라고 단수형 대명사로 받고 있는 데서도 그것이 입증된다. 그렇기는 하되, 하나님과 예수 그리스도가 한 분이시면서 또 삼위일체의 서로 다른 신격이신 것처럼 『**파수꾼**』이 『**거룩한 이**』와 별개의 계층일 수도 있다. 17절에서는 "파수꾼"이 『**파수꾼들**』, "거룩한 이"가 『**거룩한 자들**』처럼 복수형으로 되어 있다.

여기서 언급되는 『**파수꾼**』(watcher)이 어떤 존재인지는 성경에 설명되고 있지 않다. 사람들은 이것이 "천사"를 지칭한다고 당연시하는 게 보통이지만, 성경은 "천사," "천사장," "그룹," "스랍" 등을 각기 분명하게 구별해서 언급하고 있고, 또 "파수꾼"이 무엇인지는 모르지만, 이것 역시 천사와는 분명히 구별해서 언급하고 있다. "감시자, 관측자"라는 뜻을 갖는 이 말은 구약 곳곳에 나오는 "파수꾼"(watchman)과는 또다른 어떤 존재인 듯 한데, 특히 다니엘서와 예레미야서에서만 언급되는 이 『**파수꾼**』("watcher")이 정확하게 어떤 존재인지는 확실히 말할 수 없다.

16절에 언급되는 『**일곱 때**』란 곧 대환란 기간과 일치하는 "7년"을 의미하는 것으로 보는 게 마땅하다. 따라서 이 구절이 7년 대환란에 직접 관련된다는 것은 의심의 여지가 없다. 요한계시록 13장에서는 대환란 시대에 등장하는 적그리스도가 『**짐승**』이라 일컬어진다. 이 『**일곱 때**』는 "7일"을 말하는 것이 아니다. 머리털이 이레 동안에 독수리 깃털만큼 자라고 손톱이 새 발톱만큼 자란다는 것은 말도 안 되기 때문이다(33절). 이레는 커녕, 일곱 달로도 불가능하다. 그래서 『**일곱 때**』는 7년 대환란 기간을 의미하는 것으로 보아야 한다.

『**그의 마음을 인간의 마음으로부터 변하게 하며 짐승의 마음을 그에게 주어서**』(16절). 이것은 이를테면 심리학에서 말하는 "낭광"(狼狂, lycanthropy)과 같은 현상으로서, 인간이 마법에 걸려 이리로 변한다는 전설도 있듯이, 사람이 자기 자신을 이리나 사자 따위와 같은 야수라고 착각하는 정신병을 "낭광"이라고 부른다. 이것은 순전히 정신착란에 의한 터무니없는 환각 증상이지만, 희한한 것은 이 병을 앓는 정신병자의 얼굴 모습 자체가 아닌 게 아니라 야수처럼 변모한다는 점인데, 가령, 이마가 위로 치켜 올라가고 두 눈 꼬리가 찢어지며 입 모양은 사자 입처럼 되는가 하면, 마치 사자의 입주름 같은 것이 생겨 실제로 사자 얼굴처럼 보인다. 얼굴에 나타나는 이러한 변형은 문명 세계와 단절돼 있는 정글 지대에서 짐승과 똑같은 생활을 장기간 동안 하면서 짐승을 날로 잡아먹고 다른 짐승들과 동물적으로 의사를 소통하는 등과 같은 동물적 습성과 심리상태가 몸에 밴 인간에게서 흔히 나타나는 현상이다.

4:17 이 일은 파수꾼들의 칙령에 의한 것이요 거룩한 자들의 말에 의한 요구니, 이는 사람들로 하여금 지극히 높으신 분이 인간들의 왕국을 다스리시며 그분께서 원하는 자에게 그것을 주시고 또 인간의 가장 천한 자로 그 위에 세우시는 줄을 알게 하시려는 의도니라 하였느니라.

18 나 느부캇넷살왕이 이 꿈을 보았느니라. 이제 오 너 벨트사살아, 그 해석을 공포하라. 내 왕국의 모든 현자가 그 해석을 내게 알려 줄 수 없었으나 너는 할 수 있으리니, 이는 거룩한 신들의 영이 네 안에 있음이라.' 하였느니라.

앞에서도 언급한 것처럼 『**인간들의 왕국**』을 다스리시는 분은 어디까지나 『**지극히 높으신 분**』, 곧 하나님이시다. 그런데 또, 『**그분께서 원하는 자에게 그것을 주시고**』라고 말씀한다. 왕국의 통치권은 하나님께서 원하시는 자에게 위임된다는 말씀이다. 지상의 통치권은 총체적으로 마귀에게 위임되었고, 마귀가 그 통치권을 다시 쪼개어 여러 사람들에게 나누어주되, 이 과정에 하나님께서 개입하신다는 것을 우리는 여기서도 알 수 있다. 그래서 바울은 로마서 13장에서 이렇게 언급하고 있다. 『**각 사람은 위에 있는 권세자들에게 복종하라. 하나님께로부터 나오지 않은 권세는 없나니, 모든 권세는 하나님께서 정하신 것이라**』(롬 13:1). 바울의 이 말은 바울 스스로의 견해를 밝힌 게 아니라 성경이 이미 말씀한 바를 재천명하고 있는 말이다.

느부캇넷살왕은 대 제국 바빌론의 통치자다. 그가 이렇게 된 것은 그가 하나님께서 『**원하는 자**』(17절)였기 때문이다. 그렇다고 해서 그가 "큰 인물"이라거나, 하나님께서 그를 위대한 인물로 보셨다는 뜻은 아니다. 느부캇넷살은 단지 통치자로 세워진 통치자였을 뿐이지 그 이상도 그 이하도 아니다. 느부캇넷살은 얼마든지 『**인간의 가장 천한 자**』(17절) 부류에 들 수도 있는 인물이었다. 『**나에게는 너를 십자가에 못박을 권세도 있고 너를 놓아줄 권세도 있다는 것을 알지 못하느냐?**』고 빌라도가 말하자, 예수 그리스도께서 이렇게 말씀하신 것을 우리는 요한복음 19장에서 읽는다. 『**위에서 네게 주신 것이 아니라면 너는 나를 대적할 아무런 권세도 갖지 못하였을 것이니라. 그러므로 나를 너에게 넘겨준 자는 더 큰 죄를 진 것이라**』(요 19:10,11). 지금 예수 그리스도께서 빌라도에게 하시는 말씀은 "하나님께서 허용하지 않으신다면 너는 내게 무슨 짓도 할 수가 없다."는 뜻이었다. 그런데, 하나님께서 허용치 않으신다면 아무것도 할 수 없다는 그리스도의 말씀에 대해 빌라도는 전혀 이의를 제기하거나 기분 나쁘게 여기지 않았다. 통치자는 본능적으로 이것을 알기 때문이다. 통치자는 자신을 통치자의 자리에 앉게 만들어 주신 분이 "위에 계시는 분"이라는 사실을 은연중이라도 아는 법이다. 통치자들은 말은 하지 않지만 자신이 그럴 자격이 있건 없건 간에 그 자격을 부여하신 분은 하나님이시라는 것을 마음속으로는 알고 있는 법이다. 빌라도 역시 마찬가지였다.

그러나 느부갓넷살은 그렇게 생각하지 않았었기 때문에, 즉 통치권을 스스로의 힘으로 획득했다고 생각했기 때문에, 하나님께서는 『**그분께서 원하는 자에게 그것을 주시고 또 인간의 가장 천한 자로 그 위에 세우시는 줄을 알게 하시려는 의도**』를 이 꿈을 통해 보여 주신 것이다.

『**이 일은 파수꾼들의 칙령에 의한 것이요 거룩한 자들의 말에 의한 요구니**』(17절)라는 언급에서 『**파수꾼**』이 『**파수꾼들**』로 복수형으로 표기되었기 때문에 『**거룩한 이**』 역시 복수형으로 표기되어 『**거룩한 자들**』이 되었는데, 이 양자는 동일 인물이지만 이렇게 병기하여 이른바 "대구법"(對句法, parallelism)으로 강조 효과를 내기 위한 일종의 서술 기법으로도 볼 수 있는 한편, 양자가 서로 다른 부류로 볼 수도 있다.

『**이는 거룩한 신들의 영이 네 안에 있음이라**』(18절).

다니엘 『**안에**』 들어와 있었던 『**거룩한 신들의 영**』이란 곧 하나님의 영, 즉 "성령"을 의미한다. 구약에서는 "성령"에 관한 교리적 정의가 아직 분명하게 내려져 있지 않았다. 당신은 구약을 읽으면서 하나님의 영을 의미하는 "영"을 나타내는 영어 단어의 첫 글자가 "spirit"처럼 소문자로 표기돼 있는 것을 보았을 것이다. 이것은 신약 시대에서처럼 "성령"이 인격적인 분이시란 것을 구약 시대에는 아직 모르고 있기 때문이었다. 구약 시대에는 성령의 영향력에 대해서는 알고 있었지만, 그분께서 인격적인 존재이시라는 것은 간파하지 못했다. 느부갓넷살 역시 다니엘의 안에 들어와 계셨던 하나님의 영을 단지 다신론적 관점에서만 파악하고 있었다. 그래서 그는 그 영을 『**거룩한 신들의 영**』이라고 표현하고 있는 것이다.

그러나 그는 "거룩한 신들"과 "거룩하지 못한 신들"의 차이를 분명히 인식하고 있었다. 이를테면 "천사"에 해당하는 "하나님의 아들들" 중에서 특별히 "주의 천사"라면 이것은 "거룩한 신"이라는 것을 그는 알고 있었던 것이다. 이런 점에서 느부갓넷살은 현대의 신학자들보다도 한결 더 이에 대한 영적 분별력을 갖고 있었다.

4:19 ○ 그러자 그 이름이 벨트사살인 다니엘이 잠시 놀랐으며 그의 생각이 그를 번민케 하였느니라. 왕이 일러 말하기를 '벨트사살아, 그 꿈과 그 해석으로 너는 번민하지 말라.' 하니, 벨트사살이 대답하여 말하기를 '내 주여, 그 꿈이 왕을 미워하는 자들에게 있게 되기를 원하며 그 해석이 왕의 적들에게 있게 되기를 원하나이다.

20 왕께서 보신 그 나무가 자라서 견고하게 되고 그 높이가 하늘에 닿았는데 그 모양은 온 땅에 이르렀고

21 그의 잎사귀들은 아름다우며 그 열매는 많아서 만민을 위한 식량이 되며 들의 짐승들이 그 아래 거하며 공중의 새들이 그 가지들에 거처를 삼았나이다.

22 오 왕이여, 그것은 왕이시오니, 곧 왕께서 자라서 견고해지심이라. 이는 왕의 위대하심이 자라서 하늘에 닿고 왕의 통치권이 땅 끝까지 미침이니이다.

꿈의 내용을 들려준 다음 그 꿈을 해석하라는 명령을 받고 다니엘이 고심하는 눈치를 보이자 왕이 『**그 해석으로 너는 번민하지 말라.**』(19절)고 충고한다. 말하자면, 꿈의 해석이 느부갓넷살에게는 설사 기분이 언짢은 것이라 할지라도 개의치 말고 이야기하라는 주문이었다.

다니엘은 느부캇살왕의 꿈 이야기를 다시 한번 반복한 다음(20,21절) 해석하기 시작하는데, 느부캇넷살이 꿈에서 본 그 나무는 느부캇넷살왕 자신을 나타내는 그림이었다. 그 나무가 "자라서 견고하게 되고 그 높이가 하늘에 닿고 그 모양이 온 땅에 이르게 된다"(20절)는 것은 느부캇넷살왕이 "자라서 견고해지고" "그의 위대함이 자라서 하늘에 닿고 그의 통치권이 땅 끝까지 이른다"는 의미라고(22절) 다니엘은 해석한다. 여기서 『**땅 끝**』이란 "바다가 시작되는 곳"이란 뜻이다. 통치권이 광활한 지역에까지 미쳐 홍해 밖까지 지배하고 지중해 밖까지 지배력이 확대된다는 것이다.

아무튼 다니엘은 느부캇넷살왕을 "나무"에 비견하는데, 다윗 역시 시편 37:35,36에서 『**내가 큰 세력을 가진 악인을 보았더니 푸른 월계수같이 뻗어나갔으나 그가 사라져 버렸으니, 보라, 그가 없어졌도다. 정녕, 내가 그를 찾아 보았으나 찾을 수 없었도다.**』라고 언급한 것과 맥을 같이한다.

의로운 사람을 종려나무에 비하기도 하는 성경에서는 이처럼 사람을 나무에 비견하는 수가 흔하다. 마가복음 8장에 보면 주님께서 소경을 고쳐주시고 『**무엇이 보이느냐?**』고 물으시자, 눈을 뜨게 된 사람이 『**사람들이 나무 같고, 걸어가는 것이 보이나이다.**』(막 8:23,24) 하고 대답한다. 지금도 이처럼 사람을 나무에 비견하는 수가 있는데, 가령, "가계 족보"를 나타내는 말을 영어로 "family tree"라고 말한다든지, 어느 종족이나 집안의 근원이 된 조상들을 이야기할 때 "뿌리"(roots)라고 말하는 것 등이 그 좋은 예다.

많은 나무들 중에서 백향목은 에스겔 31장에서 적그리스도의 예표로 언급되는 앗시리아인으로 비견되기도 하고, 또 다른 적그리스도의 모형 파라오에 비견되고 있음을 본다(겔 31:6-9,14). 그런가 하면 성경은 또 사람을 풀에 비견해 자주 언급하기도 하며(벧전 1:24,25, 약 1:11), 물고기에도 비견한다(전 9:12). 예수 그리스도의 제자들 중 베드로를 위시한 몇 사람이 물고기를 낚는 직업 어부들이었고, 그들에게 "사람을 낚는 어부"가 되라고 명령하신 주님의 말씀은 아주 유명하다(마 4:19).

4:23 또 왕께서 보셨는데 하늘에서 한 파수꾼, 곧 한 거룩한 이가 내려와 말하기를, 그 나무를 베고 그것을 멸하라. 그러나 그 뿌리의 그루터기는 땅에 남겨 두어 철과 놋의 줄로 동이고 들의 부드러운 풀 속에 두어 하늘의 이슬로 젖게 하며 그의 분깃이 들의 짐승들과 함께 있게 하여 일곱 때가 그를 지날 때까지 두라 하였으니,

24 오 왕이여, 그 해석은 이러하니이다. 즉 지극히 높으신 분의 칙령이 이것이니, 내 주 왕께 미치는 것이니이다.

25 그들이 왕을 사람들로부터 쫓아내리니, 왕의 거처가 들의 짐승들과 함께 있게 되리이다. 또 그들이 왕을 소처럼 풀을 먹게 할 것이요 하늘의 이슬로 왕을 젖게 할 것이며 일곱 때가 왕에게 지나고 나서야 왕께서 지극히 높으신 분께서 인간들의 왕국을 다스리시며 그분께서 원하시는 자에게 그것을 주신다는 것을 아시리이다.

26 또 그들이 나무 뿌리의 그루터기를 남겨 두라고 명령하였으니, 왕의 왕국은 왕께서 하늘들이 다스리는 것을 안 후에야 왕에게 견고하게 서리이다.

27 그러므로, 오 왕이여, 나의 권고를 받아 주시어 의로운 행위로 왕의 죄들을 단절하시고 가난한 자들에게 자비를 베푸심으로 죄악을 끊으소서. 혹시 왕의 평안이 길어지리이다.' 하였느니라.

『그 나무를 베고 그것을 멸하라. 그러나 그 뿌리의 그루터기는 땅에 남겨 두어 철과 놋의 줄로 동이고...』(23절)

나무를 베되 그 밑둥 그루터기는 "철과 놋의 줄로" 동여 두기 때문에 "하늘의 이슬로 젖게" 되더라도 썩어서 부스러지지는 않도록 최소한의 보호장치를 해 둔다.

『그들이 왕을 사람들로부터 쫓아내리니, 왕의 거처가 들의 짐승들과 함께 있게 되리이다. 또 그들이 왕을 소처럼 풀을 먹게 할 것이요... 일곱 때가 왕에게 지나고 나서야...』(25절)

여기서 『**그들**』이 누구인지는 언급되지 않고 있다. 이 『**그들**』이 앞에서 언급된 『**파수꾼들**』이나 『**거룩한 자들**』을 말하는 것인지, 아니면 바빌론 백성을 말하는 것인지 분명치가 않다. 아무튼 『**그들**』이 느부캇넷살왕을 쫓아내게 될 것이다. 내 짐작으로는 느부캇넷살왕이 자신의 왕궁 신하들에게 쫓겨났던 것이 아닌가 여겨지지만, 확실하지는 않다. 클라렌스 라킨은 이 부분에서 지상의 권력자들뿐만 아니라 영적 권세들의 행위를 적절히 규제하고 통제하기 위한 일종의 영적 "사법기관" 같은 것이 있어, 여기서 이들의 행위를 심리하고 재판하여 뒤따라 나오는 명령들이 17절에서 언급한 『**파수꾼들의 칙령**』이고 『**거룩한 자들의 말에 의한 요구**』가 아닌가 짐작한다. 이렇게 본다면, 여기 25절의 『**그들**』은 필경 영적 세계의 『**파수꾼들**』과 『**거룩한 자들**』을 가리키는 게 분명하다.

『**소**』는 마귀의 예표다. 이 자는 『**일곱 때가 왕에게 지나고 나서야**』, 즉 대환란이 지나고 나서야 큰 교훈을 얻게 되는데, 곧 왕국의 통치 권력은 『**지극히 높으신 분께서... 원하시는 자에게 그것을 주신다.**』는 사실이다.

『왕의 왕국은 왕께서 하늘들이 다스리는 것을 안 후에야 왕에게 견고하게 서리이다』(26절).

여기서 『**하늘들**』은 실질적으로는 하나님을 일컫는다. 왜냐하면 왕국의 궁극적인 주관자는 하나님이시기 때문이다. 그러나 "하늘"이 곧 "하나님" 임은 아님에도 불구하고 이렇게 기록하고 있는 이유는, 하나님께서 지상의 나라들을 지배하고 주관하시는 데에는 『**하늘들**』에 거하는 어떤 "통치 계급"을 수단으로 이용하시기 때문이다. 그래서 이 구절은 지상에서 일어나는 만사를 주관하는 통치 계급이 하늘들에 있음을 시사한다.

지상의 모든 나라들과 그 통치자들은 사실상 『**하늘들**』에 거하는 최고의 통치 계급을 대표하고 있는 사람들이다. 이것을 달리 표현하면, 『**하늘들**』에 거하는 천사급인 "권세들"이 지상의 모든 나라들을 사실상 대표한다는 뜻이 되기도 한다. 이 "권세들"이 우주의 어떤 별들과 관련되는지 여부는 알 수 없다. 그러나 "페르시아의 통치자"라는 것이 있었는데, 그는 영적인 권세자였다. "그리스의 통치자"도 인간을 말하는 것이 아니었다. "이스라엘의 통치자"도 있으되, 그는 어떤 사람이 아니라, 곧 미카엘이다. 이처럼 지상의 각 사람은 하늘에 자신을 대표하는 어떤 존재들을 각기 갖고 있는 것이다. 이것은 영국도 마찬가지고, 프랑스나 독일 역시 마찬가지다. 이들 나라들을 통치하는 실세는 사실상 지상의 인간 통치자들이 아니라 『**하늘들**』에 거하는 어떤 존재들인 것이다. 그들이 바로 "정사들과 권세들"(엡 3:10)일 것이다.

땅 위의 『**하늘들**』에 존재하는 영적 세계에서는 우리로서는 도저히 헤아릴 길이 없는 일들이 벌어지고 있다. 예컨대 당신이 하나님께 기도를 드리면, 지상에서 생각하는 것 이상으로 당신의 기도를 둘러싼 훨씬 더 많은 일들이 저 위에서 벌어지고 또 기록되는 것이다. 한번은 다니엘이 기도를 드리면서 『**꼬박 삼 주 간을 애도하고**』 있었는데(단 10:2), 그 기도를 듣고 계신 주님께서도 그 21일 동안 꼼짝도 하지 않고 기도만 드리고 있던 다니엘과 똑같이 누군가에게 방해를 받고 계셨었다. 『**다니엘아, 두**

려워 말라. 네가 깨닫고 네 하나님 앞에 스스로 겸손하기로 마음을 정한 첫날부터 네 말이 들린 바 되었기에 내가 네 말들로 인하여 왔느니라. 그러나 페르시아 왕국의 통치자가 이십일 일 동안 나를 가로막았도다』(단 10:12,13). 이처럼 내가 지상에서 어떤 처지에 놓일 때, 『**하늘들**』에 거하는 누군가도 역시 내 입장에 처하게 된다. 내가 기도하면 그 기도를 방해하는 세력과 그 기도에 응답하시려는 주님 사이에 갈등이 일어나기도 한다. 기도 응답이 지연되는 이유들 가운데 하나가 이것인지도 모른다. 3주간에 걸친 다니엘의 기도의 경우가 그러했다. 그 방해가 어찌나 심했던지 천사장 미카엘의 도움을 받아야만 했다고 말한다(단 10:13). 이로써 우리는 바울을 통하여 『**우리의 싸움이 혈과 육에 대항하는 것이 아니라 정사들과 권세들과 이 세상 어두움의 주관자들과 높은 곳들에 있는 영적 악에 대항하는 것**』(엡 6:12)이라고 말씀하는 성경 구절을 이해할 수 있게 된다.

『**그러므로, 오 왕이여, 나의 권고를 받아 주시어 의로운 행위로 왕의 죄들을 단절하시고 가난한 자들에게 자비를 베푸심으로 죄악을 끊으소서. 혹시 왕의 평안이 길어지리이다**』(27절).

느부캇넷살의 꿈을 해석하는 과정에서 그 내용이 느부캇넷살에 대한 혹독한 징계를 알리고 있음을 알게 된 다니엘로서는 충직한 선지자답게 왕에게 조언과 권고를 한다.

『**죄악을 끊으소서.**』 말하자면 더 이상 죄를 짓지 말라는 충고였는데, 그 방법은 "의로운 행위로 죄들을 단절하고 가난한 자들에게 자비를 베푸는 것으로"이다. 의로운 행위와 가난한 자들에 대한 자비, 이것이 느부캇넷살의 경우에는 죄들을 단절하고 죄악을 끊는 방도였던 것이다. 이것이 교리적으로는 행위가 요구되는 구약의 구원 체계와 깊은 관련을 갖지만, 이 시대의 구원받은 모든 그리스도인들의 경우에도 죄들을 단절하고 악을 끊음으로서 더 이상 죄를 짓지 않기 위한 방편이 있다면, 그것은 "의로운 행위"로 하나님에 대한 우리의 사랑을 실행하는 것이요, "가난한 자들에게 자비"를 베풀어 이웃에 대한 우리의 사랑을 실행하는 것이다. 예수 그리스도께서 우리에게 제시하셨던 새 계명이 이것이었다. 우리 그리스도인들이 이렇게 할 때, 높은 곳에 있는 영적 악과의 연결 끈이 끊어지고 주님과의 관계만 순수하게 유지될 수 있는 것이다.

4:28 ○ 이 모든 일이 느부캇넷살왕에게 임하였느니라.
29 열두 달의 마지막에 그가 바빌론 왕국의 궁을 거닐다가
30 왕이 일러 말하기를 '이것이 내가 내 권세의 힘으로 내 위업의 영예를 위하여 왕국의 집을 건설한 위대한 바빌론이 아니냐?' 하였더니,
31 그 말이 왕의 입에 아직 있는데 하늘에서 한 음성이 내려 말씀하시기를 '오 느부캇넷살왕아, 네게 말하노니, 그 왕국이 네게서 떠났느니라.
32 그들이 너를 사람들로부터 쫓아내리니, 너의 거처가 들의 짐승들과 함께 있게 되리라. 또 그들이 너를 소처럼 풀을 먹게 할 것이요 일곱 때가 너에게 지나고 나서야 너는 지극히 높으신 분께서 인간들의 왕국을 다스리시며 그분께서 원하시는 자에게 그것을 주신다는 것을 알게 되리라.' 하였느니라.

혼잣말이기는 하지만, 느부캇넷살왕은 지금 결코 해서는 안 될 생각에 사로잡혀 있었고, 결코 해서는 안 될 말을 거침없이 내뱉고 있다. 『**이것이 내가 내 권세의 힘으로 내 위업의 영예를 위하여 왕국의 집을 건설한 위대한 바빌론이 아니냐?**』(30절)는 그의 말속에는 온통 "내가," "내," "내" 뿐이다. 그러나 정말 그럴까?

모든 권세는 위로부터 나오고, 모든 권력자들은 이 사실을 은연중이라도 아는 법이다. 그러나 느부캇넷살은 그렇지 않았다. 그는 모든 것을 "나"라는 자아 속에서 그 근원을 찾고 있었고, 모든 결과를 자아에게 돌리는 형편없는 교만에 사로잡혀 있었다. 느부캇넷살이 마귀의 예표가 되는 것은 바로 여기에 그 이유가 있다. 그는 자신이 『**내가... 건설한**』『**위대한 바빌론**』에 자만하고 있는 것이다.

보라. 느부캇넷살의 말이 떨어지기가 무섭게 『**하늘에서 한 음성이**』 그에게 떨어진다. 『**그 왕국이 네게서 떠났느니라.**』(31절) 너는 이제 끝장이라는 선언이다. 느부캇넷살의 교만에 가득 찬 말이 아직 끝나기도 전에 그에게 파멸 선고가 떨어졌던 것이다.

전 세계를 호령하던 "위대한 바빌론"의 왕이요, 전무후무한 절대적 독재 권력자가 하루아침에 『**들의 짐승들과 함께... 소처럼 풀을 먹게**』 되다니(32절) 이 무슨 날벼락이란 말인가?

4:33 그 시간에 그 일이 느부캇넷살에게 이루어졌으니, 그가 사람들에게서 쫓겨나서 소처럼 풀을 먹고 그의 몸이 하늘의 이슬로 젖었으며 그의 머리털은 독수리의 깃털같이 자랐고 그의 손톱은 새들의 발톱과 같이 되었느니라.

34 그 날들의 마지막에 나 느부캇넷살이 하늘을 향해 내 눈을 들었더니 내 명철이 내게 다시 돌아왔고 내가 지극히 높으신 분을 송축하며 영원히 사시는 분을 찬양하고 존경하였으니 그분의 통치권은 영원한 통치권이요 그분의 왕국은 대대에 이르리로다.

35 땅의 모든 거민은 아무것도 아닌 것으로 여겨지나, 그분께서는 하

늘의 군대에 있어서나 땅의 거민 가운데서나 자신의 뜻에 따라 행하시나니, 그분의 손을 치거나 그분께 말하기를 '당신은 무엇을 하는가?' 할 자가 아무도 없느니라.

36 바로 그때에 내 이성이 내게 돌아왔고 또 내 왕국의 영광에 대하여도 내 위엄과 빛남이 내게로 돌아왔으며 또 나의 자문관들과 귀족들이 나를 찾았으니 내가 내 왕국에서 세움을 받았고 훌륭한 위엄이 내게 더해졌느니라.

37 이제 나 느부캇넷살이 하늘의 왕을 찬양하고 칭송하고 존경하노니 그분의 모든 일은 진리이고 그의 길들은 공의로우시니 교만하게 행하는 자들을 그분께서 능히 낮추시느니라."

『**머리털은 독수리의 깃털같이**』 자란 데다가 『**손톱은 새들의 발톱과 같이**』 되었다면(33절), 그 몰골이 어떠하겠는지 한번 상상해 보라. "일곱 때," 즉 7년 동안 야외에서 짐승들과 함께 살면서 낮이면 풀을 뜯어먹고 밤이면 이슬을 맞으며 살게 되면 과연 이렇게 될지 나는 잘 모르겠다만, 성경은 느부캇넷살이 이렇게 된다고 말씀한다.

그러다가 느부캇넷살은 정신이 번쩍 들었다. 그리고 『**명철**』을 회복하고 하늘을 우러러 『**지극히 높으신 분을 송축하며... 찬양**』을 드린다(34절). 그러나 그가 이렇게 되는 데에는 『**사람들에게서 쫓겨나서 소처럼 풀을 먹고 그의 몸이 하늘의 이슬로 젖었으며 그의 머리털은 독수리의 깃털같이 자랐고 그의 손톱은 새들의 발톱과 같이**』 되는 극심한 고난을 겪고 난 뒤, 『**그 날들의 마지막**』(34절)이 되어서야 비로소 가능해진 일이었음을 우리는 주목하게 된다.

여기에는 우리에게 시사하는 바 의미가 깊은 몇 가지 교훈들이 함축돼 있다. 그것은, 사람이 위대해지면 위대해질수록 그 사람을 땅에까지 낮추어 겸손케 만드는 과정이 그만큼 극심하다는 사실이다. 당신이 세상에서 높아지면 높아질수록 당신이 땅 아래로 추락하는 데에는 그만큼 견디기 어려운 고통이 따른다는 말이다. 당신은 세상에서 남들보다 높아지고 있는 자신을 발견할 때마다 이것을 기억하고 있어야 한다. 남들보다 더 많은 재산, 더 큰 권력, 더 높은 명예, 더 유명한 이름을 얻게 되었다고 여겨질 때, 당신은 아주 조심하지 않으면 안 된다. 당신의 추락은 그만큼 더 처참한 과정이 될 것이기 때문이다. 당신은 이것을 생각하고 당신 스스로를 높이지 않도록 주의하라. 스스로 겸손하라는 말이다. 성경은 『**그러므로 하나님의 능하신 손 아래서 겸손하라. 때가 되면 그분께서 너희를 높이시리라.**』(벧전 5:6)고 당신에게 충고하고 있다.

우리가 여기서 배워야 할 또 다른 교훈은, 목적이 성취되어야만 시험이 종결된다는 사실이다. 하나님께서 당신을 시험하실 때 그 목적이 성취되지도 않았는데 중도에서 시험이 그치는 일은 없다는 얘기다. 주님께서는 어떤 목적을 갖고 당신을 시험에 빠뜨리신다. 주님께서는 그 시험을 통하여 당신이 어떤 사람으로 변하게 되기를 기대하신다. 그리고 그 기대가 충족될 때까지 그 시험을 멈추지 않으신다. 그렇기 때문에 당신은 시험에 처했을 때, 재빨리 하나님의 의도를 간파하고 그 뜻에 신속하게 부응하도록 하는 게 좋다. 그렇지 않으면 당신은 그 시험에서 헤어날 길이 없다. 주님께서는 당신이 그 시험에서 빨리 벗어날 수 있기를 바라신다. 그러나 주님께서는 당신을 시험에 빠뜨리신 후 하나님께서 바라시는 사람이 되어 나와야만 당신을 그 시험에서 벗어나게 하신다.

따라서 시험에 빠졌구나 하고 판단될 때, 당신은 주님께서 당신에게 바라시는 인격 가운데 어떤 성품을 결여하고 있는지 스스로를 면밀히 점검해 보고 그 성품을 기르도록 힘써야 한다. 주님께서 당신으로 하여금 어떤 성품을 기르도록 하실 때 그분께서는 당신을 어떤 기계에 넣고 가루가 되도록 빻으신다. 그리고 당신이 갖고 있지 못한 어떤 성품이 나올 때까지 일을 계속하신다. 당신이 이 견디기 어려운 기계 속에 들어가기 싫다면, 여기에는 한 가지 방법이 있다. 그것은 당신을 위해서 주님께서 친히 이 일을 해 놓으셨다는 것을 마음으로 믿는 일이다. 그분께서는 당신을 위해 십자가에 달려 죽으시기까지 하셨고 옆구리를 창으로 찔리기까지 하셨다. 그런 주님을 믿고 그분을 당신 자신 속에 온전히 소유하고 있다면, 당신은 이런 시련을 겪지 않아도 된다. 문제는 당신의 육신이다. 문제는 당신이 자신의 육신을 버리지 못한 데 있다. 육신은 어디까지나 육신이다. 이 육신은 죽지 않고는 시련을 모면키 어렵게 돼 있다. 창에 찔리신 주님의 옆구리를 당신이 이해하지 못하고 그런 그분께서 당신 안에 들어와 계시도록 하지 못할 때, 당신은 그 대신 자신의 옆구리를 찔려야만 한다. 당신이 그러기를 원치 않는다면, 당신 대신 찔리신 그분을 당신 안으로 맞아들여라.

다니엘이 볼 때, 느부캇넷살에게 있어 필요한 일은 "의로운 행위로 죄를 단절하고 자비를 베푸는" 일이었다(27절). 느부캇넷살은 나중에야 이것을 깨닫게 되었고, 극심한 시련을 겪고 시험을 거친 다음에야 다니엘이 권고했던 사람이 되어 나왔다. 그리고 마침내 『**내가 지극히 높으신 분을 송축하며 영원히 사시는 분을 찬양하고 존경하였으니 그분의 통치권은 영원한 통치권이요 그분의 왕국은 대대에 이르리로다.**』(34절)라고 하나님께 찬양을 드리게 된다. 이제야 옳은 일을 하게 된 것이다. 명철이 그에게 다시 돌아와 그는 마침내 회복되었던 것이다.

『**땅의 모든 거민은 아무것도 아닌 것으로 여겨지나, 그분께서는 하늘의 군대에 있어서나 땅의 거민 가운데서나 자신의 뜻에 따라 행하시나니**』(35절).

느부캇넷살이 이렇게 고백할 수 있게 된 것은 그의 명철이 회복되었다는 증거이다. 명철이 없는 자는 누구도 이런 말을 스스로 하지 못하는 법이다. 느부캇넷살왕은 하늘을 찌를 듯했던 자신의 명성마저도 "아무것도 아니라는 것"을 깨닫는다.

여기서 『**하늘의 군대**』란 천사들로 구성된 군대를 말한다. 주 하나님께서는 흔히 "만군의 주"(the LORD of hosts)라고 불려지신다. "한" 군대(a host)가 아니라 "수없이 많은" 군대(hosts)의 주님이신 것이다. 하늘에 "만군"이 존재한다는 것은 그곳에서 분명 엄청난 일들이 벌어지고 있다는 것을 말한다. 일개 중대도 아니요, 일개 대대도 아니며, 일개 연대나 일개 사단이 아니라 "만군"이 그곳에서 활동하고 있으니 말이다. 그게 다 어떤 일들인지 나는 알지 못한다. 이것은 주님께서나 아시는 일이다. 요한계시록에 의하면 하늘에는 전쟁이 벌어질 것이고(계 12:7), 하늘의 천사들 중 삼분의 일이 마귀와 함께 땅으로 쫓겨날 것이다(계 12:9). 나는 이게 모두 무엇을 말하는지 그 전모를 알지는 못한다. 저 위에서 일어나는 일들이 무엇인지는 알지 못하지만, 내가 아는 것은 다만 이 지상에서 일어나고 있는 일들이 사실은 저 위 하늘에서 일어나고 있는 일들이 반영되고 있는 것이라는 사실뿐이다. 그렇기 때문에 지상에서 일어나고 있는 일들을 인간이 마음대로 제어할 수가 없다는 사실을 나는 안다. 지상의 일들을 통제하려면 저 위 하늘의 일들을 통제하고 계신 하나님을 먼저 접촉해야 한다. 그러나 그분께서 하늘에서 행하시는 일들을 누가 감히 막을 수 있으며, 누가 감히 그분께 『**당신은 무엇을 하는가?**』(35절) 하고 물을 수 있겠는가? 이것은 욥이 한 말이기도 했다. 『**보라, 그분이 취해 가시는데 누가 막을 수 있으랴? 누가 그분께 '무엇을 하시나이까?' 라고 말하겠느냐?**』(욥 9:12) 이 말은, 우리가 하나님께 "무엇을 하시는지요?"라고 물을 수는 있으되, "주님께서 하시는 일은 잘못된 일입니다."라고 그 누구도 이의를 제기할 수 없다는 얘기다.

『**바로 그때에 내 이성이 내게 돌아왔고 또 내 왕국의 영광에 대하여도 내 위엄과 빛남이 내게로 돌아왔으며 또 나의 자문관들과 귀족들이 나를 찾았으니 내가 내 왕국에서 세움을 받았고 훌륭한 위엄이 내게 더해졌느니라**』(36절).

권좌에서 쫓겨나 『**들의 짐승들과 함께**』 비천한 삶을 살기를 벌써 칠 년이요, 누군가 다른 자가 그의 왕좌를 차지하고 앉은 지가 오래거늘 느부캇넷살왕이 『**이성**』을 회복하고 왕으로서의 『**위엄과 빛남**』을 도로 찾았으며, 더군다나 『**자문관들과 귀족들**』 같은 옛 신하들이 그에게로 돌아왔다는 것은 하나의 기적 같은 사건이 아닐 수 없다. 칠 년은커녕 일곱 달만이라도 권좌에서 물러나 있어 보아라. 그것으로 그만이요, 실각한 지 일주일만 지나도 다시 회복할 수 없는 것이 권력이 아니던가? 그러나 느부캇넷살은 그것을 회복했다. 모든 것은 하나님께서 관장하신다.

『**이제 나 느부캇넷살이 하늘의 왕을 찬양하고 칭송하고 존경하노니 그분의 모든 일은 진리이고 그의 길들은 공의로우시니 교만하게 행하는 자들을 그분께서 능히 낮추시느니라.**"』(37절).

여기서 『**칭송**』한다는 말을 영어 〈킹제임스성경〉은 "extol"이라는 영어 단어로 표기하고 있다. 이것은 "높이다"(raise up), "들어올리다"(lift up)란 뜻이다. 이 단어의 접두어 "ex-"는 "꺼내다, 뽑아내다."(draw out)란 뜻으로 여기서는 "영광을 이끌어내다."란 의미를 함축한다. 사전적인 의미로 볼 때, "exalt"(높이다)와 매우 가깝다.

느부캇넷살은 성경에서 마귀의 모형으로 대표적인 인물이다. 그런 인물에 대해 여기 4장 끝 부분에서 "회복"을 언급하고, 마치 하나님의 선지자 입에서나 나올 법한 고백을 한 것으로 서술되고 있는 데 대해 어리둥절할 필요는 없다. 성경에서 어떤 예표나 모형이 되는 인물이라고 해서 그에 대해 언급한 모든 진술들이 100퍼센트 모형으로서의 성격을 나타내는 것은 아니라는 것을 이미 앞에서 언급했음을 환기하라. 느부갓넷살은 적그리스도의 예표이기는 하되, 또 한편 어디까지나 느부갓넷살이라는 한 역사상의 실재 인물이었다. 적그리스도 역시 한 인물이다. 그리고 동시에 『**인간의 마음으로부터 변하게 하며 짐승의 마음을 그에게 주어서 일곱 때로 그에게 지나가게**』(16절) 된 바 된 "짐승"이기도 하다. 그리고 끝에 가서는 불못에 던져지게 된다.

다니엘 5장

5:1 벨사살왕이 그의 귀족들 일천 명에게 큰 잔치를 베풀고, 그 일천 명
앞에서 술을 마시니라.
2 벨사살이 술을 마시는 동안 그의 아비 느부캇넷살이 예루살렘에 있
는 성전에서 취해 온 금은 기명들을 가져오라고 명령하였으니, 이는
왕과 그의 고관들과 왕의 아내들과 후궁들이 거기에다 술을 마시려
함이었더라.
3 그때에 예루살렘에 있던 하나님의 집의 성전에서 취해 왔던 금 기명
들을 가져오니, 왕과 그의 고관들과 왕의 아내들과 후궁들이 그것들
로 술을 마셨더라.
4 그들이 술을 마시고 금으로 만든 신들과 은으로 만든 신들과 놋으로
만든 신들과 철로 만든 신들과 나무로 만든 신들과 돌로 만든 신들
을 찬양하더라.

『벨사살왕이 그의 귀족들 일천 명에게 큰 잔치를 베풀고, 그 일천 명

앞에서 술을 마시니라』(1절).

벨사살은 느부갓넷살의 손자였다. 성경에는 그가 느부갓넷살의 "아들"이었다고 표현돼 있지만, 성경은 "손자"도 "아들"로 지칭하는 수가 종종 있다. 벨사살은 역사상으로 보아도 실제로는 느부갓넷살의 손자였다. 느부갓넷살이 죽자 아들 에윌므로닥이 왕위를 계승했다. 열왕기하 25장에서 느부갓넷살왕 시절 포로가 돼 사로잡혀온 유다의 여호야긴왕을 37년만에 에윌므로닥이 감옥에서 풀어주었다고 기록돼 있는 것을 본다(왕하 25:27-30). 이 사실은 예레미야 52:31-34에도 똑같이 기록돼 있다. 그 이후 역사상으로는 에윌므로닥의 매부, 즉 느부갓넷살의 사위 네르갈살레셀이 반란을 일으켜 에윌므로닥을 살해하고 왕위를 찬탈한 것으로 기록돼 있다. 그러나 이 네르갈살레셀 역시 수년 뒤 싸움터에서 전사하고 그의 아들 라보로소알코드가 왕위에 오르지만 일 년도 채 안 돼 느부갓넷살의 또 다른 사위(Nabonidus, 나보니두스)가 다시 왕위를 찬탈한다. 이렇게 해서 나보니두스가 바빌론이 멸망할 때까지 왕위에 올라 있었던 것으로 되어 있다. 그런데, 여기 다니엘서에서는 바빌론의 마지막 왕이 벨사살이었던 것으로 기술하고 있다. 어떤 사람들은 이 점을 내세워 다니엘서가 실제 역사와는 다르다고 주장하면서 성경을 공격하기도 하지만, 바빌론 제국의 폐허에서 발굴된 수많은 유적 자료들 가운데서 벨사살이 나보니두스왕의 아들로서 실제 통치에 참여하고 있었다는 기록이 자주 나오고 있는 것으로 보아, 다니엘서의 기록이 잘못되지 않았음을 입증하고 있다. 한편, 예레미야 27장에서 『**이제 내가 이 모든 땅들을 나의 종 바빌론 왕 느부갓넷살의 손에 주었으며 들의 짐승들도 그에게 주어 그를 섬기게 하였느니라. 또 모든 민족들이 그의 땅의 때가 이를 때까지 그와 그의 아들과 그의 아들의 아들을 섬길 것이요, 또 많은 민족들과 위대한 왕들도 친히 그를 섬기리라.**』(렘 27:6,7)고 말씀하고 있는 것으로 미루어, 벨사살이 느부캇넷살의 외손자가 아니라 친손자였음이 분명하다. 다시 말해서, 벨사살은 왕위에 올라 있는 나보니두스의 처조카였던 셈인데, 사실은 정통 왕위 계승권자였던 것이다.

이렇게 볼 때, 느부캇넷살의 사위로서 왕위를 찬탈한 나보니두스로서는 정통 왕위 계승권을 가진 왕가와 화해 정책을 유지하기 위해서라도 처조카인 벨사살을 국가 통치에 참여시키는 것은 자연스러운 일이었을 것이다. 그리하여 나보니두스는 자신의 처조카요 사실상의 왕위 계승권자였던 벨사살을 양자로 삼았고, 벨사살은 나보니두스의 합법적 아들이 될 수가 있었던 것으로 보여진다. 따라서 다니엘 5장은 나보니두스왕이 전쟁에 나가 있는 동안 그의 양자 벨사살이 왕권을 위임받아 바벨론을 통치하고 있는 상황이고, 이 기간 중 어느 날 어마어마한 연회를 왕궁에서 열고 있는 중에 일어났던 일들을 기술하고 있는 것으로 볼 수 있다.

벨사살왕이 화려한 궁전 잔치를 열고는 있으나 나라가 평온한 상태였던 게 아니라 오히려 메데-페르시아의 코레스왕이 군대를 이끌고 바벨론 성읍을 포위하고 있는 매우 불안한 상황이었다.

벨사살왕이 귀족들 일천 명을 한 자리에 모아놓고 흥청거리며 술을 마시고 있던 이 왕궁 연회야말로 평범한 잔치가 아니었는데, 아무리 왕궁 잔치라고는 하지만, 사실상 이만한 규모의 잔치가 다른 사람에 의해 열린 바 있었다는 기록은 역사에서 찾아보기 어렵다. 성경에서는 이에 버금가는 왕궁 잔치를 페르시아의 아하수에로왕이 열었던 것으로 에스더 1장에서 기록하고 있다. 『**그 당시에 아하수에로왕이 수산궁에서 그의 왕국의 보좌에 앉았는데 그의 치리 제삼년에 그가 그의 모든 고관들과 신하들에게 잔치를 베풀었으니 페르시아와 메디아의 권세 있는 자와 지방들의 귀족들과 고관들이 그의 앞에 있더라**』(에 1:2,3).

성경 기록에 따르면, 아하수에로는 인도에서부터 에디오피아까지 127개 지방을 치리했던 막강한 왕이었다(에 1:1). 이 정도의 왕이었다면 벨사살의 왕궁 연회에 버금가는 연회를 여는 것도 어려운 일은 아니었을 것이다. 그러나 아무튼 여기 5장에서 보는 벨사살의 왕궁 연회는 실로 대단한 규모였다.

이 잔치는 나중에 보면 알게 되듯이 역사의 전환점을 이루는 가운데 대제국 바빌론이 멸망으로 치닫는 결정적인 계기가 되었던 비극의 연회였다. 다니엘 2장에서 느부캇넷살이 꿈에서 보았던 한 큰 형상의 『**금 머리**』(2:38)에 해당하는 중요한 역사의 한 부분이 그야말로 종말을 고하고, 은으로 된 『**가슴과 양 팔**』(2:32)에 해당하는 둘째 왕국이 일어나기 직전의 상황으로, 역사의 대전환점인 것이다.

이때가 B.C. 538년경으로 느부캇넷살왕 사후 23년째 되는 때였다. 이 기간 동안 이스라엘 민족은 침묵을 강요당한 채 실질적인 역사 개입이 단절된 상황에서, 사건들은 그들을 제쳐둔 채 계속 일어나고 있었다. 그러나 하나님께서는 이스라엘을 결코 잊지 않으셨고 다니엘에게 앞으로 닥쳐올 사건들을 하나하나 위대한 환상들로 보여 주고 계셨다(7,8장).

『벨사살이 술을 마시는 동안 그의 아비 느부캇넷살이 예루살렘에 있는 성전에서 취해 온 금은 기명들을 가져오라고 명령하였으니, 이는 왕과 그의 고관들과 왕의 아내들과 후궁들이 거기에다 술을 마시려 함이었더라』(2절).

다니엘 1장 1,2절에 보면 느부캇넷살이 예루살렘 성전으로부터 기명들을 취하여 바빌론으로 가져와 자신의 보물창고에 쌓아둔 사실을 기록하고 있다. 다른 나라를 침공하였을 때, 값진 재물들을 전리품으로 취하는 것이야 어느 때나 있는 일이었지만, 성경은 여기서 이 보화들을 유다의 왕과 함께 하나님께서 친히 느부갓넷살의 손에 넘겨주셨다고 적고 있다(단 1:1,2). 이스라엘 민족으로서는 모든 국가적 수난과 치욕 중에서도 하나님의 성전이 유린되는 것이야말로 가장 극심한 수난이요 치욕이었다. 그러나 하나님께서는 범죄한 이스라엘을 응징하시기 위해 이러한 치욕을 스스로 택하셨던 것이다.

벨사살왕은 이 기명들을 보물창고에서 꺼내오도록 명하고 감히 하나님의 기명들을 술잔으로 사용하는 가증스러운 만행을 자행한다. 그리하여 이 기명들은 느부갓넷살이 예루살렘으로부터 자기 신의 보물창고로 옮긴 지 68년이 지난 뒤 벨사살왕에 의하여 또 한번 치욕과 경멸의 수모를 당하게 된다.

『**예루살렘에 있는 성전에서 취해 온 금은 기명들**』은 레위기의 명령에 따라 하나님의 성전용으로 특별히 만들어진 것들로서, 제사장들이 하나님께 제사드릴 때에나 사용하는 거룩한 그릇들이었다. 이것을 모를리 없었던 벨사살왕이었건만, 그는 이스라엘의 하나님께 신성모독의 씻을 수 없는 죄를 감행하였고, 이로써 그는 바로 그날로 죽임을 당하게 된다.

벨사살의 이 왕궁 잔치가 하나님께 얼마나 가증스러운 것이었을까 하는 것은 다음 구절들로도 넉넉히 짐작이 간다. 이 연회는 방종과 술 취함과 우상 숭배의 극치를 나타냈던 잔치였다.

이 당시 바빌론은 메디아와 페르시아의 군대가 바빌론 성벽을 에워싸고 있는 긴박한 상황이었다. 물론 성벽은 튼튼했고 요새는 난공불락이었으며, 적군에 의해 아무리 긴 세월 동안 포위돼 있더라도 식량이 고갈되지 않을 만큼 넉넉한 경작지가 거대한 성내에 구비돼 있었는지라, 벨사살왕은 성밖의 적군을 조롱하려고 이처럼 호화판 잔치를 벌이고 있는 것이다. 그러나 그는 불행히도 하나님을 염두에 둘만큼 현명하지는 못했다. 그가 만약 선왕이었던 할아버지 느부갓넷살의 일을 기억하기만 했더라도 이렇게는 하지 못했을 것이다.

『**그때에 예루살렘에 있던 하나님의 집의 성전에서 취해 왔던 금 기명들을 가져오니, 왕과 그의 고관들과 왕의 아내들과 후궁들이 그것들로 술을 마셨더라. 그들이 술을 마시고 금으로 만든 신들과 은으로 만든 신들과 놋으로 만든 신들과 철로 만든 신들과 나무로 만든 신들과 돌로 만든 신들을 찬양하더라**』(3,4절).

『**금으로 만든 신들과 은으로 만든 신들과...**』. 금과 은, 놋과 철, 그리고 나무와 돌은 지상의 부를 상징하는 물질들이다. 이것으로 "신"을 만들어 놓고 찬양하는 것은 사실상 지금도 마찬가지다.

고대에는 이런 재질들을 가지고 신상(神像)을 만들어 놓고 거기에 경배를 드렸지만, 현대에는 신상 대신 재화(財貨)의 형태로 신을 만들어 놓고 섬긴다. 일루미나티(Illuminati) 같은 신비주의 종교 집단은 산하에 갖가지 비밀 조직을 만들고 재계(財界)와 연계하여 막대한 재화를 축적해 두고 돈으로 세상을 지배할 야욕에 불타고 있는가 하면, CFR(Council of Foreign Relation: 외교위원회) 같은 정계 배후 세력들 역시 알고 보면 돈이라는 신을 섬기는 집단에 불과하고, FRB(Federal Reserve Bank: 미 연방준비은행) 역시 금과 은만이 그들의 신들이며, 디트로이트의 제너럴 모터스가 제작한 자동차들도 사실은 현대 미국인들이 찬양하고 섬기는 현대판 『**철로 만든 신들**』이고, 거대한 호화 저택들과 교회 건물들도 모든 사람들이 신으로 섬기고 경배하는 현대판 『**나무로 만든 신들**』이요, 『**돌로 만든 신들**』에 해당한다.

5:5 ○ 바로 그 시각에 한 사람의 손의 손가락들이 나와서 촛대 맞은편

궁전 회벽에 글을 쓰니, 왕이 글을 쓰는 그 손가락을 보니라.

6 그러자 왕의 안색이 바뀌고 그의 생각이 그를 괴롭게 하여 그의 허리 골절이 풀리고 무릎이 서로 부딪치더라.

7 왕이 크게 소리를 질러 점성가들과 칼데아인들과 점쟁이들을 불러오라 하고, 또 왕이 바빌론의 현자들에게 일러 말하기를 "누구라도 이 글을 읽고 그 해석을 나에게 알려 주는 자는 주홍색으로 옷입을 것이요 금목걸이를 목에 두를 것이며 왕국에서 셋째 치리자가 될 것이라." 하더라.

8 그때에 왕의 모든 현자들이 들어왔으나 그들은 그 글을 읽지도 못하고 그 해석을 왕에게 알려 주지도 못하더라.

9 그때에 벨사살왕이 크게 괴로워하고 안색이 변하였으며 그의 귀족들은 놀랐더라.

『**바로 그 시각에 한 사람의 손의 손가락들이 나와서 촛대 맞은편 궁전 회벽에 글을 쓰니, 왕이 글을 쓰는 그 손가락을 보니라**』(5절).

『**한 사람의 손의 손가락들**』이 두 개인지, 다섯 개인지 분명치는 않으나 벽에 무슨 글자인가를 쓰는 것으로 보아 다섯 손가락을 전부 갖춘 완전한 손이었을 것이다. 어쨌든 사람은 보이지 않고 그들이 본 것은 단지 사람의 보통 손이었고, 손가락이 벽에 무언지 글을 쓰는 것이었으며, 그게 무슨 뜻인지 아는 사람은 아무도 없었다.

이 『**촛대**』 역시 예루살렘에 있던 하나님의 성전에서 탈취해 온 금으로 만든 촛대였을 게 분명하다.

출애굽기 25장에서 하나님께서는 성전의 촛대를 어떻게 제작해야 할 것인가에 대해 상세하게 지시하셨음을 본다. 『**너는 순금으로 촛대를 만들되, 그 촛대를 두들겨서 만든 것으로 만들지니...**』(출 25:31)

『**촛대**』는 성령의 예표다. 성령께서는 우리가 잘 이해하지 못하는 말씀이 있을 때 그것을 밝히 해석해 주신다. 어둠을 밝혀주는 촛대처럼 말이다. 홀연히 나타난 손이 무슨 뜻인지 알 수 없는 글을 쓴 곳이 『**촛대 맞은편 궁전 회벽**』이었다. 말하자면, 촛불이 환히 비치고 있는 하얀 벽이었던 것이다. 그러나 아무리 촛대가 환히 밝히고 있어도, 또 아무리 하얀 회벽에 분명하게 쓰여진 글자였더라도, 그 뜻을 아는 자는 아무도 없었다. 거듭나지 못한 죄인이 아무리 성경을 읽어도 절대로 그 뜻을 이해하지 못하는 것과 똑같은 상황인 것이다. 구원받지 못한 죄인의 죽어 있는 영은 영적인 일들을 알 수가 없고, 하나님의 영의 조명을 받지 못하는 법이다.

『**그러자 왕의 안색이 바뀌고 그의 생각이 그를 괴롭게 하여 그의 허리 골절이 풀리고 무릎이 서로 부딪치더라**』(6절).

어디선가 느닷없이 손가락이 나타나 회벽에 무슨 글자인가를 쓰는 것을 보고 왕이 얼마나 겁에 질렸으면 허리 골절이 풀리고 무릎이 서로 부딪치기까지 했겠는가? 중풍에 걸려 반사 신경이 마비돼 버리면 팔다리가 떨려도 제대로 가눌 수가 없다. 지금 벨사살은 갑작스러운 충격에 중풍에 걸린 사람처럼 몸을 떤다. 술에 취해 벌겋던 왕의 얼굴은 안색이 바뀌고, 겁에 질려 백짓장처럼 창백해져 있다.

『**왕이 크게 소리를 질러 점성가들과 칼데아인들과 점쟁이들을 불러오라 하고, 또 왕이 바빌론의 현자들에게 일러 말하기를 "누구라도 이 글을 읽고 그 해석을 나에게 알려 주는 자는 주홍색으로 옷입을 것이요 금 목걸이를 목에 두를 것이며 왕국에서 셋째 치리자가 될 것이라." 하더라**』(7절).

이 소리는 차라리 비명에 가까웠을 것이다. 좌중에 모여 있던 사람들은 왕의 이런 모습으로 인하여 한층 더 극심한 공포감에 사로잡혔을 것이다.

『**누구라도 이 글을 읽고 그 해석을 나에게 알려 주는 자는...**』. 『**해석**』은 하나님께서 하시는 일이다. 누구라도 하나님의 도움 없이 말씀을 자의적으로 해석하는 것은 『**해석**』이 아니다. 성경은 하나님의 말씀에 대한 인간의 자의적이고도 사사로운 해석을 엄격히 금한다. 『**먼저 이것을 알지니, 성경의 어떤 예언도 사사로운 해석에서 나온 것이 아니니, 예언은 예전에 사람의 뜻에서 나온 것이 아니요 오직 하나님의 거룩한 사람들이 성령으로 감동을 받아 말한 것이니라**』(벧후 1:20,21).

『**금목걸이를 목에 두를 것이며 왕국에서 셋째 치리자가 될 것이라.**』 금목걸이를 목에 두른 『**셋째 치리자**』라고 말씀한다. 성경에서 『**금목걸이**』를 목에 두르고 "셋째"가 아니라 "둘째" 치리자가 되었던 사람은 요셉이었다(창 41:40,42). 요셉은 예수 그리스도의 모형이었다.

그런데 여기 다니엘 5장에서는 금목걸이를 목에 두른 자가 『**셋째 치리자**』가 된다. 다시 말해서, 다니엘이 『**셋째 치리자**』가 되는 것이다. 다니엘은 성령의 모형이다. 다음 12절에서 다니엘을 어떻게 묘사하고 있는지 보라. 『**다니엘에게서 탁월한 영과 지식과 명철이 있어, 꿈들을 해석함과 난해한 글귀를 풀어 주며 의문을 해소하는 것이 나타났나이다.**』

『**탁월한 영**』이니, 『**지식**』이니, 『**명철**』이니, 『**해석**』이니, 『**의문을 해소**』하느니 하는 요소들 모두가 성령의 속성이요, 성령께서 하시는 일들이다. 이런 요소들이 『**다니엘에게서... 나타났나이다.**』라고 말씀한다. 그래서 요셉이 제2위인 아들 하나님의 예표라면, 다니엘은 제3위인 성령 하나님의 예표인 것이다.

실제적으로 당시 상황을 볼 때, 여기서 다니엘이 『**셋째 치리자**』가 될 수 있는 상황이라면 실질적인 "둘째" 치리자는 벨사살왕이었을 것이고, "첫째" 치리자는 앞서 1절에서 살펴본 바와 같이 벨사살의 고모부 겸 양부로서 지금 출정 중인 나보니두스였을 것이다.

『그때에 왕의 모든 현자들이 들어왔으나 그들은 그 글을 읽지도 못하고 그 해석을 왕에게 알려 주지도 못하더라』(8절).

이 구절은 값진 교훈을 우리에게 던져준다. 여기 『**현자들**』이 있고 『**왕**』이 있다. 왕은 나라의 통치자지만 어리석어서 모르는 게 한두 가지가 아니다. 통치자는 모르는 게 있을 때마다 『**현자들**』, 즉 "모르는 게 없다"고 생각하는 지식층을 불러들여 자문을 구하고 해답을 찾으려고 시도한다. 그러나 다니엘서 어디를 보아도 이들 똑똑하다는 『**현자들**』 중 누가 왕에게 무엇 하나 시원스레 가르쳐 주었다는 이야기는 없다. 세상 현자들이란 어리석은 왕과 하나도 다를 게 없었던 것이다. 이것은 어느 시대, 어떤 사회에서도 마찬가지였고, 지금도 똑같고 앞으로도 그럴 것이다. 지혜가 넘치고 지식이 풍부하다고 세상 사람들이 추켜세워 주는 이른바 "지식 계층"이라는 사람들이 있지만, 이들을 벗겨놓고 보면 한결같이 무엇 하나 안에 들어 있는 게 없다. 그래서 성경은 『**하나님의 어리석음이 사람들보다 더 지혜롭고...**』(고전 1:25)라고 말씀한다. 왕 앞에 불려나온 바빌론의 현자들 역시 마찬가지였다. 그들은 2장에서도 불려 나왔었고, 4장에서도 불려 나왔었으며, 여기 5장에서도 세 번째로 또 불려 나왔지만, 아무 도움도 되지 못했다.

5:10 ○ 그러자 왕비가 왕과 그의 귀족들의 말로 인하여 잔치하는 궁에 들어와서 고하여 말하기를 "오 왕이여, 영원히 사소서. 왕의 생각으

로 인하여 번민하지 마시고 왕의 안색을 변하게 마소서.
11 왕의 왕국에 거룩한 신들의 영을 지닌 한 사람이 있으니 왕의 부친 때에도 신들의 지혜 같은 빛과 명철과 지혜가 그에게서 나타났나이다. 내가 말씀드리오니 왕의 부친 느부캇넷살왕, 곧 왕의 부친이신 그 왕께서 그를 마술사들과 점성가들과 칼데아인들과 점쟁이들의 우두머리로 삼으셨으니
12 왕이 벨트사살이라 이름 하신 그 다니엘에게서 탁월한 영과 지식과 명철이 있어, 꿈들을 해석함과 난해한 글귀를 풀어 주며 의문을 해소하는 것이 나타났나이다. 이제 다니엘을 부르소서. 그리하면 그가 그 해석을 알려 드리리이다." 하더라.
13 그리하여 다니엘이 왕 앞에 불려오니, 왕이 다니엘에게 일러 말하기를 "네가 내 부왕께서 유대에서 데려온 유다의 사로잡힌 자들의 자손인 다니엘이냐?
14 내가 너에 관하여 들으니 신들의 영이 네게 있고 빛과 명철과 탁월한 지혜가 네게서 나타난다 하는도다.
15 지금 현자들과 점성가들이 이 글을 읽고 내게 그 해석을 알게 하려고 내 앞에 불려왔으나 그들이 그것의 해석을 알게 하지 못하였느니라.
16 내가 너에 관하여 들으니 너는 해석을 할 수 있고 의문을 해소한다 하는도다. 이제 네가 이 글을 읽고 그 해석을 내게 알려 주면 너는 주홍색으로 옷입을 것이요 금목걸이를 목에 두를 것이며 왕국의 셋째 치리자가 될 것이니라." 하더라.

『그러자 왕비가 왕과 그의 귀족들의 말로 인하여 잔치하는 궁에 들어와서 고하여 말하기를 "오 왕이여, 영원히 사소서. 왕의 생각으로 인하여

번민하지 마시고 왕의 안색을 변하게 마소서』(10절).

여기서 『**왕비**』란 벨사살왕의 아내라기보다는 왕의 어머니였거나 할머니, 즉 "대왕대비"였거나, 아니면 나보니두스왕의 아내, 즉 벨사살의 고모였을 것이다. 벨사살이 결혼하여 아내가 있었다면, 그 아내가 왕비로서 지금 이 궁정 연회에 처음부터 불참했을 리가 만무하다. 만약 이 『**왕비**』가 벨사살왕의 할머니에 해당하는 "대왕대비"였다면, 그녀는 느부캇넷살왕의 아내였다는 얘기가 되고, 그렇기 때문에 너무 나이가 많아 이런 궁전 잔치에 참석할 처지가 아니었을 것이고, 지금 궁전 연회석상에서 갑자기 발생한 초자연적인 사건에 대해서 무슨 관심을 갖거나 현장에까지 달려와 무어라고 왕에게 충고할 처지조차 되지 못했는지도 모르며, 더구나 느부캇넷살의 부인이라면 나이가 많아 이미 죽었다고 보는 게 타당할 것이다. 이렇게 볼 때, 이 『**왕비**』는 느부캇넷살왕의 딸이요, 나보니두스왕의 아내며, 따라서 벨사살의 고모로 보는 게 옳을 것이다. 그렇다면, 그녀는 부왕 느부캇넷살 시절에 왕의 꿈 해몽으로 유명했던 다니엘에 대한 기억이 생생했을 것인즉, 괴이한 사건에 놀라 당황하고 있는 연회장에 나아와 『**번민하지 마시고 왕의 안색을 변하게 마소서.**』 하고 왕을 위로하며 다음과 같이 다니엘에게 해석을 맡기도록 권고했다고 보는 게 자연스러울 것이다. 그녀가 처음부터 연회에 참석하고 있지 않았던 것은 지금 남편이 출정 중이었기 때문으로 보아도 무리가 없다.

『**왕의 왕국에 거룩한 신들의 영을 지닌 한 사람이 있으니 왕의 부친 때에도 신들의 지혜 같은 빛과 명철과 지혜가 그에게서 나타났나이다. 내가 말씀드리오니 왕의 부친 느부캇넷살왕, 곧 왕의 부친이신 그 왕께서 그를 마술사들과 점성가들과 칼데아인들과 점쟁이들의 우두머리로 삼으셨으니**』(11절).

『**거룩한 신들의 영을 지닌 한 사람이 있으니...**』 물론 이 사람은 다니엘을 지칭한다. 『**왕비**』로 지칭되는 느부캇넷살의 딸이요 벨사살의 고모뻘되는 여자가 거룩한 신들의 영에 대해 알면 얼마나 알았으랴만, 아무튼 그녀의 말이 틀린 것은 아니었다. 다니엘이 하나님의 영을 지니고 있었던 것은 사실이었으니까 말이다.

성령께서는 다윗에게도 들어가 계셨다. 다윗이 『**주의 거룩한 영을 내게서 거두어 가지 마소서.**』(시 51:11)라고 기도했던 것을 우리는 성경에서 읽는다. 이것은 "그리스도의 영"이 선지자들 안에 들어가 계셨던 경우와 마찬가지다. 물론 구약 시대에는 지금처럼 성령께서 한 번 사람의 안으로 들어오시면 끝까지 그 안에 내주하시는 게 아니라, 들어왔다가 다시 나가시기도 했다. 다윗의 경우 성령께서는 끝까지 그를 떠나지 않으셨지만, 사울의 경우에는 들어왔다가 떠나셨다(삼상 16:14).

여기서 왕비는 다신론자였으므로 『**거룩한 신들**』(복수)은 알고 있었으되, 유일하신 하나님인 『**거룩한 신**』은 알지 못했고, 다만 "또 하나의 거룩한 신"이겠거니 하고 이해했다. 그래서 그녀는 『**거룩한 신들의 영을 지닌 한 사람이 있으니...**』라고 언급한 것이다.

성경에서는 천사들도 신들이라고 지칭하는 수가 있거니와, 천사들 중에서도 "택함받은 천사들"이 있고 그렇지 못한 천사들이 있다는 것을 들어본 일이 있을 것이다. 『**내가 하나님과 주 예수 그리스도와 택함받은 천사들 앞에서 네게 부탁하노니, 너는 편견 없이 이것들을 지켜 아무일도 편파적으로 하지 말라**』(딤전 5:21).

한편, 천사들 중에는 대환란 기간 동안 마귀와 함께 땅으로 쫓겨나는 천사들도 있음을 우리는 성경에서 본다. 『**그리하여 그 큰 용이 쫓겨나니 그는 마귀라고도 하고 사탄이라고도 하는 옛 뱀, 곧 온 세상을 미혹하던**

자라. 그가 땅으로 쫓겨나고 그의 천사들도 그와 함께 쫓겨나더라』(계 12:9).

이처럼 천사들 가운데에도 "택함받은 천사들"과 "쫓겨나는 천사들"이 있다는 것을 알 수 있는데, 전자가 곧 『**거룩한 신들**』에 해당한다. 이교도들도 이처럼 "거룩한 신들"과 "거룩하지 않은 신들"이 있다는 것을 안다. 물론 이교도들이라고 해서 이것을 다 알고 있는 것은 아니지만 말이다. 오늘날 대부분의 미국인들은 이 사실을 모른다.

『**신들의 지혜 같은 빛과 명철과 지혜가 그에게서 나타났나이다.**』 이 구절은 다니엘이 성령의 예표였음을 강력히 시사한다. 『**지혜**』는 위로부터 나온다(약 3:17). 『**빛**』은 성령께서 당신에게 비추어주신다. 『**명철**』 역시 성령께서 주시는 진리의 이해 능력이다. 이러한 성령의 요소들이 『**그에게서**』, 즉 다니엘에게서 나타났다. 그래서 다니엘은 성령의 모형이 되는 인물이었던 것이다.

『**왕이 벨트사살이라 이름 하신 그 다니엘에게서 탁월한 영과 지식과 명철이 있어, 꿈들을 해석함과 난해한 글귀를 풀어 주며 의문을 해소하는 것이 나타났나이다. 이제 다니엘을 부르소서. 그리하면 그가 그 해석을 알려 드리리이다." 하더라**』(12절).

첫째, 『**탁월한 영**』, 둘째, 『**지식**』, 셋째, 『**명철**』, 넷째, 『**꿈들을 해석함**』, 다섯째, 『**난해한 글귀를 풀어**』줌, 여섯째, 『**의문을 해소**』함, 그리고 마지막 일곱째, 『**해석을 알려**』줌, 모두 이렇게 일곱 가지 요소가 다니엘과 관련하여 나열되고 있음에 주목할 필요가 있다.

성령께서는 『**탁월한 영**』이시다. 모든 것을 아시는 그분께서는 하나님의 제3신격으로서 『**지식**』의 원천이 되신다.

성령께서는 또 『**명철**』의 원천이시기 때문에 당신이 구하면 그분께서 이 명철을 주신다. 『**명철**』이란 당신이 『**지식**』으로 알게 된 바를 "지혜"로 바르게 적용할 수 있으되, 그것이 하나님과 어떤 관련이 있는가를 깨닫게 해 주는 능력을 말한다. 당신이 아무리 많이 알고, 그 아는 지식을 아무리 현명하게 실제적인 일들에 적용하더라도, 그것이 하나님과 무관한 것이거나 하나님께서 원치 않으시는 것이라면, 당신은 쓸데없는 짓을 한 것이 된다. 당신이 쓸데없는 짓을 하지 않으려면 반드시 『**명철**』이 필요하다. 많은 사람들이 "지혜"는 구하되, 명철을 구할 줄 모른다. 마귀는 대단한 지식과 지혜를 갖고 있지만, 명철은 지니고 있지 못한다. 명철은 하나님께서 보여 주시는 진리와 하나님께서 바라시는 것들이 무엇인가를 이해할 수 있는 능력이다.

성령께서는 또 『**난해한 글귀를 풀어**』 주신다. 당신이 성경을 읽으면서 『**난해한**』 부분이 한두 군데가 아닐 것이다. 그러나 성령께서는 그 이해하기 어려운 구절들을 훤히 이해할 수 있도록 풀어 주신다.

『**의문을 해소하는**』 것도 성령께서 하시는 일이다. 『**성령이 친히 우리의 영과 함께 우리가 하나님의 자녀임을 증거**』(롬 8:16)하신다고 성경은 말씀한다. 당신이 구원받고 거듭나 하나님의 자녀가 되었다는 확신은 『**의문을 해소**』해 주시는 성령의 증거에 따른 것이다.

『**이제 다니엘을 부르소서. 그리하면 그가 그 해석을 알려 드리리이다.**』 성령께서는 『**해석**』만 하시는 게 아니라 『**그 해석을 알려**』주기까지 하신다.

『**그리하여 다니엘이 왕 앞에 불려오니, 왕이 다니엘에게 일러 말하기를 "네가 내 부왕께서 유대에서 데려온 유다의 사로잡힌 자들의 자손인 다니엘이냐?"**』(13절).

왕비의 권고에 따라 다니엘이 벨사살왕 앞에 불려 나온다. 지금의 다니엘은 느부갓네살왕 시절의 다니엘이 아니다. 느부갓네살왕의 시절 다니엘은 소년 티를 갓 벗어난, 적게는 열대여섯 살, 많아야 스무 살 안팎의 청년이었지만, 그때로부터 65년 정도나 세월이 흘렀으니 지금은 80고개도 훌쩍 넘기고 90세 가까이 된 고령의 노인이다. 그런 터인지라 왕은 물론이고 궁전 내 모든 고관들이나 귀족들이 다니엘의 존재를 기억하지 못했던 것은 오히려 당연하다. 그러나 느부갓네살왕의 딸인 이 왕비만큼은 다니엘을 생생히 기억하고 있었다. 왕은 권고를 받아들이고 황급히 다니엘을 부르러 사람을 보낸다. 그러나 고령의 다니엘이 야닌밤중에 자다말고 궁전 연회장으로부터 전갈을 받았을 터인즉, 아무리 서둘렀어도 상당한 시간이 지체되었을 것이고, 벨사살왕은 그만큼 더 초조했을 것이다. 이 당시 다니엘은 아직은 공직을 맡고 있었을는지는 몰라도 높은 벼슬을 하면서 고관의 자리에 있지는 않았던 것으로 짐작된다. 그가 고관의 자리에 있었다면 벨사살왕의 궁전 잔치에 불참했을 리가 없기 때문이다. 그러나 그가 아직 어떤 공직에 앉아 있었다는 사실은 8장에서 확인된다. 『**...그후에 일어나서 왕의 업무를 행했더라**』(단 8:27).

『**내가 너에 관하여 들으니 신들의 영이 네게 있고 빛과 명철과 탁월한 지혜가 네게서 나타난다 하는도다**』(14절).

지금 벨사살왕이 다니엘에게 확인해 보고 있는 말은 사실상, "네가 정말로 성령을 소유하고 있느냐?"는 질문과 같다. 물론 "성령"에 대해 알 턱이 없었겠지만, 왕비가 언급한 『**거룩한 신들의 영**』이 무엇인지는 짐작하고 있을 터였다.

『**이제 네가 이 글을 읽고 그 해석을 내게 알려 주면 너는 주홍색으로**

옷입을 것이요 금목걸이를 목에 두를 것이며 왕국의 셋째 치리자가 될 것이니라." 하더라』(16절).

벨사살왕이 말은 이렇게 하지만, 사실상 그는 지금 다니엘에게 호소하고 있는 중이다. "자, 다니엘, 그러므로 제발 그대가 나를 좀 살려주게나. 무섭고 괴로워서 도저히 이대로는 살 수 없을 것 같네." 이렇게 말하면서 그는 『**주홍색 옷**』과 『**금목걸이**』, 그리고 『**셋째 치리자**』 자리를 내걸고 다니엘에게 호소한다. 말하자면, 명예와 부와 권력으로 유혹하는 것이다. 그러나 『**주홍색**』은 "붉은 피"를 상징한다. 『**금목걸이**』는 "신성"을 상징한다. 그리고 『**셋째 치리자**』는 "성령"의 예표이다.

5:17 ○ 그러자 다니엘이 대답하여 왕 앞에 말하기를 "왕의 선물들은 왕께서 가지시고 왕의 상들도 다른 사람에게 주소서. 그래도 내가 그 글을 왕께 읽어 드리고 그 해석을 알려 드리리이다.

18 오 왕이여, 지극히 높으신 하나님께서 왕의 부친 느부캇넷살에게 한 왕국과 위엄과 영광과 영예를 주셨으며,

19 그분께서 그에게 주신 그 위엄에 모든 백성과 민족과 언어들이 그의 앞에서 떨고 두려워하였으며, 그가 죽이고 싶으면 죽이고 살리고 싶으면 살리며 그가 높이고 싶으면 높이고 낮추고 싶으면 낮추었는데,

20 그의 마음이 높아지고 그의 생각이 교만으로 완고하여지므로 그가 그의 왕좌에서 폐위되고 그의 영광을 빼앗겼으며

21 사람들의 아들들로부터 쫓겨나서 그의 마음이 짐승들과 같이 되고 그의 처소는 들나귀와 함께 있으며 사람들이 그를 소처럼 풀로 먹이고 그의 몸이 하늘의 이슬로 젖었으니 이는 그가 지극히 높으신

하나님께서 인간들의 왕국을 치리하시고 그분께서 원하시는 사람은 누구든지 그 위에 지명하시는 것을 알 때까지였나이다.

22 그의 아들이신 오 벨사살이여, 왕은 이 모든 것을 알면서도 왕의 마음을 낮추지 아니하고

23 오히려 하늘의 주를 거역하여 자신을 높였으며 사람들이 주의 전의 기명들을 왕 앞에 가져오니 왕과 왕의 귀족들과 왕의 아내들과 왕의 후궁들은 그것들을 가지고 술을 마셨나이다. 또 왕께서 보지도 못하고 듣지도 못하고 알지도 못하는 은으로 만든 신과 금으로 만든 신과 놋과 철과 나무와 돌로 만든 신들을 찬양하였으나, 왕의 호흡을 그 손에 가지시고 왕의 모든 길이 그분의 것인 그 하나님께는 영광을 돌리지 아니하시므로,

24 그분께서 손가락을 보내어 이 글이 기록되었나이다.

『**그러자 다니엘이 대답하여 왕 앞에 말하기를 "왕의 선물들은 왕께서 가지시고 왕의 상들도 다른 사람에게 주소서. 그래도 내가 그 글을 왕께 읽어 드리고 그 해석을 알려 드리리이다**』(17절).

다니엘은 왕이 제안한 선물들과 상을 사양한다. 사실 이것은 왕권에 대한 심각한 경멸이요, 왕의 권위에 대한 중대한 도전이다. 바빌론의 입장에서 볼 때, 다니엘은 벨사살왕의 말대로 『**유대에서 데려온 유다의 사로잡힌 자들의 자손**』(13절)에 불과하다. 그러나 그는 조금도 두려워하거나 몸을 사리지 않는다. 그에게는 분명한 이유가 있었다. 그것은 아무리 명예와 부와 권세를 얻어봤자 바빌론의 파멸은 눈앞에 다가와 있은 즉, 그런 것들이 아무 의미가 없음을 이미 알고 있었기 때문이기도 했지만, 그게 전부는 아니었다. 그는 벨사살왕이 귀족들과 함께 질탕하게 잔치를 벌리고 『**예루살렘에 있던 하나님의 집의 성전에서 취해 왔던 금 기명들**』(3절)을 가지고 술을 마시며 거룩하신 하나님을 모독하고 있음을 눈앞에 목도하고 있는 중이다. 그 가증스러운 죄악 앞에서 모른 척 할 다니엘이 아니었다. 그에게는 하나님의 영이 함께 하고 계셨던 것이다.

어쩌면 그는 우리가 앞서 4장에서 보았듯이, 청년 시절 느부갓넷살왕 때, 유대의 동료 청년 사드락과 메삭과 아벳느고가 느부갓넷살왕의 형상에 엎드려 절하지 않는다는 이유로 뜨거운 용광로에 던져졌을 때를 마음속으로 기억하고 있었는지도 모른다. 목숨을 잃는 한이 있더라도 하나님께 죄를 짓지 않으려고 했던 자신의 세 친구들이 뜨거운 용광로에 던져지던 순간 다니엘은 단 한마디도 왕께 고하여 목숨만은 살려달라고 간청조차 하지 않은 채 비겁하게 침묵으로 일관했었다. 그는 당시 느부갓넷살왕에 의하여 『**위대한 인물**』로 세워져 『**바빌론 전 지방의 치리자**』로 임명돼 있는 처지였고, 『**바빌론의 모든 현자들을 주관하는 총독들의 우두머리**』 자리에 올라 있는 처지였다(2:48). 그리고 『**왕의 문**』에 앉아(2:49) 왕과 늘 가까이 있던 권력의 핵심이 돼 있었다. 그러나 그는 느부갓넷살의 부당한 처사에 항거하여 믿음을 고수하던 세 친구들의 죽음 앞에서 비겁하게 입을 다물고 있었다. 이 사건은 아마도 두고두고 다니엘의 가슴속에 잊혀지지 않는 수치스러운 기억으로 새겨져 있었으리라. 그리고 다시는 하나님께 그런 부끄러운 모습을 보여드리지 않으리라고 단단히 다짐하고 있었을지도 모른다. 그런데 지금 명백하게 하나님께 신성모독의 범죄를 자행하고 있는 지극히 가증스러운 왕이 자기에게 헛된 명예와 권력을 제안하고 있는 게 아닌가! 게다가 왕국의 운명은 이미 종말을 고하고 있던 터였다. 이런 상황에서 왕이 내리는 선물과 상이 무슨 의미가 있고 무슨 기쁨이 되겠는가?

『**그래도 내가 그 글을 왕께 읽어 드리고 그 해석을 알려 드리리이다.**』

선물과 상은 받지 않겠으나 왕의 명령에는 따르겠다는 그런 단순한 말이 아니다. 실질적으로는, 선물이고 뭐고 이제는 눈앞에 다가온 바빌론의 파멸과 왕의 죽음을 알려줄 테니 당신 자신의 죄악이나 제대로 깨닫고 죽을 준비나 해두라는 경고나 다름없었다. 이러한 파국이 얼마나 임박해 있던지, 왕은 앞으로 짧으면 30분, 길어야 두 시간도 채 지나기 전에 죽을 운명이었다. 『**그날 밤 칼데아인들의 왕 벨사살이 죽임을 당하고**』(30절)라고 본 장 끝머리에서 적고 있다.

『**오 왕이여, 지극히 높으신 하나님께서 왕의 부친 느부캇넷살에게 한 왕국과 위엄과 영광과 영예를 주셨으며**』(18절).

다니엘은 손이 나타나 손가락으로 벽에 쓴 글을 읽고 해석해 주기 전에 먼저 왕에게 설교부터 한다. "해석"이 중요한 게 아니라 죄를 뉘우치도록 하는 게 더 중요하기 때문이다. 이것은 지금 복음을 전파하는 모든 구령자들에게도 마찬가지로 적용되는 원칙이다. 죄인들로 하여금 자신이 죄인들임을 자인하고 뉘우침으로써 예수 그리스도를 구주로 영접케 하는 일이 무엇보다 중요하고 시급하다. 성경 말씀을 해석해 주고 진리로 양육하는 것은 그 다음이다. 그래서 다니엘은 왕의 종말이 눈앞에 다가와 있는 아주 짧은 막간이었지만, 원칙에 따라 기회를 놓치지 않고 설교부터 해 주고 있다.

『**그분께서 그에게 주신 그 위엄에 모든 백성과 민족과 언어들이 그의 앞에서 떨고 두려워하였으며, 그가 죽이고 싶으면 죽이고 살리고 싶으면 살리며 그가 높이고 싶으면 높이고 낮추고 싶으면 낮추었는데**』(19절).

느부캇넷살왕이 절대적인 독재 권력을 쥐고 있었던, 지상에서 그 누구도 도전할 수 없는 권세자였다는 사실부터 벨사살에게 환기시킨다. 말하자면, 그 절대적인 권력으로 말하면, 벨사살왕 너는 느부캇넷살왕에 비할 때 아무것도 아니라는 말이다.

『**그의 마음이 높아지고 그의 생각이 교만으로 완고하여지므로 그가 그의 왕좌에서 폐위되고 그의 영광을 빼앗겼으며**』(20절).

그러한 느부캇넷살이었지만, 마귀처럼 『**교만**』해지더니 결국 『**왕좌에서 폐위되고 그의 영광을 빼앗겼**』던 역사적 사실을 또 지적한다. 누구도 도전할 수 없는 절대 권력을 쥐고 있는 왕이라도 하루아침에 무너져 내릴 수 있다는 실증적인 사실에 대한 환기를 촉구하는 말이었고, 하나님의 권위와 심판 앞에서는 그 누구도 무력하기 짝이 없다는 준엄한 경고였다.

『**사람들의 아들들로부터 쫓겨나서 그의 마음이 짐승들과 같이 되고 그의 처소는 들나귀와 함께 있으며 사람들이 그를 소처럼 풀로 먹이고 그의 몸이 하늘의 이슬로 젖었으니 이는 그가 지극히 높으신 하나님께서 인간들의 왕국을 치리하시고 그분께서 원하시는 사람은 누구든지 그 위에 지명하시는 것을 알 때까지였나이다**』(21절).

교만한 자를 멸하는 것은 하나님이시지 마귀가 아니다. 인간들의 왕국을 치리하시는 분도 『**지극히 높으신 하나님**』이시다. 하나님께서는 누구든지 자신이 원하시는 사람을 사용하신다. 느부캇넷살왕은 교만했지만 이러한 비참한 체험을 통하여 이 위대한 사실을 깨달을 수 있었고, 결국 하나님에 의하여 회복되었다. 자, 이만하면 다니엘은 이제 설교의 결론을 내리고 벨사살왕을 준엄하게 질책할 차례가 되었다.

『**그의 아들이신 오 벨사살이여, 왕은 이 모든 것을 알면서도 왕의 마음을 낮추지 아니하고**』(22절).

다니엘이 설교를 통하여 들려준 이야기는 벨사살도 다 아는 역사적 사실이었다. 느부갓넷살이 회복되었던 때 벨사살의 나이는 아마 열대여섯 살쯤 되었을 것이다. 그보다 더 어렸다 하더라도 어머니나 다른 어른들로부터 두고두고 그 이야기를 들으면서 자랐을 것이다. 그래서 다니엘은 『**알면서도**』 죄를 짓고 있는 그의 악행을 꾸짖고 있는데, 설교의 권위가 철철 넘쳐흐른다. "당신은 이 모든 지난날들의 일들을 알고 있지 않소? 그런데도 그것을 교훈으로 삼지 아니하고 마음을 낮추지 않은 채 교만을 부리고 있으니 당신은 이 죄의 결과를 어찌 감당하려 하오?"

한번은 구원받지 못한 남자와 결혼한 지 5,6년 된 한 젊은 아낙이 내게 찾아와 남편과의 영적 갈등을 호소했다. 그녀는 마치 그럴 줄 모르고 그 남자와 결혼했던 것 같은 말투와 태도였다. 나는 그녀에게, 처음부터 『**알면서도**』 감행했던 결혼이었음을 환기시키기만 하고 돌려보냈다. 아담이 그러했다. 그는 모든 것을 처음부터 다 알고 있으면서도 "혹시나" 하고 죄를 범했다. 어느 경우에나 "혹시나"는 마귀가 사용하는 올무다. 『**속지 말라. 하나님은 우롱당하지 아니하시느니라. 이는 사람이 무엇을 심든지 그대로 거둘 것이기 때문이라**』(갈 6:7).

자, 다니엘은 계속 질책하고(23절), 벨사살은 그 질책 앞에 말 한마디 하지 못한다. 벽에 쓰여진 글의 해석은 다니엘이 아직 운도 떼지 않은 상태다.

23절에서 『**금으로 만든 신**』, 『**은으로 만든 신**』, 『**놋**』으로, 그리고 『**철**』로 만든 신 등은 2장에서 느부갓넷살왕의 꿈에 나타났던 형상과 일치하고, 거기에 『**나무와 돌로 만든 신들**』 두 가지가 이 구절에서 추가되고 있다.

『**모든 길이 그분의 것인 그 하나님**』(23절). 인간이 행하는 모든 길이 하나님의 길이다. 그렇다고 해서 인간이 무슨 일을 하든 하나님께서 다 승인하신다는 게 아니라 하나님의 허락하심 안에 있다는 뜻이다. 『**우리는 그분 안에서 살고 움직이며 존재하느니라.**』(행 17:28)고 바울은 마르스 언덕에서 아테네 사람들에게 설교했다. 구원받지 못한 죄인들일지라도 하나님께서 허락하지 않으시면 무슨 일이나 마음대로는 안 된다. 이런 의미에서 『**모든 길이 그분의 것**』이다. 만약 당신이 이것을 안다면 당신은 하나님에 대해 상당히 많이 알고 있는 셈이다. 잊지 않도록 하라. 『**모든 길이 그분의 것**』이다.

『**그 하나님께는 영광을 돌리지 아니하시므로**』(23절). 이것이 로마서 1:21-23에서 언급하는 소위 그리스도인들이라 자처하는 자들이 배교하게 되는 일곱 단계 중 첫 단계이다. 『**이는 하나님을 알되 하나님께 합당한 영광을 돌리지 아니하고**』, 이것이 첫 번째 단계다. 두 번째 단계가 『**감사치도 아니하며**』이고, 세 번째는 『**도리어 그들의 상상들이 허망하여지고**』, 네 번째 단계는 『**그들의 어리석은 마음이 어두워졌기 때문이니**』이며, 다섯 번째, 『**그들은 스스로 현명하다고 말하나 우둔하게 되었고**』, 여섯 번째, 『**썩지 아니하는 하나님의 영광을 썩어질 사람의 형상**』으로 바꾸고, 일곱 째, 『**새들과 네 발 달린 짐승들과 기어다니는 것들과 같은 형상으로**』 바꾼다.

『**그분께서 손가락을 보내어 이 글이 기록되었나이다**』(24절).

이윽고 다니엘은 벽에 쓰여진 글을 하나하나 인용하면서 해석해 줄 참인데, 먼저 그 손가락이 하나님께서 보내신 것임을 분명히 밝힌다.

5:25 ○ 기록된 글은 이것이니, 메네 메네 테켈 우파르신이라.
26 그것의 해석은 이러하니, 메네는 하나님께서 왕의 왕국을 헤아려서
그것을 끝내셨다 함이요,
27 테켈은 왕을 저울에 달았더니 부족함이 나타났다 함이요,
28 페레스는 왕의 왕국이 나뉘어서 메데인들과 페르시아인들에게 주어
진다 함이니이다." 하더라.
29 그러자 벨사살이 명하였으니, 그들이 다니엘에게 주홍색으로 옷입
히고 목에 금목걸이를 걸어 주며 그에 관하여 선포하기를 그가 왕
국의 셋째 치리자가 되어야 한다고 하였더라.
30 그날 밤 칼데아인들의 왕 벨사살이 죽임을 당하고
31 메디아인 다리오가 그 왕국을 취하니, 약 육십이 세였더라.

『**기록된 글은 이것이니, 메네 메네 테켈 우파르신이라**』(25절).

이것은 아람어식으로 읽은 것이다. 그러나 이 글을 해석해 줄 때는 『**우파르신**』을 『**페레스**』로 바꾸어 인용한다(28절). 『**우파르신**』이라는 단어는 "나뉘어지다."와 "페르시아"의 두 가지 뜻을 함축하고 있었는데, 다니엘은 이 단어의 한 가운데 부분 "파르스"(PHARS)를 "페르시아"로 인용했다. 원래 쓰여져 있는 전체 글자는 히브리어 식으로 오른쪽에서 왼쪽으로 읽을 때, 『**메네 메네 테켈 우파르신**』이었고 그 뜻은 아람어로 "메나 메나 셰켈 반(半) 메나," 즉 "헤아려지다, (저울에) 달리다, 반으로 나뉘어지다"였다. 실은 마지막의 『**우파르신**』에서 "우"는 시리아어에서 동사를 분사(participle)화시켜 명사이면서 형용사로 대체해 쓸 수 있는 일종의 명사형 형용사(adjective noun)로 바꾸는 접두사로서, 무엇인가를 "하고 있는 것"(또는 사람)이라는 뜻을 갖게 만든다. 그래서 이 단어는 "둘로 나뉜다."는 뜻과 "페르시아"라는 두 가지 의미를 함축하고 있었다. 아람어란 문자는 히브리

문자를 사용하되, 언어 자체는 히브리어와 다르다.

『**그것의 해석은 이러하니, 메네는 하나님께서 왕의 왕국을 헤아려서 그것을 끝내셨다 함이요.**』(26절).

『**메네**』를 영어로는 "MENE"로 음역하고 있으나 히브리어 문자를 사용하는 아람어로는 "MNA"라고 표기돼 있었을 것이다. 이것은 『**하나님께서 왕의 왕국을 헤아려서 그것을 끝내셨다.**』는 뜻이라고 다니엘이 해석한다.

『**테켈은 왕을 저울에 달았더니 부족함이 나타났다 함이요**』(27절).

『**테켈**』을 영어로는 "TEKEL"이라 음역하고 있으나 히브리어 철자로 쓰면 "TKL"이었을 것이다. 이것은 『**왕을 저울에 달았더니 부족함이 나타났다 함**』이라고 다니엘이 해석한다.

요즘에도 골동품 가게에 가면 볼 수 있는 옛날 저울은 오늘날에도 귀금속이나 귀한 약제를 다는 데 흔히 사용하는 천평(天枰: balance)과 같아서 한쪽에 일정한 무게의 추를 놓고 반대편에 측량하고자 하는 물건을 놓아 양쪽이 수평을 이루면 그 물건의 무게가 추의 무게와 같은 것으로 판정했다. 따라서 『**저울에 달았더니 부족함이 나타났다**』 함은 물건의 무게가 추보다 가벼워 추를 올려놓은 쪽이 아래로 기울었다는 뜻인즉, 그 물건의 무게가 기대치에 미치지 않았다는 뜻이다. 말하자면, 물건의 무게가 1킬로그램이기를 기대한다면 반대편에 1킬로그램짜리 추를 올려놓고 물건과 추가 수평을 이루어야 할 텐데 그렇지 못하고 추가 아래로 기울었을 때, 그 물건은 기대치 1킬로그램에 못 미친다는 것을 알 수 있다. 이처럼 저울추는 하나의 절대적인 기준이 된다.

어떤 사람들은 이런 종류의 저울을 종교적인 독단에 이용하여 천평의 추에 해당하는 한쪽에 당신의 "선행"을 올려놓고 반대편에 "악행"을 올려놓은 다음 "악행" 쪽으로 저울이 기울면 이것은 "선행"보다는 "악행"을 많이 저질렀다는 것을 의미하기 때문에 당신은 영락없이 "지옥행"이고, "선행" 쪽으로 기운다면 "천당행"이며 수평을 이룬다면 "연옥"에 가서 대기해야 한다고 판정하기도 한다. 어떤 자들이 이런 따위 말도 되지 않는 이야기를 만들어내는지는 내가 말하지 않아도 당신이 더 잘 알 것이다. 구원받지 못한 자들이 구원받지 못했기 때문에 도저히 이해할 수 없는 무엇인가를 이해해 보려고 발버둥 칠 때 연출하는 우스꽝스러운 짓거리란 바로 이런 웃지 못할 이야기나 만들어내는 일이다. 그러나 하나님의 저울추는 "선행"이 아니라 예수 그리스도시고, 반대편에 올려놓고 달 것은 "악행"이 아니라 "믿음"이다. 우리의 기준은 예수 그리스도시다. 그분께서 당신 안에 들어가 계셔야만, 당신은 저울추와 수평을 이루게 된다. 당신 안에 예수 그리스도께서 들어가 계시지 않으면, 당신은 결코 저울추와 수평을 이룰 수가 없다.

예수 그리스도를 저울추로 삼지 않은 저울은 하나님의 저울이 아니다. 성경을 저울추로 사용하지 않는 저울 역시 하나님의 저울이 아니다. 당신이 어떤 저울을 사용할 때, 예수 그리스도가 아닌 다른 것을 저울추로 사용할 경우, 그리고 하나님의 말씀인 성경이 아닌 다른 것을 저울추로 사용할 경우, 그 결과가 어떻게 나온다 해도 하나님께서는 그 결과를 인정하지 않으신다. 가령, 당신이 "자신의 견해"를 저울에 올려놓고 무게를 달 때, 기준이 되는 저울추 역시 당신 "자신의 견해"라면, 그 저울은 수평을 이루겠지만, 하나님께서는 당신 "자신의 견해"를 인정하지 않으신다. 틀린 기준을 사용했기 때문이다. 다른 사람의 견해를 저울추로 사용하더라도 마찬가지다. "시대 조류"나 "시대정신," "사회 정의," "대중 여론," "상대 가치," "과학," "철학," "다수 의견," "소수 권익," "가치 규범," 그 무엇을 저울추로 사용하더라도 결과는 마찬가지다. 이런 저울추로 달아서 어떤 결과가 나오더라도 하나님과는 무관하다. 이런 것들은 정치인들이 자기 자신의 무게를 과시하고자 할 때 즐겨 사용하는 저울추들이다.

현대인들은 자신들이 사용하고 있는 저울추가 절대로 옳다고 믿고 예수 그리스도와 하나님의 말씀을 저울추로 사용하기를 거부한다. 그들이 그런 환상에 빠져 있는 한 하나님께서는 결코 올바른 저울추를 그들의 저울 위에 올려 놓아주지 않으신다. 그러나 당신은 언제고 한번은 하나님의 저울로 반드시 달리게 될 터인즉, 그 저울에는 하나님의 저울추가 사용될 것이요, 『**저울에 달았더니 부족함이 나타났다**』는 판정을 받고 영원무궁토록 지옥에 던져지게 될 것이다.

『**페레스는 왕의 왕국이 나뉘어서 메데인들과 페르시아인들에게 주어진다 함이니이다." 하더라**』(28절).

『**페레스**』는 위에서 언급한 것처럼 『**우파르신**』의 가운데 부분을 떼어서 읽은 것으로서 "스펠링"으로 쓰면 "PRS"이다. 이것은 『**왕국이 나뉘어서 메데인들과 페르시아인들에게 주어진다 함**』이라고 다니엘은 해석한다. 『**우파르신**』이 함축하고 있는 "나뉘어지다."와 "페르시아"의 두 가지 뜻을 다 함께 해석했던 것이고, 바빌론에 장차 어떤 일이 일어날 것인가를 명료하게 보여 주었던 것이다.

어떤 단어를 간략하게 축약해서 쓸 때 모음을 삭제하고 주요 자음만 추려서 쓰는 것은 오늘날에도 마찬가지다. 가령, "manufacturing"("제조"의 뜻)을 "mnfg"이라고 간략하게 쓴다든지, "please"를 "pls"라고만 쓰는 것 등이 이런 예다.

참고로 〈탈무드〉에 보면, 『**메네 메네 테켈**』 『**페레스**』를 아람어 식 표기법대로 오른쪽에서 왼쪽으로 벽에 쓸 때, 아래와 같이 되는 것으로 예시하고 있다.

P	T	M	M
R	K	N	N
S	L	A	A

위와 같은 글자들을 아람어 식으로 읽거나, 히브리어 내지 칼데아어로 읽어도 오른쪽에서 왼쪽으로 읽게 되는데, 아마도 이합체(離合體) 시(詩) 형식으로 쓰여져 각 행의 처음과 끝 글자를 맞추면 어구가 되는 형식으로 된 것이 아닌가 싶다고 여기는 학자들도 있다. 어쩌면 그렇기 때문에 다른 언어를 사용하는 사람들은 이해할 도리가 없고, 그래서 바빌론의 "현자들"로서는 어리둥절할 수밖에 없었을 것이다.

그러나 다니엘은 오른쪽에서 왼쪽으로 읽되, 각 문자들을 위에서 아래로 "MNA"(메네), "MNA"(메네), "TKL"(테켈), "PRS"(페레스)로 읽어나갔고, "헤아려지다, (저울에) 달리다, 나뉘어지다."로 명석하게 해석할 수가 있었으며, 이것으로 바빌론의 몰락을 정확하게 예언할 수 있었던 것이다.

『그러자 벨사살이 명하였으니, 그들이 다니엘에게 주홍색으로 옷입히고 목에 금목걸이를 걸어 주며 그에 관하여 선포하기를 그가 왕국의 셋째 치리자가 되어야 한다고 하였더라』(29절).

다니엘이 경각에 달한 바빌론의 운명을 예언해 주었음에도 불구하고 벨사살이 그에게 약속한 대로 주홍색 옷을 입히고 금목걸이를 목에 걸어 주며 왕국의 세 번 째 치리자로 세울 것을 선포하는 등 자못 여유 만만한 태도를 보인 것은 그가 예언의 정확성과 임박성을 제대로 깨닫지 못했기 때문이었으리라. 얼마 안 있어 하나님의 말씀이 성취되는 순간 벨사살이 다니엘에게 내린 이 같은 상과 영예는 헛된 것이 되고 만다.

『**그날 밤 칼데아인들의 왕 벨사살이 죽임을 당하고 메디아인 다리오가 그 왕국을 취하니, 약 육십이 세였더라**』(30,31절).

벨사살은 당장 그날 밤도 넘기지 못한 채 죽임을 당하고 만다. 난공불락이라고 여겨졌던 바빌론의 성벽이 마침내 무너지고 페르시아의 코레스왕이 침공해 들어왔던 것이다.

31절에서 『**메디아인 다리오가 그 왕국을 취하니**』라고 서술하고 있는 것은 다리오가 바빌론을 함락했다는 뜻은 아니다. 원래 바빌론과 메데-페르시아 간의 전쟁은 느부캇넷살왕이 죽은지 2년 후에 벌어져 서로 밀고 밀리면서 20년이 넘도록 계속되었는데, 메데의 다리오왕이 자신을 돕도록 페르시아 전선에 투입했던 조카 코레스가 때마침 바빌론 성읍을 포위하고 있던 참이었다. 그러나 바빌론 성읍을 둘러싸고 있는 성벽은 워낙 높고 견고하였으며, 성문들은 원체 튼튼하여 문자 그대로 난공불락이었는 데다가, 성내에는 비옥한 경작지가 광활하게 펼쳐져 있어 수년 동안 얼마든지 식량을 자급자족하며 견딜 수 있었는지라, 코레스의 바빌론 포위는 별무효과였다. 역사 기록에 의하면, 바빌론 성벽은 40~50피트 높이에 그 너비는 전차 두 대가 서로 반대편으로 한꺼번에 왕복할 수 있을 만큼 넓었다고 한다. 게다가 두껍고 육중한 성문들은 모두 튼튼한 놋쇠로 만들어져 있어 빗장만 걸어 잠그면 개미 한 마리 성 안으로 들어갈 수가 없었다. 그러한 성벽을 직접 돌파하기란 20세기 첨단 탱크로 밀어붙여도 불가능한 일이다. 그러했기 때문에 벨사살왕은 마음 놓고 대규모 궁전 잔치를 열고 거드름을 피는 가운데 성 밖에 포진하고 있던 메데-페르시아 군대를 조롱할 수 있었던 것이다.

그러나 이것은 아주 잘못된 판단이었다. 설사 바빌론 성읍이 적군에 대해서는 철옹성이었을는지는 몰라도 하나님의 계획 앞에서는 속수무책이라는 사실을 벨사살은 깨닫지 못했던 것이다. 사실인즉, 코레스왕에 의한 바빌론 함락은 벌써 175년 전에 이사야 선지자를 통하여 예언돼 있었던 하나님의 명령이었다(사 44:28).

그리하여 바빌론 성읍을 포위하고 있던 코레스는 아무리 성벽을 넘으려해도 넘을 수 없었고 아무리 성문을 돌파하려 해도 성공할 수 없었으나, 하나님의 예언이 성취되는 시점에 이르자 『**성문들**』은 저절로 열려져 『**닫지 못하게**』 되었고, 『**험한 곳들**』은 『**평탄하게**』 되었으며, 누군가가 『**놋문들을 산산이 부수며 철빗장을 둘로 가르**』는 것이었다(사 45:1-4).

역사가들의 말에 의하면 포위하는 것만으로는 바빌론이 결코 항복해 오지 않으리라고 판단한 코레스는 한 가지 전략을 짰는데, 그것은 바빌론 성읍을 가로질러 흐르는 유프라테스 강물을 상류에서부터 물길을 막음으로써 바닥이 드러난 하류의 강줄기를 타고 성안으로 군대를 입성시키는 계획이었다. 이를 위해 코레스는 유프라테스 강 상류 곁에 거대한 인공호수를 댐처럼 만들고, 강물이 그리로 흘러 들어가도록 함으로써 하류의 강물이 마르도록 했다고도 하고, 또 어떤 사람은 강 상류에서부터 다른 곳으로 강물이 흘러가도록 거대한 운하를 건설함으로 아예 물줄기의 방향을 통째로 바꾸어 놓았다고도 전한다. 이런 전략에 따라 모든 준비를 갖춰놓고 기회를 엿보던 코레스왕은 벨사살이 이것도 모르고 대규모 궁중연회를 열 계획이라는 것을 사전에 알아챘고, 잔치 분위기에 들떠서 경비를 맡고 있는 바빌론 군대 또한 해이해질 것을 내다보는 가운데, 군대를 세 부분으로 나누어 한 부대는 유프라테스 강 상류에서 물길을 다른 데로 돌리는 데에 투입하고, 한 부대는 바빌론 성읍 북쪽 강 어구에서부터 공격토록 배치시켜 놓았으며, 나머지 한 부대는 반대편 강줄기가 성읍을 빠져나가는 곳에 포진토록 해놓았다. 그리고 강물이 낮아지면 남북 양쪽으로부터 강바닥을 타고 두 부대가 성읍 안으로 협공해 들어가도록 작전을 짜놓았던 것이다. 이 작전은 완벽한 성공을 거두었다. 그러나 하나님의 도우심이 아니었더라면 이 작전이 반드시 성공하리라는 보장은 없었다. 대부대가 강줄기만을 타고 입성해 들어갔더라면 오히려 바벨론 군대의 반격에 꼼짝없이 독 안에 든 쥐 꼴이 될 수도 있었을 것이기 때문이다. 그러나 모든 전쟁은 하나님께서 관장하신다. 바벨론 성문들을 지키던 경비병 하나가 그날 따라 성문 빗장을 걸어 잠그는 것을 깜빡 잊는 바람에 성문이 맥없이 열리고 말았던 것이다. 그리하여 코레스의 군대는 성안으로 순식간에 쇄도해 들어가 궁전을 유린하고, 궁전 잔치가 채 끝나기도 전에 벨사살왕을 살해해 버릴 수가 있었다고 한다.

벨사살왕은 자신의 목숨과 바벨론의 운명을 술잔치와 맞바꾸었던 것이다. 그러나 중요한 것은 앞에서 살펴본 바와 같이 이미 175년 전에 예언돼 있었던 하나님의 계획이 성취되었다는 사실이다. 코레스가 이 예언을 미리 알았을 리는 만무하다. 그러나 하나님께서는 『**네가 나를 알지 못하였을지라도 내가 네게 성을 붙였느니라.**』(사 45:4)고 미리 말씀해 놓으셨다. 코레스는 하나님의 『**모든 기쁨을 이행**』하도록 예정돼 있던 인물이었고, 아닌 게 아니라 바벨론을 함락시키고 하나님께서 예정해 놓으셨던 이스라엘의 바벨론 포로 70년이라는 기간이 끝남과 동시에 이스라엘의 본토 귀환 칙령을 내리기에 이른다(B.C. 536년).

이로써 바벨론은 함락되고 메데-페르시아 시대가 열리게 되었거니와, 이때 바벨론이 파괴된 것은 아니었다. 코레스의 바벨론 함락은 어찌나 신속하고도 조용히 이루어졌던지 성읍내의 바벨론 주민들은 벨사살이 살해된 지 3일 뒤에서야 비로소 왕이 죽고 바벨론이 메데-페르시아의 손에 떨어졌음을 알게 되었을 정도라고 역사는 전한다. 역사적으로 볼 때, 바빌론 성읍은 그 뒤 그리스에 의해서 시작되어 여러 차례에 걸쳐 외적에게 파괴되었고, 오늘날 바빌론이 있었던 자리는 아무도 살지 않는 황량한 폐허가 되고 말았다. 바빌론이 역사적으로 위치했던 자리는 페르시아만에서 북쪽으로 약 45마일 떨어진 곳으로, 티그리스 강과 유프라테스 강이 합류하는 지점 바로 위쪽이었다.

다니엘 6장

앞서 5장에서 우리는 성령의 모형으로서의 다니엘을 살펴보았다. 그런데 여기 6장에서는 다니엘이 그리스도의 모형으로 나타난다. 예수 그리스도의 모형들 가운데 위대한 모형 중 하나가 다니엘인데, 바로 그 모습이 여기 6장에서 묘사되는 것이다.

누군가 다른 사람의 죄들을 위하여 죽었다는 직접적인 언급이 없다는 사실만 제외한다면, 이 다니엘 6장은 사실상 복음서에 해당하기 때문에 우리는 본 장을 "다니엘 복음"이라고 불러도 무방하다. 여기에는 예수 그리스도의 죽으심과 장사되심, 그리고 부활의 그림이 완벽하게 나타나 있다. 그런 점에서 6장에서 언급되는 다니엘은 예수 그리스도의 모형이 되기에 충분하다. 더 나아가 본 장에는 영원한 통치자로 재림하시는 그리스도의 다시 오심까지 다니엘을 통하여 그 그림이 제시된다.

역사적으로 본다면, 본 장은 "이방인들의 때"의 두 번째 세계 제국인 메데-페르시아 제국 시대가 시작되는 장이다. 느부캇넷살왕이 꿈에서 본 형상의 "금 머리"에 해당하는 첫 번째 세계 제국 바빌론은 67년간 계속되다가 사라졌고, 이제는 "은으로 된 팔과 가슴"의 시대가 열리는 것이다. 바빌론이 B.C. 538년에 멸망하고 메데-페르시아의 다리오왕이 즉각 이 제국을 접수한 뒤 2년 만인 B.C. 536년에 죽었는데, 6장에서 서술되는 이야기는 이 2년이라는 짧은 기간 동안에 있었던 극적인 사건을 다룬다.

6:1 다리오는 자기가 원하는 대로 그 왕국에 일백이십 명의 고관들을 세워 온 왕국을 통치하게 하고,

2 이들 위에 세 총리를 두었으니, 그 중에서 다니엘이 첫째더라. 이는 고관들로 총리들에게 설명하게 하여 왕이 피해를 당하지 않게 하려는 것이더라.

3 이 다니엘은 탁월한 영이 있으므로 다른 총리들과 고관들보다 뛰어나니 왕이 그를 세워 전국을 다스리도록 구상하였더라.

『**다리오는 자기가 원하는 대로 그 왕국에 일백이십 명의 고관들을 세워 온 왕국을 통치하게 하고**』(1절).

『**일백이십 명의 고관들**』이라는 말에서 우리는 사도행전 1장에서 베드로 앞에 모여 있던 120명의 제자들(행 1:15)을 언뜻 연상하게 된다.

『**이들 위에 세 총리를 두었으니, 그 중에서 다니엘이 첫째더라. 이는 고관들로 총리들에게 설명하게 하여 왕이 피해를 당하지 않게 하려는 것이더라**』(2절).

다리오가 바빌론을 정복하고 그곳에 수립한 정부는 120명의 고관들 위에 『**세 총리**』를 둔 특이한 형태였는데, 이 『**세 총리**』들은 삼위일체의 예표가 된다고도 할 수 있겠다.

『**다니엘이 첫째더라.**』 다니엘이 그리스도의 모형이 된다는 암시가 깔려 있는 진술이다. 이 말씀은 그리스도께서 『**시작이시며... 만물 안에서 으뜸**』(골 1:18)이 되신다는 말씀과 맥을 같이 한다.

『**이 다니엘은 탁월한 영이 있으므로 다른 총리들과 고관들보다 뛰어나니 왕이 그를 세워 전국을 다스리도록 구상하였더라**』(3절).

그리스도께서는 『**탁월한 영**』, 즉 성령과 함께 하셨다.

『**그를 세워 전국을 다스리도록 구상하였더라.**』 성경은 『**하늘에 있는 것이나 땅 위에 있는 것이나 땅 아래 있는 것이나 모든 무릎을 예수의 이름에 꿇게**』(빌 2:10) 하셨다고 말씀한다.

예수 그리스도의 최대 모형이었던 요셉은 창세기에서 이집트의 파라오에 의하여 이집트의 온 땅을 다스리는 치리자로 세워진 다음 『**네가 없이는 아무도 온 이집트 땅에서 자기 손이나 발을 들어올릴 자가 없으리라.**』는 말을 파라오로부터 들었다(창 41:43,44).

『**그를 세워 전국을 다스리도록 구상하였더라.**』 그러므로 이 세계는 모두 예수 그리스도의 것이다. 그분께서는 장차 실제적인 왕국을 이 땅에 세우시고 친히 통치하시게 될 것이다. 이렇게 볼 때 다니엘은 초림하신 그리스도뿐만 아니라 영광 중에 재림하실 예수 그리스도까지 예표하는 완벽한 모형인 셈이다.

『**이 다니엘은 탁월한 영이 있으므로... 왕이 그를 세워...**』 다리오왕이 다니엘에게 탁월한 영이 있다는 사실을 발견한 것은 바빌론 함락 후 얼마 되지 않은 시점이었는데, 그가 다니엘에게서 『**탁월한 영**』을 감지할 수 있었던 것은 어떤 계기였는지는 분명치 않으나 바빌론 정복 이전에 이미 적국의 소식을 탐지하고 있었다면 당연히 다니엘의 존재와 그의 사람됨에 대해서도 정보를 갖고 있었을 것이고, 바벨론 정복 직후에라도 다니엘에 대한 이야기를 들을 수 있는 기회는 충분히 있었을 것이다. 뒤에서 보듯이 다리오왕은 『**네가 늘 섬기는 네 하나님, 그분이 너를 구해 내시리라.**』(16절)라든지, 『**오 살아 계신 하나님의 종 다니엘아, 네가 늘 섬기는 네 하나님께서...**』(20절) 등과 같은 말을 다니엘에게 해 줄 만큼 다니엘과 그가 섬기는 "그의 하나님"에 대해 많은 것을 알고 있었다.

역사적으로 볼 때, 다리오가 구상한 정부 형태는 다니엘을 수석으로 하는 세 명의 총리들 밑에 120명의 고관들을 세워 전국을 통치토록 했던 일종의 집단 통치 체제였다는 점에서 바벨론의 느부캇넷살왕이 견지했던 강력한 절대 독재 체제는 아니었다. 그리고 120명의 고관들은 오늘날의 의회 체제에 비하면 원시적인 형태이기 때문에 그 성격은 많이 달랐겠지만, 일종의 의회 체제와 유사했는지도 모른다. 어쨌든, 우리가 뒤에서 보듯이 다리오는 바벨론의 느부캇넷살왕만큼 강력한 절대 권력을 휘두르지는 못했던 것으로 나타난다. 그리고 총리들과 고관들이 법률 제정에 있어 강력한 목소리를 낼 수가 있었고, 왕이 일단 서명하면 왕 자신도 변경시킬 수 없는 법령으로 자리잡을 만큼 법률의 권력 견제력이 강력했다. 다리오가 구성한 정부 형태를 이렇게 역사적 시각으로 보더라도, 왕도 어쩔 수 없었던 절대적인 "법"의 존엄성이 얼마나 강력하고 절대적이었던가에 대한 영적 해석이 가능하다. 다음 8절에서 보듯이 6장에서 왕의 『**칙령**』으로 선포되는 "법"은 『**변경시킬 수 없는... 법**』이었고, 『**고치지 못하게**』 되어 있는 법이었다는 점에서 그 법은 "율법"의 그림이 된다(마 5:18; 24:35, 요 10:35). 『**하늘과 땅이 없어지기 전에는 율법의 일점 일획도 모든 것이 이루어질 때까지 결코 없어지지 아니하리라**』(마 5:18).

6:4 ○ 그러므로 총리들과 고관들이 왕국에 관하여 다니엘을 반대할 구
실을 찾고자 하였으나 그들은 어떤 구실이나 잘못도 찾아낼 수 없었
으니, 이는 그가 너무 신실하여 아무런 실책이나 잘못도 그에게서 발
견되지 않았음이더라.
5 그러자 이 사람들이 말하기를 "우리가 그의 하나님의 율법에 관하여
다니엘을 반대할 것을 찾지 못하면 우리는 이 다니엘을 반대할 어떤
구실을 찾아낼 수 없으리라." 하더라.
6 그리하여 이 총리들과 고관들이 함께 왕에게로 모여 그에게 이렇게
말하기를 "다리오왕이여, 영원히 사소서.
7 왕국의 모든 총리들과 총독들과 고관들과 자문관들과 군대 대장들이
함께 의논하여 한 왕의 규례를 수립하여 확고한 칙령을 제정했사오
니, 즉 누구라도 삼십 일 동안에 왕 외에 어떤 신이나 사람에게 청원
하면, 오 왕이여, 그 사람은 사자굴에 던져 넣는 것이니이다.
8 오 왕이여, 지금 그 칙령을 수립하고 그 문서에 서명하시어 변경시
킬 수 없는 메데인과 페르시아인의 법에 따라 고치지 못하게 하소
서." 하니,
9 다리오왕이 그 문서와 칙령에 서명하니라.

『**그러므로 총리들과 고관들이 왕국에 관하여 다니엘을 반대할 구실을 찾고자 하였으나 그들은 어떤 구실이나 잘못도 찾아낼 수 없었으니, 이는 그가 너무 신실하여 아무런 실책이나 잘못도 그에게서 발견되지 않았음이더라**』(4절).

『**왕국**』, 이것은 성경 최대의 핵심 주제이다. 마귀는 언제나 『**왕국에 관하여**』 문제를 야기하고 트집을 잡으려고 기회를 엿본다. 그리고 예수 그리스도에게 반대할 수 있는 『**구실을 찾고자**』 몰두한다. 마귀는 예수 그리스도께서 "스스로 왕이라고 사칭"했다는 구실을 붙여 그분을 십자가에 매달게 했다. 바리새인들과 서기관 등 예수님 당시의 종교 지도자들, 즉 마귀의 세력은 『**카이사 외에는 우리에게 왕이 없나이다.**』(요 19:15)라고 외치며 스스로 왕이라 "사칭"하는 예수 그리스도를 처형하라고 요구했다. 『**자신을 왕이라고 하는 자는 누구나 카이사를 대적하여 말하는 것**』(요 19:12)인즉, 그를 놓아주면 카이사의 친구가 아니라고 협박하며 빌라도에게 압력을 가했다. 『**총리들과 고관들이 왕국에 관하여 다니엘을 반대할 구실을 찾고자**』하는 장면에서 우리는 이러한 마귀의 속성을 여실히 드러냈던 예수님 당시 종교 지도자들의 모습을 미리 엿보게 된다.

『**그들은 어떤 구실이나 잘못도 찾아낼 수 없었으니**』. 이것이 바로 예수 그리스도의 모습이다. 그분에게서 어떤 잘못을 찾아내 구실을 붙여 공격한다는 것은 불가능하다. 『**나는 이 사람에게서 아무런 잘못도 찾지 못하였노라.**』(요 18:38, 19:4,6)고 빌라도는 세 번이나 고백했다.

『**그가 너무 신실하여**』. 역시 예수 그리스도시다.

『**아무런 실책이나 잘못도 그에게서 발견되지 않았음이더라.**』 이 역시 예수 그리스도의 모습 그대로이다.

『**그러자 이 사람들이 말하기를 "우리가 그의 하나님의 율법에 관하여 다니엘을 반대할 것을 찾지 못하면 우리는 이 다니엘을 반대할 어떤 구실을 찾아낼 수 없으리라." 하더라**』(5절).

신약을 공부하면서 당신은 바리새인들이 사사건건 『**하나님의 율법**』을 빙자하여 예수 그리스도를 비난하고 『**반대**』하며 대적했던 것을 보았을 것이다. 『**당신의 제자들이 안식일에 해서는 아니되는 일을 하고 있나이다**』(마 12:2). 『**안식일에 병을 고치는 것이 타당한 일이니이까?**』(마 12:10)

이처럼 총리들과 고관들은 예수 그리스도를 공격하던 바리새인들과 똑같은 근거를 바탕으로 다니엘을 공격하고자 획책한다. 그렇지 않고서는 다니엘을 『**반대할 어떤 구실을 찾아낼 수 없으리라**』는 결론을 내렸던 것이다.

『**그리하여 이 총리들과 고관들이 함께 왕에게로 모여 그에게 이렇게 말하기를 "다리오왕이여, 영원히 사소서. 왕국의 모든 총리들과 총독들과 고관들과 자문관들과 군대 대장들이 함께 의논하여 한 왕의 규례를 수립하여 확고한 칙령을 제정했사오니, 즉 누구라도 삼십 일 동안에 왕 외에 어떤 신이나 사람에게 청원하면, 오 왕이여, 그 사람은 사자굴에 던져 넣는 것이니이다**』(6,7절).

『**모든**』 고관 대작들이 『**함께 의논**』하였다고 주장하지만 정작 최고 대신이었던 다니엘은 물론 포함되지 않았다. 그러나 그들로서는 그런 것이 문제가 된다고는 여기지 않는다. 소위 "다수" 의견에 입각했으니까 말이다. 그들은 이 "다수"의 위력을 앞세워 왕에게 압력을 가해 온다. "진리"니 "진실" 따위는 문제가 안 된다. "다수"가 모든 것을 결정하고 지배한다. 소위 "민주주의 사회"라는 지금 이 시대가 그러하다. 진리는 "다수"에 의해 무참히 짓밟힌다. 모든 가치는 "다수"에 의하여 결정되고 옹호된다. 참된 가치는 이 "다수"에 의하여 외면당하고 폐기되는 것이 현대 사회다.

『**오 왕이여, 지금 그 칙령을 수립하고 그 문서에 서명하시어 변경시킬 수 없는 메데인과 페르시아인의 법에 따라 고치지 못하게 하소서." 하니**』(8절).

우리는 여기서 "성부 하나님"(God the Father)의 모형을 엿보는 동시에, 『**법**』에 따라 움직이는 "정사들"(principalities)을 또 보게 된다.

우리의 『**법**』이 무엇인가? 『**너는 네 마음을 다하고, 혼을 다하고, 힘을 다하고, 생각을 다하여 주 너의 하나님을 사랑하라**』(눅 10:27). 이것이 우리의 법이다. 그런데 지금, 『**왕국의 모든 총리들과 총독들과 고관들과 자문관들과 군대 대장들이 함께**』 왕께 나아와 누구라도 『**왕 외에 어떤 신이나 사람에게 청원하면**』 죽음에 처하도록 하는 『**칙령을 수립하고... 서명하시어... 고치지 못하게**』 하라고 요구한다. 말하자면, "오직 왕께서만 최고의 왕이시요, 최고의 통치자시며, 최고의 신이시기에 모든 자들이 오직 왕께만 경배하도록 하는 법을 하나 만들어 왔으니 이 법에 서명하시고 선포하셔서 이를 위반하는 자들을 처단케 하소서."라고 말하고 있는 것이다. 총리들과 고관들이 법을 수립하도록 왕에게 압력을 넣었던 것은 이처럼 다니엘을 합법적으로 기소할 수 있는 빌미를 얻기 위함이었다.

『**다리오왕이 그 문서와 칙령에 서명하니라**』(9절).

총리들과 고관들의 음모와 획책을 눈치챘든 채지 못했든 이런 법령에 서명하지 않을 통치자는 없다.

이 칙령은 『**왕 외에 어떤 신이나 사람에게 청원하면**』, 즉 하나님께 기도하면 사형에 처한다는 내용인데, 『**왕 외에**』라고 규정함으로써 "왕"만을 섬기도록 규제하고 있다. 말하자면, 세상 "왕"의 신격화를 규정하고 있는 법령이다.

"금 머리"로서 첫 번째 세계 제국이었던 바빌론의 느부캇넷살왕 역시 자신을 신격화했었는데, 여기 9절에서도 "은으로 된 팔과 가슴"으로서의 두 번째 세계 제국인 메데-페르시아 역시 왕을 신격화하고 있는 것이다. 이것은 다음에 이어지는 그리스나 로마 제국 시대에도 마찬가지였거니와, "이방인들의 때"가 끝날 때까지 그러할 것이다. "짐승"인 적그리스도는 이 세상 마지막 "신"이 될 것이다(계 13:4,14,15).

6:10 ○ 이제 다니엘이 그 문서가 서명된 것을 알았을 때 그의 집으로 가
서 그의 방에서 예루살렘을 향해 창문을 열어 두고 그가 전에 하던
대로 하루에 세 번씩 무릎을 꿇고 기도하였으며 그의 하나님 앞에
감사를 드렸더라.
11 그때에 이 사람들이 모였고 다니엘이 그의 하나님 앞에 기도하며
간구하는 것을 발견했더라.
12 그후 그들이 나와서 왕의 칙령에 관하여 왕에게 고하기를 "오 왕이
여, 왕께서 누구든지 삼십 일 이내에 왕 외에 어떤 신이나 사람에게
청원하면 사자굴에 던져 넣을 것이라는 칙령에 서명하지 않으셨나
이까?" 하니, 왕이 대답하여 말하기를 "변경시킬 수 없는 메데인과
페르시아인의 법에 따라 그것이 사실이로다." 하더라.
13 그러자 그들이 왕 앞에 대답하여 말하기를 "오 왕이여, 유다의 사로
잡힌 자들의 자손 중에 있는 다니엘이 왕과 왕의 서명하신 칙령을
존중하지 아니하고 하루에 세 번씩 자기 서원을 드리나이다." 하니,
14 왕이 이 말을 듣고 심히 불쾌하였으나 다니엘을 구해 주려고 마음
을 쓰며 그를 구해 주려고 해가 질 때까지 노력하였더라.
15 그때에 이 사람들이 왕 앞에 모여서 왕에게 말하기를 "오 왕이여,
메데인과 페르시아인의 법을 아소서. 왕께서 제정하신 칙령과 법규
는 변경될 수 없나이다." 하더라.
16 그러므로 왕이 명령하니 그들이 다니엘을 끌어다가 사자굴에 던져
넣더라. 왕이 다니엘에게 일러 말하기를 "네가 늘 섬기는 네 하나님,
그분이 너를 구해 내시리라." 하더라.
17 돌을 굴려다가 굴 입구를 막고 왕이 자신의 인장과 그의 귀족들의
인장으로 봉하였으니, 이는 다니엘에 관한 그 목적이 변경되지 못
하게 하려 함이었더라.

『**이제 다니엘이 그 문서가 서명된 것을 알았을 때 그의 집으로 가서 그의 방에서 예루살렘을 향해 창문을 열어 두고 그가 전에 하던 대로 하루에 세 번씩 무릎을 꿇고 기도하였으며 그의** 하나님 **앞에 감사를 드렸더라**』(10절).

이 구절이 우리에게 매우 큰 교훈이 된다는 것은 두말할 나위가 없다. 불의와 타협하지 않고 단호한 태도로 분명한 입장을 견지한다는 것은 결코 쉬운 일은 아니지만 대단히 위대하다. 다니엘은 『**문서가 서명된 것**』, 즉 『**왕 외에 어떤 신이나 사람에게 청원하면**』 사자굴에 던져져 죽임을 당하게 된다는 칙령이 선포된 것을 알고 있었다. 그런데도 그는 『**창문을 열어 두고**』 다른 사람들이 밖에서 다 볼 수 있도록 『**전에 하던 대로 하루에 세 번씩 무릎을 꿇고 기도하였으며 그의** 하나님 **앞에 감사를 드렸**』다. 볼 테면 보라는 것이었고, 잡아갈 테면 잡아가라는 것이었으며, 죽일 테면 죽이라는 당당한 태도였다. 그는 하나님을 섬김에 있어 그 어떤 것과도 타협하거나 굴복하지 않았다. 너희가 뭐라고 하든, 법이 어떠하든, 나는 전과 마찬가지로 나의 하나님께 기도하고 감사하며 섬기되, 인간을 경배하지는 않겠다는, 그리고 세상 신을 경배하지는 않겠다는, 분명하고도 단호한 자세를 유지한다는 것은 하나님께 대한 절대적인 신뢰와 순종에서만 가능한 일이다. 다니엘은 이것을 공개적으로 간증했다.

타협하지 않고 단호한 입장을 견지하는 문제와 관련하여 한편으로는 왜곡된 "열성"을 경계하지 않을 수 없다. 이를테면 일 년에 한번쯤 어떤 계제에 아주 단호하고 공격적인 태도를 취하며 누구도 따를 수 없는 열성으로 주님의 일을 하는가 싶었는데, 가만히 보니 나머지 기간은 "뒤로 나자빠진" 삶을 사는 그런 생활 태도 말이다.

중요한 것은 섬김이 일 년 365일 한결같아야 한다는 점이다. 다니엘을 보라. 그는 칙령이 발표되자 그에 맞서서 갑자기 칼을 빼듯 『**예루살렘을 향해 창문을 열어 두고**』 공세를 취했던 게 아니다. 그는 『**전에 하던 대로 하루에 세 번씩 무릎을 꿇고 기도하였으며**』 하나님께 경배를 드렸다. 늘 하던 일이었고, 한결같은 섬김의 자세일 뿐이었지 결코 격정적 반항이 아니었고 순간적이고도 일시적인 열성이 아니었다.

내가 사는 플로리다 펜사콜라 시에서는 일 년 중 4월부터 9월까지는 거리 설교를 금지하는 법령이 발효되었다. 그래서 우리는 지금 9월이 지나갈 때까지 기다리고 있는 중이다. 이 기간 동안은 우리의 형제들이 멀리 앨라바마 주까지 거리설교를 하러 원정을 간다. 이 금지 기간이 끝나면 우리는 또 4월까지 우리 동네에서 열심히 거리 설교와 복음전파 사역을 진행할 참이다. 물론 법령이 정한 한계 내에서 금지 기간이라도 공공 장소가 아닌 데서 거리 설교를 진행하는 것은 얼마든지 괜찮지만, 이런 부당한 처사에 불만을 품고 주 법령에 맞서서 아무 때, 아무 데서나 거리 설교를 "용감하게" 감행하다가 당국에 체포되어 감옥에 갇히는 일이 없도록 하라고 나는 우리 교회 형제들에게 당부해 놓았다. 이에 대해 "럭크만 형제가 타협했다."고 비난하지 말라. 나는 결코 타협한 게 아니다. 열성도 좋지만 일 전체를 그르치는 무모함은 현명하지 못하다. 또, 어느 경우에나 "과잉 행동"은 무리를 일으키기 마련이다. 몇몇 "열성분자들"이 타협하지 않고 단호한 입장을 보인답시고 법을 무시한 채 쇼핑몰이라든지, 거리 모퉁이라든지, 남의 회사 앞마당 주차장이라든지, 학교 앞 같은 데서 마구 거리 설교를 감행하다가 여론이 악화되어 아예 일 년 내내 모든 장소에서의 거리 설교를 전면적으로 금지하는 법령이 만들어지기라도 하는 날에는 우리의 복음 전파 사역에 막대한 지장을 초래하게 될 것인즉, 이것은 결코 지혜로운 일이 못된다. 내년 4월부터 9월까지, 내후년 4월부터 9월까지, 또 그 다음해 4월부터 9월까지만 피하고 나머지 기간에는 아주 부지

런히 거리로 뛰쳐나가 복음을 외쳐대며 효과적으로 복음을 전파토록 하라는 것이 나의 부탁이고, 괜히 과잉 행동을 하다가 감옥에 갇히는 바람에 모든 개인적 구령 활동을 원천적으로 봉쇄당하고 마는 어리석음을 범하지 말라는 것이다.

당신이 하나님의 명령에 순종하기 원한다면, 그 순종을 보여드릴 수 있는 방식과 기회는 얼마든지 있다. 당신이 정말로 하나님을 사랑하고 싶다면, 그 사랑을 실행하고 표출할 수 있는 행동은 여러 가지가 있을 수 있다는 얘기다. 당신은 자신이 해야 될 일들을 때에 따라서는 수정할 줄도 알고 조절할 줄도 아는 지혜를 가져야 한다. 갓 구원받은 갓난아기 그리스도인일수록 이런 지혜가 모자라 과잉 행동을 하기가 쉽고 왜곡된 열성에 들뜨다가 낭패를 당하는 수가 많다. 주님께서 제자들을 세상 밖으로 내보내시면서 무어라고 말씀하셨던가? 『**내가 너희를 내보내는 것이 마치 양을 이리들 가운데로 보냄과 같도다. 그러므로 너희는 뱀처럼 지혜롭고 비둘기처럼 순수하라.**』(마 10:16)고 명하셨다. 풋내기 그리스도인들 가운데는 무슨 일에서나 의를 위해서라면 사자처럼 용감하게 으르렁대는 사람들이 있는 것을 본다. 좋은 일이다. 그러나 뱀처럼 지혜로울 필요도 있다는 것을 알아야 한다. 난관에 봉착할 때는 사자 같은 용맹성뿐만 아니라 뱀 같은 꾀도 필요하다는 것을 잊지 말라. 어려움을 헤쳐나가려면 사자와 뱀을 합쳐놓은 것 같은 짐승이 될 필요도 있다는 말이다.

우리는 과잉 행동을 하지 않더라도 설교하고 구령할 수 있는 기회와 장소는 얼마든지 있다. 마음만 있으면 기회와 장소는 주님께서 얼마든지 만들어 주신다. 하다못해 이발소에 가서 머리를 깎으면서도 이발사나 옆에 앉은 사람에게 한 20분 동안 조용조용 복음을 전할 수도 있다.

문제는 그리스도인으로서 시종여일해야 한다는 점이다. 한때 열을 올리다가 슬그머니 식어버리는 변덕스러운 열성은 효과적으로 열매를 맺지 못하고 불필요한 무리를 일으키기가 쉽다. 그리스도인이라면 여하한 상황에서도 발을 딛고 서 있는 자리가 시종일관 확고한가 하는 점이 중요하다. 당신은 일 년 365일 한결같이 하나님의 말씀 위에 발을 딛고 서 있어야 한다. 당신은 어느 신학교에 발을 딛고 서 있어서도 안 되고 피터 럭크만 위에 서 있어서도 안 된다. 당신이 서 있어야 할 토대는 오직 성경이다. 마틴 루터는 오직 성경의 토대 위에 서 있기로 결심한 자신에 대해서 이렇게 말했다. "주께서 나를 도우시니 내가 여기 서 있노라." 성경 위에 서 있는 한, 당신은 언제 어디서 증언대에 설 기회를 얻을까 걱정할 필요가 없다. 당신이 성경 위에 굳건히 서 있는 한, 당신은 이미 가장 강력한 증언대에 서 있는 것이다. 당신이 성경 위에 서 있는 한, 당신이 "위해서" 증언해야될 모든 것을 위해서, 그리고 당신이 "대적하여" 증언해야 될 모든 것에 대적하여 증언할 수 있는 최적의 자리에 지금 서 있는 것이다. 성경을 떠나서는 그 무엇에 대해서도 증거할 수가 없고, 성경을 떠나서는 아무리 웅변을 토해내도 증거력을 갖지 못한다. 성경을 떠난 증언대는 증언대가 아니라 "쇼"를 연출하는 자리일 뿐이다.

마틴 루터의 말을 기억하라. "주께서 나를 도우시니 내가 여기 서 있노라!" 이것이 바로 다니엘의 자세였다. 『**그의 방에서 예루살렘을 향해 창문을 열어 두고 그가 전에 하던 대로 하루에 세 번씩 무릎을 꿇고 기도하였으며 그의 하나님 앞에 감사를 드렸더라.**』 시종여일하기가 이를 데 없었고, 확고하기가 절대적이었다. 그 어떤 상황도 다니엘의 변함없는 삶의 자세를 바꾸어 놓지는 못했다. 그의 적들은 그것을 알고 있었다.

성전 건축을 마친 솔로몬은 하나님께 이렇게 봉헌 기도를 드렸다.

『그러므로 주의 종과 주의 백성 이스라엘이 이곳을 향하여 드리는 간구에 경청하시고 주의 처소, 곧 하늘에서 들으시며, 주께서 들으실 때에

용서해 주소서... 만일 주의 백성이 그들의 원수들과 싸우려고, 주께서 그들을 보내신 길로 나갔을 때 그들이 주께서 택하신 이 성읍과 내가 주의 이름을 위하여 건축한 전을 향하여 주께 기도하거든, 주께서는 하늘들에서 그들의 기도와 간구를 들으시고 그들의 소원을 이루어 주소서』(대하 6:21,34,35).

하나님께서는 솔로몬의 이 기도에 이렇게 응답하셨다.

『**내 이름으로 불리는 내 백성이 겸손해지고 기도하며 내 얼굴을 찾고 그들의 악한 길에서 돌이키면 내가 하늘에서 듣고 그들의 죄를 용서하며 그들의 땅을 치유하리라. 이제 이곳에서 하는 기도를 향하여 내 눈이 열리고 내 귀가 경청하리라. 이는 내가 이 전을 택하고 거룩하게 하여 내 이름이 거기에 영원히 있게 하였음이니 내 눈과 내 마음이 거기에 영원히 있으리라**』(대하 7:14-16).

그리하여 다니엘은 지금은 서쪽에 있는 예루살렘의 그 성전을 향하여 늘 하던 대로 무릎 꿇고 기도했다. 『**그의 방에서 예루살렘을 향해 창문을 열어 두고...**』 말이다. "그리스도인"이라 자처하는 어떤 자들은 바빌론을 향하여, 로마를 향하여 창문을 열고 기도한다. 그런가하면 또 어떤 자들은 소돔을 향하여 창문을 열어 두고 있다. 그러나 우리들 성경대로 믿는 사람들은 언제나 "새 예루살렘"을 향하여 창문을 열어 두고 있다.

기도는 하나님께 대한 요청과 감사다. 성경은 『**아무것도 염려하지 말고 다만 모든 일에 기도와 간구로 너희의 구하는 것들을 감사함으로** 하나님**께 알려지게 하라.**』(빌 4:6)고 말씀한다. 그래서 다니엘도 그렇게 기도를 드렸다. 『**그가 전에 하던 대로 하루에 세 번씩 무릎을 꿇고 기도하였으며 그의 하나님 앞에 감사를 드렸더라.**』 그는 자신이 늘 드리는 이런 기도를 금하는 칙령이 반포된 것을 알고 있었다. 그러나 이 법령이 무서워 늘 드리던 기도를 중단한 게 아니라 오히려 그 소식을 듣고『**하나님 앞에 감사를 드렸더라.**』고 성경은 적고 있다. 이런 처지에 어떻게 "감사"가 나올 수 있겠느냐고 의아해 하지 말라. 성경은『**너희의 구하는 것들을 감사함으로 하나님께 알려지게 하라.**』고 말씀하고 있고,『**항상 기뻐하라. 쉬지 말고 기도하라. 모든 일에 감사하라. 이것은 그리스도 예수 안에서 너희에 관한 하나님의 뜻이니라.**』(살전 5:16-18)고 명령한다.

이렇게 하는 데에는 "훈련"이 필요하다는 것도 잊지 말라. 하나님께 대한 기도와 감사는 평소에 훈련돼 있지 않으면 기도가 꼭 필요한 때에 기도하지 못하고, 감사가 꼭 필요한 때에 감사드릴 줄을 모르게 된다. 기도할 줄 모르는 그리스도인처럼 부끄러운 일도 없다. 언제 어디서나 필요할 때에 하나님께 고할 준비가 돼 있자면 미리 훈련해 두어야 한다. 전쟁에 임하는 군인처럼, 사열에 임하는 군대처럼, 평소에 열심히 훈련해 두도록 하라.

『**그때에 이 사람들이 모였고 다니엘이 그의 하나님 앞에 기도하며 간구하는 것을 발견했더라**』(11절).

다니엘의 행동은 왕의 칙령에 대한 명백한 위반이었다. 다니엘의 적대자들은 자신들이 파놓은 함정에 다니엘이 예상대로 걸려든 것을 보고 회심의 미소를 짓는다. 교활한 음모였으되, 법은 어디까지나 법이다.

『**그후 그들이 나와서 왕의 칙령에 관하여 왕에게 고하기를 "오 왕이여, 왕께서 누구든지 삼십 일 이내에 왕 외에 어떤 신이나 사람에게 청원하면 사자굴에 던져 넣을 것이라는 칙령에 서명하지 않으셨나이까?" 하니, 왕이 대답하여 말하기를 "변경시킬 수 없는 메데인과 페르시아인의 법에 따라 그것이 사실이로다." 하더라**』(12절).

이 구절은 하나님의 율법과 계명에 입각하여 예수 그리스도를 “아버지 하나님”께 고소하는 마귀의 역할을 선명하게 보여 주는 그림이다.

『그러자 그들이 왕 앞에 대답하여 말하기를 “오 왕이여, 유다의 사로잡힌 자들의 자손 중에 있는 다니엘이 왕과 왕의 서명하신 칙령을 존중하지 아니하고 하루에 세 번씩 자기 서원을 드리나이다.” 하니』(13절).

예수 그리스도께서는 육신으로는 『**유다의 사로잡힌 자들의 자손**』 가운데서 나셨다. 그래서 이 구절은 다니엘이 예수 그리스도의 모형임을 입증하고 있는 또 하나의 강력한 구절이다.

『왕이 이 말을 듣고 심히 불쾌하였으나 다니엘을 구해 주려고 마음을 쓰며 그를 구해 주려고 해가 질 때까지 노력하였더라』(14절).

왕이 『**다니엘을 구해 주려고 마음을 쓰며 그를 구해 주려고 해가 질 때까지 노력**』하였다는 사실에서, 우리는 예수 그리스도께서도 십자가 처형을 모면하실 수 있는 여지가 얼마든지 있었다는 것을 알 수 있다. 예수님께서도 이것을 잘 알고 계셨다. 그래서 주님께서는 겟세마네 동산에서 이렇게 기도하시기까지 한 것이었다. 『**오 나의 아버지시여, 가능하시거든 이 잔을 내게서 지나가게 하옵소서. 그러나 내가 원하는 대로 하지 마옵시고 아버지께서 원하시는 대로 하옵소서**』(마 26:39).

『그때에 이 사람들이 왕 앞에 모여서 왕에게 말하기를 “오 왕이여, 메데인과 페르시아인의 법을 아소서. 왕께서 제정하신 칙령과 법규는 변경될 수 없나이다.” 하더라』(15절).

주님께서는 자신의 말씀을 자신께서 친히 지키시지 않으면 안 된다. 주님께서는 자신의 말씀을 변경하시거나 취소하실 수가 없으시다. 이 법은 율법의 예표이다. 하나님의 "법"은 우리 죄인들의 죽음을 요구한다.

『**돌을 굴려다가 굴 입구를 막고 왕이 자신의 인장과 그의 귀족들의 인장으로 봉하였으니, 이는 다니엘에 관한 그 목적이 변경되지 못하게 하려 함이었더라**』(17절).

24절에 보면 『**사자들은 그들이 미처 굴 바닥에 닿기도 전에 그들을 움켜서 그들의 모든 뼈들을 산산조각내어 부숴 버렸더라.**』고 적고 있다. 그런즉, 다니엘을 사자굴에 던져 넣고 굳이 돌로 막을 필요가 없었을 것이다. 그러나 그들은 『**돌을 굴려다가 굴 입구를**』 막았다. 이것이 무엇을 말하는가? 이것은 예수 그리스도께서 장사되셨던 무덤의 그림이다. 『**바위를 파서 만든 자기의 새 무덤에 안치하고 큰 돌을 굴려 무덤 문에 놓고 가더라**』(마 27:60). 그것도 모자라 『**왕이 자신의 인장과 그의 귀족들의 인장으로 봉하였으니**』라고 말씀한다. 이 역시 장사지낸 바 되셨던 그리스도의 무덤을 여실히 보여 주는 그림이다(마 27:66). 이처럼 성경은 빈틈없이 예수 그리스도를 증거하고 있는 것이다. 주님께서도 이에 대하여 우리들에게 확인해 주셨다. 『**성경을 상고하라. 이는 너희가 성경에 영생이 있다고 생각함이니, 그 성경은 나에 관하여 증거하고 있음이라**』(요 5:39). 그러므로 당신이 예수 그리스도를 찾고자 한다면, 당신은 그분을 성경에서 찾아야 한다.

『**이는 다니엘에 관한 그 목적이 변경되지 못하게 하려 함이었더라.**』 왕은 다니엘을 내어 줄 수밖에 없었다. 예수 그리스도에 『**관한 그 목적**』 역시 변경될 수 없는 것이었기에 아버지 하나님께서는 아들을 십자가에 달리도록 내놓으셨다. 이것은 하나님의 정하신 뜻이었기에 『**그 목적**』이 결코 변경될 수 없는 노릇이었다. 『**하나님의 정하신 뜻과 미리 아심을 따라**

내어주신 그를 너희가 붙잡아 무법자들의 손을 통해 십자가에 못박아 죽였으나』(행 2:23)라고 성경은 말씀한다.

6:18 ○ **왕이 자기 궁으로 돌아가서 밤이 새도록 금식하며 자기 앞에 악기도 금지시키고 잠도 자지 않았더라.**

19 **왕이 아침에 매우 일찍 일어나서 황급히 사자 굴로 갔더라.**

20 **그가 굴에 와서 애통하는 음성으로 다니엘에게 부르짖었으니, 왕이 다니엘에게 일러 말하기를** "오 살아 계신 하나님의 종 **다니엘아, 네가 늘 섬기는 네** 하나님께서 **사자들로부터 너를 구해 주실 수 있더냐?" 하더라.**

21 **그러자 다니엘이 왕에게 말하기를 "오 왕이여, 영원히 사소서.**

22 **내** 하나님께서 **그분의 천사를 보내시어 그 사자들의 입을 막으셨으므로 그들이 나를 상하게 하지 못하였나니, 이는 그분 앞에 무죄함이 내 안에서 나타났으며, 오 왕이여, 내가 왕 앞에서도 어떤 해로운 일을 하지 않았음이니이다." 하더라.**

23 **그러자 왕이 그로 인하여 매우 기뻐하며 다니엘을 굴에서 끌어올리라고 명령하였더라. 그러므로 다니엘을 굴에서 끌어올렸더니 그에게 아무런 상처도 보이지 않았더라. 이는 그가 그의** 하나님을 **믿었음이더라.**

24 ○ **왕이 명령하니, 다니엘을 고소했던 그 사람들을 끌고 와서 그들과 그들의 자녀들과 아내들을 사자굴에 던져 넣었더라. 사자들은 그들이 미처 굴 바닥에 닿기도 전에 그들을 움켜서 그들의 모든 뼈들을 산산조각내어 부숴 버렸더라.**

『**왕이 자기 궁으로 돌아가서 밤이 새도록 금식하며 자기 앞에 악기도 금지시키고 잠도 자지 않았더라**』(18절).

성경에서 모형이 되는 인물이 모든 점에서 100% 완벽하게 그런 것은 아니라는 사실을 유의해 둘 일이다. 그러나 모형이 제몫을 할 경우, 그 모형과 실제 인물 사이에는 미묘한 암시가 깃들어 있거니와, 모형을 둘러싸고 기이한 사건들이 진행되는 가운데 이러한 암시가 표출된다. 예수 그리스도께서는 십자가에 처형되셨다. 그때 아버지 하나님께서 비탄에 잠기셨는지 여부는 성경에 직접적으로 기록돼 있지 않으나 우리는 이 구절에서 그러한 성부 하나님의 모습을 어렴풋이 엿보게 된다. 예수 그리스도께서는 십자가에 달린 채 숨을 거두시기 전 아버지 하나님께 기도하셨다. 『**나의 하나님, 나의 하나님, 어찌하여 나를 버리셨나이까?**』(마 27:46) 예수 그리스도께서 십자가에 달리셨을 때, 어두움이 온 땅을 덮었고 해가 어두워졌었다(눅 23:44). 밥 존스 1세는 그 몇 시간 동안 아버지 하나님께서는 하늘 문을 닫으시고 아들이신 예수 그리스도와의 교제를 일시 단절하셨었다고 이야기하곤 했다. 이런 상황에서 아버지 하나님의 비통하심이 없었으리라고 상상하기는 어렵다. 우리는 그러하신 하나님의 모습을 『**밤이 새도록 금식하며 자기 앞에 악기도 금지시키고 잠도 자지 않았**』던 『**왕**』의 모습에서도 엿볼 수 있다.

『**왕이 아침에 매우 일찍 일어나서 황급히 사자 굴로 갔더라**』(19절).

우리는 주님께서 장사지낸 바 되시고 그 다음 날 『**새벽이 시작될 때**』(마 28:1) 무덤으로 달려갔던 여인들을 연상한다. 『**그 주의 첫날 아주 이른 아침 해가 뜰 무렵 그들이 무덤에 왔더라**』(막 16:2, 눅 24:1). 『**왕이 아침에 매우 일찍 일어나서 황급히**』 다니엘을 던져 넣은 사자굴로 달려온 장면은 『**아직도 어두운**』(요 20:1) 새벽에 주님의 무덤으로 달려온 막달라

마리아를 연상시키기에 충분하다.

『그가 굴에 와서 애통하는 음성으로 다니엘에게 부르짖었으니, 왕이 다니엘에게 일러 말하기를 "오 살아 계신 하나님의 종 다니엘아, 네가 늘 섬기는 네 하나님께서 사자들로부터 너를 구해 주실 수 있더냐?" 하더라』(20절).

돌로 막아 놓은 굴 입구에서 안을 향하여 왕은 『**애통하는 음성**』으로 다니엘에게 부르짖는다. 왕은 필경 다니엘이 사자들에게 물려 죽었을 것으로 믿었으리라. 그러나 혹시 하나님의 도우심으로 기적적으로 살아 있을지도 모른다는 희망을 가져본다. 그래서 『**오 살아 계신 하나님의 종 다니엘아, 네가 늘 섬기는 네 하나님께서 사자들로부터 너를 구해 주실 수 있더냐?**』 하고 소리쳐 묻는다. 그때 다니엘의 응답이 굴속에서 들려온다. 『**그러자 다니엘이 왕에게 말하기를 "오 왕이여, 영원히 사소서**』(21절). 이 얼마나 극적이고도 기적적인 일인가!

『내 하나님께서 그분의 천사를 보내시어 그 사자들의 입을 막으셨으므로 그들이 나를 상하게 하지 못하였나니, 이는 그분 앞에 무죄함이 내 안에서 나타났으며, 오 왕이여, 내가 왕 앞에서도 어떤 해로운 일을 하지 않았음이니이다." 하더라』(22절).

하나님께서 보내신 천사들이 어떻게 사자들의 입을 막으셨을까에 대해 재미있는 이야기들이 많은데, 가장 표준이 되는 이야기는 쇠그물망으로 입을 막아 놓아 사자들이 다니엘을 먹을 수가 없었으리라는 것이다. 그러나 밥 존스 1세는 어떤 설교 가운데서 이 장면을 이렇게 이야기하기도 했다. 즉, 다니엘이 굴에 던져지자 맨 앞줄에 있던 사자들이 그에게 다가와 냄새를 맡는다. 그러자 다니엘이 그 사자들에게 물었다.

"너희들이 나를 잡아먹을래?"

"글쎄, 지금은 식욕이 없어서 사양하겠어."

그러자 그 뒤에 있던 사자들이 다니엘에게 다가왔다.

"그럼 너희들이 나를 잡아먹을 거냐?"

"말도 말게. 소화불량이 어찌나 심한지 도저히 뱃속에 넣을 생각이 없는걸. 고맙네만, 사양하겠네."

다니엘은 별 수 없이 사자들 앞에서 멍하니 서 있을 수밖에 없었는데, 잠시 후 사자 한 마리가 그에게 말했다.

"그렇게 서 있지만 말고 좀 앉게나. 피곤하지도 않은가? 밤도 깊었으니 눈을 좀 붙이게나."

"그래, 좀 피곤하군. 그럼 어디 한 잠 자볼까?"

그러자 사자 한 마리가 벌렁 드러눕더니 자기 배를 베고 자라고 발짓하는 것이었다. 그래서 다니엘은 그 사자의 배를 베개 삼고 드러누웠다. 그리고는 그 사자에게 말했다.

"미안하네만, 기왕 베개 노릇을 해줄 테면 저쪽으로 좀 돌아누워 주겠나? 그래야 내가 얼굴을 예루살렘 쪽으로 향할 수 있거든."

"배짱 한번 좋구만. 그래 좋아. 자, 이 정도면 되겠나?"

다니엘이 예루살렘을 향하여 얼굴을 돌리고 다시 돌아누웠다. 그러자 사자가 다니엘에게 물었다.

"자네는 지금 반드시 누가 구해 주러 올 것으로 믿고 있는 거지?"

"암, 그렇고말고!"

다니엘은 이윽고 깊은 잠에 빠져들었다. 그때 다니엘의 귀에는 하늘의 음악 소리가 은은히 들려 왔다.

『**내 하나님께서 그분의 천사를 보내시어...**』 하나님께서는 예수 그리스도께도 그렇게 하셨다. 막달라 마리아는 흰 옷을 입고 무덤 안에 앉아 있던 두 천사를 보았고, 그 천사들과 대화까지 나누었다. 『**여인아, 어찌하여 네가 울고 있느냐?... 사람들이 내 주를 가져갔는데 어디에 모셔 두었는지 모르기 때문이니이다**』(요 20:13). 이처럼 주님께서는 당신이 어디에 가 있든지 거기에 와 계신다. 그분께서는 당신을 사자굴에서 꺼내 주기도 하시겠지만, 우선 당신이 있는 곳에 함께 계셔 주신다.

『**내 하나님께서 그분의 천사를 보내시어 그 사자들의 입을 막으셨으므로 그들이 나를 상하게 하지 못하였나니,**』 사도 바울 역시 디모데에게 이와 동일한 언급을 한 적이 있다. 『**...또 내가 사자의 입에서 구출되었느니라. 주께서는 나를 모든 악한 일에서 구해 내시고, 그의 하늘나라에 이르기까지 나를 보호하시리니, 영광이 그분께 영원무궁토록 있기를 원하노라. 아멘**』(딤후 4:17,18).

『**무죄함이 내 안에서 나타났으며**』. 이 역시 예수 그리스도에 대한 그림이다. 무죄한 분은 오직 그분뿐이시다.

『**내가 왕 앞에서도 어떤 해로운 일을 하지 않았음이니이다.**』 이 역시 예수 그리스도를 서술한다. 아버지 하나님 앞에서 그 어떤 해로운 일도 하지 않으신 분은 오직 아들 하나님이신 주 예수 그리스도뿐이시다.

『**그러자 왕이 그로 인하여 매우 기뻐하며 다니엘을 굴에서 끌어올리라고 명령하였더라. 그러므로 다니엘을 굴에서 끌어올렸더니 그에게 아무런 상처도 보이지 않았더라. 이는 그가 그의 하나님을 믿었음이더라**』(23절).

이것은 거듭난 그리스도인의 구원을 나타내는 그림이다. "구원받았다."

는 것 자체가 이처럼 죽음에서 건져 올려졌음을 의미한다. 거듭난 성도가 죽음에서 생명으로 옮겨졌다는 것이 바로 이것이다. 구원받지 못한 사람은 거꾸로 사자굴에 던져지게 된다. 다음 24절을 보라. "사자"는 마귀의 모형이기도 하다. 성경은 마귀를 일컬어 『**울부짖는 사자처럼 삼킬 자를 찾아**』(벧전 5:8) 두루 다닌다고 말씀한다. "사자"는 구원받지 못한 자들을 "사자굴"로 맞아들인다. 구원받지 못한 자들은 마귀가 있는 지옥으로 저절로 들어가게 돼 있다. 그렇기 때문에 마귀는 구원받지 못한 자들을 지옥으로 끌어들이려고 특별히 애쓸 필요가 없다. 그들은 내버려두어도 자동적으로 지옥으로 들어오게 돼 있기 때문이다. 마귀의 공격 대상은 이미 구원받은 성도들이다. 성도들 가운데서도 확고한 믿음 위에 서 있는 그리스도인일수록 마귀의 공격은 그만큼 더 집요하다. 그리스도인들이 마귀의 공격을 막아내지 못하면 쓰러진다. 그리스도인들이 실족하고 타락하게 되는 것은 이 때문이다. 『**정신을 차리고 깨어 있으라. 이는 너희의 대적 마귀가 울부짖는 사자처럼 삼킬 자를 찾아 두루 다니기 때문이니라.**』(벧전 5:8)고 성경이 경고하는 까닭이 여기에 있다. 마귀는 구원받지 못한 자들에게는 『**대적**』이 아니다. 마귀는 구원받은 그리스도인들에 대해서만 『**대적**』이다.

다니엘이 던져졌던 사자 굴은 지옥의 모형이기도 하지만, 또 한편 그리스도인들이 당면하는 고난과 시련의 모형이기도 하다. 그리스도인들도 마귀의 공격을 받으면 얼마든지 역경과 시련에 봉착하여 고난받을 수 있다. 당신의 구원은 영원한 세계에서의 영원한 생명을 보장한다. 그러나 이 땅에서 보내야 하는 시간은 별개의 문제다. 이 땅에 있는 동안은 그리스도인도 별의별 골치 아픈 문제들을 겪게 돼 있다. 그리스도인도 전쟁 중 폭격을 당해야 하고, 그리스도인도 굶어 죽을 수가 있으며, 그리스도인도 혹독한 고문을 당하다가 죽기도 한다. 구원받지 못한 죄인들만 이런 재난들을 겪는 것은 아니다. 중국에서 끔찍한 "난자"(亂刺) 고문을 당해 죽은 그리스도인도 있었고, 인도에서 뜨거운 "화염방"에 들어가 두세 시간 동안 서서히 불타 죽은 그리스도인도 있었다. 시베리아의 강제수용소에서 혹독한 굶주림과 추위에 목숨을 잃은 그리스도인들도 그 수를 헤아릴 수 없을 만큼 많았다.

그러나 당신이 구원받은 그리스도인이라면 최소한 한 가지 이점을 갖고 있다. 그것은 당신이 어떤 처지에 빠져 있더라도 주님께서 당신과 함께 하신다는 사실이요, 당신의 혼은 절대로 지옥에 가지 않는다는 사실이다. 당신이 어떤 처지에 있더라도 주님께서 함께 하신다는 사실은 그렇기 때문에 당신이 더 이상 죄를 짓지 않는다거나 고난으로부터 보호받는다는 뜻이 아니다. 다시 죄를 짓되 당신은 그 죄를 자백하고 예수 그리스도의 피로 깨끗이 씻음받을 수 있는 특권이 주어졌다는 뜻이요, 고난에 처하되 믿음으로 이겨낼 수 있으며, 그분의 도우심으로 그 고난에서 벗어날 수 있다는 뜻이다. 구원받지 못한 사람은 절대로 이런 이점을 갖고 있지 못한다. 구원받은 당신이 다시 죄를 짓더라도 그 죄를 주님께 자백하라. 그 순간 당신의 죄는 깨끗이 씻긴다. 이것이 예수 그리스도의 보혈의 능력이다. 주님께서는 이를 위해 피를 흘리셨다.

다니엘이 사자 굴에 던져지고서도 아무런 해를 당하지 않은 기적적인 현상을 보고 왕은 『**매우 기뻐**』했고, 이로 인하여 처음 내렸던 칙령과는 상반되는 칙령을 26절에서 새로 내려 『**모든 사람은 다니엘의 하나님 앞에 떨며 두려워**』하라는 명령을 내리게 된다. 이것은 3장에서 사드락과 메삭과 아벳느고, 세 명의 신실한 히브리 청년들이 왕의 형상에 절하지 않는다는 이유로 불타는 용광로에 던져졌음에도 불구하고 머리카락 하나도 그

슬리지 않은 채 살아 나왔던 기적을 목격한 느부캇넷살왕이 칙령을 내렸던 경우와 아주 흡사하다. 『**그러므로 내가 한 칙령을 내리노니, 어느 백성이나 민족이나 언어라도 사드락과 메삭과 아벳느고의** 하나님께 **거슬러 무엇을 잘못 말하면 그들은 토막으로 잘려질 것이요 그들의 집은 퇴비더미가 될 것이니라. 이는 이처럼 구해 낼 수 있는 다른** 신이 **없기 때문이라**』(3:29).

『**그러므로 다니엘을 굴에서 끌어올렸더니...**』 우리는 여기서 십자가에 처형되시고 장사지낸 바 되셨다가 사흘만에 다시 일으켜지신 예수 그리스도의 위대한 부활의 그림을 본다(행 2:23,24). 다니엘은 다시 "사망의 고통"에 던져질 수가 없게 되었다. 그는 이제 "법"으로부터 자유롭게 해방되었기 때문이다. 이와 마찬가지로 누구든지 주 예수 그리스도를 자기 개인의 구세주로 영접하면 그는 "죄와 사망의 법"에서 해방된다. 그것은 구주이신 예수 그리스도께서 우리의 죄들에 대한 모든 형벌을 십자가 위에서 대신 받으셨기 때문이다. 당신이 주 예수 그리스도를 믿고 그분을 당신의 구세주로 맞아들이면 그분께서 피를 흘려 지불하신 값으로 말미암아 당신의 모든 죄는 대속되고 영원한 생명을 누리게 된다.

『**왕이 명령하니, 다니엘을 고소했던 그 사람들을 끌고 와서 그들과 그들의 자녀들과 아내들을 사자굴에 던져 넣었더라. 사자들은 그들이 미처 굴 바닥에 닿기도 전에 그들을 움켜서 그들의 모든 뼈들을 산산조각내어 부숴 버렸더라**』(24절).

앞에서도 잠깐 언급하였듯이 『**사자굴**』은 그리스도인들이 마귀의 공격을 받아 처하게 되는 역경과 고난의 모형이기도 하고, 구원받지 못한 마귀의 자식들이 반드시 던져지게 될 지옥의 그림이기도 하다. 이렇게 볼 때, 『**다니엘을 고소했던 그 사람들**』은 결국 구원받지 못한 죄인들의 예표가 된다. 그들은 자신들의 아비 마귀가 있는 곳으로 갈 수밖에 없는 것이다.

다니엘을 고소했던 자들을 사자굴에 던져 넣자, 그들이 미처 굴 바닥에 닿기도 전에 사자들이 덤벼들어 뼈까지 산산조각을 내고 만다. 이것을 보면 사자들이 다니엘에게 덮치지 않았던 것은 그들이 "시장하지" 않아서가 아니었음을 알 수 있다. 짐승들은 하나님께서 하라고 하시면 하고 하지 말라고 하시면 하지 않는다. 다니엘을 고소했던 자들이 굴에 던져지자, 하나님께서는 사자들에게 그들을 산산조각 내도록 명하셨던 것이다.

6:25 ○ 그후 다리오왕이 온 땅에 거하는 모든 백성과 민족들과 언어들에게 쓰기를 "너희에게 평강이 더할지어다.
26 내가 한 칙령을 내리노라. 내 왕국의 관할 하에 있는 모든 사람은 다니엘의 하나님 앞에 떨며 두려워할지니, 이는 그분이 살아 계신 하나님이시요 영원히 변치 않으시며 그분의 왕국은 멸망하지 않을 것이며 그분의 통치권은 끝나지 않을 것임이라.
27 그분은 구해 내시고 구출하시며 또 하늘에서나 땅에서 표적들과 이적들을 행하시고 사자들의 힘에서 다니엘을 구해 내신 분이시니라." 하더라.
28 그리하여 이 다니엘이 다리오의 치리 때와 페르시아인 코레스의 치리 때에 번영을 누렸더라.

『**내가 한 칙령을 내리노라. 내 왕국의 관할 하에 있는 모든 사람은 다니엘의 하나님 앞에 떨며 두려워할지니**』(26절).

우리는 앞서 4장에서 하나님의 징벌에서 회복된 바빌론의 느부캇넷살왕이 하나님과 그분께서 자신의 왕국에 행하셨던 모든 일들에 대해 정확하게 증거했던 것을 살펴보았다(단 4:34-37). 그런데 여기 6장 끝 부분에서 다리오왕도 역시 "그 백성"에 대한 "그 하나님," 즉 유대인에 대한 "아브라함과 이삭과 야곱의 하나님"에 대해 개인적으로 증거하고 있다. 그러므로 구약 성경이 극히 제한된 일부 지역에만 알려졌었다는 주장은 옳지 않다. 절대 독재권을 가진 이 세상 통치자들은 아브라함과 이삭과 야곱의 하나님께서 유대인의 구약에 나타나 있음을 칙령으로 널리 선포했다. 구약은 사실상 온 세상에 알려져 있었던 것이다.

다리오왕이 내린 이 칙령은 앞서 7-9절에서 처음 내렸던 칙령과는 그 성격이 정반대이다. 첫 번째 칙령은 『**누구라도 삼십 일 동안에 왕 외에 어떤 신이나 사람에게 청원**』하는 것을 금하는 내용이었는데, 두 번째 칙령은 『**모든 사람은 다니엘의 하나님 앞에 떨며 두려워**』하라는 내용이다.

『**그리하여 이 다니엘이 다리오의 치리 때와 페르시아인 코레스의 치리 때에 번영을 누렸더라**』(28절).

다니엘의 신실한 믿음은 다리오왕의 개인적 증거를 통한 하나님의 영광을 드러내는 결과뿐만 아니라 다니엘 자신에게도 지상에서의 복으로 보상되었다.

이 구절에서 『**다리오의 치리 때와 페르시아인 코레스의 치리 때**』는 치리자의 단순한 순서만이 아니라 다리오의 메데와 코레스의 페르시아로 구성되는 복합 왕국 메데-페르시아를 엿보게 한다. 메데-페르시아는 느부캇넷살왕이 환상 중에 보았던 형상의 "은으로 된 팔과 가슴"의 시대인 두 번째 세계 제국에 해당한다.

다니엘 7장

연대순으로 본다면 7장은 앞의 5장과 6장에 선행되어야 할 장이지만 다니엘서의 역사 부분과 예언 부분을 따로 떼어서 다루기 위해 연대기적 순서를 따르지 않고 내용적 분류 순서를 따랐다. 우리는 이제 본 장에서 이 책의 두 번째 부분, 즉 예언 부분으로 들어가게 되는데, 1절의 첫마디가 우리를 『**바빌론의 벨사살왕 원년**』으로 데려다 놓는다.

7:1 바빌론의 벨사살왕 원년에 다니엘이 자기 침상에서 한 꿈을 꾸고 머릿속에 환상들을 받고서 그가 그 꿈을 기록하고 그 일들의 실상을 말하니라.

2 다니엘이 고하여 말하였더라. 내가 밤에 환상을 보았는데, 보라, 하늘의 네 바람이 큰 바다로 불어 닥치더니

3 큰 짐승들 넷이 그 바다에서 올라오는데 서로 다르더라.

『**바빌론의 벨사살왕 원년에 다니엘이 자기 침상에서 한 꿈을 꾸고 머**

릿속에 환상들을 받고서 그가 그 꿈을 기록하고 그 일들의 실상을 말하니 라』(1절).

『**벨사살왕 원년**』이 정확히 어느 때인지는 확실치가 않지만, 5:30,31에서 『**그날 밤 칼데아인들의 왕 벨사살이 죽임을 당하고 메디아인 다리오가 그 왕국을 취하니, 약 육십이 세였더라.**』고 언급하고 있는 시점이 바로 바빌론이 멸망한 B.C. 538년이었다는 점에서, 『**벨사살왕 원년**』은 그 3년 전인 B.C. 541년이었을 가능성이 높다. 이때 다니엘의 나이는 약 85세쯤 되었으며, 2장에서 느부캇넷살왕이 꿈을 꾸었던 시점으로부터는 62년째가 되는 것이다.

클라렌스 라킨에 따르면, 느부캇넷살왕이 죽었던 B.C. 561년부터 바빌론이 멸망했던 B.C. 538년까지의 23년 동안 다니엘은 은퇴생활에 들어가 있었던 것으로 보인다. 비록 이방 나라 타향에서의 포로생활이라고는 하나 이 기간 동안 다니엘은 하나님과의 긴밀한 교제 속에서 안식의 세월을 보내고 있었을 것이다. 그리고 이 당시 이미 실재하고 있던 모세오경이라든가, 시편 및 선지서들 같은 기록들을 읽으면서 하나님의 말씀들을 깊이 연구하는 데 대부분의 시간을 보내고 있었을 것이다. 그 증거로 다니엘서 9:2은 『**곧 그의 치리 첫째 해에 나 다니엘은 주의 말씀이 선지자 예레미야에게 임하여** *알려 주신* **연수를 책들로 깨달았나니, 즉 주가 예루살렘의 황폐함을 칠십 년 만에 완료하시리라는 것이라.**』고 적고 있다. 다니엘이 여기 7장에서 "네 짐승들"에 대한 환상을 보았던 것은 그가 이처럼 성경들을 공부하면서 "이방인들의 때"와 이것이 갖는 이스라엘 민족과의 관련성에 대해 더 많은 조명을 받고자 했던 기간 동안에 일어난 일이었다. 구약과 신약의 예언적 기록들을 남긴 다니엘과 요한 같은 사람들이 하나님께로부터 계시를 받았던 때가 두 사람 모두 노년기에 이르렀을 때였고, 그 신실함으로 인하여 하나님께로부터 극진한 사랑을 받고 있었기 때문에 이렇게 환상들을 통하여 위대한 계시들을 하나님께로부터 직접 받는 일이 가능했을 것이다. 우리는 이 점을 주목하지 않을 수 없다. 하나님의 계시는 하나님께서 사랑하고 사용하시는 신실한 사람들에게만 주어지며 항상 성경을 읽고 공부하며 묵상하는 사람들에게만 주어지기 때문이다.

7장은 다니엘이 보았던 세 가지 환상을 기록하고 있는데, "네 짐승들"과 "심판 장면," 그리고 "왕국을 받으시는 인자"이다. 그런데 이 환상들은 천년왕국 시대를 뛰어넘어 백보좌 심판까지 확대되고 있으며, 순서대로 기술되지 않고 서로 얽혀 기록되어 있다. 그 이유는, 이 모든 환상들이 같은 계제에 한꺼번에 다니엘에게 나타났기 때문이기도 하지만, 구약의 선지자들에게 계시된 미래의 그림들이 마치 저 멀리 솟아 있는 멀고 가까운 산봉우리들이 겹쳐서 보이듯이 중요한 사건들의 그림들이 중첩된 채 나타나 보였기 때문이다. 그리하여 그들이 사건의 산봉우리들을 하나하나 놓치지 않고 보기는 하였으되, 그 순서에 대해서는 뒤엉켜 있고, 또 그 봉우리와 봉우리들 사이에 가려져 있는 골짜기의 장면들은 보지 못하기도 하는 것이다.

『**다니엘이 고하여 말하였더라. 내가 밤에 환상을 보았는데, 보라, 하늘의 네 바람이 큰 바다로 불어 닥치더니 큰 짐승들 넷이 그 바다에서 올라오는데 서로 다르더라**』(2,3절).

다니엘의 꿈에 나타난 환상들의 무대는 『**큰 바다**』의 해변이었다. 여기에는 매우 중대한 의미가 내포된다. 왜냐하면 구약에서 『**큰 바다**』란 곧 지중해를 뜻하는 것으로, "네 짐승들"로 대변되는 네 왕국들의 지리학적 위치를 밝혀주는 결정적인 실마리가 되기 때문이다. 물론 그리스나 로마와는 달리 바빌론이나 메데-페르시아는 지중해 연안에 직접 위치하고 있지는 않았지만, 이 두 왕국도 지중해 지역까지 진출함으로써 국가적 부를 쌓고, 정치·군사적 세력을 넓혀 광범위한 영역에 걸쳐 영향력을 행사했었다. 반면, 그리스나 로마 제국은 지중해 연안 국가들로서 이 지역이 중심 무대였으며, 『**큰 바다**』는 마치 로마 제국 내에 놓인 "로마 호수"나 다름이 없을 정도였다.

『**하늘의 네 바람이 큰 바다로 불어**』 닥쳤으니 바다에 사나운 풍랑이 일었을 것인즉, 이것은 소용돌이를 일으키고 있는 왕국들의 모습을 나타내는 그림으로도 볼 수가 있겠다. 그러나 그렇다고 해서 바다에서 올라온 이 짐승들이 한꺼번에 뒤엉켜 서로 싸우고 전쟁을 일으킨 것은 아니다. 좀 뒤에서 이에 대해 살펴보겠지만, 네 왕국들은 대체로 순서대로 출현하여 세계 권력을 승계해 가는 양상을 보였다.

여기서 『**큰 바다**』의 지리적 위치가 지중해 연안 지방을 지칭한다는 사실은 명백하지만, 성경에서 "바다"("물들")는 나라들의 예표가 된다는 사실 또한 유의해 둘 일이다. 요한계시록 17:15는 『**네가 본 그 창녀가 앉아 있는 물은 백성들과 무리들과 민족들과 언어들이라.**』고 말씀한다. 이사야 17:12,13에서도 『**마치 바다 소리처럼 소리를 내는 많은 백성의 무리와 거대한 물결의 쇄도함같이 밀려드는 민족들의 쇄도함에 화 있으리라! 민족들이 큰 물결의 쇄도함같이 밀려들 것이나...**』라고 서술하고 있음을 본다. 바다는 저절로 풍랑을 일으키고 요동치는 게 아니다. 바다는 태풍이나 지진 같은 외부로부터의 영향으로 풍랑을 일으키는 법이다. 나라들도 소요를 일으키고 풍랑에 휩쓸리게 되는 것은 외부로부터 어떤 영향을 받았기 때문이다. 다니엘의 환상 가운데 큰 바다로 불어닥친 『**하늘의 네 바람**』은 이처럼 거세게 몰아닥치는 외부적 영향력들을 의미하는 것이었다.

『**네 바람**』의 "넷"이란 숫자는 동서남북 사방을 일컫는 것으로 "전 세계적" 소용돌이를 일으킬 세력을 지칭한다. 이 『**네 바람**』은 곧 "공중의 권세들," 즉 마귀의 세력을 일컫는 것으로, 바울은 이 세력과 관련하여 매우 의미심장한 언급을 했다. 『**너희는 마귀의 술책에 대항하여 설 수 있도록 하나님의 전신갑옷을 입으라. 이는 우리의 싸움은 혈과 육에 대항하는 것이 아니라 정사들과 권세들과 이 세상 어두움의 주관자들과 높은 곳들에 있는 영적 악에 대항하는 것이기 때문이니라**』(엡 6:11,12).

이렇게 볼 때, 『**하늘의 네 바람**』, 즉 공중의 악한 세력들은 사탄이 지상의 나라들과 민족들 사이에 불안을 조성하고 소용돌이를 일으키며 혼란에 휩싸이게 하도록 사용하는 세력들이라는 것을 알 수 있다. 따라서 마지막 날들이 가까이 다가옴에 따라 마귀는 이들 높은 곳들에 있는 악한 세력들을 발동하여 세상 나라들로 하여금 팔레스타인을 중심으로 점점 더 극심한 혼란의 소용돌이에 휘말리게 만들 것이다.

7:4 첫째는 사자 같고 독수리의 날개가 있는데, 내가 보니 그 날개가 뽑혔고 또 땅에서 들려서 사람처럼 발로 서 있게 되었으며, 또 사람의 마음을 받았더라.

5 또 다른 짐승을 보니, 둘째는 곰과 같고 그것이 몸 한쪽 편을 들어올렸는데, 그 입의 잇사이에 갈비뼈 세 대가 물려 있으며 그들이 그 짐승에게 이렇게 말하기를 "일어나서 많은 고기를 먹으라." 하더라.

6 이 일 후에 내가 보았더니, 보라, 또 하나는 표범과 같은데, 그 등에는 새의 날개 넷이 있고 그 짐승은 머리도 네 개가 있으며 권세를 받았더라.

『**첫째는 사자 같고 독수리의 날개가 있는데, 내가 보니 그 날개가 뽑혔**

고 또 땅에서 들려서 사람처럼 발로 서 있게 되었으며, 또 사람의 마음을 받았더라』(4절). C. I. 스코필드나 클라렌스 라킨은 다니엘의 환상 가운데 나타난 짐승들이 느부캇넷살의 환상 가운데 나타난 형상(단 2장)의 각 부분들에 순서대로 결부되는 것으로 간주하면서, 첫째 짐승을 느부캇넷살의 형상의 "금 머리" 즉 바빌론으로, 둘째 짐승을 형상의 "은으로 된 가슴과 팔" 즉 메데-페르시아로, 셋째 짐승을 "놋으로 된 배와 넓적다리"인 그리스로, 그리고 넷째 짐승을 형상의 "철과 진흙으로 된 발"로 차례대로 연결시켰다. 이 과정에서 그들은 느부캇넷살의 형상의 네 번째 부분으로 "철같이 강한 왕국"인 다리 부분을 건너뛰어 버렸다(설사 "건너뛰지"는 않았다 하더라도 다리 부분을 발 부분과 결합해서 하나로 간주해 버렸다).

그러나 나는 결코 이렇게 생각하지 않는다. 여기에는 몇 가지 분명한 이유가 있다. 무엇보다도 다니엘이 환상 중에 본 짐승들은 "미래"의 왕국들을 계시하는 것들이었음을 간과해서는 안 된다. 17절을 보라. 『**이 커다란 네 짐승은 땅에서 일어날 네 왕이라.**』 네 짐승이 땅에서 "일어났던" 네 왕이 아니라 땅에서 "일어날"("shall rise") 미래의 네 왕이라고 분명하게 언급하고 있지 않은가? 다니엘이 이 네 짐승의 환상을 보았던 것은 어느 왕 시절이었던가? 『**바빌론의 벨사살왕 원년**』이었다. 벨사살왕은 페르시아가 침공해 들어오던 날 죽임을 당했던 바빌론 최후의 왕이었다. 그렇기 때문에 다니엘의 환상 가운데 나타난 첫 번째 짐승인 사자를 느부캇넷살의 환상 중에 나타났던 형상의 "금 머리"에 대입하여 이 양자가 동일한 것으로 본다는 것은 성경 기록에 정면으로 위배되는 해석이다. 금 머리는 이미 미래가 아니라 지난 "과거"의 왕국 바빌론이었던 데 반하여 첫 번째 짐승 사자는 "미래"에 『**일어날 네 왕**』 중 첫 번째 왕인 것이다. 그렇기 때문에 첫 번째 짐승은 절대로 금 머리와 시간적으로 동일 선상에 놓일 수가 없다. 다니엘이 짐승들을 환상 가운데 보았던 때는 금 머리였던 느부캇넷살이 죽은 지 이미 60년이나 흐른 시점이었고 이 시점에서 다니엘은 "미래"에 나타날 왕들을 내다보고 있는 중이다. 그렇기 때문에 "짐승들"을 굳이 "형상"의 부분들에 대입하여 서로 짝을 지으려면, 아무리 빨라도 벨사살왕의 죽음으로 마감한 바빌론은 제쳐두고 그 다음 왕국에서부터 대입해 내려가야 마땅할 것이다. 그리하여 "금 머리"는 이미 과거로 넘기고, 첫째 짐승 사자를 그 다음의 팔과 가슴 부분에 결부시키고, 그 다음 배와 넓적다리 부분은 둘째 짐승 곰에다 결부시키며, 셋째 짐승 표범은 다리 부분에 연결시키고, 다니엘의 환상 마지막 "네 번째 짐승"은 형상의 마지막 부분인 "철과 진흙으로 된 발"에 대입해야 이야기가 된다. 이렇게 양쪽을 서로 결부시켜야만 형상의 맨 마지막이 짐승의 맨 마지막 유형과 일치하게 되고, 이 넷째 짐승이 곧 적그리스도의 예표가 된다는 것을 설명할 수 있게 된다.

다니엘의 환상 중 넷째 짐승이 어떤 모습으로 등장했던가를 다시 보자. 『**이 일 후에 내가 밤에 환상들을 보았고 넷째 짐승을 보았는데, 두렵고 무서우며 힘이 매우 세고 또 철로 된 큰 이빨을 가졌더라. 그 짐승이 먹고 산산이 부수며 그 나머지는 발로 밟더라. 그 짐승은 먼저 있었던 짐승들과 다르며 또 그 짐승은 열 뿔을 가졌더라**』(7절). 이 넷째 짐승은 『**열 뿔**』을 갖고 있다. 이 『**열 뿔**』은 요한계시록 13장에서 언급되는 "열 왕"들이다. 『**내가 바닷가 모래 위에 서서 보니, 한 짐승이 바다에서 올라오는데, 일곱 머리와 열 뿔을 가졌더라. 그 뿔들에는 열 개의 왕관이 있고 그 머리들에는 하나님을 모독하는 이름이 있더라**』(계 13:1). 열 개의 뿔들에 열 개의 왕관이 씌워져 있으니 이 『**열 뿔**』은 곧 『**열 왕**』이다. 이렇게 볼 때, 다니엘의 넷째 짐승은 적그리스도의 왕국을 일컫는다는 것이 명백해진다. 『**열 뿔**』은 느부캇넷살의 형상 중에서 일부는 철로 되고 또 일부는 진흙으로 되었던 "열 발가락"과 일치한다.

이 넷째 짐승은 사실상 앞의 세 가지 짐승의 복합체이다. 요한계시록 13장을 다시 보라. 여기 나타나는 짐승을 보면 다니엘의 환상 중에 나타난 세 짐승과 얼마나 꼭 들어맞게 닮았는지 확인할 수 있을 것이다. 『**내가 바닷가 모래 위에 서서 보니, 한 짐승이 바다에서 올라오는데, 일곱 머리와 열 뿔을 가졌더라...**』(계 13:1) 자, 그 다음 2절을 주목해서 읽어 보라. 『**또 내가 본 그 짐승은 표범과 같고, 발은 곰의 발 같고, 입은 사자의 입 같은데, 용이 자기의 능력과 자리와 큰 권세를 그 짐승에게 주더라.**』 그런즉, 다니엘이 본 넷째 짐승은 요한계시록 13:2의 바로 그 짐승이다. 일곱 머리와 열 뿔을 가진 짐승 말이다. 요한이 본 이 짐승이 일곱 머리를 갖고 있다는 점에서 언뜻 보아 다니엘의 넷째 짐승과 다른 것처럼 여겨지기도 하지만, 이에 대해서는 뒤에서 설명하겠다. 여기서 "표범"과 "곰"과 "사자"는 모두 다니엘의 환상 가운데서 나타난 짐승들인데, 이 짐승들이 모두 한 짐승 안에서 구현되고 있다. 그러니까, 용으로부터 큰 권세를 받은 이 짐승, 즉 적그리스도는 세 짐승들이 복합된 "짐승들"("beasts")인 것이다.

욥기 40:15을 보라. 『**이제 내가 너와 함께 만든 비히못을 보라. 그가 소처럼 풀을 먹는도다.**』 이 구절에서 『**비히못**』("behemoth")이 히브리어로 "비히마"의 여성 복수형이라는 점에 주목하라. 다시 말해서, "비히마"는 "짐승"(단수)이고 "비히못"은 "짐승들"(복수)이다. 하지만 이 짐승은 어디까지나 복합적인 단일체로 보이는 존재이므로 그냥 "그"(단수형)라고 표기하는 것이다. 그런데 성경은 이 비히못의 『**뼈들은 강한 놋 조각들 같고 그의 뼈들은 철 빗장들 같도다.**』(욥 40:18)고 서술한다. 세계 제국의 중간 형태인 『**놋**』과 마지막 형태인 『**철**』이 비히못에 대한 서술 중에 또 언급되고 있는 것이다. 이처럼 성경은 다니엘의 넷째 짐승이 사실상 "짐승들"

의 복합체임을 확인해 주고 있고, 그래서 욥기는 이 짐승의 이름을 『**비히못**』이라 부르고 있다.

이 "짐승들"이 어느 시각에 어디서 나오는지 좀더 자세히 알기 위해 다니엘 7장으로 되돌아가 보자. 먼저 2절을 다시 보라. 『**...내가 밤에 환상을 보았는데...**』 다니엘은 『**밤에**』(by night) 이 환상을 보았다. 그런데 7절에 보면 이 환상들 자체가 "밤의 환상들"("night visions")이었다. 다니엘이 환상을 본 것은 언제나 밤이었던 것은 아니었다. 어떤 경우에는 대낮에 환상을 보기도 했다(8:1,2).

그러나 7장에서의 환상들은 명백히 『**밤**』에 본 것이었고, 『**밤**』이 강조된다. 따라서 여기 3절에서 나타난 짐승들은 "밤"의 시대에 등장하게 될 왕국들임을 강력하게 시사한다. "밤"의 시대란 곧 그리스도의 초림 이후부터 시작되는 교회 시대를 일컫는다. 성경에는 교회 시대를 일컬어 『**밤**』으로 서술하는 구절들이 많이 나온다. 『**주의 날이 밤에 도둑같이 오리라는 것을...**』(살전 5:2)이라든지, 『**우리는 밤이나 어두움에 속하지 아니하노라.**』(살전 5:5)라든지, 『**그러므로 우리는 다른 사람들과 같이 자지 말고 깨어 있어 정신을 차리자. 이는 자는 자들은 밤에 자고 술 취하는 자들은 밤에 취하기 때문이라.**』(살전 5:6,7)라든지, 『**밤이 많이 지났고 낮이 가까웠느니라.**』(롬 13:12) 같은 서술들이 모두 그런 예에 속한다. 그렇기 때문에 교회 시대가 끝나고 재림하시는 예수 그리스도를 가리켜 "태양"(말 4:2)이라 일컫는다. 다니엘이 본 네 짐승들은 "밤의 환상들"이었다. 그래서 이 짐승들은 "신약 시대"의 왕국 내지 왕들의 그림이기도 한 것이다.

그 다음, 다니엘의 환상 중 그 짐승 왕들이 나타났던 곳은 『**큰 바다**』(2절), 바로 『**그 바다**』였다(3절). 『**큰 바다**』란 지중해를 말하는데, 엄밀히 말해서 바빌론이라든가 페르시아는 지중해 지방에서 출현했던 왕국들이 아니다. 오히려 영국이나 러시아나 미국이 더 지중해 지방과 관련이 있다. 왜냐하면 그것들이 로마와 연관이 되기 때문이다. 고대 로마는 지중해 지방을 중심으로 한 국가였는데, 미국의 기원을 캐 올라가 보면 바로 이 고대 로마 제국에 그 뿌리를 박고 있음을 알 수 있다. 영국도 마찬가지다. 영국도 그 세력의 기원은 로마요, 따라서 지중해 지방이 그 뿌리다. 또한 로마카톨릭이 지중해 지방 세력이고, 여기서 동방으로 갈라져 나온 그리스정교가 지중해 지방 세력이며, 그것은 또한 러시아의 핵심 세력으로 자리잡았다.

이런 모든 점으로 미루어 볼 때, 다니엘이 본 짐승들의 환상에서, 첫째 짐승 사자는 영국의 모습이고, 둘째 짐승 곰은 러시아의 모습이며, 셋째 짐승 표범은 미국의 모습이다. 그렇다면 지구상 최후의 왕국은 각종 인종들이 뒤섞여 통합 국민으로 복잡하게 구성된 "복합적"인 국가 형태의 미국과 아주 흡사할 것이다. 표범은 황갈색이다. 중국인처럼 말이다. 표범의 배는 흰색이다. 야펫족처럼 말이다. 또한 표범은 온통 검은 점으로 뒤덮여 있다. 흑인들의 조상 함족처럼 말이다. 이처럼 미국은 잡다한 인종이 뒤섞여 있는 국가다. 전체 인구 중 2천2백만이 흑인이고 1천9백9십만 명이 독일계이며, 1천9백만 명이 영국계이고 1천3백만 명은 아일랜드계이며, 9백만 명은 스페인계이고 7백만 명은 이태리계이며, 4백만은 폴란드계이고 2백만은 러시아계이다. 나머지 1억 명은 인디언, 히스패닉인, 동양인, 그리스인 등등으로 돼 있다. 그야말로 "잡종 국가"인 것이다.

요한계시록 13:2의 짐승과 연관해 본다면, 『**그 짐승은 표범과**』 같은지라 지상 최후의 왕국 정부는 사회적으로는 미국처럼 통합 국가의 형태를 띨 것이고, 『**발은 곰의 발**』 같은지라 정치적으로는 공산주의 체제가 될 것이며, 『**입은 사자의 입**』 같은지라 사용 언어는 필경 영어가 될 것이다.

자, 본문은 『**첫째는 사자 같고**』라고 언급한다. 사자는 영국의 상징이다. 영국 왕실의 문장에는 사자가 그려져 있다.

『**첫째는 사자 같고 독수리의 날개가 있는데**』. 이 사자가 날개를 갖고 있다. 즉 영국은 한때 해가 지지 않는 나라였다는 것이다. 그런데 본문은 또한 『**내가 보니 그 날개가 뽑혔고**』라고 언급한다. 영국은 더 이상 해가 지지 않는 나라가 아니다. 영국은 이제 날개 뽑힌 사자 신세인 것이다.

이 사자에 대해서는 또 『**땅에서 들려서 사람처럼 발로 서 있게 되었으며, 또 사람의 마음을 받았더라.**』고 언급하는데, 나는 솔직히 이것이 무엇을 의미하는지 정확히 모르겠다. 클라렌스 라킨은 이 사자의 날개가 뽑힌 것을 바빌론 제국의 쇠퇴를 말하는 것으로 해석했고, 『**사람처럼 발로 서 있게**』 되었다든지 『**사람의 마음**』을 받았다든지 하는 언급들을 사자와 같은 맹수로서의 바빌론 제국이 더 이상 적국들에 대해 사나운 이빨과 발톱을 사용하는 맹수로서가 아니라 이성을 가진 인간처럼 지성적으로 행동하게 되었음을 의미한다고 해석했다. 라킨은 또 사자의 날개가 뽑힌 것을 느부캇넷살왕이 실성했던 것으로 보았고, 사자가 사람의 발로 서 있게 되고 사람의 마음을 갖게 된 것을 느부캇넷살이 짐승 같은 처지에서 회복되어 사람다운 상태로 돌아온 것을 의미한다고 보았다. 그러나 이러한 해석은 첫째 짐승 "사자"를 느부캇넷살의 형상 중 금 머리, 즉 바빌론에 억지로 결부시키다 보니 나온 무리한 해석이었다. 다시 말하거니와, 다니엘 7장의 환상 중에 나타난 짐승들은 바빌론과는 관계가 없다.

『**또 다른 짐승을 보니, 둘째는 곰과 같고 그것이 몸 한쪽 편을 들어올렸는데, 그 입의 잇사이에 갈비뼈 세 대가 물려 있으며 그들이 그 짐승에게 이렇게 말하기를 "일어나서 많은 고기를 먹으라." 하더라**』(5절).

다니엘이 본 둘째 짐승은 곰이었는데, 이 짐승이 사자에 이어서 등장했다. 그러나 사자와 싸웠다든지 하는 언급은 일체 없다. 이로 미루어 곰은 사자에 이어 세계 제국으로서의 패권을 사자로부터 이어받는 것으로 보아야 한다.

또한 이 곰은 『**그 입의 잇사이에 갈비뼈 세 대가 물려 있으며**』라고 언급되는데, 이것은 세 나라가 이 곰에게 잡아먹히고 있는 장면이라고 볼 수 있다. 하지만, 이 "갈비뼈 세 대"가 어떤 나라들인지, 과거에 곰에게 먹혔던 세 나라가 어떤 나라들이었고, 또 미래에 이 곰에게 잡아먹힐 세 나라가 어떤 나라들인지는 정확하게 말할 수 없다.

『**이 일 후에 내가 보았더니, 보라, 또 하나는 표범과 같은데, 그 등에는 새의 날개 넷이 있고 그 짐승은 머리도 네 개가 있으며 권세를 받았더라**』(6절).

다니엘의 세 번째 짐승은 『**표범**』이었는데, 『**그 등에는 새의 날개**』가 있는 것으로 보아 첫째 짐승 사자에 해당하는 영국보다 못한 나라임을 알 수 있다. 사자는 『**독수리의 날개**』가 있었던 반면, 이 『**표범**』은 『**새의 날개**』를 갖고 있다고 언급될 뿐이다. 사실상 현재 미국이 과시하고 있는 힘은 과거 영국이 오대양 육대주에 떨쳤던 힘에 비하면 아무것도 아니다.

영국이 이룬 일 가운데 하나가 유대인들을 팔레스타인 땅으로 귀환시킨 것인데, 그 전에 유대인들을 본토로 귀환시킨 유일한 사건은 에스라와 느헤미야의 지휘 하에서 있었으며, 그것은 페르시아 왕 코레스의 칙령에 의해서였다. 그 이후로 오늘에 이르기까지 유대인의 팔레스타인 귀환을 선언했던 칙령은 1917년 영국의 발포어선언(Balfour Declaration)이 유일한 것이었다. 그러니까, 유대인의 본토 귀환은 역사상 두 번밖에 없었는데, 그중 한 번이 페르시아 왕에 의한 것이었고, 또 다른 한 번이 영국 왕에 의한 것이었다. 이것으로 첫째 짐승이 페르시아와 영국에 연결된다는 사실이 확인된다.

다니엘의 짐승들을 이런 순서로 배열해 놓을 때, 두 번째 짐승인 곰은 느부캇넷살의 형상 중 세 번째인 그리스에 해당하고, 이어서 그리스어 알파벳을 사용하는 러시아를 자연스레 의미하게 된다. 러시아는 공산 혁명 이전까지 그리스정교가 국가의 실질적인 핵심 지배세력으로 자리잡고 있던 나라였다. 그리스정교는 공산 치하에서도 살아남았고, 소비에트 러시아가 쓰러진 지금에도 러시아를 지배하는 종교다. 정권이 바뀌고 지배권력 집단이 바뀌었어도 그리스정교의 위치는 조금도 흔들리지 않았던 것이다. 이렇게 볼 때, 고대 페르시아가 쇠퇴하고 그 뒤를 이어 등장한 그리스는 러시아를 의미하는 것으로, 미래의 "로마" 부활 이전에 등장하게 될 세력을 지칭하는 게 분명하다.

러시아 다음에 오는 미국은 로마카톨릭 교황을 우두머리로 하는 세계제국이 될 것이다. 미국은 로마카톨릭 교황에게 모든 권력을 장악당할 것이다. 제임스 맥킨리는 러시아가 장차 팔레스타인을 휩쓸고 나면 공산 체제인 미국이 러시아와 협조하여 로마카톨릭을 세계 종교로 확립하는 데 앞장 설 것이고 로마 교황이 UN을 장악하게 될 것이라고 주장했는데, 나는 이러한 맥킨리의 통찰력을 높이 평가한다.

7:7 이 일 후에 내가 밤에 환상들을 보았고 넷째 짐승을 보았는데, 두렵
고 무서우며 힘이 매우 세고 또 철로 된 큰 이빨을 가졌더라. 그 짐
승이 먹고 산산이 부수며 그 나머지는 발로 밟더라. 그 짐승은 먼저
있었던 모든 짐승들과 다르며 또 그 짐승은 열 뿔을 가졌더라.
8 내가 그 뿔들을 살펴보았더니, 보라, 그것들 가운데서 또 다른 작은
뿔이 나오더니, 먼저 나온 뿔 세 개가 그 앞에서 뿌리째 뽑혔더라.

또 보라, 이 뿔에는 사람의 눈 같은 눈이 있고 또 큰 일들을 말하는 입이 있더라.

『**이 일 후에 내가 밤에 환상들을 보았고 넷째 짐승을 보았는데...**』(7절) 자, 다시 한 번 이 환상이 "밤"의 환상이라는 점을 주목하라. 교리적으로 "밤"은 교회 시대이다.

『...**두렵고 무서우며 힘이 매우 세고... 산산이 부수며...**』 이 마지막 짐승은 적그리스도의 왕국을 나타낸다. 요한계시록 13:1,2을 통해 이미 보았듯이, 이 짐승은 표범과 곰과 사자가 복합된 짐승이다. 『**내가 본 그 짐승은 표범과 같고, 발은 곰의 발 같고, 입은 사자의 입 같은데**』(계 13:2). 따라서 지구상에 출현할 최후의 왕국은 로마 제국 그 자체는 아니지만, 로마가 부활한 것과 같은 성격의 왕국이 될 것이고, 미국처럼 복합적인 나라가 될 것이며(표범), 그 행동이나 움직임 및 세력의 확산방식은 마치 소비에트 러시아와 같을 것이고(곰의 발), 사용 언어는 영어가 될 것이다(사자의 입).

마지막에 출현하는 이 짐승은 어떤 짐승인지 그 종류가 언급되지 않은 채 그냥 『**먼저 있었던 모든 짐승들과 다르며**』, 『**두렵고 무서우며 힘이 매우 세고 또 철로 된 큰 이빨을 가졌더라.**』고만 적고 있다. 이 짐승은 또 『**일곱 머리와 열 뿔**』(계 13:1)을 가졌다. 또 이 짐승의 큰 이빨이 『**철**』로 되어 있거니와, 『**철**』은 로마와 깊이 관련된다. 다니엘 2장에서 느부캇넷살의 형상 중 로마에 해당하는 다리 부분이 바로 이 『**철**』로 되어 있었다. 역사에서 "철권 통치"라고 말할 때, 그것은 곧 로마의 통치형태를 일컫는 말이다. 무엇인가를 먹어치우고 산산이 부순 다음 그 나머지를 짓밟는 이 짐승의 발이 또 곰의 발이다. 그런즉, 이것은 곧 러시아의 모형이요, 정치적으로는 공산주의 체제를 의미한다. 넷째 왕국은 로마 제국 그 자체가 아니라 "로마적" 특성을 고스란히 간직하고 있는 왕국으로서 이것이 바로 적그리스도의 왕국이다. 라킨은 이것을 로마가 새로이 "부활"한 왕국이라고 말하지만 성경에는 어떤 나라가 부활한다는 언급은 없다.

『**열 뿔**』은 이 넷째 짐승, 즉 적그리스도의 왕국을 떠받들고 있는 왕들로서, 인간 이상의 외계에서 온 어떤 존재들이다. 소위 유럽 공동체 같은 유럽 연합을 구축하게 될 열 개의 나라가 이들 『**열 뿔**』을 맞아들이기 위한 준비 단계로 형성될 것이다. 이 『**열 뿔**』이 실질적인 왕국을 받지는 못하지만 이들을 위해 미리 준비돼 있는 지상 나라들의 왕좌의 자리에는 앉게 될 것이다. 이렇게 되는 날 지상에는 기근과 흉년으로 많은 사람들이 굶어죽게 될 것이고, 지상에 남아 있는 모든 자들은 먹고살 양식을 로마로부터 배급받게 될 것이다.

『**내가 그 뿔들을 살펴보았더니, 보라, 그것들 가운데서 또 다른 작은 뿔이 나오더니, 먼저 나온 뿔 세 개가 그 앞에서 뿌리째 뽑혔더라. 또 보라, 이 뿔에는 사람의 눈 같은 눈이 있고 또 큰 일들을 말하는 입이 있더라**』(8절).

다니엘은 지금 요한보다도 거의 650년이나 앞서서 이 기이한 짐승의 모습을 보고 있는데, 『**그 뿔들을 살펴보았더니**』 그 뿔들 가운데서 『**또 다른 작은 뿔이 나오더니, 먼저 나온 뿔 세 개가**』 이 『**작은 뿔**』에 의해 "뿌리째 뽑혀" 버린다. 그리고 새로 나온 이 작은 뿔은 『**사람의 눈 같은 눈**』을 갖고 있고 입으로는 무엇인가 대단한 『**큰 일들**』을 말한다. 이 모든 기이한 현상들이 도대체 무엇을 기술하며 『**작은 뿔**』은 또 누구를 지칭하는 것일까?

이보다 650년 뒤 이 짐승에 대해 요한이 기술하고 있는 구절들을 참고

삼아 먼저 읽어 보자.

『**일곱 왕이 있는데 다섯은 패망하였으나 하나는 남아 있고, 또 하나는 아직 오지 아니하였으나 그가 오면 잠시 동안 머물러야만 되리라. 전에는 있었으나 지금은 없는 그 짐승이 여덟 번째지만 일곱 중에 속한 자라. 그가 멸망으로 들어가리라. 또 네가 본 그 열 뿔은 열 왕이라. 아직 왕국을 받지는 못하였으나 그 짐승과 더불어 한 시간 동안 왕들로서의 권세를 받으리라**』(계 17:10-12). 이 구절들 가운데에는 중요한 내용들이 들어 있기 때문에 아주 정신을 바짝 차리고 살펴보아야 한다.

자, 여기 용이 등장한다. 이 용은 원래 사탄이지만 이 사탄이 "육화"하면 사람의 모습으로 나타나고 이 사람이 "짐승"이라고 불린다. 이 용은 "일곱 머리"를 가지고 있는데, 그 일곱 머리에 "일곱 왕관"을 갖고 있다. "왕관"은 물론 "왕"을 나타낸다. 그런데 이 자가 지상에 나타날 때 또 "열 왕"들을 데리고 출현한다. 그런데 또 이렇게 등장하는 짐승은 『**여덟 번째지만 일곱 중에 속한 자**』이다. 『**일곱 중**』이란 "일곱 머리 중"이라는 뜻이다. 그러니까 이 자는 나타나기는 여덟 번째에 나타났지만 일곱 왕들 중에서 나온다는 얘기다. 다시 말해서, 순서상으로는 여덟 번째로 나타난 이 짐승이 사실은 일곱 왕들 가운데서 나온 왕인 것이다. 이 일곱 왕들이 누구누구인지는 미국 의회 도서관을 비롯한 전 세계 모든 도서관에 비치된 예언서들을 다 뒤져봐도 알 수가 없고 오직 1611년 AV(권위 역본)인 〈킹제임스성경〉만이 그 정보를 제공해 준다.

이 『**작은 뿔**』은 마귀가 육화한 적그리스도를 지칭한다. 이 『**작은 뿔**』은 20절에서는 『**또 다른 뿔**』이라 언급되고 있는데, 『**열 개의 뿔**』에서 나온 자로서 이 자가 출현하자 그 앞에서 『**세 뿔이 떨어져**』 나간다. 24절, 25절에 보면 이 『**열 뿔은 장차 일어날 열 왕**』이라고 확실히 밝히고 있고, 『**그들 뒤에**』 일어날 『**또 하나**』, 즉 『**작은 뿔**』로 언급되는 적그리스도가

『**먼저 있던 자들과는 다르며 그가 세 왕들을 복종시킬 것**』이라고 언급한다.

여기서 잠시 다니엘 7:20으로 가보자.

『**또 그의 머리에는 열 개의 뿔이 있고 또 다른 뿔이 나오니 그 앞에서 세 뿔이 떨어져 나갔으며 그 뿔에는 눈들도 있고 매우 큰 일을 말하는 입도 있으니 그의 모양이 그의 동류들보다 더 강하게 보이더라.**』

또 이어서 24,25절을 보자.

『**이 왕국에서 나온 열 뿔은 장차 일어날 열 왕이며 또 하나가 그들 뒤에 일어나리라. 그는 먼저 있던 자들과는 다르며 그가 세 왕들을 복종시킬 것이라. 그가 지극히 높으신 분을 대항하여 큰 말을 하며 또 지극히 높으신 분의 성도들을 지치게 할 것이고 또 때와 법을 변경시키려고 생각할 것이라. 그들은 그의 손에 주어져서 한 때와 두 때와 반 때를 지내리라.**』

여기서 『**때**』를 변경한다는 것은 새로운 달력을 도입한다는 뜻이고, 『**한 때와 두 때와 반 때**』는 3년 반을 가리킨다. 그리고 『**그**』라고 언급되는 자는 적그리스도를 지칭한다. 이 자가 바로 다니엘 7:8에서 언급되는 『**작은 뿔**』로서 여덟 번째로 나타난 왕인데, 위에서 살펴본 것처럼 3년 반 동안 이 땅을 통치하면서 『**때와 법을 변경**』시키려고 시도한다.

여기서 우리는 『**변경**』이라는 말에 주목하지 않을 수 없다. 소비에트 러시아에서는 "변혁"을 정치 이념 내지 사회 윤리의 기초로 내세웠고, 미국에서도 초등학교 어린이들에게까지 "변화"를 역설하면서 기성의 모든 사회 통념들에 대한 변혁의 중요성을 강조해왔다. "너희들은 변화되어야 한다. 너희들이 어떤 점에서 변화되어야 하는가를 마음속으로 생각해 보아라. 너희가 변화되어야 한다고 생각하는 모든 방면에서 너희들은 변화되어야 한다. 변화, 변화, 변화만이 자신의 가치를 극대화하는 전환점이 된다. 어떤 변화가 자신에게 바람직한지 생각해 보아라. 무엇이나 자신이 원하는 대로 자유롭게 할 수 있는 권리가 너희들에게는 있다. 이제부터 새로운 사고를 가져라. 무엇이나 자신이 생각하는 바가 자신에게 최고의 가치를 갖는다는 사실을 인식하라. 너희는 변화되어야 한다." 모든 학교에서 젊은이들에게 가르치는 것이 이것이다. 이것은 사회주의 혁명주의자 버나드 쇼와 시드니 웹의 패비언 협회(Fabian Society)가 주창했던 "점진적 사회주의"를 건설해 가기 위한 준비 과정임을 보여 주는 현상이다. 그리하여 미국에서는 무엇이나 "변화"는 곧 "진전"이요, "발전"으로 통한다. 그리고 어느 방면에서나 "정체"(stagnation)가 곧 유일한 죄악으로 통한다. 이러한 사회에서는 가만히 앉아 있는 것은 무조건 죄악이다. 미국에서는 무슨 짓을 하건 아무튼 "행동"해야만 하고 그 행동을 통하여 변화를 모색하지 않으면 안 된다. 밖으로 뛰쳐나가 하다못해 은행이라도 털어야지 가만히 앉아 있으면 미국의 십계명에 위배된다. 미국 사회에서 당신은 무엇이라도 좋으니 움직이고 변화하며 앞으로 "전진, 또 전진"함으로써 사회적 "진화"에 동참해야 한다. 자, 어서 일어서라. 자동차를 차고에서 끌어내라. 그리고 목적지야 어디라도 좋으니 휑하니 달려라. 달리면서 "변화"를 모색하라. 가만히 앉아 있는 것은 죄악이다. "변화, 변화, 변화"만이 최고의 가치를 창출한다. 너희는 변해야 한다. 이것이 현대의 미국 정신이다.

"변화, 변혁, 변경"을 추구하는 시대 정신은 곧 『**때와 법**』의 『**변경**』으로 이어져 하나님의 우주 질서와 법에 대한 "참견"과 "간섭"과 "훼방"으로 발전하는 것이 필연이다. 하나님께서는 확고한 『**법**』을 만들어 놓으셨다. 그리하여 자연에도 『**법**』이 있고 우주에도 『**법**』이 있게 하셨나. 낭신이 이 『**법**』을 위반하면 그 결과를 감수해야 하도록 돼 있는 것이 하나님의 『**법**』이다. 그래서 구원받지 못한 사람들, 특히 적그리스도로 나타나게 될 "사람"을 성경은 『**죄의 사람**』(살후 2:3)이라 부르는데, 이 『**죄의 사람**』을 성경은 또 다른 말로 『**불법자**』(딤전 1:9)라고 부른다.

"변화"와 "변경"을 역설하는 학교와 사회 분위기 속에서 자라난 오늘날의 젊은 세대는 기회만 있으면 법을 타도하려고 덤빈다. 그들은 "변화"를 모색하도록 누군가로부터 강압 당하고 있는 것이다. 세상이 추구하는 이러한 "변화"의 시도는 하나님의 『**법**』을 인간이 『**변경**』함으로써 인간이 하나님과 동격이 되려는 야욕에서 나온 것이다. 이것은 마귀의 음모이다.

7:9 ○ 내가 보았더니 보좌들이 넘어져 있고, 옛날부터 계신 분이 앉으셨는데, 그분의 옷은 눈같이 희고 그분의 머리털은 순전한 양모 같더라. 그분의 보좌는 불타는 불꽃 같고 그의 바퀴들은 타는 불 같더라.

10 불 같은 강이 흘러 그분 앞에서 나오니 수백만 명이 그분을 섬기고 수천만 명이 그분 앞에 섰는데, 심판이 준비되었고 그 책들이 펼쳐졌더라.

11 그 뿔이 말한 큰 말의 음성 때문에 그 때 내가 보았더니, 그 짐승이 죽임을 당하고 그의 몸이 파멸되며 타는 불꽃에 던져지는 것을 내가 보았노라.

12 그 짐승들의 나머지에 관해서도 마찬가지로 그들이 그들의 권세는 빼앗겼으나 그들의 생명은 한 시기와 때 동안 연장되었더라.

13 내가 밤에 환상들을 보았더니, 보라, 인자 같은 분이 하늘의 구름들과 함께 오셔서 옛날부터 계신 분께로 오시니 그들이 인자 같은 분을 그분 앞에 안내하였더라.

14 거기에서 그분께 통치권과 영광과 왕국이 주어졌으니, 이는 모든 백성과 민족들과 언어들로 그분을 섬기게 하려 함이더라. 그분의 통치권은 사라지지 않을 영원한 통치권이며 그분의 왕국은 멸망하지 않으리라.

선지자가 미래를 미리 내다볼 때 하나님께서는 그에게 어떤 것은 보여 주시고 어떤 것은 보여 주지 않으셨다. 8절까지 미래의 왕국들과 마지막 적그리스도의 왕국들까지 내다보던 다니엘은 여기 9절부터 12절까지 백보좌 심판으로 훌쩍 날아가는 바람에 천년왕국 시대를 건너뛰어 버렸다. 건너뛰어 버렸다기보다는 천년왕국에 대해서는 한마디도 언급하지 않는다. 다니엘은 지금 서 있는 지점에서 교회 시대를 건너뛰어 저 멀리 대환란 기간을 바라다 본 다음 다시 그 너머의 천년왕국 기간을 보지 못한 채 그 뒤 저 멀리 뵈는 백보좌 심판의 산봉우리에 시선을 고정하고 있는 중이다. 따라서 대환란 기간과 백보좌 심판이 지금 중첩된 채 한꺼번에 그의 시야에 들어와 있는 것이다.

『**내가 보았더니 보좌들이 넘어져 있고, 옛날부터 계신 분이 앉으셨는데, 그분의 옷은 눈같이 희고 그분의 머리털은 순전한 양모 같더라**』(9절).

요한 역시 훗날 팻모 섬에서 주님의 이러한 모습을 환상 가운데 보았다. 『**그의 머리와 머리털은 눈처럼 희어서 양모처럼 하얗고, 그의 눈은 불꽃 같더라**』(계 1:14). 그래서 여기 7:9에서 다니엘이 본 주님은 대환란이 끝난 직후 재림하셔서 보좌에 앉아 이 땅을 통치하시는 예수 그리스도였던 것으로 볼 수 있다.

그러나 그분의 보좌가 "불타는 불꽃" 같다든지, 그분의 바퀴들이 "타는 불" 같다든지 하는 것은 무슨 말인가? 에스겔 1:13을 보라. 『**생물들의 모습을 보면 그들의 생김새는 숯불이 타는 것과 등들의 생김새 같으며 그 불이 그 생물들 사이에서 오르락내리락하더라. 그 불은 빛나며, 그 불에서는 번개가 나오더라.**』 그분의 보좌는 바퀴들이 달려 있어 움직일 수 있도록 돼 있는 보좌이다. 그런데 그 보좌는 『**불꽃**』 같고, 그 바퀴들 역시 『**타는 불**』과 같이 보인다. 에스겔 1장을 주의 깊게 읽어 보면 이 바퀴들과 생물들의 관계를 어느 정도 이해할 수 있을 것이다. (저자의 〈에스겔〉 주석 1장 부분 참조).

그러므로 이 장면은 예수 그리스도의 재림 장면의 그림일 수도 있다. 그러나 이것을 재림 장면으로 다루다 보면 10절을 어디에 적용해야 할지 곤경에 처하게 된다.

『불 같은 강이 흘러 그분 앞에서 나오니 수백만 명이 그분을 섬기고 수천만 명이 그분 앞에 섰는데, 심판이 준비되었고 그 책들이 펼쳐졌더라』(10절).

이것은 백보좌 심판의 모습이다. 불타는 불꽃 같은 보좌에 앉으신 예수 그리스도를 섬기면서 그분과 함께 심판하는 수백만 명의 사람들이 있는가 하면, 또 그분에게 심판받는 수천만 명의 사람들이 있다. 이 시대의 그리스도인들은 백보좌 심판에서 그분에게 심판을 받는 게 아니라 그분과 함께 심판한다(고전 6:2). 뿐만 아니라 우리 성도들은 천사들까지도 심판한다(고전 6:3). 따라서 여기 다니엘 7:9,10에서 우리가 보는 것은 백보좌 심판으로서, 『**불타는 불꽃**』같은 보좌에 그분의 『**바퀴들**』도 타는 불 같은 가운데, 세상은 불로 태워져 사라지고 마는 상황이며, 수천만에 달하는 사람들이 『**책들**』에 확정돼 있는 판결에 따라 심판을 선고받는 장면이고, 구원받은 우리 성도들은 그리스도와 함께 그들을 심판하는 자리에 있게 되는 광경이다. 성도들은 이에 앞서 천년왕국 기간 동안 그리스도와 "같이" 되어 그리스도와 함께 세상을 통치했기 때문에 백보좌 심판에서도 그분을 섬기는 가운데 그분을 도와 심판을 하게 되는 것이다.

재림하셔서 이 땅을 통치하시는 예수 그리스도께서 민족들을 심판하실 때에는 그분 앞에 펼쳐져 있는 『**책들**』이 없다. 마태복음 25장을 보라. 『**인자가 그의 영광 중에 오고, 또 모든 거룩한 천사들이 그와 함께 오면 그때**

에 그가 그의 영광의 보좌에 앉으리니 그 앞에 모든 민족들을 모아 놓고 마치 목자가 양들을 염소들에서 갈라놓듯이 그들을 따로 갈라놓으리라』(마 25:31,32). 그 뒤로 33절, 34절, 35절... 46절까지 마태복음 25장을 끝까지 읽어 보아도 민족들을 심판하시는 그분 앞에는 책들이 펼쳐져 있다는 언급은 눈에 띄지 않는다. 그렇기 때문에 다니엘이 여기서 본 주님은 재림하신 예수 그리스도가 아니라 백보좌 심판에서의 그분이었던 것이다. 이렇게 볼 때, 다니엘의 시선은 지금 대환란 끝 무렵에 재림하시는 예수 그리스도를 보았으되, 그 너머에 있는 백보좌 심판의 산봉우리와 함께 겹쳐서 보았던 것이다. 그는 이 두 산봉우리 사이에 있는 천년왕국의 계곡은 보지 못했다. 이 『**책들**』은 요한계시록 20장에 가서야 등장한다. 『**또 내가 큰 백보좌와 그 위에 앉으신 분을 보니, 그의 면전에서 땅과 하늘이 사라졌고 그들의 설 자리도 보이지 않더라. 또 내가 죽은 자들을 보니, 작은 자나 큰 자나** 하나님 **앞에 서 있는데, 책들이 펴져 있으며 또 다른 책도 펴져 있는데 그것은 생명의 책이라. 죽은 자들은 자기들의 행위에 따라 그 책들에 기록된 대로 심판을 받더라**』(계 20:11,12).

『**그 뿔이 말한 큰 말의 음성 때문에 그 때 내가 보았더니, 그 짐승이 죽임을 당하고 그의 몸이 파멸되며 타는 불꽃에 던져지는 것을 내가 보았노라**』(11절).

이것은 대환란 끝에 적그리스도가 "유황으로 불타오르는 불못에 산 채로 던져지는" 장면이다(계 19:20). "짐승"으로 불리는 적그리스도는 분명코 천년왕국 시대 직전의 대환란 끝에 불못에 던져진다. 그러나 "용"으로 불리는 마귀는 백보좌 심판 때까지는 불못에 던져지지 않는다. 따라서 다니엘이 여기 11절에서 보고 있는 『**그 뿔**』은 대환란 끝 무렵에 "말을 하고 있는" 적그리스도이면서 또 백보 심판석에 끌려나와 무엇인가 말을 하고 있는 마귀인 것이다. 다니엘은 지금 마태복음 25장의 상황과 요한계시록 20장의 상황을 함께 중첩해서 보고 있는 것이다.

『그 짐승들의 나머지에 관해서도 마찬가지로 그들이 그들의 권세는 빼앗겼으나 그들의 생명은 한 시기와 때 동안 연장되었더라』(12절).

『그 짐승들의 나머지』, 즉 "사자"니, "곰"이니, "표범"이니 하는 짐승들은 모두 자신들의 **『권세』**를 빼앗기게 되겠지만, 그 생명만은 **『한 시기와 때 동안』** 존속하게 될 것이다. 다시 말해서, 영국이니, 러시아니, 미국이니 하는 나라들은 당분간 국가로 존속되어 천년왕국 기간으로 들어가게 될 것이다.

『한 시기와 때』에서 **『시기』**("season")란 한 계절인 석 달을 말하고 **『때』**란 일 년을 말하는 것으로 보인다. 일반적으로 **『시기』**라면 봄, 여름, 가을, 겨울의 4계절을 말하지만, 성경적으로 표현하자면, "씨뿌리는 때"와 "수확하는 때," 그리고 여름과 겨울이다.

『내가 밤에 환상들을 보았더니, 보라, 인자 **같은 분이 하늘의 구름들과 함께 오셔서 옛날부터 계신 분께로 오시니 그들이 인자 같은 분을 그분 앞에 안내하였더라』**(13절).

이것은 물론 예수 그리스도의 재림을 그리는 서술이다.

여기서 **『그들』**이란 누구를 말하는지 확실히 알 수가 없다. 주님의 보좌 주변에 있는 존재들인지도 모르지만, 누구라고 밝히고 있지는 않는다.

『거기에서 그분께 통치권과 영광과 왕국이 주어졌으니, 이는 모든 백성과 민족들과 언어들로 그분을 섬기게 하려 함이더라. 그분의 통치권은 사라지지 않을 영원한 통치권이며 그분의 왕국은 멸망하지 않으리라』(14절).

재림하신 예수 그리스도께서 아마겟돈 전쟁에서 마귀의 세력을 무찌르고 나신 후 아버지 하나님께로부터 받으시게 될 천년왕국과 그 통치권은 천 년이 지난 뒤에도 영원 시대로 계속 이어진다(계 11:15).

이 영원한 통치에 대해서는 창세기 1장에 나와 있는 예표를 통해서도 알 수 있다. 창세기 1장은 『**저녁과 아침이 되니 첫째 날이더라.**』(창 1:5)고 말씀한다. 이것이 여섯째 날까지, 『**저녁과 아침이 되니 여섯째 날**』이라고 묘사되더니, 마침내 창조를 끝내신 하나님께서 쉬신 『**일곱째 날**』에는 "저녁과 아침이 되니"라는 말이 없다! 이 『**일곱째 날**』은 끝이 없는 것이다. 『**일곱째 날**』은 곧 "일곱 번째 천년," 즉 천년왕국 시대를 일컫는데, 이 천년왕국 시대는 영원 세계로 이어지기 때문에 끝이 있을 수 없다. 『**일곱째 날**』은 시작은 있으되, 그 끝은 없는 것이다. 『**일곱째 날**』의 안식은 영원 시대로 이어져 결코 그 안식이 깨지지 않는다. 영원으로 이어질 천년왕국을 다스리시게 될 주님의 통치권은 그리하여 영원 시대로까지 이어지는 것이다.

7:15 ○ 나 다니엘이 내 몸 가운데 있는 내 영 안에서 슬퍼하였고 내 머리의 환상들이 나를 괴롭게 하였기에

16 내가 곁에 서 있는 그들 중 한 사람에게 다가가서 이 모든 일의 진리를 그에게 물었더니 그가 나에게 말하여 그 일들의 해석을 내게 알려 주더라.

17 이 커다란 네 짐승은 땅에서 일어날 네 왕이라.

18 그러나 지극히 높으신 분의 성도들이 그 왕국을 얻으리니, 영원하고 영원무궁한 그 왕국을 차지하리라.

19 그때 내가 그 넷째 짐승에 대한 진리를 알고자 하였으니, 그 짐승

은 다른 모든 짐승들과 달라서 심히 무서우며 그의 이는 철이고 그 의 발톱은 놋이요 그는 먹어 삼키고 산산이 부수며 나머지는 그의 발로 밟으며

20 또 그의 머리에는 열 개의 뿔이 있고 또 다른 뿔이 나오니 그 앞에 서 세 뿔이 떨어져 나갔으며 그 뿔에는 눈들도 있고 매우 큰 일을 말하는 입도 있으니 그의 모양이 그의 동류들보다 더 강하게 보이 더라.

21 내가 보니 이 뿔이 성도들과 싸워 그들을 이기더라.

16절에서 『**곁에 서 있는 그들 중 한 사람**』이 누구를 말하는지 확실히 알 수는 없지만, 다니엘의 환상 중에 나타난 어떤 영적 존재를 일컫는 것으로 보면 무방하겠다. 다니엘은 환상 가운데서 본 모든 광경들이 무엇을 의미하는지 알 수 없어 괴로워했다. 그래서 다니엘은 『**그**』에게 해석을 부탁했고, 그가 다니엘에게 알려주었다.

다니엘은 이야기를 듣고 모든 것을 알고 나서도 또 『**몹시 번민**』(28절)하게 되는데, 이스라엘이 대환란을 겪어야 하고 그 대환란이 문자 그대로 "대환란"이라는 것을 알고 번민했던 것은 당연하다.

『**이 커다란 네 짐승은 땅에서 일어날 네 왕이라**』(17절).

다니엘이 환상 중에 보았던 그 네 짐승들은 단순히 어떤 "왕국들"만이 아니라 『**네 왕이라.**』고 언급하고 있음에 주목하라. 또 이 짐승들은 『**네 왕**』이되, 『**땅에서 일어날**』 왕들, 즉 세상 나라들의 세상 왕들이기도 하다. 이 세상 나라들이 일어날 그 『**땅**』이 지중해 연안을 근거로 한 왕국들이라는 사실은 앞서 3절에서 이미 살펴보았다. 이 『**네 짐승**』이 "왕국들"일 뿐만 아니라 "왕들"도 된다는 사실은 이 17절과 함께 다음 23절을 통해서도 확인된다. 『**넷째 짐승은 땅 위의 넷째 왕국이 되리니...**』라고 23절은 언급하고 있다. 따라서 "짐승들"은 "왕국들"과 "왕들"에 다같이 적용할 수 있는 이중 의미를 갖는다. 러시아는 공산 혁명과 함께 짜르 왕조가 무너졌지만, "왕"이 있었던 나라요, 언젠가 왕조가 다시 회복되지 않으리라고 아무도 장담할 수 없다. 영국은 의회 민주주의 체제지만 여전히 왕을 모시고 있다. 미국은 처음부터 왕이 없었고 루즈벨트나 케네디가 왕조를 일으키려고 시도했지만 성공하지 못했다. 그러나 그렇다고 해서 앞으로 미국에 왕이 옹립되지 않으리라고는 아무도 장담할 수가 없다.

또한, "왕"이라고 해서 반드시 정치 체제상의 실제적인 "왕"만을 의미하는 것은 아니다. 요한계시록에 보면 대환란 기간 동안 어떤 자들이 진짜 왕들도 아니면서도 "왕들로서의" 권세를 받는 자들이 있음을 알 수 있다(계 17:12). "왕"은 실제 왕국의 "왕"이 아니더라도 얼마든지 "왕으로서의 권세"를 휘두르는 "왕"일 수가 있고, 진짜로 왕이건 아니건 이런 위치에 있는 사람은 사실상의 "왕"이라고 불릴 수가 있는 것이다. 예컨대 로마카톨릭 교황은 틀림없는 "왕"이다. 이것은 의심의 여지가 없다. 교황은 그 어떤 다른 군주보다도 더 강력한 독재 권력을 휘두르고 있는 실제적인 "왕"이다. 케네디 역시 왕이 아니었으되, "왕으로서의" 권세를 누리려고 획책했던 인물이었고, "왕"처럼 행세하다가 암살당했다. 케네디는 대통령 시절 의회로 하여금 "긴급 조치령"을 비롯하여 대통령에게 갖가지 특별 권한들을 부여하는 법령들과 조례들을 만들도록 했다. 그는 국가 소유의 차량들을 자신의 자녀들과 가족 친지들이 24시간 자유롭게 수송 수단으로 이용할 수 있도록 했고, 그 밖의 공공 자산들을 개인적인 일에 마구 사용했으며 심지어 가족들의 식료품을 조달하는 데까지 공금을 사용했던 인물이었다. 그런데도 이를 문제 삼았던 신문이나 TV 방송국은 한 군데도 없었다. 케네디 대통령 이래로 미국 대통령에게 부여된 "긴급조치권"이야말로 지구상의 어떤 왕들도 보유하지 못한 엄청난 권력으로서, 이 권력 하나만으로도 미국의 대통령은 국민의 사유재산과 시민의 권리를 마음대로 주무를 수 있게 되었다.

『**그러나 지극히 높으신 분의 성도들이 그 왕국을 얻으리니, 영원하고 영원무궁한 그 왕국을 차지하리라**』(18절).

이 구절에서 언급되고 있는 『**성도들**』이라는 말이 어떤 의미로 사용되었는지에 대해 주의하라. 구약에서 『**성도들**』이라는 말이 신약의 그리스도인들을 의미한다는 암시는 성경 그 어디서도 찾아볼 수가 없다. 따라서 이 『**성도들**』은 유대인들을 말한다.

『**그때 내가 그 넷째 짐승에 대한 진리를 알고자 하였으니, 그 짐승은 다른 모든 짐승들과 달라서 심히 무서우며 그의 이는 철이고 그의 발톱은 놋이요 그는 먹어 삼키고 산산이 부수며 나머지는 그의 발로 밟으며**』(19절).

넷째 짐승이 다른 짐승들과 어떻게 다른지는 이미 앞에서 상세히 살펴보았다. 넷째 짐승은 적그리스도요, 적그리스도의 왕국이다.

『**또 그의 머리에는 열 개의 뿔이 있고 또 다른 뿔이 나오니 그 앞에서 세 뿔이 떨어져 나갔으며 그 뿔에는 눈들도 있고 매우 큰 일을 말하는 입도 있으니 그의 모양이 그의 동류들보다 더 강하게 보이더라**』(20절).

『**열 개의 뿔**』, 『**다른 뿔**』, 『**세 뿔**』 등등에 대해서도 이미 앞에서 살펴보았다. 『**그 뿔에는 눈들도 있고 매우 큰 일을 말하는 입도 있으니**』라는 언급에서 우리는 이 뿔이 "왕국"일 뿐만 아니라 또 "왕"을 지칭한다는 것을 알 수 있다.

『**내가 보니 이 뿔이 성도들과 싸워 그들을 이기더라**』(21절).

대환란의 시작과 함께 적그리스도가 출현하면 그는 유대인들을 타도하고 짓밟아 죽이게 될 것이다.

7:22 옛날부터 계신 분이 오시니 지극히 높으신 분의 성도들에게 심판이 주어졌고 그 때가 이르자 성도들이 그 왕국을 차지하더라.

23 그러므로 그분께서 말씀하시기를 "넷째 짐승은 땅 위의 넷째 왕국이 되리니 그것은 모든 왕국들과 달라서 온 세상을 집어삼키고 밟아서 산산조각을 낼 것이라.

24 이 왕국에서 나온 열 뿔은 장차 일어날 열 왕이며 또 하나가 그들 뒤에 일어나리라. 그는 먼저 있던 자들과는 다르며 그가 세 왕들을 복종시킬 것이라.

25 그가 지극히 높으신 분을 대항하여 큰 말을 하며 또 지극히 높으신 분의 성도들을 지치게 할 것이고 또 때와 법을 변경시키려고 생각할 것이라. 그들은 그의 손에 주어져서 한 때와 두 때와 반 때를 지내리라.

26 그러나 그 심판이 시작되리니 그들이 그의 권세를 빼앗아서 끝까지 그것을 소멸하고 멸망시키리라.

27 그 왕국과 권세와 온 하늘 아래 왕국의 위대함이 지극히 높으신 분의 성도들의 백성에게 주어지리니, 그 왕국은 영원한 왕국이며 모든 권세들이 그분을 섬기고 복종하리라." 하시더라.

28 여기까지가 그 일의 끝이라. 나 다니엘로 말하자면, 내 생각이 나를 몹시 번민케 하였으며 내 용모가 변하였으나 내가 그 일을 내 마음 속에 간직하였노라.

『**옛날부터 계신 분이 오시니 지극히 높으신 분의 성도들에게 심판이 주어졌고 그 때가 이르자 성도들이 그 왕국을 차지하더라**』(22절).

주 예수 그리스도의 재림과 함께 펼쳐질 천년왕국 시대의 상황이다. 천년왕국 시대에서는 유대인들이 주역이 된다.

『**그러므로 그분께서 말씀하시기를 "넷째 짐승은 땅 위의 넷째 왕국이 되리니 그것은 모든 왕국들과 달라서 온 세상을 집어삼키고 밟아서 산산조각을 낼 것이라**』(23절).

앞에서도 언급한 것처럼 "짐승"은 왕국도 되고 왕도 된다. 여기서도 넷째 짐승은 "왕국"이면서 또 "왕"이다. 그렇기 때문에 이 짐승은 많은 주석자들이 말하는 것처럼 고대 로마 제국이 "부활"한 것과 같은 매우 "로마적인" 왕국일 뿐만이 아니라 요한계시록 13장에서 서술하는 대로 『**일곱 머리와 열 뿔**』을 가진 적그리스도 자신도 되는 것이다.

『**그것은 모든 왕국들과 달라서 온 세상을 집어삼키고...**』. 적그리스도의 왕국은 에큐메니칼적인 세계 제국으로서 이 왕국은 미국이든, 북아메리카든, 남아메리카든, 중앙아메리카든, 오스트레일리아든, 아프리카든, 아시아든, 지구상의 모든 나라들과 민족들을 한 손에 장악하고 지배하게 될 것이다.

『**이 왕국에서 나온 열 뿔은 장차 일어날 열 왕이며 또 하나가 그들 뒤에 일어나리라. 그는 먼저 있던 자들과는 다르며 그가 세 왕들을 복종시킬 것이라**』(24절). 다니엘 2장에서 느부갓넷살의 환상 중에 나타난 형상의 열 발가락이 『**열 왕**』에 해당했던 것을 기억할 것이다. 그 『**열 왕**』이 여기 7장에서는 다니엘의 환상 중에 『**열 뿔**』로 나타난 것이다. 이들 『**열**

왕』은 앞서 2장에서 이미 공부하였듯이 외계로부터 지구에 출현한 열 명의 어떤 존재들이고, "철로 된 인간들"로서, 이들은 인간 여자들을 아내로 삼고 그 사이에서 괴물들을 낳게 될 것이다. 『**그들은 사람들의 씨와 섞일 것...**』이라고 2:43에서 언급했던 것을 기억하라.

이 열 왕들은 뒤에 일어나는 적그리스도에게 복종하게 될 것이다. 『**또 하나가 그들 뒤에 일어나리라. 그는 먼저 있던 자들과는 다르며 그가 세 왕들을 복종시킬 것이라.**』 이 적그리스도는 먼저 일어났던 "사자"와 "곰"과 "표범"과 다른데, 이 자는 이 세 짐승들의 모습을 다 복합적으로 갖고 있기 때문에 그럴 수밖에 없다. 『**그 짐승은 표범과 같고, 발은 곰의 발 같고, 입은 사자의 입 같은데...**』라고 요한계시록 13:2은 서술한다.

다니엘 7:23-25에서 서술되는 넷째 짐승과 요한계시록 13:1-7에서 서술되는 짐승은 결론적으로 말해서 동일한 존재이다. 이 두 사람이 본 짐승은 우선 동일한 장소에서 출현했다. 다니엘이 본 이 짐승이 『**바다에서**』(단 7:3) 올라왔던 것처럼 요한이 본 짐승도 역시 『**바다에서**』(계 13:1) 올라왔다. 그리고 이 두 사람이 본 짐승은 다 같이 그 모습부터가 예사롭지 않았는데, 다니엘은 그것을 『**두렵고 무서우며 힘이 매우 세고 또 철로 된 큰 이빨을 가졌더라... 그 짐승은 먼저 있었던 모든 짐승들과 다르며 또 그 짐승은 열 뿔을 가졌더라.**』(단 7:7)고 서술하고 있고, 요한은 『**...일곱 머리와 열 뿔을 가졌더라. 그 뿔들에는 열 개의 왕관이 있고... 표범과 같고, 발은 곰의 발 같고, 입은 사자의 입 같은데...**』(계 13:1,2)라고 묘사하고 있다. 이렇게 볼 때, 다니엘이 본 넷째 짐승이나 요한이 본 짐승이 모두 적그리스도와 그의 왕국을 지목하고 있다는 것을 확인하기는 어렵지 않다.

적그리스도는 다니엘의 경우에나 요한의 경우 모두 『**열 뿔**』을 갖고 있는데, 이 『**열 뿔**』은 『**장차 일어날 열 왕**』(단 7:24)이라고 다니엘은 밝힌다. 두 사람이 본 이 짐승에 대한 서술에서 다른 점이 있다면, 요한의 경우 짐승이 『**일곱 머리**』를 갖고 있는데 반하여, 다니엘의 경우 특별한 언급이 없는 것으로 보아 머리가 "하나"였던 것으로 보인다. 그리고 다니엘의 경우에는 『**작은 뿔**』이 『**열 뿔**』 가운데서 나왔는데, 요한의 경우에는 이런 언급이 없다. 그러나 두 사람의 서술을 주의 깊게 읽어보면 다니엘의 경우 『**작은 뿔**』이 나와서 『**세 뿔**』을 타도해 버린 것을 보거니와, 요한의 경우에는 이런 서술이 없지만, 그가 본 짐승의 하는 짓이 다니엘의 『**작은 뿔**』로 대변되는 적그리스도의 행동과 일치한다는 것을 알 수 있다. 게다가 다니엘의 짐승이 『**한 때와 두 때와 반 때**』(단 7:25), 즉 3년 반 동안을 지내듯, 요한의 짐승도 『**마흔두 달**』(계 13:5), 즉 똑같이 3년 반 동안 활동할 권세를 받는다. 그리고 또 두 경우 모두 짐승이 하나님께 대적하고 『**성도들**』과 싸운다. 이런 비교를 통하여 앞에서 결론적으로 말했듯이 다니엘이나 요한 모두 동일한 짐승, 즉 적그리스도의 동일한 그림을 보았던 것이다. 이 『**작은 뿔**』에 대해서는 다음 8장에서 좀더 상세히 살펴보기로 한다.

『**그가** 지극히 높으신 분을 **대항하여 큰 말을 하며 또** 지극히 높으신 분의 **성도들을 지치게 할 것이고 또 때와 법을 변경시키려고 생각할 것이라. 그들은 그의 손에 주어져서 한 때와 두 때와 반 때를 지내리라**』(25절).

마귀는 성도들에 대해서 두 가지 전략을 갖고 있는데, 그 하나는 『**성도들과 싸워 그들을 이기**』는 것이고(21절), 여기서처럼 『**성도들을 지치게**』 하는 일이다. 『**성도들을 지치게**』 한다는 말씀은 물론 유대인들을 지치게 한다는 뜻이지만, 이러한 표현은 이 시대의 그리스도인들이 처한 상황을 묘사하는 데에도 그대로 적용되는 서술이 아닐 수 없다. 이 시대에 마귀는 그리스도인 『**성도들을 지치게**』 만들고 있으니까 말이다. 성경 가운데서 이 시대에 가장 위대했던 사람이 "지치기 쉬운" 당신에게 무어라고 충고하는지 아는가? 『**너희가 마음이 지쳐 낙심치 않기 위하여 자기에게 저질러진 죄인들의 그와 같은 모순된 행동들을 견뎌 내신 그를 깊이 생각하라.**』(히 12:3)고 충고한다.

『**그가 지극히 높으신 분을 대항하여 큰 말을 하며...**』 하나님과 그분의 말씀에 『**대항하여**』 큰소리치는 것은 마귀와 그 추종자들의 특징이다. 그들은 헛소리와 허튼 수작으로 자신들이 제법 똑똑하다고 사람들에게 과시하려 한다. 그리고 세상은 이런 자들에게 환호를 보낸다.

『**또 지극히 높으신 분의 성도들을 지치게 할 것이고...**』 앞에서 언급한 것처럼 여기서 『**성도들**』이란 유대인들을 말하거니와, 이 구절 자체가 대환란에 적용되지만, 영적으로는 이 시대에도 적용할 수 있다.

『**또 때와 법을 변경시키려고 생각할 것이라.**』 이 말씀은 매우 중요하다. 우주의 기초 질서와 법은 그야말로 "기본"이기 때문에 도저히 『**변경**』될 수 있는 성질의 것이 아니다. 우주의 기본법은 그야말로 "천지개벽" 같은 대재앙이 일어나더라도 절대로 변경될 수가 없다.

『**때**』를 변경하려고 시도한다는 것은 마귀가 새로운 달력을 만들어 하나님의 시간표를 엉망으로 만들려고 덤빈다는 뜻이다. 『**법**』을 변경시키려는 것은 하나님의 『**법**』을 어기는 범법자가 되고자 한다는 뜻이다.

클라렌스 라킨은 여기 25절의 『**때와 법**』을 좁은 의미로 받아들여 "유대인의 절기와 율법"으로 해석한다. 그래서 『**때와 법을 변경시키려고 생각할 것**』이라는 언급은 유대인들이 본토로 귀환하여 성전을 다시 세우면 구약 시대의 안식일 및 절기들과 율법을 회복할 것인데, 적그리스도가 나타나면 『**한 주 동안 언약을 확정하고, 그 주의 중간에 그가 희생제와 예물을 금지시킬 것이요, 그는 가증함을 확산시킴으로 황폐케 하리니...**』(단 9:27)라는 언급으로 연결된다. 적그리스도는 이스라엘과 일종의 평화 조약을 맺고 3년 반 동안은 그런 대로 잘 지내겠지만, 대환란 중간에 갑자기 조약을 파기하고 이스라엘의 『**때와 법을 변경**』하여 자기를 경배토록 획책할 것이다.

그러나 한편 여기서 『**때와 법**』은, 넓은 의미로 해석하여 하나님의 "전 우주적인 때와 법"으로 볼 수도 있을 것이다. 즉 적그리스도는 유대인의 율법뿐 아니라, 세상에 반영되어 있는 하나님의 기본적인 법칙들을 파기하고 변경시킨다는 것이다.

『**그들은 그의 손에 주어져서 한 때와 두 때와 반 때를 지내리라.**』 법을 어기고 법을 짓밟는 자들은 마귀가 준비한 대로 살면서 대환란 7년의 후반기 3년 반 동안 마귀와 함께 지내다가 멸망당하고 말 것이다. 『**한 때와 두 때와 반 때**』가 언제 시작될는지는 모르지만, 이것이 7년 대환란의 후반기 3년 반이라는 것을 우리는 요한계시록을 통해서 잘 알고 있다. 『**한 때와 두 때와 반 때**』, 즉 대환란 후반기 3년 반이 지나고 나면 예수 그리스도께서 이 땅에 재림하시고 마태복음 25:31부터의 상황이 벌어지게 될 것이다. 『**인자가 그의 영광 중에 오고, 또 모든 거룩한 천사들이 그와 함께 오면 그때에 그가 그의 영광의 보좌에 앉으리니 그 앞에 모든 만족들을 모아 놓고 마치 목자가 양들을 염소들에서 갈라놓듯이 그들을 따로 갈라놓으리라**』(마 25:31,32). 이때 주님의 보좌 옆에 둘러선 열두 사도들이 이스라엘 열두 지파를 심판하고, 대환란 기간 동안 짐승에게 박해받고 죽임을 당했던 사람들이 부활하여 그리스도와 함께 천 년 동안을 통치하는 천년왕국 시대가 열릴 것이다. 『**또 내가 보좌들을 보니, 그들이 그 위에**

앉았는데 심판이 그들에게 주어졌더라. 또 예수에 대한 증거와 하나님의 말씀으로 인하여 목베임을 당한 사람들의 혼들도 보았는데, 그들은 그 짐승에게나 그 형상에게 경배하지 아니하였을 뿐만 아니라 그의 표를 그들의 이마 위에나 손에도 받지 아니하였더라. 그러므로 그들은 살아서 그리스도와 함께 천 년을 통치하더라』(계 20:4).

『**그러나 그 심판이 시작되리니 그들이 그의 권세를 빼앗아서 끝까지 그것을 소멸하고 멸망시키리라**』(26절).

『**그 심판이 시작되리니...**』 예수 그리스도의 재림이다. 여기서 말씀하는 심판은 물론 "그리스도의 심판석"도 아니고, "백보좌 심판"도 아니다. 이 심판은 대환란 기간 동안에 있게 될 이스라엘에 대한 징계라는 의미의 심판을 말하는 것도 아니다. 여기 26절에서 언급하는 『**심판**』은 그리스도의 재림과 함께 있게 될 이방 민족들에 대한 심판을 일컫는다. 바로 마태복음 25:31에서 시작되는 심판이고, 요엘 3:2에서 언급하는 『**여호사밧 골짜기**』에서 있게 될 이방 민족들의 심판이다. 이 심판은 『**양들**』 즉 대환란 기간 동안 유대인들을 도와준 민족들을, 『**염소들**』 즉 이스라엘을 박해한 민족들로부터 구별해 내어, 그들로 하여금 천년왕국 시대로 들어갈 수 있도록 하는 데에 그 목적이 있다. 따라서 이 심판은 9,10절에 언급되었던 백보좌 심판보다 최소한 천 년 이전에 있게 될 심판이다.

클라렌스 라킨은 이 심판을 9절의 심판과 동일한 것으로 보고, 『**보좌들이 넘어져 있고**』(9절)에서의 『**보좌들**』을 『**작은 뿔**』(8절)과 『**열 뿔**』(7절)이 앉아 있던 보좌들로 해석했는데, 이것은 그가 10절에서 언급되는 『**책들**』의 의미를 간과한 데서 비롯된 잘못이다. 『**책들**』은 백보좌 심판에서 펼쳐진다. 앞에서도 언급한 것처럼 다니엘의 환상 가운데서 저 멀리 재림과 백보좌 심판의 두 봉우리가 겹쳐서 나타나는 바람에 두 사건을 한 가지 사건인 것으로 보았던 것이다.

『**그들이 그의 권세를 빼앗아서...**』 재림이다. 그러나 13절의 경우처럼 『**그들**』이 누구를 지칭하는 것인지는 확실히 알 수가 없다. 보좌 주변의 천사들일지도 모른다.

『**그 왕국과 권세와 온 하늘 아래 왕국의 위대함이 지극히 높으신 분의 성도들의 백성에게 주어지리니, 그 왕국은 영원한 왕국이며 모든 권세들이 그분을 섬기고 복종하리라." 하시더라**』(27절).

천년왕국을 의미한다.

『**여기까지가 그 일의 끝이라. 나 다니엘로 말하자면, 내 생각이 나를 몹시 번민케 하였으며 내 용모가 변하였으나 내가 그 일을 내 마음속에 간직하였노라**』(28절).

다니엘은 천년왕국이 시작되기까지의 대환란을 내다보며 이스라엘의 고통을 생각하고 번민한다. 다니엘은 15절에서도 영 안에서 슬퍼하였고 환상들로 인해 괴로웠었다. 그래서 곁에 서 있는 한 사람에게 이 일들을 묻기까지 했다. 그러데, 그때는 다니엘이 환상의 의미를 잘 몰라서 괴로운 것이었지만, 이번에는 그걸 알고 나자 또 번민하게 되었다.

다니엘 8장

8:1 처음에 나에게 나타났던 환상 이후 벨사살왕의 치리 제삼년에 한 환
상이 나에게 나타났으니, 나 다니엘에게 나타났더라.
2 내가 환상 중에 보았고 내가 보았을 때 나는 엘람 지방에 있는 수산
궁에 있었으며, 또 내가 환상 중에 보았더니 나는 울래 강가에 있었
느니라.
3 그때 내가 나의 눈을 들어 보았더니, 보라, 두 뿔을 가진 숫양 한 마
리가 강 앞에 서 있는데 그 두 뿔은 길며 하나가 다른 것보다 더 길
고 그 긴 것이 나중에 나왔더라.
4 내가 서쪽과 북쪽과 남쪽을 향하여 밀어붙이는 숫양을 보았는데 그
앞에 설 짐승들이 없으며 그 손에서 구해 낼 어떠한 것도 없으나 그
숫양은 자기 뜻대로 행하고 크게 되더라.

다니엘서 1장 전체와 2장 4절까지는 히브리어로 기록되었고, 그 이후 7장 마지막까지는 아람어로 기록 문자가 바뀐다. 그리고 여기 8장 1절부터 끝까지 다시 히브리어로 기록된다. 1장부터 2:4까지 히브리어로 기록된 것은 이 부분이 예루살렘의 함락과 함께 포로로 잡혀간 이스라엘을 주로 다루고 있기 때문이고, 그 이후 7장 마지막까지는 이방인들의 세계 왕국들을 주로 다루고 있기 때문에 아람어로 기록 문자를 바꾸었으며, 다시 8:1부터 다니엘서 끝까지는 유대인과 예루살렘, 그리고 성소 및 그 성소를 짓밟고 유대인을 박해할 적그리스도를 주로 다루기 때문에 유대인들의 언어인 히브리어로 기록된 것이 아닌가 추정하는 것이 보통이지만, 확실한 근거가 있는 것은 아니다.

2장에서 우리는 느부캇넷살의 환상 중에 나타난 형상을 통하여 다섯 개의 이방인 왕국들을 보았었고, 그 가운데 발과 열 발가락으로 대변되는 마지막 다섯 째 왕국이 적그리스도의 왕국이었음을 보았다. 그리고 7장으로 넘어와서는 다니엘의 환상 중에 나타난 네 짐승들 중 세 짐승들을 통하여 세 개의 이방 왕국들을 보았고, 마지막으로 『**두렵고 무서우며 힘이 매우 세고 또 철로 된 큰 이빨**』과 『**열 뿔**』을 가진(7:7) 넷째 짐승을 통하여 적그리스도의 왕국을 또 보았었다.

자, 그런데 여기 8장에서는 다니엘의 환상 중에 "숫양"과 "숫염소" 두 마리의 짐승들이 또 나타나는데, 이 두 짐승에 이어서 곧바로 세 번째로 적그리스도가 등장한다.

느부캇넷살왕의 형상이 보여준 다섯 왕국들은 다음과 같았다.

① 바빌론
② 메데-페르시아
③ 그리스
④ 로마
⑤ 적그리스도

7장에서 다니엘의 환상 중에 나타난 짐승들을 통해 본 왕국들은 다음과 같았다. ㉠ 페르시아(사자 - 영국)

㉡ 그리스(곰 - 러시아)

㉢ 로마(표범 - 미국)

㉣ 적그리스도(넷째 짐승)였다.

그리고 여기 8장에서는,

ⓐ 숫양

ⓑ 숫염소

ⓒ 적그리스도의 순으로 이방 왕국들이 또 제시된다.

그러니까 매번 마지막에 해당하는 ⑤와 ㉣ 및 ⓒ는 동일한 적그리스도의 왕국이고 나머지 ①, ②, ③, ④, ㉠, ㉡, ㉢, 및 ⓐ와 ⓑ를 합쳐 아홉 개의 이방 왕국들이 제시되는데, 여기에 적그리스도의 왕국(⑤ 및 ㉣과 ⓒ)을 합치면 이방 왕국들은 모두 열 개가 된다. 이 열 개의 이방 왕국들 가운데서 ① 바빌론, ② 메데-페르시아, ③ 그리스, ④ 로마는 역사 속에 묻혀 버린 먼 과거의 왕국들이었고, ㉠의 영국도 이미 과거의 제국이었으며, ㉡의 러시아는 "현재"의 제국이고, ㉢의 미국은 장차 대환란 이전에 등장할 세계 제국이며, ⓐ와 ⓑ, 즉 여기 8장에서 언급되는 『**숫양**』과 『**숫염소**』는 아마도 대환란 기간 동안에 등장하게 될 어떤 영적 세력이 아닌가 나는 짐작하는데, 물론 이에 대한 확실한 증거를 갖고 있는 것은 아니고 단지 내 짐작일 뿐이다. 그리고 최종적으로 적그리스도의 왕국이 그 뒤를 잇게 될 것이다.

①②③④⑤의 경우, ④와 ⑤ 사이에는 시간적 간격이 있고, ㉠㉡㉢㉣의 경우에도 ㉢과 ㉣ 사이에 시간적 간격이 있는데, ⓐⓑⓒ의 경우에는 ⓑ와

ⓒ 사이에 시간적 간격이 없이 곧바로 연결된다.

뒤에서 설명되지만, ⓐ 숫양과 ⓑ 숫염소는 역사적으로는 과거의 페르시아와 그리스에 해당하지만, 교리적으로는 미래에 등장하게 될 미지의 어떤 제국들인 게 분명하다. 누가 알겠는가? 혹시 "외계인"이라도 나타나 지상에 왕국을 건설하게 될지. 아무튼, 현 상황으로 보아서는 숫양과 숫염소로 대변될 지상의 제국들이 실제로 어디서 어떤 모습으로 나타나게 될는지는 여전히 미지수다.

『**처음에 나에게 나타났던 환상 이후 벨사살왕의 치리 제삼년에 한 환상이 나에게 나타났으니, 나 다니엘에게 나타났더라**』(1절).

다니엘에게 『**처음**』 환상이 나타났던 것은 벨사살왕 원년이었다(7:1). 그리고 여기서 두 번째 환상이 『**벨사살왕의 치리 제삼년**』, 즉 B.C. 538년에 또 나타난다. B.C. 538년이라면 바빌론이 멸망한 해다. 아마도 페르시아의 다리오왕에 의한 바빌론 멸망 직전에 다니엘에게 이 환상이 나타났던 것으로 보인다. 이 당시 다니엘은 나이가 많아 거의 은퇴 생활에 들어가 있었을 것으로 짐작되지만, 8장 마지막 절에서 『**며칠간 앓다가 그후에 일어나서 왕의 업무를 행했더라.**』(27절)고 기록하고 있는 점으로 미루어 완전 은둔 상태는 아니었고 또 "높은 자리"는 아니었으되, 공직에 머물고 있었던 것만은 분명해 보인다. 그가 "높은 자리"에 있지 않았다는 사실은 5장에서 벨사살왕의 궁전 잔치 중 손가락이 나와 벽에 불가사의한 글을 쓰자 벨사살이 번민하고 있었을 때, 왕비가 다니엘의 존재를 왕에게 환기시키며 그를 소환하여 해석을 의뢰토록 촉구했다는 사실에서 짐작할 수 있다(5:10-12). 만약 느부캇넷살왕 시절처럼 다니엘이 이 당시 "높은 벼슬"을 하고 있었다면, 벨사살의 궁전 잔치에 이미 참여하고 있었을 터인즉 소환할 필요가 없었으리라.

『**내가 환상 중에 보았고 내가 보았을 때 나는 엘람 지방에 있는 수산궁에 있었으며, 또 내가 환상 중에 보았더니 나는 울래 강가에 있었느니라**』(2절).

7장에서 다니엘의 첫 번째 환상이 나타났던 것은 그가 『**자기 침상에서 한 꿈을 꾸고 머릿속에 환상들을**』 받았을 때였는데, 그 환상들의 무대가 『**큰 바다**』(2절), 즉 지중해 연안 지방이었다. 그런데 여기서는 환상 중에 다니엘이 『**엘람 지방에 있는 수산궁**』에 가 있었고 그것이 『**울래 강가**』였다고 적고 있다. 엘람 지방에 있는 울래 강가의 수산궁이라면 페르시아의 수도였다는 말이 된다. 그러니까, 다니엘은 몸은 멸망 직전의 바빌론에 머물러 있었으되, 그의 영은 환상 가운데서 페르시아의 수도였던 수산으로 옮겨가 거기서 이 모든 환상들을 보고 또 가브리엘 천사로부터 그 환상들에 대한 해석을 듣고 있었던 것이다(16,17절).

『**그때 내가 나의 눈을 들어 보았더니, 보라, 두 뿔을 가진 숫양 한 마리가 강 앞에 서 있는데 그 두 뿔은 길며 하나가 다른 것보다 더 길고 그 긴 것이 나중에 나왔더라**』(3절).

다니엘은 환상 중에 먼저 『**두 뿔을 가진 숫양 한 마리**』가 나타나는 것을 본다. 이 『**숫양**』은 역사적으로는 메데-페르시아를 말하고 『**두 뿔**』은 다리오왕과 코레스왕을 말한다. 이 『**두 뿔**』이 다같이 길지만 그 중에서도 하나가 다른 것보다 더 긴데, 더 『**긴 것이 나중에 나왔더라.**』고 언급한다. 말하자면, 코레스왕에 뒤이어 나온 다리오왕이 이전보다 더 강력한 세계 제국으로서의 세력을 구축했다는 뜻을 함축한다.

『**내가 서쪽과 북쪽과 남쪽을 향하여 밀어붙이는 숫양을 보았는데 그 앞에 설 짐승들이 없으며 그 손에서 구해 낼 어떠한 것도 없으나 그 숫양**

은 자기 뜻대로 행하고 크게 되더라』(4절).

『**숫양**』이 다른 왕국들을 공격하여 『**밀어붙이는**』데, 그 공격 방향이 『**서쪽과 북쪽과 남쪽**』이다. 그러니까, 페르시아는 "동쪽"에 위치하고 있는 중이다. 페르시아가 어느 방향으로 세력을 넓혀가든 그 발흥지 자체는 "동쪽"으로서, 팔레스타인의 동쪽, 이집트의 동쪽, 터키의 동쪽, 로마의 동쪽, 그리스의 동쪽, 모든 제국들의 동쪽이다. 이 페르시아가 『**서쪽**』을 쳐서 터키와 소아시아 지방을 정벌하고 거기서 『**북쪽**』으로 공격 방향을 틀고 알메니아와 러시아 지방을 친 다음 다시 『**남쪽**』의 팔레스타인과 이집트를 치는데, 그 세력이 어찌나 막강했던지 『**그 앞에 설 짐승들이 없으며 그 손에서 구해 낼 어떠한 것도 없으나 그 숫양은 자기 뜻대로 행하고 크게**』 확장돼 나간다. 그래서 역사는 페르시아의 코레스를 일컬어 코레스 "대왕"이라고 기록한다.

코레스(B.C. 559~529)는 페르시아 제국 왕조의 시조 아케메네스의 현손으로서 역사적으로 볼 때 테이스페스왕과 그 뒤를 이은 코레스 1세, 그리고 그 뒤의 캄비세스 1세에 뒤이어 왕위에 올랐던 코레스 2세를 말한다. 코레스 2세는 B.C. 550년 메디아의 수도 에크바타나를 점령하여 새로이 페르시아 제국을 일으키는 데 성공하였다. 이 신흥국가에 대하여 칼데아와 리디아 및 이집트가 동맹을 체결하고 대항하였지만, 코레스는 그중 리디아의 수도 사르디스를 먼저 함락시키고 소아시아 연안의 많은 식민도시들을 수중에 넣은 뒤 칼데아로 진격하여 수도 바빌론을 무혈 점령하고(B.C. 538년) 바빌론에 포로로 사로잡혀와 있던 이스라엘을 해방시키고 그들이 팔레스타인으로 귀환하여 예루살렘 성전을 재건토록 허용했던 인물이었다. 이처럼 제국 내의 다양한 민족들이 갖고 있던 종교나 관습에 전혀 간섭하지 않는 것은 이 왕조의 정책적 특색이었는데, 이것이 페르시아 문화가 다른 많은 문화를 흡수하여 그 영향으로 복잡한 양상을 보이게 된 원인이 되었다.

다리오와 코레스가 서아시아의 중심이었던 바빌론을 점령한 것은 그때까지 변두리 국가였던 페르시아를 일약 세계 제국의 지위로 올려놓는 결정적 계기가 되었으며 이로써 코레스(2세)는 역사상 "대왕"이라 불리게 된 것이다. 코레스 2세는 다시 동방 원정에 나섰으나 만족(蠻族)과의 싸움에서 목숨을 잃었다. 코레스의 생전에 이룰 수 없었던 이집트 정복은 그의 아들 캄비세스 2세에 의해 수행되었지만, 그의 원정 중 마기(Magi) 승이었던 가우마타가 그의 동생 바르디아의 이름을 자칭하여 왕이 되고 왕년의 메디아 세력을 만회코자 꾀하자 캄비세스는 원정에서 서둘러 본국으로 회군하게 되었는데, 그러던 중 시리아에서 실의에 빠진 나머지 자살하고 말았다. 캄비세스가 죽은 뒤 제국은 잠시 혼란에 빠졌으나 같은 일족 출신인 다리오 1세가 질서를 회복하고 가우마타를 죽인 뒤 국내 여러 지방의 반란을 평정하고 북서 인도에 침입하여 영토를 넓혔다.

다리오는 전 국토를 20여 개 주로 나누고 각 주마다 "사트라프"라는 지방장관을 두어 징세와 병역을 부과하는 한편, 이 사트라프를 감시하고 중앙 정부와 연락을 취하는 "왕의 눈"과 "왕의 귀"라는 조직을 운영하였는데, 이 제도는 그 후로도 오래 동안 서아시아 제국에서 답습되었다. 다리오는 조로아스터교를 페르시아의 민족 종교로 정착시키고 주신(主神) 아후라마즈다 신을 섬겼는데, 이 사실이 그의 비문에도 새겨져 있다. 다리오는 또 전국 각지의 기술과 재료를 총집결하여 파르스의 페르세폴리스에 여름 궁전을 짓고 엘람의 수사에는 겨울 궁전을 지었으며, 수도 수사와 소아시아의 사르디스 사이에는 전장 2,400km에 달하는 왕도를 건설함으로써 중앙 정부의 명령이 각 지방에까지 신속히 전달되도록 하였다. 그는 B.C. 513년 다뉴브 강을 건너 스키타이인을 치고 B.C. 492년과 490년 두 번에 걸쳐 그리스를 원정하였는데, 이 전쟁은 그리스의 승리로 끝나기는 했지만, 통치 기간 동안 위정자로서의 공적이 워낙 대단하였는지라 역사에서는 그 역시 "대왕"으로 일컫는다.

페르시아는 B.C. 334년 그리스 알렉산더 대왕의 침공을 받아 다리오 3세 때 멸망하고 말았다. 이 전쟁 이후로 바빌론, 수사, 페르세폴리스 및 중앙아시아에서 인도에 걸쳐 있던 페르시아 아케메네스 왕조의 광활한 영토 전체가 고스란히 알렉산더 대왕에게 유린되고 말았다.

8:5 내가 숙고하고 있는데, 보라, 숫염소가 온 지면의 서쪽에서부터 왔는데 땅에는 닿지 않았고 그 염소는 양 눈 사이에 두드러진 뿔이 있더라.

6 내가 강 앞에서 서서 보았더니 그 염소가 두 뿔을 가진 숫양에게로 와서 격분한 힘으로 그에게 달려가더라.

7 또 내가 그를 보니 숫양에게 가까이 나와서 그에게 화를 내어 그 숫양을 받아 그의 두 뿔을 꺾으니 그 숫양에게는 염소 앞에 설 힘이 없더라. 그 염소가 숫양을 땅에 집어 던져서 짓밟아도 그의 손에서 숫양을 건져낼 자가 아무도 없었더라.

8 그러므로 그 숫염소가 매우 강대해지다가 강하게 되었을 때 그 큰 뿔이 꺾였고, 그 자리에 두드러진 뿔 넷이 하늘의 네 바람을 향하여 나왔음이라.

『**내가 숙고하고 있는데, 보라, 숫염소가 온 지면의 서쪽에서부터 왔는데 땅에는 닿지 않았고 그 염소는 양 눈 사이에 두드러진 뿔이 있더라**』(5절).

자, 『**숫양**』에 이어서 이번에는 『**숫염소**』가 등장한다. 『**숫염소**』로 대변되는 이 미래의 세력은 대환란 기간 중 『**온 지면의 서쪽에서부터**』 나오게 되는데, 그 이동이 어찌나 신속했던지 『**땅에... 닿지**』 않고 움직인다. 나는 대환란 기간 중 나타나게 될 이 세력이 초음속 항공기나 로켓처럼 매우 빠른 수송 수단을 이용하게 될 것으로 예상한다. 이 『**숫염소**』는 양 눈 사이에 큰 뿔이 돋아 있다. 그러니까 보통의 뿔 두 개에 세 번째 뿔이 양 눈 사이에 또 나 있는 괴상한 모습이다. 이런 모습으로 미루어 볼 때, 이것이 초자연적인 존재이거나 외계에서 온 어떤 존재라고 짐작해도 절대로 무리가 아니다.

『**내가 강 앞에서 서서 보았더니 그 염소가 두 뿔을 가진 숫양에게로 와서 격분한 힘으로 그에게 달려가더라**』(6절).

먼저 나타났던 세력인 『**숫양**』에게로 나중에 등장한 『**숫염소**』가 격렬한 공격을 가한다. 역사적으로 본다면 파죽지세로 페르시아를 공격하는 그리스 알렉산더 대왕의 모습 그대로다.

『**또 내가 그를 보니 숫양에게 가까이 나와서 그에게 화를 내어 그 숫양을 받아 그의 두 뿔을 꺾으니 그 숫양에게는 염소 앞에 설 힘이 없더라. 그 염소가 숫양을 땅에 집어 던져서 짓밟아도 그의 손에서 숫양을 건져낼 자가 아무도 없었더라**』(7절).

『**숫양**』은 『**숫염소**』의 강력한 공격을 받고 속수무책으로 세력이 꺾이고 마는데, 『**숫염소**』의 위세가 어찌나 막강했던지 누구도 『**숫염소**』의 위세에 눌려 곤경에 처한 『**숫양**』에게 원조의 손길을 뻗어 『**숫염소**』의 위세를 감히 견제할 용기를 낼만한 자가 없다.

자, 여기서 『**숫염소**』에게 이처럼 혹독한 공격을 받게 되는 『**숫양**』이란 과연 누구이고 그를 공격하는 『**숫염소**』는 또 누구를 말하는지 성경의 설명을 살펴보기로 하자. 20절에서 『**네가 본 두 뿔을 가진 그 숫양은 메디아와 페르시아의 왕들이요**』라고 해석해 주고 있다. 그러니까, 『**숫양**』은 "왕국"도 되고 "왕"으로도 풀이된다. 동시에 『**두 뿔을 가진 숫양**』 한 마리가 "단수"이면서 또 『**왕들**』이라는 "복수"도 되는 것에 주목하라. 그리고 21절에서는 『**그 거친 숫염소는 그리스의 왕이며 그의 양 눈 사이에 있는 큰 뿔은 그 첫째 왕이라.**』고 분명히 해석해 주고 있다. 『**숫염소**』는 바로 『**그리스의 왕**』, 즉 알렉산더 대왕이었고, 양 눈 사이에 두드러지게 난 뿔은 『**그 첫째 왕**』, 즉 알렉산더 대왕 이전에 그리스를 정복했던 마케도니아의 필립포스왕을 일컫는다고도 볼 수 있겠지만, 그리스를 실질적인 세계 제국으로 올려놓고 세력을 떨쳤던 알렉산더 대왕이야말로 『**큰 뿔**』이었고, 이 세계 제국의 실질적인 『**첫째 왕**』이었다.

그리하여 우리는 여기 7절에서 서쪽으로부터 페르시아로 쇄도해 오고 있는 그리스 알렉산더 대왕의 모습을 본다. 알렉산더(B.C. 356~323년)는 부왕 필립포스 2세가 암살되자 그 뒤를 이어 20세의 젊은 나이로 마케도니아의 왕으로 등극했고 그리스와 페르시아 및 인도에 이르는 대제국을 건설했던 대왕이었다. 고대 제왕들의 출생을 둘러싸고 갖가지 전설적인 이야기들이 난무하는 게 보통이었듯이 알렉산더의 출생에 대해서도 풀루타크 영웅전을 통해 전설적인 이야기들이 전해지고 있다. 어려서부터 당시의 대학자였던 아리스토텔레스를 통하여 궁정에서 교육을 받고 자란 그는 훗날 원정 중에도 호머의 시를 애독하여 그 책을 갖고 다녔으며, 학자들을 대동하여 정복한 나라들의 각지를 탐험하고 측량케 했다든지, 시종일관 그리스 문화를 숭앙했다든지 하는 일들이 모두 어려서부터 받은 교육의 영향이었다고 한다. B.C. 334년 알렉산더는 마케도니아군과 헬라스 연맹군을 거느리고 페르시아 원정을 위해 소아시아로 건너가 페르시아군을 무찌르고 그 지배하에 있던 그리스의 여러 도시들을 정벌하였고 북 시리아를 공략하였으며 킬리키아의 이수스 싸움에서 페르시아 다리오 3세의 군대를 대파하였으며, 뒤이어 페르시아 함대의 근거지였던 투로와 가자 등을 점령했을 뿐만 아니라 시리아와 페니키아를 정복한 다음 이집트를 공략한 후 나일 강 하구에 자신의 이름을 딴 도시 "알렉산드리아"를 건설했다. B.C. 330년 다시 군대를 돌려 메소포타미아로 돌아가 가우가멜라(Gaugamela)에서 세 번이나 페르시아군과 싸워 대승하였다. 이때 페르시아의 다리오 3세는 도주하다가 신하인 베소스에게 죽임을 당했다. 알렉산더는 계속해서 바빌론, 수사, 페르세폴리스, 엑바타나 등지의 여러 도시들을 장악하는 데 성공하였는데, 여기서 마케도니아군과 그리스군의 자원자들로만 구성된 군대를 이끌고 다시 동쪽으로 원정하여 이란 고원을 정복한 뒤 인도의 인더스 강에까지 이르렀다. 그러나 군사들 중에 열병이 퍼지고 장마가 계속되는 바람에 군대를 돌리고 B.C. 324년에 페르세폴리스로 회군했다. B.C. 323년 바빌론으로 돌아와 아라비아 원정을 준비하던 알렉산더는 33세의 젊은 나이로 갑자기 죽었다.

알렉산더 대왕은 자기가 정복한 땅에 알렉산드리아라고 이름 지은 도시를 70개나 건설하였다고 한다. 그 가운데 북아프리카의 이집트에 건설한 알렉산드리아는 훗날 성경 사본을 변개한 필로라든지, 오리겐, 그리고 그 추종자들의 활동 무대가 되었다는 점에서 우리의 주목을 받는 도시다. 이들 도시들은 그리스 문화 동점의 거점이 되었고 소위 헬레니즘 문화의 형성에 큰 구실을 했다. 알렉산더의 문화사적 업적은 유럽과 아시아 및 아프리카에 걸친 대제국을 건설하여 그리스 문화와 오리엔트 문화를 융합시킨 새로운 헬레니즘 문화를 이룩한 데 있는 것으로 역사학자들은 평가한다. 헬레니즘 문화가 얼마나 반성경적이었으며 복음전파에 걸림돌이 되었는지는 우리가 이미 익히 알고 있는 바다. 헬레니즘은 의인화된 수많은 신들을 만들어 내었고 인본주의 사상을 꽃피우게 한 문화사조였다. 알렉산더가 죽은 뒤 대제국 그리스의 영토는 다시 마케도니아(그리스)와 시리아, 그리고 이집트와 소아시아의 네 나라로 갈라졌다. 이것이 알렉산더 대왕을 둘러싼 간추린 역사적 배경들이다.

『**그러므로 그 숫염소가 매우 강대해지다가 강하게 되었을 때 그 큰 뿔이 꺾였고, 그 자리에 두드러진 뿔 넷이 하늘의 네 바람을 향하여 나왔음이라**』(8절).

『**숫염소**』로 대변되는 그리스는 세계 제국으로 『**강대해지다가 강하게 되었을 때**』 알렉산더가 죽음으로써 『**그 큰 뿔**』이 꺾이고 말았다. 그리고 그 뒤를 이어 『**두드러진 뿔 넷**』이 등장하는데, 다음 절에서 보건대, 그 중 하나가 다른 셋보다 더 크다. 이 구절에서 언급되는 『**뿔 넷**』, 또는 다음 22절에서 언급되는 『**네 뿔**』 내지 『**네 왕국**』에 대해 좀더 자세히 이해하기 위해서 우리는 이미 앞에서 알렉산더를 둘러싼 실제 역사를 살펴보았거니와, 알렉산더가 죽은 뒤 대제국 그리스의 영토는 그 후 마케도니아(그리스)와 그 서부 지역, 시리아와 그 동부 지역, 이집트와 그 남부 지역, 그리고 소아시아의 트라키아와 그 북부 지역 등, 네 부분으로 나뉘어졌다. 이렇게 볼 때, 이 『**뿔 넷**』은 마케도니아, 트라키아, 시리아 및 이집트를 지칭한다는 사실이 분명해진다. 이 『**뿔 넷**』이 비록 『**두드러진**』 왕국들로 『**하늘의 네 바람을 향하여**』 나오기는 했으나, 알렉산더가 이끌던 그리스의 『**권세에는 미치지 못하리라.**』(22절)는 예언대로, 느부캇넷살의 형상 중 철 다리로 대변되었던 네 번째 세계 제국 로마에 흡수되고 말았는데, B.C. 30년 이집트가 로마에 정복됨으로써 그리스 제국의 존재는 역사에서 사라지고 말았다. 결국 이 『**네 뿔**』은 세계 제국 그리스와 그 다음의 세계 제국 로마 사이의 시간적 간격을 메워주는 과도기였던 셈인데, 성경이 세계 제국들의 흥망성쇠를 차례로 보여 주면서도 각 왕국들의 시간적 간격을 메워주는 틈에 대해서는 직접적으로 언급하고 있지는 않으나, 여기 8절에서 『**뿔 넷**』의 존재가 잠깐 비치는 것은 이처럼 제국 간의 시간적 간격을 메워주는 과도기가 있음을 암시한다는 점에서 중요한 힌트가 된다.

8:9 그 중 한 뿔에서 작은 뿔 하나가 나와서 남쪽과 동쪽과 아름다운 땅을 향하여 심히 커지더니
10 하늘의 군대에 이를 만큼 커져서 군대와 별들 중에 얼마를 땅에 던지고 그것들을 짓밟더라.
11 정녕, 그는 자신을 군대의 통치자에게까지 높였으며 그로 인하여 매일 드리는 희생제도 없어지고 그의 성소의 처소도 허물어졌도다.
12 한 군대가 그에게 주어져서 죄과로 인하여 매일 드리는 희생제도 반대케 하며 그 작은 뿔이 진리를 땅에 던지고 마음대로 행하며 번성하였더라.

『**그 중 한 뿔에서 작은 뿔 하나가 나와서 남쪽과 동쪽과 아름다운 땅을 향하여 심히 커지더니**』(9절).

여기서 『**그 중**』이란 물론 8절에서 언급하는 『**두드러진 뿔 넷**』을 말한다. 이 『**두드러진 뿔 넷**』 중 『**한 뿔에서**』 또 『**작은 뿔 하나**』가 나오더니 심히 커진다. 『**숫양**』과 『**숫염소**』, 그리고 뒤이은 『**뿔 넷**』에 대해 다니엘에게 설명해 주던 가브리엘 천사는 그 『**뿔 넷**』 중 하나에서 나온 『**작은 뿔**』로 이야기의 초점을 옮긴다.

이 『**작은 뿔**』은 필경 초자연적인 존재임이 분명하다. 다음 10절이 이것을 증명한다. 가브리엘 천사가 다니엘에게 이 뿔들에 대해서 해석해 주지 않았더라면, 우리는 이 부분의 성경을 읽으면서 이 『**작은 뿔**』이 그리스에 이은 네 왕국들 가운데 하나에서 일어났던 어떤 "군주국" 정도로만 이해하고, 예컨대 안티오쿠스 에피파네스 같은 존재 정도로 알고 넘어갈 뻔했다. 그러나 다음 23절에서 보듯이 가브리엘 천사는 『**그들 왕국의 나중 때에... 한 왕이 일어나리라.**』고 설명해 줌으로써, 이 작은 뿔이 결코 과거에 존재했던 한 왕국이나 안티오쿠스 에피파네스 같은 과거 인물에 불과한 것이 아니라는 것을 명백히 밝힌다. 성경에서 『**나중 때**』란, "마지막 날들," "마지막 때," "끝" 등과 함께 미래의 어떤 특별한 때를 지칭한다. 이것은 알렉산더의 그리스가 쇠잔하고 거기서 분할된 마케도니아와 이집트 및 시리아와 트라키아의 "나중 때," 즉 이 왕국들이 후에 로마 제국에 의해 합병되던 때를 일컫는 게 절대 아니다. 알렉산더에 뒤이은 이 네 왕국들이 로마 제국에 흡수되기는 하였으되, 그들이 한꺼번에 패망한 것이 아니라 하나씩 차례로 정복당하다가 B.C. 30년 이집트를 마지막으로 지상에서 그 명맥이 끊어졌다. 또한 이 『**작은 뿔**』이 안티오쿠스 에피파네스를 말하는 것도 아니라는 사실은 안티오쿠스가 이들 네 왕국들의 "나중 때"까지 생존했던 인물이 아니었다는 사실에서 자명하다.

그는 시리아를 통치했던 스물여섯 왕들 가운데 여덟 번째 왕이었고, 이들 네 왕국들이 사라지기 134년 전 B.C. 164년에 이미 사망했다. 안티오쿠스가 예루살렘 성전을 더럽혔던 것은 사실이지만, 그가 『**남쪽과 동쪽과 아름다운 땅을 향하여 심히 커지더니**』(9절), 즉 세계 제국이 될 만큼 강성해졌던 것은 아니었다. 그가 예루살렘 성전을 더럽혔지만, 마카비 가의 반란으로 B.C. 165년 성전 제사는 복구되었다. 예수 그리스도께서 마태복음 24:15에서 『**너희가 선지자 다니엘을 통하여 말씀하신 멸망의 가증한 것이 거룩한 곳에 선 것을 보리니**』라고 말씀하셨던 것은 당시로서 과거의 어떤 일을 언급하신 게 아니라 미래의 일을 예언해 주신 것이었다. 그렇기 때문에 이것은 안티오쿠스 에피파네스와는 아무 관련도 없는 일이다. 우리는 잠시 후 23-25절 부분에서 여기 9-12절 부분의 해석이 계속되는 것을 보게 될 것이다. 그런데 23-25절 부분은 장차 등장하게 될 미래의 어떤 인물을 지칭하고 있다. 그렇다면, 여기 9-12절 부분 역시 과거의 역사나 인물을 언급하고 있는 것이 아님이 분명하다.

『**하늘의 군대에 이를 만큼 커져서 군대와 별들 중에 얼마를 땅에 던지고 그것들을 짓밟더라**』(10절).

초자연적인 존재가 아니고서는 그 누구도 『**하늘의 군대**』와 『**별들 중**』 일부를 땅에 내던져 짓밟을 수 있는 용사가 있을 수 없다. 설사 우주선을 발사하여 금성이나 목성 근처에 이르게 한다 하더라도 그런 행성들 위에 착륙조차 할 수 없는 것이 최첨단 우주 과학을 자랑하는 21세기 지구 인간의 참모습이다. 그런데 하물며 그런 별들의 일부를 땅에 집어던지고 짓밟다니 이것은 상상도 할 수 없는 일이다. 이것은 분명 어떤 초자연적인 존재가 아니고서는 불가능한 일이다. 이 초자연적인 존재가 『**숫염소**』로 대변되는 대환란 시대의 어느 왕국으로부터 나오는 것이다.

우리는 앞서 8절에서 『**큰 뿔**』이 꺾이고 뒤이어 『**두드러진 뿔 넷**』이 출현하는 것을 보았고 『**그 중 한 뿔에서 작은 뿔 하나가**』 나와서 『**심히**』 커지는 것을 9절에서 보았으며 이 『**작은 뿔 하나**』가 다른 뿔들 셋을 제압하는 것을 앞서 7:8에서 보았다. 『**내가 그 뿔들을 살펴보았더니, 보라, 그것들 가운데서 또 다른 작은 뿔이 나오더니, 먼저 나온 뿔 세 개가 그 앞에서 뿌리째 뽑혔더라**』(단 7:8).

그래서 여기 8장에서 언급되는 『**작은 뿔**』은 7장에서 언급되었던 그 『**작은 뿔**』과 동일한 존재로 보아 무방하다. 이 『**작은 뿔**』이 바로 요한계시록 17장에서 언급되는 『**여덟 번째지만 일곱 중에 속한 자**』로 『**전에는 있었**

으나 지금은 없는 그 짐승』, 즉 적그리스도인 것이다(계 17:11). 이 존재는 역사적으로 보면 물론 알렉산더 대왕으로 예표될 수 있다. 성경은 어느 구절을 막론하고 세 가지 시각으로 적용될 수 있거니와, 그 하나는 과거 역사에 실제로 일어났던 일에 대입하는 역사적 적용이고, 또 하나는 우리 앞에 계시되는 진리들을 진리로 수용하고 믿는 "교리적 적용"이며, 우리의 실생활에 직접 반영하고 교훈으로 삼을 수 있는 "영적 적용"이 세 번째 적용 방식이다. 지금 여기서 언급되고 있는 뿔들을 예로 들어볼 때, 이것을 역사적으로 적용하면 알렉산더가 죽고 그리스 제국이 멸망한 뒤 네 개의 왕국으로 나뉘어진 사실로 읽을 수 있고, 교리적으로 적용하여 대환란 시대에 출현하게 될 적그리스도의 그림을 보여 주는 계시로 받아들여 성경적 진리를 발견하게 되며, 영적으로 적용함으로써 이교도의 왕국이 제아무리 막강한 세력을 일으켜 세계를 지배하며 자신을 높일지라도 모든 왕국과 왕들의 흥망성쇠가 모두 하나님의 계획에 따라 하나님께서 관장하시는 가운데 일사불란하게 진행된다는 사실을 배우고 교훈으로 삼게 된다. 따라서 여기서 제시되고 있는 모든 일들이 역사상 실제로 일어났던 일들이면서 미래에 대한 예언이며, 이러한 예언을 통하여 하나님의 경륜을 헤아리고 내다볼 뿐만 아니라 많은 영적 교훈을 얻게 되는 것이다.

알렉산더가 죽고 그리스가 멸망하자 그리스가 차지했던 그 광활한 영토는 이집트와 시리아, 그리고 그리스(마케도니아)와 소아시아 지방의 네 부분으로 나뉘어졌다는 사실을 우리는 앞에서 알렉산더의 사후에 일어났던 역사적 배경을 보면서 이미 공부한 바가 있다. 이 사실은 적그리스도가 이들 넷 가운데 하나에서 출현하게 된다는 점에서 매우 중요한 교리적 의미를 갖는다는 데에 주목하지 않을 수 없다. 9절은 『**그 중 한 뿔에서 작은 뿔 하나가 나와서 남쪽과 동쪽과 아름다운 땅을 향하여 심히 커지더**

니』라고 언급하더니, 10절에 이르러『**하늘의 군대에 이를 만큼 커져서 군대와 별들 중 얼마를 땅에 던지고 그것들을 짓밟더라.**』고 언급하면서 이것이 초자연적인 존재임을 분명하게 설명하고 있다. 뿐만 아니라 이 초자연적인 존재가『**사람의 눈 같은 눈이 있고 또 큰 일들을 말하는 입**』을 가지고 있다(7:8)는 사실에서 이 자가 바로 마귀가 인간으로 육화하여 지상에 나타난 적그리스도라는 사실을 알기는 어렵지 않다. 이렇게 볼 때, 적그리스도는 이집트나 시리아나 그리스 및 소아시아 중 어느 한 왕국에서 출현하게끔 돼 있다는 것을 예상할 수 있고, 이런 점에서 이 구절들이 시사하는 예언적 의미는 실로 중대하다 하지 않을 수 없는 것이다.

또한 적그리스도가『**남쪽과 동쪽과 아름다운 땅을 향하여**』(9절) 심히 강성해지는데, 여기서 언급하는『**남쪽**』,『**동쪽**』, 그리고『**아름다운 땅**』이란 어디를 의미하는 것이며 적그리스도는 어디서 출현하게 되는 것일까? 적그리스도는 이집트와 시리아 및 그리스와 소아시아 네 곳 중 한 군데에서 출현하게 될 것이다. 문제는 그 네 곳 가운데 어디냐 하는 것이다.

이 구절에서『**남쪽**』이라면 이것은 십중팔구 팔레스타인의 남쪽 이집트를 말하는 게 분명하다. 그렇다면 적그리스도가 이집트에서 출현할 가능성은 희박하다는 얘기가 된다.『**남쪽**』이집트에서 출현하여『**남쪽**』이집트를 공략한다는 것은 말이 안 되기 때문이다. 이집트에서 출현하여 그보다 더 남쪽을 공략한다는 것도 말이 안 된다. 이집트의 남쪽은 사실상 공략할 데가 없다. 이집트의 남쪽은 광활한 사막지대이기 때문이다. 그렇다면 시리아는 어떤가? 시리아는 모압족의 본거지라는 점에서 적그리스도가 출현할 가능성이 높은 후보지로 볼 수도 있다. 유다 이스카리옷은 모압족 출신이었다. 우리는 이것을 가벼이 넘길 수가 없다.

적그리스도는 또『**동쪽**』으로도 심히 커진다. 그렇다면, 적그리스도가 출현할 가능성이 있는 곳으로 시리아도 배제해야 하는지도 모른다. 그러나 시리아의 『**동쪽**』이 바빌론이다. 바빌론은 대환란 때 적그리스도가 있게 될 도성이다. 9절은 『**남쪽과 동쪽과 아름다운 땅을 향하여 심히 커지더니**』라고 언급한다. 적그리스도는 『**남쪽**』으로 진출하고 『**동쪽**』을 공략하는가 하면, 또 『**아름다운 땅**』으로 침공해 간다. 『**아름다운 땅**』이 어디인가? 이것은 필시 팔레스타인을 일컫는 게 분명하다. 결국 적그리스도의 출현지에서 볼 때, 팔레스타인은 서쪽이어야만 한다. 적그리스도는 남쪽으로 진출하여 손아귀에 넣고 동쪽으로 침공하여 수중에 넣은 다음 서쪽 팔레스타인을 공략하여 점령할 것이다. 이렇게 볼 때, 적그리스도가 출현할 가능성이 높은 지역은 소아시아와 시리아가 된다.

그리스(마케도니아) 역시 후보지가 될 수 있다. 그러나 그리스 아테네에서 보면 지중해 건너 남쪽으로 직결되는 곳에는 이집트가 아니라 리비아가 위치한다. 그리고 그리스에서 볼 때, 『**아름다운 땅**』 팔레스타인은 동쪽이지 서쪽이 아니다. 이렇게 볼 때, 그리스 방면이 적그리스도의 출현지가 될 가능성 또한 희박해진다. 소아시아는 팔레스타인의 정 북쪽이다. 그러므로 소아시아에서 볼 때 『**아름다운 땅**』 팔레스타인은 남쪽이지 서쪽은 아니다. 그렇다면 적그리스도가 출현할 가능성이 가장 높은 곳으로 시리아가 남는다. 시리아의 동쪽은 바빌론이다. 그리고 시리아의 남쪽은 아라비아가 되고, 『**아름다운 땅**』 팔레스타인은 서쪽 방향이 된다. 그렇다면 적그리스도가 출현할 가장 가능성이 높은 곳은 시리아라는 결론이 나온다. 만약 그것도 아니라면, 소아시아 지방의 어느 지역이 될는지도 모른다.

『**하늘의 군대에 이를 만큼 커져서 군대와 별들 중에 얼마를 땅에 던지고 그것들을 짓밟더라**』(10절).

이 구절에서 『**하늘의 군대**』란 정사들과 권세들을 말한다. 또, 여기서 『**별들**』이란 우주 공간의 천체들이 아니라 "빛을 나르는" 천사들을 말한다.

요한계시록 1장에 보면, 천사를 별이라고 지칭하고 있음을 우리는 본다. **『일곱 별은 일곱 교회의 천사들이요...』**(계 1:20)

그런데 마귀의 권세가 **『군대』**와 **『별들 중에 얼마를 땅에 던지고 그것들을 짓밟더라.』**고 할만큼 막강하게 커진다. 우리는 이런 장면을 요한계시록 12장에서도 본다. **『하늘에 또 다른 이적이 나타났으니, 보라, 커다란 붉은 용 한 마리가 있는데 일곱 머리와 열 뿔이 있고 그 머리들 위에는 일곱 왕관이 있더라. 그런데 그의 꼬리로 하늘의 별 삼분의 일을 끌어다가 땅에 던지더라』**(계 12:3,4).

앞서 9절에서 살펴보았듯이 어딘가 네 곳 중 한 곳에서 출현하게 될 적그리스도는 마귀가 육화하여 나타난 존재이다. **『일곱 머리와 열 뿔』**을 가진 마귀가 하늘에서 지상으로 내려와 죄의 사람을 통해서 이스라엘과 평화 협정을 맺게 될 것이지만 결국 "표범"과 같은 짐승으로서의 마각을 드러내게 될 것인즉, 이런 일들이 대환란 중간에 있게 될 것이다. 대환란 중간에 마귀는 사람으로 육화하여 적그리스도로 나타날 것인즉, 이로써 사탄은 문자 그대로 인간의 육신을 입고 지상에서 활동하게 되는 것이다. 이것은 마귀가 유다 이스카리옷의 안으로 "들어가" 그의 안에 거한다는 것이 아니라, 하나님께서 인간의 육신을 입고 오셔서 그리스도로 나타나셨던 것과 똑같이 사탄이 유다 이스카리옷이라는 인간으로 출현한다는 뜻이다.

『정녕, 그는 자신을 군대의 통치자에게까지 높였으며 그로 인하여 매일 드리는 희생제도 없어지고 그의 성소의 처소도 허물어졌도다』(11절).

하늘의 **『군대의 통치자』**는 예수 그리스도이시다. 그리스도께서는 **『메시아』**이시요, **『통치자』**라고도 불리신다(단 9:25). 그런가 하면, 마귀 또한 "통치자"라고 불린다. 이런 마귀가 **『군대의 통치자』**이신 그리스도에게까지 자신을 높이게 될 것이다. 사실상 적그리스도는 대환란 때 등장하여 자신이 하나님이라고 사람들을 속이게 된다.

『한 군대가 그에게 주어져서 죄과로 인하여 매일 드리는 희생제도 반대케 하며 그 작은 뿔이 진리를 땅에 던지고 마음대로 행하며 번성하였더라』(12절).

이 구절의 언급으로 미루어 보아 적그리스도가 나타났을 때, 거기에는 『**희생제**』를 『**매일 드리는**』 누군가가 있었다는 것을 알 수 있다. 희생제를 매일 드리는 사람들이라면 유대인 말고 또 누구이겠는가? 매일 드리는 희생제는 유대인들이 모세의 율법에 따라 성막이나 성전에서 매일 아침저녁으로 양 한 마리씩을 제물로 드리는 제사를 말한다. 『**제사장마다 매일 서서 섬기며, 똑같은 제사를 자주 드리지만...**』(히 10:11) 이 사실은 대단히 중대한 의미를 갖는다. 대환란 때 율법이 회복돼 있는 것이다. 그리고 매일 희생제가 드려지고 있다면, 거기에는 성전이 재건돼 있다는 말이 된다. 그렇다면, 이 성전은 대환란이 시작되기 전 어느 시점에 미리 재건되어 있었다는 것을 시사하는 것인지도 모른다. 그리고 유대인들이 성전 제사를 이미 다시 시작했음을 시사하는 것인지도 모른다. 만약 그게 사실이라면, 우리는 유대인들이 예루살렘에 과연 언제 성전 재건을 마칠 것인지 예의 주시하고 있지 않을 수 없다. 그것을 보고 대환란의 시작 시점을 내다보고 휴거 시점을 어느 정도 예측할 수 있을지도 모르니까 말이다.

그런데 대환란 중간에 접어들면서 누군가가 이 희생제를 드리지 못하도록 『**반대**』한다. 이것은 다니엘 9:27에서도 언급되는 사실이다. 유대인들로 하여금 모세의 율법을 지키지 못하도록 억압하는 세력이 있다면 그는 적그리스도 말고 또 누구이겠는가?

이번에는 요한계시록 11장으로 가보자. 다니엘과 요한계시록이 얼마나 사이좋게 나란히 같은 노선을 걸어가는지를 보라. 그러면서도 다니엘은 요한계시록이 메워주지 못하는 말라키에서 그리스도의 초림 때까지의 간격을 메워주고, 요한계시록은 다니엘이 메워주지 못하는 초림에서 재림 때까지의 간격을 메워 주고 있다. 다니엘은 구약과 신약 사이의 틈을 메워주고, 요한계시록은 신약과 재림 사이의 틈을 메워 주는 것이다. 이렇게 해서 성경은 크게 세 부분으로 나뉘어지는데, 구약이 그 하나요, 신약이 그 둘이며, 예수 그리스도가 그 셋이다. 그렇기 때문에 예수 그리스도가 없이는 성경은 완전할 수가 없는 것이다.

『**또 내게 지팡이 같은 갈대를 주며, 그 천사가 서서 말하기를 "일어나서 하나님의 성전과 제단과 그 안에서 경배하는 자들을 측량하라**』(계 11:1). 이 구절에서 『**성전**』이 있고, 『**제단**』이 있으며, 또 『**경배하는 자들**』이 있음을 주목하라. 대환란 중간에 하나님께 대한 유대인들의 성전 제사가 행해지고 있다는 강력한 증거 구절이다. 그런데, 성전에서 매일 아침저녁으로 제사를 지내며 희생 제물로 양을 잡아 제단에 드리는 사람들이 죽임을 당한다. 그리하여 제단에서는 매일 아침저녁으로 양 대신 사람이 죽임을 당하는 일이 벌어진다. 『**어린양이 다섯째 봉인을 여실 때 내가 보니, 제단 아래에는 하나님의 말씀과 그들이 가진 증거 때문에 죽임당한 자들의 혼들이 있는데 그들이 큰 음성으로 부르짖으며 말하기를 "오 거룩하시고 참되신 주여, 땅에 살고 있는 그들을 심판하시어 우리의 피를 갚아 주실 날이 얼마나 남았나이까?" 하더라**』(계 6:9,10).

대환란 기간 중 적그리스도가 나타나면, 예루살렘의 성전 제단에서는 매일처럼 사람의 목이 참수되는 끔찍한 피의 제사가 벌어지게 될 것이다. 이 때 죽임을 당한 사람들은 『**하나님의 말씀과 그들이 가진 증거 때문에 죽임당한 자들**』이다. 다시 말해서, "환란 성도들"인 것이다. 양의 희생 제물이 아니라 성도의 희생 제물로 예루살렘 성전 제단에서 경배를 받는 자가 과연 누구인가? 데살로니가후서 2:3,4을 보라. 『**아무도 어떤 모양으로든지 너희를 미혹하지 못하게 하라. 이는 먼저 배교하는 일이 이르지 않고, 또 그 죄의 사람 곧 멸망의 아들이 나타나지 않고서는 그 날이 오지 아니함이라. 그는 대적하는 자며, 또** 하나님**이라고 불리는 모든 것과 숭배받는 대상 위에 자신을 높여** 하나님**의 성전에 앉아** 하나님**처럼 보여 자신을** 하나님**이라고 하느니라.**』 여기서 보듯이 『하나님**처럼 보여 자신을** 하나님**이라**』 사칭하는 자가 『**성전에 앉아**』 있는데, 이 자는 『**죄의 사람**』이고 『**멸망의 아들**』이며 따라서 하나님을 『**대적하는 자**』다. 이를 두고 그리스도인의 몸이 성령께서 거하시는 하나님의 성전이므로 사탄이 그리스도인들 안으로 들어와 자기가 하나님인양 행세하면서 그리스도인들을 미혹하고 실족하게 만드는 것을 의미한다고 풀이하는 등 온갖 혼란을 야기하는 주석자들이 많지만, 이런 것들은 다 성경 구절을 성경구절에 비추어 성경 스스로가 해석하도록 하지 않고 개인의 사사로운 견해들을 토대로 왜곡된 "영적" 해석을 내린 데서 초래된 혼란이다.

지금까지 참조해 본 성경 구절들에 따르면 대환란 기간 중 성전이 재건돼 있다. 그러나 이 성전이 대환란 이전에 재건될 것이냐, 아니면 대환란 기간 중에 재건될 것이냐 하는 의문이 남는다. 이에 대한 대답은 나도 모른다. 내가 아는 것은 다만 적그리스도가 출현할 때, 예루살렘에는 성전이 재건돼 있으리라는 사실뿐이다.

들리는 소식에 의하면 1967년 이스라엘의 모세 다얀이 "성전"(聖戰) 기념식을 거행하는 자리에서 모세 궁정 마당에 모여 있던 50명의 예루살렘 랍비 지도자들에게 성전 건축 공사에 착수할 것을 명령하였다고 한다. 1967년 5월 21일자 워싱턴 포스트 지는 성전 건축 계획이 수립되어 이미 그 공사가 착공되었으며 이에 따라 수 년 내에 성전 건축이 완료될 것이라고 보도한 바 있다. 1967년 미국 뉴욕항의 26번 부두에는 화물 기차 500량 분량에 달하는 가공된 석재들이 선적을 기다리고 있는 것이 목격되었고 얼마 뒤 행선지가 베일에 싸여있는 한 선박에 선적되었음이 확인되었는데, 이 석재는 인디애나 주 새디스버그의 베드포드 채석장에서 캔 화강암들이었음이 확인되었고, 그 재질이나 색깔이 예루살렘의 고대 성전에 사용되었던 화강암과 동일한 것으로 알려졌다. 이 석재를 수출하던 회사조차도 주문에 따라 물건을 팔면서도 이 막대한 양의 석재들이 실려 가는 최종 목적지가 어디인지 알 수가 없었다고 한다. 그러나 각 석재마다 일련번호가 찍혀 있었는데, 그 문자가 이스라엘 문자로 돼 있었다고 한다. 재미있는 사실은 유대인 석공들이 인디애나 주의 베드포드 채석장에서 공기 압축 드릴 공구로 석재를 깎고 가공하는 기술을 배워갔다는 점인데, 수십만 톤에 달하는 화강암들이 채석장에서 어디론지 실려 나갔고, 이것들이 어디에선가 말끔히 다듬어져 즉시 건축물에 사용할 수 있는 가공된 상태로 뉴욕항 26번 부두에서 선적을 기다리고 있는 것이 목격되었던 것이다.

유대인들은 "하나님의 뜻에 따라 성전 건축이 신속하게 이루어져 우리 세대가 지나기 전에 완공되게 하옵소서."라는 기도를 과거 1,800년 동안 끊임없이 드려왔던 민족이다. 이렇게 볼 때, 예루살렘 성전은 그리스도인들의 휴거 이전에 완공될 수도 있고, 휴거 직후에 완공될지도 모른다. 여하튼, 한 가지 분명한 것은 적그리스도가 나타나는 시점에 예루살렘에는 이미 성전이 존재하고 있다는 사실이요, 그 안에는 제단이 있어 적그리스도가 그 성전 제단에서 희생 제사를 받게 될 것이라는 점이고, 그 제사가 모세의 율법에 따라 매일 아침저녁으로 양을 잡아 희생제물로 드려졌던 것을 흉내 내는 것이며, 다만 양 대신 사람이 죽임을 당하고 제물로 드려진다는 사실이다. 적그리스도가 성전에 앉아 있게 된다는 사실은 예수 그리스도께서도 마태복음 24:15에서 이미 밝히셨다.

그리하여 대환란 기간 동안에는 하나님의 진리가 군림하지 못한다. 선지자 이사야는 이를 두고 『**공의가 뒤로 돌아서고 정의가 멀리 섰나니 이는 진리가 길에 쓰러졌고 공평이 들어가지 못함이라**』(사 59:14)고 서술하고 있다.

8:13 ○ 그때 내가 한 성도가 말하는 것을 들었는데, 말하였던 그 어떤 성도에게 또 다른 성도가 말하기를 "매일 드리는 희생제와 멸망의 죄과, 즉 성소와 군대를 내어주어 발 아래 짓밟히게 하는 환상이 얼마나 오래가겠느냐?" 하니,

14 그가 나에게 말하기를 "이천삼백 일까지니, 그때에 성소가 깨끗하게 되리라." 하였더라.

13절에서 언급되는 『**성도**』란 신약 성도가 아니라 구약적 의미의 유대인 성도들 내지 환란 성도를 의미한다.

12절에서 『**한 군대가 그에게 주어져서**』라고 언급한 것처럼, 여기 13절에서도 적그리스도에게 『**성소와 군대를 내어주어 발 아래 짓밟히게 하는**』 상황이 제시된다. 여기서 『**군대**』란 물론 "하늘의 군대," 즉 천사들을 말한다. 이것을 요한계시록 12:3,4에서는 『**커다란 붉은 용 한 마리가... 그의 꼬리로 하늘의 별 삼분의 일을 끌어다가 땅에 던지더라.**』고 언급하고 있다.

『**그가 나에게 말하기를 "이천삼백 일까지니, 그때에 성소가 깨끗하게 되리라." 하였더라**』(14절).

2,300일이 지나야『**그때에 성소가 깨끗하게 되리라.**』는 것은 무슨 뜻일까? 제칠일 예수 재림교에서 발행하는 각종 문헌들을 보면 도처에서『**이천삼백 일**』이야기를 하고 있는 것을 볼 것이다. 그들은 이『**이천삼백 일**』을 놓고 여기서 그리스도의 재림 시기를 알아내려고 별의별 계산을 다해 본다. 사실,『**이천삼백 일**』의 의미를 파악하는 일은 그렇게 녹녹한 일이 아니다. 제칠일 예수 재림교 사람들은 성경대로 하루를 일 년으로, 일 년을 하루로 계산하여 이『**이천삼백 일**』을 놓고 재림 시기를 계산하느라 머리를 싸매지만 계속 혼미 속에 빠질 수밖에 없는데, 그도 그럴 것이『**성소가 깨끗하게**』되는 데까지 2,300일이 지나야 한다든지, 대환란 기간 중 유대인들이 광야에서 부양되는 데에는 1,260일이 소요된다든지(계 12:6), 멸망케 하는 가증한 것이 세워질 때부터 1,290일이 되고(단 12:11),『**기다려서 일천삼백삼십오 일에 이르는 자는 복이 있도다.**』(단 12:12)라든지 하는 언급들처럼 대환란 기간에 모두 네 틀의 시간적 길이가 제시되고 있으되, 대환란 기간의 전반 3년 반과 후반 3년 반은 각기 1,260일이라는 사실만을 제외하고는 이것이 모두 무슨 의미인지 정확하게 아는 사람은 아무도 없기 때문이다.

예수재림교 사람들은 느부캇넷살의 성전 파괴 시점을 기산점으로 한다거나 마카비 가의 폭동 시점을 기산점으로 하여 서기 1870년에 그리스도의 재림이 이루어진다든지, 1880년에 재림이 이루어질 것으로 지난 날 주장했던 적이 있었지만, 그리스도의 재림은 결코 이루어지지 않음으로써 그들의 주장은 부도가 나버렸다. 그러자 그들은 이때에『**성소가 깨끗하게**』되기 시작했다고 말을 바꾸었고, 지금 이미 백보좌 심판이 진행 중이라고 주장하지만, 이 역시 궁색한 억지에 지나지 않는다. 우리는 위의 날수들이 정확하게 무엇을 뜻하는지 잘 알 수 없지만, 이 모두가 대환란 기간에 일어날 사건들에 관련된다는 사실만은 알고 있다. 우리가 이 날 수들에 대해 명료하게 이해하지 못하는 것은 대환란 후반기 3년 반이 1,260일 밖에 안 되는 데 반하여 언급되고 있는 날 수들은 이보다 짧게는 30일이나 45일, 그리고 길게는 1,040일이나 더 길기 때문이다. 이에 대해서는 뒤에서 다시 한 번 더 다룰 기회가 있을 것이다.

8:15 ○ 나, 곧 나 다니엘이 환상을 보고 그 의미를 찾는데, 보라, 그때에 내 앞에 한 사람의 모습 같은 것이 섰더라.
16 내가 울래 강둑 사이에서 한 사람의 음성을 들었더니, 불러 말하기를 "가브리엘아, 이 사람에게 그 환상을 깨닫게 해 주라." 하더라.
17 그리하여 내가 서 있는 곳에 그가 가까이 왔으니 그가 왔을 때 내가 두려워서 얼굴을 대고 엎드렸으나 내게 말하기를 "오 인자야, 깨달으라. 그 환상은 마지막 때에 있을 것임이라." 하였더라.
18 그가 나와 말하고 있을 때 내가 얼굴을 땅에 대고 깊은 잠이 들었으나 그가 나를 어루만져 일으켜 세우고
19 말하기를 "보라, 내가 진노의 마지막 끝에 있을 일을 네게 알게 하리라. 그 끝은 정한 때에 있으리라.

『**나, 곧 나 다니엘이 환상을 보고 그 의미를 찾는데, 보라, 그때에 내 앞에 한 사람의 모습 같은 것이 섰더라**』(15절).

다니엘이 환상의 의미를 해석하느라고 고심하고 있는 중에 천사가 나타난다. 다니엘은 천사를 『**사람의 모습 같은 것**』이라고 서술하는데, 성경에서 천사는 사람의 모습으로 나타난다. 성경이 언급하는 천사는 사람의 모습이되, 어느 경우에나 "남자"의 모습이다. 천사는 로마카톨릭 화가들이 그린 것처럼 날개 달린 꼬마 요정들이 아니고, 통통 살이 찐 백치 같은 여자들도 아니다. 로마카톨릭이 어째서 천사들마저 가짜로 바꾸어 버렸는지 정말 이상한 일이다.

『내가 울래 강둑 사이에서 한 사람의 음성을 들었더니, 불러 말하기를 "가브리엘아, 이 사람에게 그 환상을 깨닫게 해 주라." 하더라』(16절).

『**가브리엘**』이라는 천사는 다니엘에게 환상을 깨닫게 해 줄 만한 모든 것을 알고 있다. 다니엘이 여기서 그 의미를 정확하게 몰라 고심하고 있던 환상은 무엇보다도 네 짐승들의 환상들 가운데 나타난 "작은 뿔"이었는데, 이번에 숫양과 숫염소의 환상 가운데서 나타난 "작은 뿔"은 먼저 번의 그것과 또 다른 것이었을까? 아니면, 이번에 새로 나타난 환상이 먼저 번의 환상을 더욱 소상하게 깨닫게 해 주는 가운데 그 "작은 뿔"의 기원을 한층 명료하게 조명해 주려는 것이었을까? 물론 그렇다. 하나님께서는 한 단계 한 단계씩 다니엘에게 점진적으로 진리를 계시해 주고 계신 것이다.

『**그리하여 내가 서 있는 곳에 그가 가까이 왔으니 그가 왔을 때 내가 두려워서 얼굴을 대고 엎드렸으나 내게 말하기를 "오 인자야, 깨달으라. 그 환상은 마지막 때에 있을 것임이라." 하였더라**』(17절).

천사를 지칭하는 대명사가 『**그**』("he"), 즉 남성 대명사인 점을 유의해 두라.

가브리엘 천사는 다니엘에게 이 모든 환상들이 『**마지막 때에 있을 것**』이라고 그 시점을 먼저 극명하게 설명해 주는데, 다니엘을 『**인자야**』 하고 부르고 있는 점에 주목하라. 다니엘은 에스겔과 마찬가지로 그리스도처럼 "인자"라고 지칭되고 있는 것이다. 이것은 에스겔과 다니엘이 다같이 대환란 기간 중 이방인들에게 그리스도를 증거하는 환란 성도들의 모형임을 말해준다. 그리고 두 사람 모두 영광 중에 오시는 그리스도의 모습을 띠고 있다. 예수 그리스도께서 처음 이 땅에 오셨을 때 그분께서는 자신에 대해 증거하셨다. 환란 성도들은 대환란 기간 동안 그리스도에 대해 증거하게 될 것이다. 이런 점에서 에스겔과 다니엘은 환란 성도들의 모형이면서 동시에 그리스도의 예표가 된다.

자, 다니엘이 보고 있는 환상들이 모두 『**마지막 때에 있을 것**』이라고 천사가 가르쳐 준다. 다시 말해서, 대환란 시대에 있게 될 일들이라는 것이다. 그러니까, 이 환상들은 다니엘이 살고 있던 시대와는 무관한 훨씬 훗날의 일들이었다. 성경에서 『**마지막 때**』(the time of the end)라면, 이방인들의 때의 마지막 시대를 말한다. 그것은 대환란 시대이다.

『**그가 나와 말하고 있을 때 내가 얼굴을 땅에 대고 깊이 잠이 들었으나 그가 나를 어루만져 일으켜 세우고 말하기를 "보라, 내가 진노의 마지막 끝에 있을 일을 네게 알게 하리라. 그 끝은 정한 때에 있으리라**』(18,19절).

19절에서 두 번 언급되는 『**끝**』이라는 말에 밑줄을 그어 두라. 이 『**끝**』을 17절에서는 특별히 『**마지막 때**』라고 지칭했었다. 다니엘서의 이 부분에서 『**마지막 때**』라든지 『**끝**』이라는 말이 반복적으로 언급되는 까닭은 "철"의 왕국이 "숫염소"에게서 나온 "작은 뿔"로 하여금 시대의 끝에 등장하도록 계속 종용하고 있기 때문이다.

이미 당신도 머릿속에 잘 기억해 두고 있겠지만, 느부캇넷살의 환상 중에 나타났던 형상의 금 머리 부분인 바빌론은 과거의 왕국이었다. 그리고 가슴과 양 팔 부분의 페르시아 역시 과거 역사 속으로 사라졌고, 배와 넓적다리 부분의 그리스 역시 과거 역사 속으로 사라졌으며, 다리 부분의 로마 제국 역시 과거 역사 속으로 사라졌는데, 이처럼 인간의 세계 제국들은 모두가 멸망하고 과거 역사 속에 묻히고 말았다. 그리고 얼마간의 시간적 간격을 사이에 두고 형상의 발과 발가락 부분에 해당하는 왕국 하나만 남겨 놓고 있는 것이다.

로마 제국은 예수 그리스도의 초림과 함께 서서히 패망해 갔다. 그리고 시간적 간격이 흐르는 동안 그 다음 다니엘의 첫 번째 환상에서 나타났던 네 짐승들로 대변되는 왕국들이 나타났다. 사자에 해당하는 영국이 세계를 제패하는가 싶더니 쇠퇴했고, 곰에 해당하는 러시아가 세계 패권국으로 등장하는가 싶더니 쇠망했으며, 뒤이어 표범에 해당하는 미국이 등장하여 세계 패권국으로서의 지위에 올라서 있는 듯한데, 이 역시 패망의 날이 얼마 남았는지는 모르지만 아무튼 이제는 다니엘이 본 네 번째 짐승이 미래의 세계 제국으로 군림할 날을 기다리고 있는 중이다.

그 다음 두 번째 환상에서 나타난 숫양과 숫염소 중 숫양에 해당하는 페르시아 역시 역사적으로는 과거에 일단락 되었고, 숫염소에 해당하는 그리스 역시 역사 속의 과거 왕국이었으나, 이 두 왕국은 사실상 마지막 때에 이르러 적그리스도의 왕국으로 이어질 날을 기다리고 있는 중인데, 숫양은 적그리스도의 왕국 직전에 존재하게 될 최후의 세계 제국의 유형으로 나타나고, 숫염소는 대환란 때 등장하게 될 적그리스도의 왕국의 유형으로 나타나 있다. 이렇게 하여 형상의 마지막 부분 발과 발가락에 해당하는 적그리스도의 왕국, 다니엘의 환상 중 마지막 네 번째 짐승에 해당하는 적그리스도의 왕국, 그리고 숫염소에서 나온 "작은 뿔"에 해당하는 적그리스도의 왕국, 이 마지막 부분들이 모두 마지막 시대에 등장하게 될 적그리스도의 왕국을 하나같이 동일하게 지목하고 있는 것이다. 이 적그리스도의 왕국은 예수 그리스도의 재림과 함께 패망하게 될 것이다.

8:20 네가 본 두 뿔을 가진 그 숫양은 메디아와 페르시아의 왕들이요,

21 그 거친 숫염소는 그리스의 왕이며 그의 양 눈 사이에 있는 큰 뿔은 그 첫째 왕이라.
22 이제 그 뿔이 꺾이고 그 대신 그 자리에 네 뿔이 났으니 네 왕국이 그 민족에서 일어날 것이나 그의 권세에는 미치지 못하리라.
23 그들 왕국의 나중 때에 범죄자들이 가득 차게 되면 무서운 용모를 하고 난해한 문장들을 깨닫는 한 왕이 일어나리라.
24 그의 권세가 막강할 것이나 자기 자신의 권세에 의한 것은 아니니 그가 놀랍도록 파괴시킬 것이며 번성할 것이고 마음대로 행하며 강한 자들과 거룩한 백성을 멸하리라.
25 그의 지혜를 통하여 그가 자기 손에 기술을 늘려서 자기 마음속에 자신을 높이고 평화로 많은 것을 멸하리라. 그는 또한 통치자들 중의 통치자를 대적하여 설 것이나 그가 사람의 손에 의하지 않고 부서지게 되리라.

여기서부터는 환상을 해석하는 장면이기 때문에 사실상 앞에서 모두 주석했다. 다만 21절에서 『**그리스의 왕**』이라는 말에 주목을 해야 하는데, 그는 『**첫째 왕**』이라는 말과 연관해서 그리스(마케도니아)의 알렉산더 대왕이다. 그런데 성경에서 그의 이름은 일체 거명되지 않는다. 적그리스도의 예표가 되는 인물들인 님롯(바벨 왕)이라든지 산헤립(앗시리아 왕), 느부캇넷살(바빌론 왕), 또는 다리오나 코레스(메데-페르시아 왕들) 등은 분명한 이름이 언급되고, 파라오(이집트 왕)나 카이사(로마 왕)는 그 직함이라도 말하고 있지만, 유독 그리스 왕만은 그 이름이나 직함이 언급되지 않는다. 우리는 그의 이름이 알렉산더라는 것을 역사를 통해 알 뿐이며, 그가 적그리스도의 예표가 된다는 것을 여러 가지 성경적 사실들을 통해 알 수 있을 뿐이다.

이 사람은 이처럼 "신비의 인물"인데, 그래서 적그리스도의 강력한 예표가 아닌가 한다. 이것은 앞서 9절을 주석할 때, 적그리스도가 출현할 가장 가능한 지역을 시리아라고 했는데, 한편으로는 그리스(마케도니아)도 적그리스도의 출현 가능 지역이라는 점을 잘 보여 주고 있는 것이다.

적그리스도는 『**무서운 용모를 하고 난해한 문장들을 깨닫는 한 왕**』이다(23절). 세상이 온통 『**범죄자들**』로 가득 차 총체적인 타락상을 보일 때, 『**한 왕**』이 일어설 텐데, 이 자는 『**용모**』부터가 무섭게 생겼지만, 『**난해한 문장들을 깨닫는**』 지혜를 겸비하고 있다. 『**난해한 문장들**』이란, 그 의미가 불가사의하고 비유처럼 비밀이 숨겨져 있어, 얼른 이해하기 어려운 신비로운 내용을 담고 있는 글들을 말하는데, 이런 것들을 척척 이해하는 지혜가 있어, 적그리스도는 그 권세의 신비로움을 더욱 과시할 것이다.

이 자는 분명 『**권세가 막강할 것**』이다. 그는 이 막강한 권세로 『**놀랍도록 파괴시킬 것이며 번성할 것이고 마음대로 행하며 강한 자들과 거룩한 백성을 멸하**』겠지만, 그러나 그 권세가 『**자기 자신의 권세에 의한 것은 아니니**』라고 말씀한다(24절). 그렇다면, 이 자의 막강한 권세는 도대체 누구의 권세에 의한 것일까? 요한계시록 13장을 보라. 『**또 내가 본 그 짐승은 표범과 같고, 발은 곰의 발 같고, 입은 사자의 입 같은데, 용이 자기의 능력과 자리와 큰 권세를 그 짐승에게 주더라**』(계 13:2). 적그리스도는 그 권세를 『**용**』, 즉 마귀로부터 받는다. 적그리스도는 마귀로부터 받은 권세를 가지고 파괴하고 번성하고 제 마음대로 행하며 『**거룩한 백성**』, 즉 유대인들을 멸할 것이다. 그는 『**강한 자들**』도 멸할 수 있는 능력이 있어 감히 그 누구도 그의 무법적인 비행을 막을만한 세력이 세상에는 없을 것이다. 『**그 짐승이 입을 벌려 하나님을 대적하여 모독하되 그의 이름과 그의 성막과 하늘에 거하는 자들을 모독하더라. 그가 성도들과 싸워 그들을 이**

기는 권세를 받았으며 모든 족속과 언어와 민족을 다스리는 권세를 받았더라... 땅에 사는 모든 자는 그에게 경배할 것이라』(계 13:6-8).

적그리스도가 나타나면 그가 『**파괴시킬 것이며 번성할 것이고 마음대로 행하며**』라는 언급에 주목하라. 그는 『**파괴**』하고 『**번성**』하며 또 『**행**』한다. 적그리스도는 『**번성**』한다("prosper"). 그는 또 『**행**』한다("practise"). 반대로 이야기한다면, 『**번성**』하고 『**행**』하는 것은 적그리스도이다. 그런즉, 세상의 평화를 외치며 행진하면서 "영광! 영광! 할렐루야!" 하고 세상 복락을 구가하는 자들은 마귀의 군사들이요, 하나님을 대적하는 신성모독자들인 것이다. 세상에서 진리는 『**번성**』하고 『**행**』하지 못하는 법이다. 이사야는 『**진리가 길에 쓰러졌고**』(사 59:14)라고 말한다. 당신은 지금 진리의 시대에 살고 있지 못한다. 당신은 지금 거짓의 시대에 살고 있다. 당신은 심지어 구원받은 사람들조차도 오직 진리만을 고수하지 않는 시대에 살고 있다. 법정에 서면 성경에 손을 얹고 오직 진실만을 말할 것을 선서한다. 성경에 손을 얹는 것은 성경은 그 전체가 진리이기 때문이요, 진리밖에는 거기에 없기 때문이다. 그러나 성경에 손을 얹는 그 누구도 이 사실을 자기가 인정하고 있다고 생각하는 사람은 없다.

이 시대는 거짓의 시대이다. 이 시대에는 진리가 없다. 이사야의 말대로 진리는 길거리에 쓰러졌다. "죄의 사람"이 고개를 들고 일어나 세상에는 거짓이 횡행하게 되었으며, 거짓이 모든 사람들의 마음을 점령하게 되었고, 그 결과 모두가 진리를 깨닫지 못하는 세대가 되고 말았다. 예수 그리스도께서는 진리를 깨닫지 못하는 자들을 향하여 이렇게 질타하셨다. 『**너희는 너희 아비의 일들을 행하는도다... 너희는 너희 아비 마귀에게서 나와서 너희 아비의 정욕을 행하고자 하는도다. 그는 처음부터 살인자였으며 진리 가운데 거하지 아니하였으니, 이는 자기 안에 진리가 없음이라. 그가 거짓말을 할 때는 자신에게서 우러나와 한 것이니, 이는 그가 거짓**

말쟁이요 또 거짓말의 아비이기 때문이라』(요 8:41,44).

적그리스도에 대해 묘사하는 다음 구절을 보라.

『**그의 지혜를 통하여 그가 자기 손에 기술을 늘려서 자기 마음속에 자신을 높이고 평화로 많은 것을 멸하리라. 그는 또한 통치자들 중의 통치자를 대적하여 설 것이나 그가 사람의 손에 의하지 않고 부서지게 되리라**』(25절).

여기서 『**지혜**』를 영어 〈킹제임스성경〉은 "policy"라는 단어로 표기하고 있다. "policy"란 "경제 정책," "대외 정책," "교육 정책" 등이라고 말할 때 쓰는 "정책"이란 뜻이다. 이 단어는 "도시"라는 의미의 그리스어 "폴리스"(*polis*)에서 나온 말이다. "순경"을 영어로 "policeman"("폴리스맨")이라고 부른다. 그래서 "순경"이란 "도시 사람," 즉 "도시에서 순찰을 도는 사람"이란 뜻이다.

그 다음 『**기술**』("craft")이라는 말에 주목하라. 적그리스도는 손 기술이 아주 뛰어난 인물이다. 그는 이 손 기술로 『**자기 마음속에 자신을 높이고**』, 즉 자신의 교만을 더욱 크게 늘려서 『**평화로 많은 것을 멸**』할 것이다. 대환란 시대는 기술 산업이 주종을 이루는 시대가 될 것이다. 요즘에는 독일 사람들이 이 손 기술을 매우 중시한다. "메이드 인 저매니"라고 쓰여 있는 독일 제품들을 보면 "A_1"이라는 표시가 찍혀 있는 것들을 자주 보는데, 이것은 "1급 장인(匠人)"이 최고의 손재주를 동원하여 그 제품을 만들었다는 것을 알리는 표시다. 독일 제품들 중 고급은 거의가 "crafted"되었다고 명기돼 있는 것이 보통인데, 이것은 곧 "handcrafted"된 제품, 즉 수공품이라는 뜻이다. 무엇이나 "장인"의 손으로 만들어야 고급품에 속하는 것이다. 제품 하나를 놓고 한 사람이 자동 기계를 쓰지 않은 채 순전히 손으로 연장이나 도구를 사용하여 만드는 것이다. 칼도 그렇고, 시계도 그렇고, 예술 공예품들은 더 말할 것도 없으며, 악기라든지, 도자기라든지, 세라믹 제품이라든지, 심지어 카메라 렌즈나 망원경 렌즈까지도 손으로 연마해서 만들어야 최고급품에 속한다. 이처럼 손재주가 뛰어난 사람을 "장인"이라 부르는데, 이 장인들의 사업이 대환란 기간에 얼마나 번성하는지 요한계시록 18장을 보면 알 수 있다.

"손재주"라는 뜻의 영어 단어 "craft"에 "y"를 붙여 형용사 "crafty"라는 단어가 되면 "교묘한, 능란한"이란 뜻 외에도 "교활한, 간악한"이라는 뜻도 된다는 것을 유의해 두라. 간사하고 꾀가 많고 이중 성격적이며 마음속에 악한 저의를 품고 있는 좋지 않은 뜻을 주로 함축하는 단어인 것이다. 그래서 성경에서 『**간계**』(눅 20:23)라든지, 『**꾀**』(고전 3:19), 『**교활함**』(고후 4:2), 『**술책**』(엡 4:14) 등과 같은 말을 할 때 영어 〈킹제임스성경〉에서는 "crafty"의 명사형인 "craftiness"라는 단어로 표기하고 있는 것도 유의해 두라.

요한계시록 18장에는 대환란이 끝날 즈음 "바빌론"이 멸망하는 상황을 그리고 있는 서술에서, 『**또 하프 타는 자와 음악하는 자와 피리 부는 자와 나팔 부는 자들의 소리가 결코 다시는 네 안에서 들리지 아니할 것이며, 어떤 공예에 종사하는 장인일지라도 다시는 네 안에서 찾아볼 수 없을 것이며, 맷돌 소리도 결코 더 이상 네 안에서 들리지 아니할 것이니라.**』(계 18:22)는 말씀이 있다. 여기서 『**어떤 공예에 종사하는 장인일지라도**』라는 말씀이 주목할 만한데, 즉 뛰어난 손재주로 무엇인가를 만드는 자들일지라도 모두 사라지고 말 것이라는 언급이다. 왜 하필이면 『**공예에 종사하는 장인**』, 즉 "장인들"의 파멸을 여기서 언급하고 있는 것일까? 사도행전 19장으로 가보자. 『**이는 데메트리오라는 어떤 은 세공장이가 다이아나를 위한 은 감실을 만들어서 장인들에게 적지 않은 수익을 얻게 하였는데 그가 같은 업에 종사하는 공원들을 불러 모아 놓고 말하기를 "여러**

분, 여러분도 알거니와 우리가 이 업으로 인하여 재산을 얻었는데... 우리의 이 업이 수치스럽게 될 위험에 처했을 뿐만 아니라 위대한 여신 다이아나의 신전도 멸시받을 것이며...』(행 19:24-27) 이 구절을 통하여 성경이 말씀하는 "장인"이라든지, "기술"이라든지, "세공"이라든지, "세공장이" 같은 것이 주로 어떤 일에 관련되는지 능히 알 수가 있을 것이다. 손재주가 뛰어난 "장인"들은 필연적으로 『**위대한 여신 다이아나**』의 신상을 만들거나 그 신을 위한 『**은 감실**』이나 『**신전**』을 만드는 일에 관여하기 마련이다. 이것은 어느 종교에서도 마찬가지여서, 불교든, 이슬람교든, 힌두교든, 카톨릭교든, 뛰어난 손재주를 가진 "장인들"이 없이는 종교 자체가 유지되지 못할 정도라는 것을 우리는 그들의 "문화 유적"을 통해 잘 알고 있다.

인간은 손 기술을 이용해서 무엇보다도 먼저 우상들의 신상을 만들기를 좋아한다. 대환란 기간 동안 손 기술이 번성하게 되는 까닭을 이만하면 충분히 이해할 것이다. 이때의 손 기술은 적그리스도의 갖가지 형상들과 동상들을 만드는 데 이용될 텐데, 이 동상들은 마치 살아 있는 것처럼 움직이기도 하고 말도 한다는 것을 성경을 통해 읽는다. 『**또 그가 짐승의 형상에게 생명을 주는 권세를 받아 그 짐승의 형상으로 말도 하게 하고, 그 짐승의 형상에게 경배하지 아니하는 자는 다 죽이도록 하니라**』(계 13:15). 그러니까, 이때의 손 기술은 전기·전자 기술까지 동원하여 정교한 세공 기술과 함께 정밀한 로봇 제작 기술이 복합되어, 지금으로서는 상상키 어려울 정도로 신기한 형상이 제작되는 것이다. 이 형상은 일종의 리모콘과 같은 원격 조종 장치나 음성 인식 기술에 의한 조종 장치로 조작하여 마치 살아 있는 생명체처럼 움직이기도 하고 말도 하게 되는 것이다. 어쩌면 이 형상이 부분적으로 반은 첨단 기계이면서 반은 생물학적 생명과 지능을 갖춘 유기체인지도 모른다. 기계와 생명체의 결합은 현대 과학의 꿈이며 궁극적인 목표이기도 하다. 모든 사람들이 이 형상에게 경배하지 않으면 죽임을 당하게 된다. 그야말로 최첨단 과학과 형편없는 원시 종교 행위가 접목돼 있는 괴상한 문명 시대가 열리는 것이다. 이것은 결코 공상과학 이야기가 아니다. 이것은 성경이 말씀하고 있는 그대로를 정확히 읽은 내용이다.

『자기 마음속에 자신을 높이고...』

데살로니가후서 2장에서 사도 바울이 언급하는 바 그대로다. 그는 자신이 하나님이라고 자처하면서 사람들 앞에 군림하게 될 것이다. 『**그는 대적하는 자며, 또 하나님이라고 불리는 모든 것과 숭배받는 대상 위에 자신을 높여 하나님의 성전에 앉아 하나님처럼 보여 자신을 하나님이라고 하느니라**』(살후 2:4).

『평화로 많은 것을 멸하리라.』

이것이야말로 정말 기막히게 『**놀랍도록 파괴**』("destroy wonderfully") 하는 멋진 행위가 아닐 수 없다. 파괴하되, 전쟁을 일으켜 파괴하는 게 아니라 『**평화로**』 파괴하는 것이니 말이다. 말하자면, 평화로 평화를 짓밟는 것이다. 구태여 전쟁을 할 필요가 없다. 요한계시록 6장에 보면, 흰말을 탄 자가 활을 갖고 등장한다. 『**내가 보니, 보라, 흰 말 한 마리가 있는데 그 위에 탄 자가 활을 가졌더라. 그에게 한 면류관이 주어졌고 그는 나가서 정복하고 정복하려 하더라**』(계 6:2). 이 자는 활을 가졌으되, 화살은 갖고 있지 않는 점을 유의하라. 그러면서도 그는 『**정복하고 정복하려**』 한다. 『**평화로**』 정복하는 것이다. 흰 말에 올라탄 적그리스도가 활을 갖고 나타나기만 해도 세상은 그에게 굴복하고 목을 내어놓는다. 적그리스도가 "평화롭게" 평화를 짓밟는다는 언급은 다니엘 11장에서도 거듭 천명되고 있다. 『**또 그의 자리에 한 비열한 사람이 서리니 사람들은 그에게 왕국의 명예를 주지 아니할 것이나 그는 평화롭게 와서 술책으로 그 왕국을 얻을 것이며**』(단 11:21)라고 성경은 말씀한다. 또 성경은 『**그가 평화롭게 그 지방의 가장 기름진 곳까지 들어가서 그의 조상들이나 그의 조상의 조상들까지도 하지 않았던 짓을 행할 것이요, 그는 전리품과 약탈물과 재물들을 그들 가운데 흩을 것이며 또 그가 얼마 동안 요새를 공략할 음모를 미리 꾸미리라.**』(단 11:24)고 말씀한다. 이처럼 『**평화로**』, 『**평화롭게**』 모든 일을 처리하는 적그리스도야말로 매우 "긍정적 사고"의 소유자다. 그는 이브에게 접근했을 때도 매우 "긍정적인" 태도로 『**평화롭게**』 다가와 『**참으로 하나님께서 말씀하시기를...**』(창 3:1) 하고 "긍정적" 방식으로 질문을 던져왔다.

『**화평의 통치자**』(사 9:6)를 가장하는 것은 마귀의 가장 뛰어난 재능이다. 그러므로 누가 당신에게 "평화, 평화, 평화!"를 외치며 다가오는 자가 있다면 정신을 똑똑히 차리고 경계할 필요가 있다. 당신은 "부활절"이나 크리스마스 같은 때 바티칸 당국이 전 세계에 공표하는 로마카톨릭 교황의 메시지를 한두 번쯤 들어보았을 것이다. "하늘에는 영광이요, 땅에는 평화..." 운운하는 그 메시지 말이다. 당신은 하늘에 있는 "공중 권세"를 잡은 자가 누구이고 이 땅의 통치자가 누구인지를 잘 알 것이다. 교황이 던지는 메시지 가운데의 "하늘"과 "땅"은 특별한 의미가 있다.

『**그는 또한 통치자들 중의 통치자를 대적하여 설 것이나 그가 사람의 손에 의하지 않고 부서지게 되리라**』(25절).

『**통치자들 중의 통치자**』는 예수 그리스도시다. 적그리스도는 자신의 왕국을 세우고 자신의 위치를 굳건히 하기 위하여 계속해서 권위와 세력을 세워나가다가 결국 『**부서지게**』 된다. 그러나 『**사람의 손**』에 의해 부서지는 게 아니다. 다니엘 11장은 33절부터 이러한 과정을 묘사해 나가다가 마지막 45절에 이르러 『**또 그가 자기의 궁전 장막을 바다들 사이에 있는 영광스러운 거룩한 산에 세울 것이라. 그러나 그가 그의 종국에 이르게 되리니 아무도 그를 도와주지 못하리라.**』고 예언하고 있다. 적그리스도는 요한계시록 19장에서 『**신실과 진실**』(계 19:11)이라 불리시는 그리스도께서 『**흰 말**』을 타고 오시면 아마겟돈에서 순식간에 종말을 맞게 된다(계 19:20). 그리고 적그리스도에게 권세를 주었던 마귀도 끝없이 깊은 구렁에 갇혀져 봉인되고 만다(계 20:2,3). 이런 일들이 모두 『**사람의 손에 의하지 않고**』 주님의 손으로 이루어지는 것이다.

8:26 이미 말했던 저녁과 아침의 환상은 참되나니, 그러므로 너는 그 환상을 알리지 말라. 이는 그것이 많은 날 동안 있을 것임이라." 하더라.

27 나 다니엘이 기절하여 며칠간 앓다가 그후에 일어나서 왕의 업무를 행했더라. 내가 그 환상에 놀랐으나 아무도 그것을 깨닫는 자가 없더라.

『**이미 말했던 저녁과 아침의 환상은 참되나니, 그러므로 너는 그 환상을 알리지 말라. 이는 그것이 많은 날 동안 있을 것임이라." 하더라**』(26절).

다니엘은 7장에서 『**밤에**』(7:2) 침상에서 네 짐승의 환상을 보았었고, 2년 후 8장에서는 밤이 아니라 『**아침**』에, 즉 낮에 숫양과 숫염소의 환상을 보았다. 가브리엘 천사는 다니엘에게 나타난 이 환상들이 『**참되나니**』라고 확인해 준다. 결코 환각도 아니요, 헛된 이야기도 아니라는 것이었다. 다니엘이 환상을 통해 본 이스라엘의 미래는 모두가 진리였던 것이다. 그러나 그 환상을 해석해 주던 천사는 다니엘에게 그 환상을 다른 사람들에게 『**알리지 말라.**』고 당부한다. 『**그것이 많은 날 동안 있을 것**』이기 때문이라는 것이 그 이유였다.

『**나 다니엘이 기절하여 며칠간 앓다가 그후에 일어나서 왕의 업무를 행했더라. 내가 그 환상에 놀랐으나 아무도 그것을 깨닫는 자가 없더라**』(27절).

환상의 해석을 듣고 이스라엘의 수난기간이 『**많은 날 동안**』 지속되리라는 이야기를 듣고 다니엘은 고뇌에 빠진다. 얼마나 곤혹스럽고 고통스러웠으면, 『**기절하여 며칠간 앓다가**』 겨우 일어나 정상 업무를 계속할 수 있었겠는가? 이스라엘이 앞으로도 『**많은 날 동안**』 수난을 당해야 할 뿐더러 종국에는 끔찍한 대환란까지 거쳐야 하는 민족의 수난을 생각하며 다니엘은 기절하고 며칠간 앓아누워야 했다. 그러나 그의 주위 사람들은 다니엘이 어째서 며칠 동안씩이나 기절한 채 앓다가 일어났는지 조금도 그 이유를 눈치채지 못했다. 여기서 『**그것**』이란 환상을 통하여 다니엘에게 알려졌던 이스라엘의 미래의 역사가 아니라, 다니엘이 놀라 기절하여 앓았던 이유를 말한다. 다니엘은 환상의 내용에 대해서 『**알리지 말라.**』는 지시를 받아 둔 터였기 때문에 이에 대해 아무에게도 발설하지 않았을 것이다. 설사 다니엘이 환상에서 본 내용에 대해 누구에게 설명해 주었다 하더라도 그들은 깨닫지 못했을 것이다. 어쩌면 그렇기 때문에 천사는 다니엘에게 알리지 말라고 당부했는지도 모른다. 그 이후 2,500년이라는 장구한 세월이 흘러 오늘에 이르렀지만, 유대인들은 자신들에게 장차 닥쳐올 대환란의 재앙을 아직도 깨닫지 못하고 있지 않은가? 그런데 하물며 다니엘 시대에 그들이 그것을 어찌 깨달을 수 있었으랴? 그들은 2,000년 전 자신들의 메시아가 이 땅에 오셨을 때도 그것을 깨닫지 못하고 오히려 그분을 십자가에 매달지 않았던가?

다니엘 9장

9:1 메데인들의 씨, 아하수에로의 아들 다리오가 칼데아인들의 나라를 통
치하는 왕으로 책봉되었던 첫째 해,
2 곧 그의 치리 첫째 해에 나 다니엘은 주의 말씀이 선지자 예레미야
에게 임하여 *알려 주신* 연수를 책들로 깨달았나니, 즉 주가 예루살렘
의 황폐함을 칠십 년 만에 완료하시리라는 것이라.

『**메데인들의 씨, 아하수에로의 아들 다리오가 칼데아인들의 나라를 통치하는 왕으로 책봉되었던 첫째 해**』(1절).

『**아하수에로**』는 인명이 아니라 "파라오"처럼 페르시아 왕의 직위 명으로서 "강력한 자"란 뜻이다.

『**칼데아인들의 나라**』는 물론 바빌론을 말한다. 메데-페르시아의 다리오 왕이 바빌론 통치자로 책봉되던 해는 B.C. 538년이었다. 다니엘은 앞서 7장과 8장에서 "네 짐승"의 환상과 "숫양" 및 "숫염소"의 환상을 보았었고, 그 환상들의 의미를 이해할 수 있었다. 그러나 그 의미를 깨달은 다니엘은 크게 놀라 기절하고 말았었다. 그가 그토록 놀랐던 까닭은 장차 이스라엘이 겪어야 할 엄청난 수난도 수난이었지만, 그보다도 그 수난이 『**많은 날 동안 있을 것**』(8:26)이라는 사실 때문이었다. 이것은 다니엘이 지금까지 성경을 통해 이해하고 있던 것과는 그 차이가 너무 컸다. 이스라엘 자손이 거쳐야 할 그 『**많은 날 동안**』이 과연 얼마나 긴 세월이 될 것인가는 이제 본 장에서 아주 상세하게 공부하게 될 것이다.

24절은 『**칠십 주가 네 백성과 네 거룩한 도성에 정해졌나니**』라고 언급한다. 나중에 살펴보겠지만, 이것은 무려 490년이라는 긴 세월이다. 그러니 70년간의 바빌론 포로 생활이 거의 마감되어 가는 시점에서 가까이 다가오고 있던 예루살렘으로의 귀환으로 기대에 부풀어 있던 다니엘로서는 여간 놀라운 일이 아니었던 것이다. 다니엘은 이제 그 이야기를 시작한다.

『**곧 그의 치리 첫째 해에 나 다니엘은 주의 말씀이 선지자 예레미야에게 임하여 *알려 주신* 연수를 책들로 깨달았나니, 즉 주가 예루살렘의 황폐함을 칠십 년 만에 완료하시리라는 것이라**』(2절).

다니엘은 『**책들**』, 즉 성경을 통해 『**예레미야에게 임하여 *알려 주신* 연수**』를 나름대로 깨닫고 있었으니, 그것은 70년간의 황폐함이었다(렘 25:11). 예레미야는 『**바빌론에서 칠십 년이 차면... 너희를 이곳으로 돌아오게 하리라.**』(렘 29:10)고 예언했었다. 다니엘은 자신이 포로가 되어 바빌론에 끌려왔던 해(B.C. 606년)를 분명히 기억하고 있을 것이다. 그리고 지금은 68년이 지난 시점으로, 그 70년 포로 기간의 거의 막바지에 와 있는 시점이다. 그로서는 지금쯤 이사야서에 기록된 예언도 거듭거듭 머리에 떠올리고 있을 터였다. 『**코레스에 관하여 말하기를 "그는 나의 목자요, 나의 모든 기쁨을 이행하리라." 하며, 예루살렘에게도 말하기를 "너는 재건되리**

라." 하고 성전에게는 "네 기초가 놓여지리라." 하는 이라』(사 44:28). 그런즉, 다니엘로서는 이제 2,3년만 더 있으면 이스라엘의 포로 생활이 끝나리라 예상하고 기대에 부풀어 있을 수밖에 없었다.

그런 터에 그가 네 짐승들의 환상을 보았고, 또 숫양과 숫염소의 환상을 봄으로써 마지막 적그리스도의 왕국을 포함하여 앞으로도 네 제국들이 더 출현하게 될 것을 알게 되었으니, 이 놀라운 사실과 이스라엘의 회복에 대한 예언을 어떻게 조화시켜 이해해야 한단 말인가? 다니엘은 이 점이 곤혹스러워 당황했던 것이다. 말하자면, 70년간의 바빌론 포로 기간은 이스라엘이 수난을 겪어야 할 전체 기간의 단순한 예표에 지나지 않았던 셈이고, 알고 보니 그 전체 기간은 70년의 일곱 배에 달하는 『**칠십 주**』(9:24), 무려 490년이나 되었던 것이다.

9:3 ○ 내가 내 얼굴을 주 하나님께 향하여 두고 금식하며 기도와 간구로 구하고 굵은 베옷을 입고 재를 뿌리며

4 내가 주 나의 하나님께 기도하고 자백하여, 말하기를 "오 주여, 위대하시고 무서우신 하나님, 곧 주를 사랑하고 주의 명령들을 지키는 사람들에게 언약과 자비를 지키시는 분이여,

5 우리는 죄를 지었고 죄악을 행하였으며 사악하게 행하였고 반역하였으며 주의 법규들과 주의 명령들을 떠나기까지 하였고

6 또 우리는 주의 종 선지자들이 주의 이름으로 우리의 왕들과 우리의 통치자들과 우리 조상들과 그 땅의 모든 백성에게 말씀하신 것에 경청하지 않았나이다.

『**내가 내 얼굴을 주 하나님께 향하여 두고 금식하며 기도와 간구로 구**

하고 굵은 베옷을 입고 재를 뿌리며』(3절).

이제부터 성경에서 가장 장엄하고 위대한 기도가 시작된다. 다니엘이 『**금식하며 기도와 간구로 구하고 굵은 베옷을 입고 재를 뿌리며**』 죄를 『**자백하여**』(4절) 드리는 이 기도는 장장 19절까지 3주 동안이나 계속되는데, 그는 드디어 자신의 기도가 응답되어 "주의 천사"가 자신에게 찾아올 때까지 기도를 멈추지 않았던 것이다.

『**자백**』으로 시작되는 이 기도는 오늘날에도 그리스도인들이 개인적으로나 민족적으로 드려야 할 위대한 기도의 본보기가 된다. 어느 나라를 불문하고 하나님께 "올바른" 민족이 되기를 바랄 때, 그 민족이 드려야 할 기도가 바로 이러한 기도여야 한다. 그럼에도 불구하고 이 시대 미국을 위시한 지상의 국가들이 독립 기념일이라든지, 건국 기념일 같은 날들을 맞았을 때, 이런 기도를 드리는 민족은 하나도 없다. 독립 기념일에 미국의 교회나 기독교계 지도자들이 미국을 위해 드린답시고 하는 기도를 들어보면, 기껏해야 국가 지도자들에게 복을 내려 달라든지, 의회 지도자들을 보호해 달라든지, 전쟁에서 이기게 해달라든지, 베트남에서 더 많은 공산주의자들을 무찌르고 베트콩들을 더 많이 죽이게 해달라든지, 농사가 잘되게 해달라든지, 세계보건기구(WHO)가 발표한 어떤 이상한 전염병이나 괴질이 더 이상 번지지 않도록 해달라든지 하는 따위로 되어 있을 뿐, 여기서 보는 것과 같은 다니엘의 위대한 기도에는 그 근처에도 미치지 못하는데, 내용도 내용이려니와 기도하는 자세부터가 전혀 다르다.

다니엘은 기도를 통하여 죄를 『**자백**』하고 있다는 점에 주목하라. 5절을 보라. 『**우리는 죄를 지었고 죄악을 행하였으며 사악하게 행하였고 반역하였으며 주의 법규들과 주의 명령들을 떠나기까지 하였고**』라고 통렬하게 『**우리**』의 죄를 자백하고 있다. 6절에서도 『**말씀하신 것에 경청하지 않았나이다.**』라고 자백하고 있고, 8절에서도 『**우리가 주를 거슬러 죄를 지었**

기 때문이니이다.』라고 자백하고 있으며, 9절에서도 『**우리는 주를 거역하였으며**』라고 자백하고 있고, 10절에서도 『**하나님의 음성에 복종하지 아니하였고… 주의 법들을 행하지 아니하였나이다.**』라고 자백하고 있으며, 11절에서도, 13절에서도, 14절에서도, 15절에서도 자백은 끝날 줄 모르고 계속 이어지고 있다.

『**내가 주 나의 하나님께 기도하고 자백하여, 말하기를 "오 주여, 위대하시고 무서우신 하나님, 곧 주를 사랑하고 주의 명령들을 지키는 사람들에게 언약과 자비를 지키시는 분이여**』(4절).

다니엘은 주 "나의" 하나님께 기도하고 자백한다. "나의 하나님!" 이 얼마나 친밀하고도 각별한 개인적 관계가 천명되고 있는 고백인가! 실인즉, 다니엘은 성경에 등장하는 그 숱한 인물들 중에서 예수 그리스도 다음으로 가장 흠이 없는 사람이었다. 우리는 앞서 6장에서 다니엘이 다리오왕의 칙령을 어기고 예루살렘을 향해 창문을 열어두고 하루에 세 번씩 무릎을 꿇고 기도하였다는 사실을 기억한다. 어쩌면 다니엘이 여기 9장에서 하나님께 죄를 자백하며 기도와 간구로 자비를 구하고 있는 지금이 6장에서의 기도 시점과 일치하는 시점인지도 모른다. 20절부터 보면, 다니엘이 저녁 예물을 드릴 즈음 가브리엘이 날아와서 이렇게 말한다. 『**오 다니엘아… 내가 네게 알려 주려고 왔느니라. 이는 네가 크게 사랑을 받음이니…**』(22,23절) 다니엘은 자신이 하나님께로부터 "크게 사랑을 받았다."는 것을 가브리엘 천사로부터 직접 듣는다. 아마 그러하였기 때문에 다니엘은 사자굴에 던져지는 것도 두려워하지 않았는지도 모른다. 그러하던 터였기에 다니엘은 『**굵은 베옷을 입고 재를 뿌리며**』(3절) 하나님을 향하여 겸손히 무릎을 꿇고, 지금 "나의 죄들," "우리의 죄들"을 자백하며 하나님의 자비를 간구하고 있는 것이다.

『또 우리는 주의 종 선지자들이 주의 이름으로 우리의 왕들과 우리의 통치자들과 우리 조상들과 그 땅의 모든 백성에게 말씀하신 것에 경청하지 않았나이다』(6절).

다니엘은 "책들"을 통하여 이스라엘의 모든 죄들과 하나님께서 정해 놓으신 계획들을 소상히 알고 있었다(5절).

하나님께서는 예레미야를 통해서 예루살렘이 70년 동안 황폐하게 된다고 말씀하셨는데, 이스라엘은 이 말씀을 전하는 예레미야를 죽이려고 했으며(렘 26:8,9), 거짓 선지자들은 오히려 이 백성에게 "너희는 바빌론 왕을 섬기지 아니하리라."고 거짓 예언을 함으로써 하나님의 말씀을 부인하고 정면으로 도전했다. 심지어 하나냐는 이미 잡혀가 있던 사람들도 2년 안에 돌아올 것이며 하나님께서 바빌론 왕의 멍에를 꺾으셨다고 거짓 예언을 했다(렘 28:3,4).

실로 이스라엘은 "경청하지 않았다"(렘 25:3,4). 그들은 선지자들의 말에 경청하지 않았고, 예레미야를 통한 하나님의 말씀에도 여전히 귀를 기울이지 않았다. 다니엘은 이것을 또 하나님께 자백한다.

9:7 오 주여, 의는 주께 돌아가도 얼굴의 수치는 오늘과 같이 우리에게 돌아오나니, 즉 유다 사람들에게와 예루살렘의 거민들에게와 가까이 있거나 멀리 있는 이스라엘 모두에게, 즉 주를 거슬러 범죄한 그들의 허물로 인하여 주께서 쫓아내신 모든 나라에 있는 *자들에게니이다.*

8 오 주여, 얼굴의 수치는 우리들과 우리의 왕들과 우리의 통치자들과 우리의 조상들에게 돌아오나니, 이는 우리가 주를 거슬러 죄를 지었기 때문이니이다.

9 주 우리 하나님께는 자비와 용서가 있으나 우리는 주를 거역하였으

며,

10 또 우리는 주 우리 하나님의 음성에 복종하지 아니하였고 주께서 주
의 종 선지자들을 통하여 우리 앞에 세우신 주의 법들을 행하지 아
니하였나이다.

11 정녕, 모든 이스라엘이 주의 법을 범하였고, 심지어는 떠나 버림으로
그들이 주의 음성에 복종하지 않았나이다. 그러므로 그 저주와 하나
님의 종 모세의 율법에 기록된 맹세가 우리에게 부어진 것은 우리가
주를 거슬러 죄를 지었기 때문이니이다.

『**오 주여, 의는 주께 돌아가도 얼굴의 수치는 오늘과 같이 우리에게 돌아오나니, 즉 유다 사람들에게와 예루살렘의 거민들에게와 가까이 있거나 멀리 있는 이스라엘 모두에게, 즉 주를 거슬러 범죄한 그들의 허물로 인하여 주께서 쫓아내신 모든 나라에 있는** *자들에게니이다*』(7절).

이와 비슷한 서술을 우리는 사도행전 2장의 베드로의 말에서 본다. 『**이 약속은 너희와 너희 자녀에게 한 것이며, 또한 먼 곳에 있는 모든 사람, 즉 주 우리 하나님께서 부르실 모든 사람에게 하신 것이라."고 하더라**』(행 2:39). 다니엘의 경우는 그들의 범죄로 먼 곳으로 흩어졌다는 말이고, 베드로의 경우는 멀리 흩어진 그들을 부르시겠다는 약속이다. 베드로는 앞서 38절에서 회개하고 침례를 받으면 성령의 선물을 받는다고 선포했다. 많은 교회들에서 이 구절을 그들의 교리와 신조로 채택하여, "침례에 의한 중생"이라든지 "성령세례"라는 이상한 교리를 가르치고 있지만, 사실 베드로의 말은 범죄로 인해 멀리 흩어져 버린 유대인들을 하나님께서 회복시키시겠다는 말이다. 그러므로 『**이 약속**』(행 2:39)은 『**너희와 너희 자녀에게**』, 즉 이 시대의 이방인들이나 그리스도인들이 아닌 이스라엘의 유대인들에게, 그리고 『**또한 먼 곳에 있는 모든 사람**』, 즉 지구상 팔레스타인 땅에서 150마일 이상 떨어진 곳에 뿔뿔이 흩어져 사는 모든 유대인들에게, 그러나 언젠가는 『**주 우리 하나님께서 부르실 모든 사람에게**』, 다시 말해서 하나님께서 장차 민족으로 회복해 주시고 팔레스타인 땅으로 불러 모아 주실 지구상의 모든 유대인들에게 말씀하신 약속인 것이다.

이것은 에베소서 2:13의 『**멀리 있었던 너희**』와는 전혀 다른 부류의 사람들이다. 이들은 『**한때 멀리 있었던**』 이방인들을 말한다. 『**그리스도로부터 분리되어 있었고 이스라엘 나라에 속하지 않는 타국인이요, 약속의 언약들로부터는 생소한 사람이었으며 소망도 없고 세상에서 하나님도 없었**』던 그런 비참한 이방인 죄인들 말이다. 하지만 베드로는 사도행전 2장에서 이런 사람들은 상대하지도 않고 있었다. 이 당시까지만 해도 그는 오직 유대인들만 상대하고 있었다. 거기에는 이방인 그리스도인들은 없었으며, 이 시대의 구원 계획도 전혀 제시되지 않고 있었다. 반면, 에베소서 2장의 바울은 사도행전 2장의 유대인들은 전혀 상대하고 있지 않다. 바울은 여기서 『**한때 멀리 있었**』으나 『**그리스도 예수 안에서 그리스도의 피로 가까워**』져 『**성도들과 같은 시민이며 하나님의 가족**』이 된 그리스도인들만을 상대하고 있는 중이다(엡 2:12-19).

『**오 주여, 얼굴의 수치는 우리들과 우리의 왕들과 우리의 통치자들과 우리의 조상들에게 돌아오나니, 이는 우리가 주를 거슬러 죄를 지었기 때문이니이다**』(8절).

다니엘은 모든 『**수치**』가 『**우리들**』, 즉 자신을 포함한 모든 이스라엘 백성에게, 그리고 『**우리의 왕들**』, 이미 죽었거나 바빌론에 사로잡혀와 있는 이스라엘의 왕들에게, 또 『**우리의 통치자들**』, 역시 바빌론에 잡혀와 있는 이스라엘의 벼슬아치들에게, 그리고 또 『**우리의 조상들**』, 『**죄를 지었고 죄악을 행하였으며 사악하게 행하였고 반역하였으며 주의 법규들과**

주의 명령들을 떠나기까지 하였』던 모든 이스라엘의 조상들에게 돌아온다고 언급하면서 『**이는 우리가 주를 거슬러 죄를 지었기 때문**』이라고 자백한다. 자백하고, 자백하고, 또 자백하고 자백한다. 당신은 요즘 교회에서 이렇게 죄를 자백하는 소리를 들어 본 일이 있는가? 아마 어떤 사람이 다니엘처럼 기도를 자백으로 시작해서 자백으로 일관한다면 "되게 기도할 줄도 모른다."고 속으로 비웃거나 "답답하다."고 투덜댈 것이다. 그러나 이것을 알라. 자백하는 기도야말로 아주 잘하는 기도다. 그리고 자백하는 기도야말로 아주 시원스런 기도다. 왜 그런지 아는가? 자백하는 기도는 시원스레 응답되는 기도이기 때문이다.

『**주 우리 하나님께는 자비와 용서가 있으나 우리는 주를 거역하였으며**』(9절).

당신은 빌리 그래함의 "크루세이드"(부흥회)에서 이러한 자백을 한 번이라도 들어 본 일이 있는가? 솔직하게 한번 말해보라. 나는 지난 20년간 그의 부흥 설교 집회에서 드리는 기도 가운데서 이런 기도를 한 번도 들어 본 적이 없다. 아마 빌리에게는 자백할 죄가 하나도 없는 모양이다. 아니면, 죄를 자백할 필요가 없는 모양이다. 하나님과의 교제가 끊겨도 아무렇지 않게 여기는 사람이라면 무엇이 답답해서 죄를 자백한단 말인가? 그렇지 않으면, 하나님의 응답을 아예 기대하지 않고 드리는 기도인지도 모른다.

『**또 우리는 주 우리 하나님의 음성에 복종하지 아니하였고 주께서 주의 종 선지자들을 통하여 우리 앞에 세우신 주의 법들을 행하지 아니하였나이다**』(10절).

미국의 모든 기독교 선교 방송 프로그램들을 지난 30년 동안 짬이 날

때마다 들어 보았지만, 이런 죄의 자백을 단 한 번도 들어 본 일이 없다. "하나님, 우리가 이런 잘못을 저질렀나이다." "주님, 우리가 이런 죄를 지었나이다." "오 하나님, 우리가 성경 말씀에 조금도 귀를 기울이지 않았나이다." "주님, 우리는 주님의 명령을 거역하였나이다." "하나님, 우리는 성경 말씀을 믿지도, 실행하지도, 전파하지도 않았나이다." 그 숱한 기도들 가운데서 이처럼 죄를 자백하는 소리가 사라진 지는 미국에서 이미 오래되었다. 앞으로 30년 동안 꼬박 TV 앞에 앉아 귀를 후벼가면서 기독교 프로그램들을 시청해 보아도 이런 죄의 자백 기도는 결코 들을 수가 없을 것이다. 미국이란 나라는 이만큼 죄에 대해 무감각해진 사람들로 들끓는 나라가 되었다. 그들은 타락하고 변질되었다.

『**정녕, 모든 이스라엘이 주의 법을 범하였고, 심지어는 떠나 버림으로 그들이 주의 음성에 복종하지 않았나이다. 그러므로 그 저주와 하나님의 종 모세의 율법에 기록된 맹세가 우리에게 부어진 것은 우리가 주를 거슬러 죄를 지었기 때문이니이다**』(11절).

그러나 다니엘은 알고 있었다. "제가 잘못했습니다. 주님께서 옳으셨습니다. 저는 죄를 지었습니다. 의로우신 분은 오직 주님뿐이십니다. 저는 어리석습니다. 오직 주님께서만 지혜로우십니다. 저는 더럽습니다. 오직 주님만이 정결하십니다. 저는 타락했습니다. 오직 주님만이 거룩하십니다. 주님께서는 저를 죽여 주십시요. 그러하신다 한들 저는 주님을 원망할 수가 없습니다. 주님께서는 옳으십니다. 저는 악합니다. 주님께서는 선하십니다." 다니엘은 이것을 알고 있었고, 이것을 자백할 줄 알았으며, 이렇게 기도할 줄 알았다. 그러나 이 시대의 그리스도인이라 자처하는 자들은 딱하게도 이것을 모른다. 그들은 이렇게 죄를 자백할 줄 모르고, 죄를 자백해야 하는 까닭도 모르며, 그 결과도 모르고, 도무지 자신들이 죄를 지었다는 사실 자체를 모른다. 그래서 그들의 기도는 아주 단단히 잘못돼 있다. 죄를 자백하지도 않은 채 어떻게 하나님과 교제할 수 있기를 바라고 어떻게 자신들의 기도가 하나님께 상달되고 응답 받을 수 있기를 바란단 말인가? 하나님과 교제도 끊긴 상태에서 어떻게 "이렇게 해 주십시오. 저렇게 해 주시기를 바랍니다." 하고 간구할 수 있단 말인가? 당신은 전화선 플러그가 단자에서 빠져 있는 것도 모르고 송화기에 대고 열심히 지껄이고 있는 참이다. 그런데도 그걸 모르고 있다니 정말 딱한 노릇이다. 당신의 전화줄을 한 번 점검해 보는 게 어떤가?

하나님의 『**음성**』은 곧 하나님의 "말씀"이다(신 8:20, 시 29:1-9, 사 30:30,31). 그러나 이스라엘은 하나님의 음성, 곧 그분의 말씀에 복종하지 않았다. 『**너는 그들에게 말할지니 이는 주 그들의 하나님의 음성에 복종하지도 아니하고 교훈도 받지 아니하는 민족이라. 진리가 사라지고 그들의 입에서 끊어졌도다**』(렘 7:28).

『**그러므로 그 저주와 하나님의 종 모세의 율법에 기록된 맹세가 우리에게 부어진 것은 우리가 주를 거슬러 죄를 지었기 때문이니이다**』(11절).

『**그 저주**』란 신명기 27장에서 모세가 율법을 전하면서 "~한 자는 저주를 받으리라."고 선포하면서 저주받을 갖가지 죄들의 항목을 열거하고 있는 그 저주들을 말한다. 그 저주들은 신명기 28장 거의 전체와 29장 후반부 전체에 걸쳐 계속해서 이어지고 있다. 다니엘은 그 저주들이 지금 유대인들에게 부어진 것으로 판단하고 있고, 그 이유가 『**주를 거슬러 죄를 지었기 때문**』임을 잘 알고 있었으며, 그렇기에 그 죄들을 자백하기를 잊지 않고 있는 것이다.

9:12 주께서는 우리에게 큰 재앙을 가져오심으로 우리와 우리를 판단하였던 우리의 재판관들에게 말씀하신 주의 말씀을 확정하셨으니, 이는 온 하늘 아래에서 예루살렘에 행해졌던 것과 같은 일이 행해지지 않았음이니이다.

13 모세의 율법에 기록된 대로 이 모든 재앙이 우리에게 닥쳤으나 우리는 우리의 죄악들로부터 돌이키거나 주의 진리를 깨닫도록 주 우리 하나님 앞에 우리의 기도를 하지 않았나이다.

14 그러므로 주께서는 그 재앙을 지켜보셨고 그것을 우리에게로 가져오셨으니, 이는 주 우리 하나님께서는 행하시는 모든 일에 있어 의로우시나 우리는 주의 음성에 복종하지 않았음이니이다.

15 이제 주의 백성을 능하신 손으로 이집트 땅에서 인도하여 내시고 오늘날과 같이 명성을 얻으신 오 주 우리 하나님이여, 우리가 죄를 지었고 우리가 악하게 행하였나이다.

『**주께서는 우리에게 큰 재앙을 가져오심으로 우리와 우리를 판단하였던 우리의 재판관들에게 말씀하신 주의 말씀을 확정하셨으니**』(12절).

인간 재판관들은 우리를 판단하고 재판했지만, 하나님께서는 그 재판관들에게("against our judges") 말씀하셨다. 즉 그들을 대적하여 "꾸짖어" 말씀하신 것이다. 왜 그런가? 우리의 대법원은 성경대로 믿는 우리들의 생각과는 반대되게 죄인들을 판단한다. 우리의 지방 법원은 그리스도인의 상식과는 반대되게 죄인들을 판단한다. 우리의 순회 재판관은 죄에 대한 인식이 우리와는 아주 상반된다. 인간 재판관들은 성경의 기준과는 전혀 다른 엉뚱한 기준을 갖고 타락한 인간의 죄를 다룬다. 그래서 하나님께서는 이런 재판관들을 대적하여 말씀하신다. 잘못된 기준을 잣대 삼아 함부로 판단하고 있기 때문이다.

우리의 진정한 재판관은 오직 하나님 한 분뿐이시다. 그러하신 분께서 어찌하여 인간 재판관들을 세우시고 우리를 판단케 허용하시며 죄에 대하여 자신의 생각과 기준에 반대되고 우리 그리스도인들의 양식과 기준에 반대되는 판결을 내리도록 허용하시는 것일까? 하나님께서 자신의 택한 백성 이스라엘과 자신의 거룩한 도성 예루살렘을 어떻게 다루셨던가를 보면 그 까닭을 능히 알 수 있으리라.

참된 재판관이신 주님께서는 타락하고 범죄한 이스라엘 백성과 그들의 재판관들을 대적하여 말씀하시고 그 말씀을 『**확정**』하심으로써 그들에게 『**큰 재앙**』을 내리셨다. 그 결과 『**예루살렘에 행해졌던**』 그 큰 재앙은 『**온 하늘 아래에서**』 그 유례를 찾아볼 수 없이 가혹한 것이었다. 자신의 택하신 백성에게 왜 그렇게 혹독한 재앙을 예루살렘에 내리셨던가? 이유는 간단하다. 주님께서 택하신 백성이요, 그분의 거룩한 도성이었기 때문이다. 예루살렘은 다른 그 어느 도시도 누릴 수 없는 엄청난 기회가 부여된 도성이었다. 그렇기 때문에 하나님께서는 그것을 결코 가벼이 다루실 수가 없으셨던 것이다. 그 도시에 대해 하나님께서 걸고 계신 기대는 매우 컸다. 그들에게는 유다른 특권과 기회와 함께 또 유다른 책임이 있었다. 그들에게는 다른 그 어떤 민족도 받지 못한 특권과 기회를 하나님께로부터 부여받았기 때문에 그에 대한 책임 또한 중대했다. 그래서 하나님께서는 자신이 택하셨던 그의 백성과 예루살렘이라는 성읍인 "그의 처소"를 긍휼히 여기셔서 제 때에 사자들을 일으켜 그들에게 보내셨다(대하 36:15). 그러나 그들은 하나님의 말씀을 멸시하고, 그 선지자들을 학대했다(대하 36:16). 이에 하나님께서는 그들에게 책임을 물으실 차례가 된 것이다. 『**그러므로 하나님께서 칼데아 왕을 그들에게 데려오셨으니...**』(대하 36:17)

『**이는 온 하늘 아래에서 예루살렘에 행해졌던 것과 같은 일이 행해지**

지 않았음이니이다』(12절).

그 결과 이스라엘 백성과 예루살렘은 어찌되었는가? 느부캇넷살은 남녀노소를 차별하지 않았다(대하 36:17). 성전의 기명들과 왕궁의 보물들을 바빌론으로 가져가고, 성전을 불사르며 성벽을 부수고 사람들을 바빌론으로 끌고갔다(대하 36:18-20). 예루살렘은 문자 그대로 초토화되고 말았던 것이다. 이를 두고 성경은 『**땅이 안식하였으니 땅이 황폐한 동안 안식년을 지켜 칠십 년을 채웠더라.**』(대하 36:21)고 말씀한다. 예루살렘이 초토화되고 황폐케 됨으로써 오히려 그 땅이 "안식"하였다니! 하나님께서는 자신이 택하신 도성 예루살렘을 안식토록 하시기 위하여 그 땅에서 범죄한 유대인들을 준엄하게 징책하셨고 그들의 왕이 철저히 수모를 당하도록 만드셨다.

느부캇넷살은 시드키야를 잡아가 "판결"을 내렸다(왕하 25:6). 시드키야의 눈앞에서 아들들을 죽이고, 그의 두 눈을 뽑아버렸으며, 치욕스럽게도 "놋 사슬로 묶어" 바빌론으로 끌고 갔다(왕하 25:6,7). 그런 상태로 시드키야는 죽을 때까지 20년이 넘도록 자신의 범죄를 짓씹으며 가슴을 쥐어뜯어야만 했다. 뿐만 아니라 황폐케 된 예루살렘 도성과 성전이 서 있던 곳은 허허벌판이 된 채 쟁기로 뒤엎어지고 밭이 일구어져 거기 남아 있던 가난한 자들을 "포도원 가꾸는 자와 농부가 되게" 전락시키고 말았다(왕하 25:12).

참으로 고대 역사에서 예루살렘만큼 엄청난 재앙이 임했던 도시는 지구상에서 그 유례를 찾아볼 수가 없다. 로마의 티투스에 의한 예루살렘의 파괴 사례만 보더라도 그 당시 500명이 넘는 유대인들이 성벽 밖에서 십자가 처형을 당했음을 우리는 역사에서 읽는다. 성전은 불에 타버리고 성전 지붕 꼭대기에 입혀 놓은 금이 녹아 벽을 타고 흘러내리자 녹은 금이 늘어붙은 돌 벽을 깨어 금을 채취해갈 정도로 성전 건물은 철저하게 파괴되었고 산산조각 났으며, 바빌론의 느부캇넷살에 의한 파괴 이후 또 한 번 그 터는 농사짓는 밭으로 변하고 말았다.

하나님께서 예루살렘을 왜 이렇게 만드셨던가? 다시 말하거니와, 예루살렘은 선택된 도시였기 때문이다. 예루살렘은 특권이 부여되었던 위대한 도성이었다. 하나님께서는 그곳에 대해 『**내 눈과 내 마음이 계속해서 그곳에 있으리라.**』(왕상 9:3)고 말씀하셨다. 이처럼 예루살렘은 아브라함과 이삭과 야곱 이래로 위대한 특권이 부여된 도시였다. 그 특권이 크면 클수록 그에 대한 책임 또한 클 수밖에 없고 주어진 기회가 위대하면 위대할수록 그 기회에 대한 책임 또한 그만큼 막중할 수밖에 없는 법이다. 예수 그리스도께서는 『**많이 받은 자에게서는 많이 찾게 될 것이요**』(눅 12:48)라고 말씀하셨다. 사람들도 『**많이 맡긴 자에게는 더 많이 달라고**』(눅 12:48) 요구하는 것은 정한 이치다. 그래서 성경은 당신에게 『**많은 선생들이 되지 말라. 이는 우리가 더 큰 정죄를 받을 줄 앎이니라.**』(약 3:1)고 충고하고 있는 것이다.

『**우리는... 주의 진리를 깨닫도록 주 우리 하나님 앞에 우리의 기도를 하지 않았나이다**』(13절).

예수 그리스도께서는 『**아버지의 말씀은 진리니이다.**』(요 17:17)라고 말씀하셨다. 다니엘 역시 『**주의 진리**』에 대해 언급하면서 이스라엘 백성이 『**주의 진리를 깨닫도록**』 해달라고 하나님께 기도하지 않았음을 여기서 또 자백한다. 당신도 하나님께 이렇게 기도하고 이렇게 자백해야 한다. 당신은 당신 나라 사람들이 『**주의 진리를 깨닫도록**』 해달라고 얼마나 기도했는가?

『**그러므로 주께서는 그 재앙을 지켜보셨고 그것을 우리에게로 가져오**

셨으니, 이는 주 우리 하나님께서는 행하시는 모든 일에 있어 의로우시나 우리는 주의 음성에 복종하지 않았음이니이다』(14절).

다니엘은 이스라엘에 닥친 재앙의 이유와 근원을 알고 있었다. 그리고 그것을 행하시는 하나님께서는 모든 일에 의로우시다는 것도 잘 알고 있었다. 모든 문제가 『**주의 음성에 복종하지 않았음**』에 있음을 알고 있었고, 그것을 하나님께 자백하고 있는 것이다. 지난날 신생 이스라엘 지도자 모세 다얀이 늘 하던 말이 바로 이것이었다. "나는 주 하나님께서 우리에게 주신 것들을 알고 있다. 하나님께서 우리에게 주신 것들을 행하지 아니할 때, 우리에게 어떤 일들이 닥칠 것인가도 나는 알고 있다. 우리에게 어떤 일이 닥칠지라도 모든 잘못은 우리에게 있고 하나님께서는 아무 책임도 없으시다. 그분께서는 언제나 옳으시다." 그가 재건된 이스라엘 국가의 기초를 다지고 일부나마 다시 회복한 팔레스타인 땅을 지키기 위해 취했던 과감하고도 단호했던 모든 조치들은 하나님께서 이스라엘 민족에게 부여하신 책임을 수행하기 위함이었다. 또 그러했기 때문에 주변의 아랍 국가들은 이스라엘의 모세 다얀을 무척 두려워했던 것이다. 그가 만약 단순한 정치·군사적 야망에 불타는 인물에 불과했다면, 아랍 민족들은 조금도 그를 두려워하지 않았을 것이다.

『**오 주 우리 하나님이여, 우리가 죄를 지었고 우리가 악하게 행하였나이다**』(15절).

다니엘의 자백은 아직도 끝날 줄을 모르고 계속 이어지고 있다. 당신이 어느 나라 어느 민족에 속하였든, 거기에 어려움이 닥치고 환난이 몰아닥쳤을 경우, 당신은 하나님께 바로 이와 같이 자백할 줄 알아야 한다.

9:16 ○ 오 주여, 주의 모든 의에 따라 내가 주께 간구하오니, 주의 노여
움과 주의 분노를 주의 도성 예루살렘과 주의 거룩한 산에서 돌이
키소서. 우리의 죄들로 인하여 또 우리 조상들의 죄악들로 인하여
예루살렘과 주의 백성은 우리 주위에 있는 모든 사람들에게 질책이
되었나이다.
17 그러므로 이제 오 우리 하나님이여, 주의 종의 기도와 그 간구를 들
으시고, 주를 위하여 주의 얼굴이 주의 황폐한 성소에 비치게 하소
서.
18 오 나의 하나님이여, 주의 귀를 기울이시고 들으소서. 주의 눈을 뜨
시고 우리의 황폐함과 주의 이름으로 불리는 그 도성을 보소서. 우
리가 주 앞에 우리의 간구를 드리는 것은 우리의 의 때문이 아니고
주의 크신 자비 때문이니이다.
19 오 주여, 들으소서. 오 주여, 용서하소서. 오 주여, 경청하시고 행하
소서. 오 나의 하나님이여, 주님 자신을 위하여 지연시키지 마옵소
서. 이는 주의 도성과 주의 백성이 주의 이름으로 불려짐이니이다."
하였더라.

『**오 주여, 주의 모든 의에 따라 내가 주께 간구하오니, 주의 노여움과 주의 분노를 주의 도성 예루살렘과 주의 거룩한 산에서 돌이키소서**』(16절).

끊일 줄 모르고 이어지던 다니엘의 자백은 드디어 간구로 바뀐다. 그런데 또, 그의 이러한 간구가 『**주의 모든 의에 따라**』 이루어지게 해달라고 기도한다. 우리는 여기에 주목해야 한다. "우리의 의," "나의 의"가 아니라 "하나님의 의"로 이루어지게 해달라고 말이다. "하나님의 의"란 무엇을 말하는가? 예수 그리스도, 바로 그분이 "하나님의 의"가 아니신가?(롬 3:21)

그렇기 때문에 당신도 예수 그리스도를 믿으면 그 하나님의 의가 당신에게 미쳐서 당신의 죄가 깨끗이 제거된다(롬 3:22). 예수 그리스도를 믿지 않고는 당신은 결코 하나님 앞에 나아갈 수가 없다. 왜냐하면 당신은 죄인이기 때문이다(롬 3:23,24). 그래서 당신은 하나님의 자비와 은총, 그리고 그분의 도우심을 간구하되, 그분의 의로 모든 것을 처리해 달라고 기도할 수 있어야 한다.

그런데, 주의 노여움과 분노를 예루살렘에서 돌이켜 달라는 이 기도는 예수 그리스도께서 오시기 전에 응답되었던가? 절대로 그렇지가 않았다. 다니엘이 이런 기도를 드린 후 실로 길고 긴 시간이 흐른 다음에야 마침내 그들의 메시아가 이 땅에 오셨다. 그러나 그들은 자신들의 메시아를 살해하고 말았다. 『**주의 노여움과 주의 분노를... 돌이키소서.**』 하고 다니엘이 간구했건만, 유대인들은 『**주의 노여움과 주의 분노를**』 오히려 더 가중시켰던 것이다. 그들은 자신들의 메시아를 십자가에 매달아 처형하라고 빌라도에게 요구하면서 『**그의 피를 우리와 우리 자손에게 돌리라.**』(마 27:25)고 감히 호언했다. 그렇다. 『**주의 노여움과 주의 분노**』는 그리스도의 피를 그들의 요구대로 반드시 유대인과 유대인의 자손에게 돌리게 될 것이다.

『**그러므로 이제 오 우리 하나님이여, 주의 종의 기도와 그 간구를 들으시고, 주를 위하여 주의 얼굴이 주의 황폐한 성소에 비치게 하소서**』(17절).

다니엘은 이어서 이스라엘과 예루살렘의 회복을 간구한다. 그런데 이 간구 역시 "우리를 위하여"가 아니라 『**주를 위하여**』라고 말한다. 다니엘에게는 자신의 영광이나 이스라엘의 복이 아니라 언제나 하나님의 영광만을 생각하고 있었다. 그의 마음속에는 그 중심에 오직 하나님의 영광을 생각하는 것 외에는 아무것도 자리잡고 있지 않았던 것이다.

『**오 나의 하나님이여, 주의 귀를 기울이시고 들으소서. 주의 눈을 뜨시고 우리의 황폐함과 주의 이름으로 불리는 그 도성을 보소서. 우리가 주 앞에 우리의 간구를 드리는 것은 우리의 의 때문이 아니고 주의 크신 자비 때문이니이다**』(18절).

다니엘은 자신이 이런 기도와 간구를 하나님께 드릴 수 있는 근거가 『**우리의 의 때문이 아니고 주의 크신 자비 때문**』이라고 분명하게 말한다. 이것이 하나님께 소청을 드리는 유일한 방식이다. 당신이 하나님께 무엇인가를 구할 때, "제가 가난한 사람들에게 돈을 주었습니다."라고 백 번 고해 봤자, 소용이 없다. "제가 교회에서 아주 열심히 가르치고 많은 봉사를 했습니다." 하고 아무리 자신의 공을 강조해도 하나님께서는 들은 척도 하지 않으신다. 당신은 "나의 의 때문이 아니라 주님의 의에 따라 주님의 크신 자비를 바라고 이렇게 기도하오니 들어주십시오."라고 기도해야 한다. 이것이 하나님께 무엇인가를 구하는 그리스도인의 자세이다. 자신의 의로는 절대로 아무것도 하나님께로부터 얻을 수가 없다. 오직 하나님의 의와 그분의 자비만이 당신이 기대할 수 있는 모든 것이다. 그렇다면, 당신의 기도가 현명한 기도가 되게 하려면 어떻게 해야 하겠는가?

『**오 주여, 들으소서, 오 주여, 용서하소서. 오 주여, 경청하시고 행하소서. 오 나의 하나님이여, 주님 자신을 위하여 지연시키지 마옵소서. 이는 주의 도성과 주의 백성이 주의 이름으로 불려짐이니이다." 하였더라**』(19절).

하나님께 간절히 용서를 빌고 기도에 응답해 주실 것을 간청하면서 다니엘은 『**오 주여**』를 연발하고 『**오 나의 하나님이여**』! 하고 부르짖는다. 모세가 하나님의 부르심을 받아 이집트 왕 파라오와 대결하게 되었을 때, 그는 『**나는 말을 잘하지 못하며... 말하는 것도 느리고 혀도 둔하니이다.**』(출 4:10) 하고 감당키 어려운 책임을 면하고자 하면서 『**오 나의 주여**』

하고 하나님을 부른다. 그런가 하면, 이스라엘이 홍해를 건너고 이집트 파라오의 군대가 바다에 빠져 몰살했을 때 모세는 하나님의 그 능하신 능력을 보고 『**오 주여, 주의 오른손이 능력으로 영화롭게 되셨나이다. 오 주여, 주의 오른손이 대적을 산산조각내셨나이다.**』(출 15:6) 하고 하나님을 외쳐 부르고 하나님께 영광을 돌리며 환호했다. 미리암이 모세를 비방하였다가 문둥병에 걸리자 모세는 그녀를 낫게 해달라며 간구하면서도 또 『**오 하나님이여**』(민 12:13) 하고 하나님을 불렀다. 모세는 신명기 3:24에서도 『**주의 위대하심과 주의 능하신 손을 주의 종에게 보이기 시작하셨나이다. 하늘이나 땅에 어떤 신이 주의 일들과 주의 능력대로 행할 수 있겠나이까?**』 하고 하나님께 영광을 돌리면서 『**오 주 하나님이여**』 하고 하나님을 불렀다. 그런가 하면 또 여호수아는 적과의 싸움에서 위기에 처했을 때 『**오 주 하나님이여**』 하고 하나님을 불렀다(수 7:7). 다윗은 선지자 나단을 통하여 『**네 집과 네 왕국이 네 앞에서 영원히 세워지리라. 네 보좌가 영원히 세워지리라.**』는 말씀을 듣자 하나님께 진솔하게 고백하며 『**오 주 하나님이여, 내가 누구며, 내 집이 무엇이기에 주께서 나를 여기로 데려오셨나이까? ...그러므로, 오 주 하나님이여, 주께서는 위대하시오니, 이는 우리가 우리 귀로 들은 모든 것에 의하면 주와 같은 이가 없고 주 외에는 어떤 하나님도 없음이니이다.**』(삼하 7:16-22) 하면서 하나님을 부르고 그 영광을 찬양했다. 이처럼 위대한 하나님의 사람들은 모두가 하나님께 영광을 돌리고 찬양하거나 위기에 처하여 그분의 손길을 간구할 때에 "오 주 하나님이여!" "오 나의 하나님이여!" 하고 주님을 외쳐 불렀다. 다시 말해서, 하나님의 사람들은 한 번도 하나님을 원망하거나 자신의 불행을 불평하면서 "오 하나님!" 하고 그분을 불렀던 적이 없었다. 그런데 오늘의 미국인들은 어떤가? 그들은 무슨 일에서나 일이 제대로 풀리지 않고 기대에 어긋난다든지, 큰 일을 당해 앞이 캄캄하여 난감해진다든지, 어떤 고뇌에 빠질 경우 "오 마이 갓!"("Oh, my God!") 하고 소리친다. 현대인들이 "아 나의 하나님!"이란 뜻으로 "오 마이 갓!" 하고 부르짖을 때, 그것은 언제나 무슨 큰 일이 터지고 난 뒤 "세상에 이럴 수가!" "이건 너무해!" "이게 웬 말인가?" "하나님이 이럴 수가!"라는 뜻으로 절망과 원망이 뒤섞인 경악을 나타낸 말이다. 이것마저도 요즘에 와서는 "오 마이 갓!"이 아니라 "오 갓!" 이거나 "마이 갓!" 또는 "오 마이!" 등으로 줄어들었고, 나중에는 "갓!"으로 짧아지더니 이제는 아예 "오!" 정도로 간결해졌다.

그러나 다니엘이 부르짖고 있는 "오 나의 하나님!"은 그런 게 아니다. 그가 지금 『**오 주여, 들으소서, 오 주여, 용서하소서. 오 주여, 경청하시고 행하소서. 오 나의 하나님이여.**』 하고 부르짖고 있는 것은 그분의 영광을 위한 외침이요, 간구인 것이다. 『**오 나의 하나님이여, 주님 자신을 위하여 지연시키지 마옵소서.**』 하고 다니엘은 호소한다. 그리고 『**주의 도성과 주의 백성이 주의 이름으로 불려짐이니이다.**』 하고 말씀드리면서 "나의 도성과 나의 백성"이 아니라 "하나님의 도성과 하나님의 백성"이 "하나님의 이름"으로 불려지고 있음을 강조한다. 그는 바빌론 포로 기간 70년으로 이스라엘의 모든 죄를 용서하시고 그 이상의 징계를 거두어주시기를 간청하고 있는 것이다. 간청하되, 『**주님 자신을 위하여**』 그렇게 해달라고 간청한다. 예루살렘과 이스라엘 백성이 단순히 예루살렘이라는 도성이요, 이스라엘이라는 민족이어서가 아니라 『**주의 이름으로 불려**』지는 『**주의 도성과 주의 백성**』임을 환기시켜 드리는 것이다.

다음에서 보듯이 다니엘은 지금 대환란 때 나타날 적그리스도에 의하여 그 "70째 주" 후반기에 이스라엘이 당하게 될 고초를 내다보고 그것을 염려하고 있는 것이다. 적그리스도는 예루살렘에 입성하여 보좌에 앉아 유대인들을 박해하게 될 것이고 자신의 형상에게 절하지 않는 모든 유대인들의 목을 벨 것이다. 그 참상이 얼마나 극심하면 『**그때에 유대에 있는**

자들은 산들로 도망하라.』(마 24:16)고 주님께서도 경고하셨겠는가!

9:20 ○ 내가 말하고 기도하고 나의 죄와 내 백성 이스라엘의 죄를 자백하며 내 하나님의 거룩한 산을 위하여 주 나의 하나님 앞에 내 간구를 드리고 있을 때,

21 곧 내가 기도로 말하고 있을 때 내가 처음에 환상에서 보았던 그 사람 가브리엘이 빨리 날아와서 저녁 예물을 드릴 즈음에 나를 어루만지더라.

22 그가 내게 알려 주며 나와 함께 말하였는데, 말하기를 "오 다니엘아, 내가 이제 네게 지혜와 명철을 주려고 나왔느니라.

23 네가 간구하기 시작할 때 명령이 나왔기에 내가 네게 알려 주려고 왔느니라. 이는 네가 크게 사랑을 받음이니, 그러므로 그 일을 깨닫고 그 환상을 숙고할지니라.

『내가 말하고 기도하고 나의 죄와 내 백성 이스라엘의 죄를 자백하며 내 하나님의 거룩한 산을 위하여 주 나의 하나님 앞에 내 간구를 드리고 있을 때』(20절).

이제부터 소위 "다니엘의 칠십 주" 또는 "칠십째 주"에 대한 위대한 예언이 시작된다. 다니엘의 "칠십 주"는 예수 그리스도의 재림의 때를 내다보는 열쇠가 된다. 성경 주석자들 쳐놓고 다니엘의 "칠십 주"에 대해서 언급하지 않는 사람은 하나도 없지만, 그 가운데는 성경적 근거 없이 개인적 견해들을 늘어놓는 사람들이 많아 매우 주의해야 한다.

여기 20절은 문맥상으로는 다니엘의 기도의 연장선에 있으나, 다 끝나기도 전에 그의 기도가 누군가에 의해 중단되는 장면인데, **『내가 말하고**

기도하고... 자백하며... 간구를 드리고 있을 때』라고 서술하고 있다.

『**곧 내가 기도로 말하고 있을 때 내가 처음에 환상에서 보았던 그 사람 가브리엘이 빨리 날아와서 저녁 예물을 드릴 즈음에 나를 어루만지더라**』(21절).

다니엘의 기도가 중단된 것은 가브리엘 천사가 갑자기 그에게 찾아왔기 때문이었다. 가브리엘은 다니엘에게 『**빨리 날아**』왔다. 그러나 "날개"가 있다는 말은 없다. 천사는 날개가 달려 있지 않다. 날개가 없더라도 그들은 얼마든지 『**빨리**』 이동할 수가 있다. 천사가 이처럼 "빨리," 즉 순식간에, 광속보다도 빨리 날아오는 때에 날개는 오히려 거추장스러운 것이 될 것이다.

『**그가 내게 알려 주며 나와 함께 말하였는데, 말하기를 "오 다니엘아, 내가 이제 네게 지혜와 명철을 주려고 나왔느니라**』(22절).

하나님의 말씀과 계시를 이해할 수 있는 『**지혜와 명철**』은 오직 하나님께로부터만 오는 것이다. 그래서 가브리엘 천사는 다니엘에게 『**지혜와 명철을 주려고**』 왔다.

그러나 당신이 그리스도인이라면 당신이 성경에 계시돼 있는 하나님의 말씀들을 이해하기 위한 지혜와 명철을 구하기 위해 천사를 기다릴 필요는 없다. 당신 안에는 이미 하나님의 영이 들어와 계시기 때문이다. 당신이 구원받은 그리스도인이라면 말이다. 당신이 그리스도인이 아니라면 성경을 백날 읽어 봐야 단 한 줄도 제대로 이해할 수가 없다. 성경은 하나님께로부터 오는 지혜와 명철이 아니고서는 절대로 이해할 수 없도록 쓰여진 책이기 때문이다. 너절한 세상 지식을 믿고 함부로 성경을 읽고 이해하려고 대든 사람들 때문에 얼마나 많은 혼란이 야기되었는지 모른다.

『**네가 간구하기 시작할 때 명령이 나왔기에 내가 네게 알려 주려고 왔느니라**』(23절).

가브리엘 천사는 다니엘이 기도하면서 『**간구하기 시작할 때**』 하나님의 명령을 받고 그에게로 왔다고 말한다. 다니엘은 3절에서부터 금식하고 기도하기 시작했는데, 그 기도가 계속 죄의 자백으로 이어졌었다. 그러던 그의 기도가 16절에 이르러 『**오 주여**』하고 하나님을 부르짖으며 간구로 바뀌기 시작할 참이었는데, 그 시점을 가브리엘은 『**네가 간구하기 시작할 때 명령이 나왔기에**』라고 말한다.

그의 기도가 얼마나 이어졌는지 여기에는 언급돼 있지 않지만, 다음 장을 보면 21일 동안 계속된 것을 알 수 있다. 당신도 하나님께 오랫동안 기도를 드리노라면 어떤 때는 기도가 다 끝나기도 전에 하나님께서 응답하시는 수도 있는가 하면 어떤 때는 상당한 시간이 지난 후에야 응답되는 수도 흔하다. "상당한 시간"이란 하루일 수도 있고, 한 달일 수도 있으며, 때로는 일 년, 아니, 십 년일 수도 있다. 하나님의 응답이 지체되는 것은 당신과 하나님 사이에 무엇인가 "문제"가 있기 때문인 경우가 대부분이지만, 다니엘의 경우처럼 하나님과 아무 문제가 없는 경우에도 기도에 대한 응답이 지연되는 수가 있는데, 기도란 원래 영적 세계에 깊이 관련되는 일인지라, 당신이 어떤 기도를 드릴 때, 그 기도로 인해 영적 세계에서는 우리로서는 알 수 없는 어떤 파문이 일어나게 된다. 말하자면, 당신의 기도에 응답하시고자 하는 주님과 그것을 방해하려는 마귀 사이에 어떤 심각한 갈등이 생기는 것이다. 내가 여기서 말하는 "문제"란 바로 이런 문제를 말한다. 하나님께서는 물론 그 "문제"를 능히 극복하시고 당신에게 응답해 주실 수 있지만, 때로는 그 응답이 지연될 수도 있는데, 지금 다니엘의 경우가 바로 그러했던 것이다.

『이는 네가 크게 사랑을 받음이니, 그러므로 그 일을 깨닫고 그 환상을 숙고할지니라』(23절).

가브리엘 천사가 빨리 날아와서 다니엘에게 지혜와 명철을 주려고 했던 것은 다니엘이 하나님께로부터 그만큼 "크게 사랑을 받았기" 때문이다. 그러면 『**그 일**』이 무엇이고 『**그 환상**』이 무엇이기에 『**숙고**』하라고 말하는가?

앞서 2절에서는 『**칠십 년**』이 언급되었었다. 그런데 다음 24절에서는 또 『**칠십 주**』가 언급되고 있다. "칠십 년"과 "칠십 주," 이 양자 사이에는 분명 긴밀한 관계가 있음을 짐작하기는 어렵지 않으리라. 가브리엘 천사는 다니엘에게 『**칠십 주**』 이야기를 전하면서 이를 둘러싼 모든 것들을 이해할 수 있도록 먼저 2절에서 언급했던 『**칠십 년**』에 대해 숙고할 것을 촉구했던 것이다.

9:24 칠십 주가 네 백성과 네 거룩한 도성에 정해졌나니, 허물을 끝내고 죄들을 종결시키며 죄악에 화해를 이루고 영원한 의를 가져오며 그 환상과 예언을 봉인하고 지극히 거룩한 이에게 기름부으려 함이라.
25 그러므로 알고 깨달으라. 예루살렘을 복원하고 건축하라는 그 명령이 나오는 때부터 메시아 통치자**까지 칠 주와 육십이 주가 될 것이요, 그 거리와 그 성벽이 재건되리니, 곧 고난스런 때들이라.**
26 육십이 주 후에는 메시아**가 끊어질 것이나 자신을 위해서가 아니요, 또 장차 올 그 통치자의 백성이 도성과 성소를 파괴하리니 그 끝은 홍수로 뒤덮일 것이요 그 전쟁의 끝에는 황폐함이 정해졌느니라.**
27 그가 많은 사람들과 더불어 한 주 동안 언약을 확정하고, 그 주의 중간에 그가 희생제와 예물을 금지시킬 것이요, 그는 가증함을 확

산시킴으로 황폐케 하리니 진멸할 때까지 할 것이며, 정해진 것이 황폐케 한 자에게 쏟아지리라." 하더라.

『**칠십 주가 네 백성과 네 거룩한 도성에 정해졌나니, 허물을 끝내고 죄들을 종결시키며 죄악에 화해를 이루고 영원한 의를 가져오며 그 환상과 예언을 봉인하고 지극히 거룩한 이에게 기름부으려 함이라**』(24절).

『**칠십 주**』가 이스라엘과 예루살렘에 정해졌는데, 그 목적은 다음 일곱 가지다. 첫째, 『**허물을 끝내고**』, 둘째, 『**죄들을 종결시키며**』, 셋째, 『**죄악에 화해를 이루고**』, 넷째, 『**영원한 의를 가져오며**』, 다섯째, 『**그 환상**』을 『**봉인하고**』, 여섯째, 『**예언을 봉인하고**』, 그리고 『**지극히 거룩한 이에게 기름부으려 함**』이 그 일곱 번째 목적이다. 이렇게 볼 때, 이 『**칠십 주**』가 차는 때야말로 모든 것들이 종결되는 실로 장엄한 시점이 아닐 수 없다. 문제는 이 『**칠십 주**』가 과연 언제 다 끝나게 되느냐 하는 것이다. 그리고 이것을 언제로 보느냐에 따라 성경 해석은 완전히 달라지게 된다. 그래서 지금부터 우리는 이것을 바르고도 완전하게 이해하기 위하여 좀 지루할 정도로 긴 시간을 소비해야 한다.

무천년주의자들이나 후천년주의자들은 『**칠십 주**』가 예수 그리스도의 초림과 함께 종료되었다고 해석하려고 애를 쓴다. 이렇게 하면 성경에 기록돼 있는 모든 말씀들이 "과거" 시제가 되고 말며, 앞으로 이루어질 일은 하나도 남지 않게 된다. 그래서 후천년주의자들은 24절에서 천명되고 있는 일곱 가지 사항들이 모두 갈보리에서 다 끝났다고 본다. 하나님께서는 이미 이스라엘을 회복시키셨고, 따라서 천국은 이미 "영적으로" 임했다고 본다. 이것은 무천년주의적 관점도 마찬가지다. 후천년주의자들이나 무천년주의자들은 다같이 갈보리에서 이미 『**허물을 끝내고**』 예수 그리스도께서 이미 『**죄들을 종결시키**』셨으며, 그분께서는 또 갈보리에서 『**죄악에 화해를 이루고 영원한 의를 가져**』오셨고, 『**그 환상과 예언을 봉인**』함으로써 구약의 예언들은 모두 성취되고 종결되었으며, 『**지극히 거룩한 이에게 기름**』부음 역시 침례로 이루어졌다고 주장한다. 후천년주의자들이나 무천년주의자들이 쓴 책들을 보면 이스라엘에게 이루어지기로 된 약속들이 모두 "미래"의 일들인지라, 그 약속들을 모두 "영적으로" 해석하여 모든 약속들을 "영적인 것"으로 둔갑시켰고("spiritualized") 모든 약속들을 과거지사로 다루고 있어 미래에 실제적으로 이루어질 일들은 하나도 남은 게 없다. 그들에게 있어 미래란 약속의 성취가 아니라 신기루 같은 인간 노력의 성취뿐이다. 그리하여 그들에게는 미래란 사실상 실종되고 말았다. 그들이 성경을 거부하는 이유들 가운데 하나가 바로 이것이다. 성경은 미래를 말씀한다. 그들은 이것을 견딜 수가 없는 것이다.

예수 그리스도께서 갈보리에서 『**죄악에 화해를 이루**』셨다는 것은 사실이다. 나는 이 사실을 부인하지 않는다. 예수 그리스도께서 기름부음을 받으셨다는 사실 또한 나는 인정한다. 그러나 『**허물을 끝내고 죄들을 종결**』시키는 것도 이미 과거에 이루어졌다든지, 『**영원한 의를 가져**』오시는 것도 이미 과거에 이루어진 일이라고 주장한다면, 문제는 다르다. 예수 그리스도께서 초림하셨을 때 『**영원한 의**』는 성취되지 못했다. 『**영원한 의**』이신 예수 그리스도께서 초림 때 오셨으되, 그 당시 세대에 의하여 거부되었고 배척된 나머지 이 땅에 머무르지 못하신 채 다시 셋째 하늘로 "귀향"하셔야만 했기 때문이다. 『**그는 사람들에게서 멸시받고 거부되었으며 슬픔의 사람이요 질고에 익숙한 사람이라. 우리가 우리의 얼굴을 그로부터 숨긴 것같이 그는 멸시받았고 우리는 그를 존중하지 아니하였도다.**』(사 53:3)라고 성경은 분명히 말씀한다.

후천년주의자들이나 무천년주의자들이 24절을 이처럼 모두 과거에 이루어진 일로 해석하는 것은 바로 다음에 이어지는 25절에서 성경 자체가 내려주고 있는 해석을 무시했기 때문이다.

『**그러므로 알고 깨달으라. 예루살렘을 복원하고 건축하라는 그 명령이 나오는 때부터** 메시아 통치자**까지 칠 주와 육십이 주가 될 것이요, 그 거리와 그 성벽이 재건되리니, 곧 고난스런 때들이라**』(25절).

예루살렘을 재건하라는 명령이 나온 뒤 "통치자"로서의 예수 그리스도께서 오시는 그 날까지의 시간이 이 구절에서 제시되고 있다. 따라서 『**예루살렘을 복원하고 건축하라는 그 명령이 나오는 때**』가 언제인지 확실히 알기만 하면 『메시아 통치자』이신 예수 그리스도께서 오시는 때를 가늠해 볼 수가 있다. 그 시간적 길이가 『**칠 주와 육십이 주가 될 것**』이라고 분명히 말씀하고 있기 때문이다. 7주와 62주, 곧 69주이다. 그리고 27절에서 마지막 한 주가 제시되는데, 24절에서 말하는 모든 일들이 이루어지기 위해서 "70주"가 정해진 것이다.

우리는 무엇보다도 먼저 "주"("week")라는 말이 문자 그대로의 한 주간 7일을 의미하는 게 아니라는 것을 유념해야 한다. 『**칠십 주**』를 문자 그대로 계산한다면 1년 4개월 남짓밖에 안 된다는 뜻인데, 이것은 전혀 계산이 맞지 않는다. 예루살렘 재건 명령이 떨어진 후 그리스도의 초림이 이루어지는 데까지 걸린 시간만도 1년 4개월여라는 길이의 시간만으로는 턱없이 모자란다. 예루살렘 복원 명령이 나온 뒤 그리스도의 초림 때까지는 400여 년이라는 시간이 실제로 흘렀다. 이것만 보아도 여기서 언급하는 "주"("week")는 문자적인 한 주를 뜻하는 게 아니란 것을 알 수 있다. 내가 지금까지 읽은 주석서들 가운데 그 누구보다도 이 부분에서 훌륭하게 주석해 놓은 책이 클라렌스 라킨의 〈다니엘 주석서〉라고 믿기 때문에 나는 라킨이 다니엘의 『**칠십 주**』에 대해 어떻게 해석해 놓았는지, 좀 길기는 하지만 여기서 참고로 소개하는 게 좋겠다. 라킨은 〈다니엘 주석서〉 중 9:24-27 부분에서 다니엘의 『**칠십 주**』에 대해 매우 상세하게 설명하고 있는데, 다음 설명은 그의 주석을 기반으로 한 것임을 밝혀둔다.

『**칠십 주**』는 "칠십 번의 일곱"으로 읽어야 한다. 여기서 『**주**』라는 단어가 사용되고 있는 까닭은 "일곱"이라는 기간을 의미하는 히브리어 원어에 정확하게 상응하는 단어가 달리 없기 때문이다. 그리고 이 "일곱"이 날 수를 뜻하는지, 주간 수를 뜻하는지, 또는 햇수를 뜻하는지 여부는 문맥의 가닥을 보고 가늠해 보아야 한다. 그런데, 성경적 관점에서 볼 때, 자연계나 "영적 세계"가 모두 "일곱 체계"의 토대 위에 서 있음으로써 이 양자가 공통된 기원에서 나왔음을 증명하고 있다는 사실은 실로 주목할 만한 일이다. 자연계와 관련하여 우리는 하나님께서 "일곱째 날"에 쉬셨음을 읽는다. 그리고 성경 전체를 통틀어 "일곱"이라는 수는 기본 수이다. 그러므로 "날수"에도 "날들의 한 주"가 있고, "주"에도 "주들의 한 주"가 있으며, "달수"에도 "달들의 한 주"가 있고, "햇수"에도 "해들의 한 주"가 있으며, 이 "해들의 한 주" 역시 "한 주의 해들의 한 주"("week of weeks of years")가 있는가 하면, "천년의 한 주"도 있고, "시대의 한 주"도 있어 모든 것이 "주," 즉 "일곱"을 단위로 하고 있다. 모든 것을 불로 태워버리는 "소멸의 책"이라고 할 수 있는 성경의 마지막 책 요한계시록은 "일곱 교회," "일곱 봉인," "일곱 나팔," "일곱 인물," "일곱 호리병," "일곱 파멸," "일곱 새로운 것" 등등 모든 것이 일곱 체계로 되어 있다. "일곱"은 완전수다. 아버지 하나님과 아들 하나님 및 성령 하나님이라는 삼위일체 하나님이라는 개념에서 "셋"이라는 "하나님의 숫자"가 정립되고, 봄, 여름, 가을, 겨울로 대변되는 "넷"이라는 "인간 세상의 숫자"가 또 정립되거니와, "셋"과 "넷" 양자가 결합된 수가 "일곱"이라는 숫자이다.

이처럼 자연계나 성경이 다같이 "일곱 체계"를 근간으로 한 시간적 요소에 기초하고 있을진대, 하나님의 계획들 속에도 "시간적 요소"가 내포되어 있어 모든 시대와 경륜에 대한 자신의 계획과 목적들을 알려 주시는 "예언의 시간표"가 설정되어 있다고 믿는 것은 지극히 합리적이고 자연스러운 생각이 아니겠는가? 이것은 예수 그리스도께서 제자들이 『**주여, 이 때에 이스라엘에 그 왕국을 다시 회복하시겠나이까?**』라고 물었을 때, 『**너희에게는 그 때나 시기를 알게 하신 것이 아니요, 아버지께서 자신의 권한에 두셨느니라.**』(행 1:6,7)고 대답하셨던 것으로도 어떤 시간적 요소가 게재돼 있음이 분명해 보인다. 여기서 우리는 시대들에 대한 하나님의 계획들 속에는 그 "때"와 "시기"가 있음을 알 수 있는 것이다. 또 갈라디아서 4:4에서도 『**그 때가 차니 하나님께서 자기 아들을 보내시어...**』라고 언급하고 있는 점으로 미루어 보더라도 우리는 이것을 더욱 확실하게 알 수 있다. 이것을 바꾸어 말하면, 우주 내의 모든 것들이 "정해진 시간표"에 따라 움직이고 운행한다고 말할 수 있다. 우리는 지금까지 성경에 예언돼 있던 것들이 이미 정확히 성취된 것을 보아왔거니와, 어느 것 하나라도 때가 차면 성취되지 않을 것이 없을 것인즉, 성경이 미래에 대해 예언하고 있는 것들 역시 그 예정된 시간표에 따라 때가 차면 그 모두가 반드시 성취되리라는 것을 우리는 믿어 의심치 않는다.

"예언의 시간표" 안에서 우리는 "시간," "날," "주," "달," "해" 등과 함께 또 "때, 때들, 반 때" 등으로 구분된 단위가 있음을 성경에서 읽는다. 이렇게 나뉘어져 있는 시간 구분 단위는 동일한 기준 위에서 그 길이를 이해해야만 이치에 맞는다는 것은 두말할 나위도 없다. 그렇다면, 그 기준은 무엇인가? 하나님께서는 성경을 통하여 이 의문을 푸는 열쇠를 우리 손에

쥐어주셨다. 민수기 14:34에 보면 『**너희가 그 땅을 탐지한 날수를 따라, 곧 사십 일의 하루를 일 년으로 하여 사십 년간 너희가 죄악을 질지니...**』라는 언급이 나온다. 말하자면, 『**사십 일**』을 문자 그대로 "40일"로 보지 말고 하루를 1년으로 쳐서 『**사십 일**』을 『**사십 년**』으로 보라는 말씀인데, 이 예언은 아닌게아니라 이스라엘이 광야에서 방황하다가 정탐꾼들이 카나안 땅에 들어갈 때까지 40년이라는 시간이 실제로 흐른 다음에야 이 심판이 성취되었다는 점에서 『**하루**』는 곧 『**일 년**』이고, 『**사십 일**』은 곧 『**사십 년**』에 해당했음이 정확하게 입증되었다.

이러한 기준을 다니엘의 『**칠십 주**』에 적용해 보면 우리는 그 "70주"가 "70번의 일주일(7일)," 즉 70×7일 = 490일이 되고, 이 "490일"은 "하루를 1년으로 보는 기준"에 따라 490년에 해당된다는 것을 어렵지 않게 알 수 있을 것이다. 자, 그런데 다니엘 9:25은 『**예루살렘을 복원하고 건축하라는 그 명령이 나오는 때부터** 메시아 **통치자까지 칠 주와 육십이 주가 될 것이요**』라고 언급한다. 말하자면, "69주," 즉 483일, 곧 "하루를 1년으로 보는 기준"에 따라 483년이 걸릴 것이라는 얘기다. 하지만, 『**예루살렘을 복원하고 건축하라는 그 명령**』을 B.C. 536년에 나온 코레스왕의 칙령으로 잡을 때 『**메시아 통치자**』가 출생하신 B.C. 4년까지는 483년이 아니라 총 532년이라는 기간이 실제로 흘렀다. 다시 말해서, "69주," 즉 483년보다는 49년이나 더 긴 시간이 흘렀던 것이다. 바로 여기서 우리는 위에서 언급한 시간 길이를 둘러싸고 무엇인가 석연치 않은 점을 발견하게 되는데, 여기에 주목하는 것이 아주 중요하다. 구약은 그리스도께서 초림하시기 400년 전 말라키에서 끝난다. 따라서 이러한 시간 요소들을 고려할 때 우리는 불가불 프톨레미 등과 같은 이교도들이 남긴 역사 기록에 의존하지 않을 수밖에 없는데, 어떤 사람들은 그가 페르시아 왕들의 통치 기간을 너무 길게 잡는 바람에 전체 시간의 흐름이 너무 길게 계산된 게 아니었겠느냐고 생각하기도 한다.

성경이 없었다면 인류가 지구상에 출현하여 지금까지 존속해 온 전체 길이가 얼마나 되는지 알 수 없을 뻔했다는 사실을 아는 사람은 의외로 많지가 않다. 족보를 통하여 출애굽까지 각 족장들이 살았던 실제 수명의 길이를 계산해 보고 또, 바빌론 포로기까지의 재판관들과 이스라엘 및 유다 왕들의 실제 수명을 계산해 봄으로써 우리는 유대인이 바빌론에 포로로 사로잡혀갔던 B.C. 606년이라는 시점에 다다르게 되지만, 여기서부터는 성경 기록이 없기 때문에 별도리 없이 이교도들이 남긴 역사 기록에 의존하는 수밖에 없다. 우리가 역사 연구를 통하여 이집트라든가, 앗시리아, 바빌론, 메데-페르시아, 그리스 및 로마와 같은 나라들의 기원을 찾아 내려고 할 때, 우리는 그것들이 다양한 신화의 안개 속에 온통 싸여 있는 것을 발견하게 된다. 그들이 역대기를 연대순에 따라 기록해 두는 것이 얼마나 중요한가를 깨달았던 것은 훨씬 후대에 이르러서였고, 그 때부터 비로소 왕조나 역사적 사건 별로 하나하나 기록을 유지하기 시작했다. 그러나 그렇다고는 하지만 이를 위해 채택한 연대 계산법이나 기록 방식이 또 시종여일하지 않았고 일사불란하지가 못했는지라 그 기록들 자체에도 불분명한 점들이 수없이 많았다. 그 좋은 한 예로, 그들이 바벨, 즉 "언어의 혼란"(창 11:1-9) 시점을 계산하고 그 기록을 남겨두었으되, 하나님의 창조 사역이나 대홍수에 대해 예로부터 전해 내려오던 전래 설화들을 가지고 그 햇수들을 계산했다. 그렇기 때문에 전래 설화들이 어떻게 말했느냐에 따라, 또는 어떻게 해석했느냐에 따라 연대 추정은 이렇게도 되고 저렇게도 될 수밖에 없었고, 그 결과 진술 내용이 일사불란하기란 불가능했으리라는 것을 짐작할 수 있다.

그러나 "아담에서 그리스도까지"의 계보를 추적해 가면서 구약에 담긴 하나님의 목적들을 우리가 하나하나 소상하게 파악하게 될 때, 성경에 진술되어 있는 연대 기록들이 얼마나 놀랍도록 정확한지를 이해하게 되고 그 신뢰성에 감탄하게 된다. 성경의 기록들 중에 어떤 인물의 출생일을 밝혀 놓지 않았다든지, 어떤 왕의 통치 기간이 부왕의 통치 기간과 일부 겹쳐 있다든지 하기 때문에 몇몇 경우에는 그 기록이 완전해 보이지 않는 것도 사실이지만, 어떤 특정 사건 간의 전체 햇수와 대조해 가면서 그 기간 동안에 게재돼 있는 각 요소들의 햇수를 하나하나 파악하고 가려내고 정리해 나가다 보면, 결국 성경의 기록들만 가지고도 정확한 시간 길이들을 능히 산출해 낼 수가 있다.

『**칠십 주**』라는 기간을 연구함에 있어 맨 먼저 해야 될 일이 이 기간의 시발점을 찾아내는 일이다. 그러나 여기서도 생각들이 서로 엇갈려 의견이 분분하지만, 우리는 성경 기록들을 면밀하게 검토하고 분석함으로써 그 시발점을 정확하게 찾아내는 작업을 시작해야 한다.

바빌론 포로 이후 『**예루살렘을 복원하고 건축하라는 명령**』은 모두 네 번에 걸쳐 나왔는데, 그 첫 번째 칙령은 B.C 536년 코레스에 의한 것이었다. 『**페르시아의 코레스왕 제일년에... 그가... 포고하고 글로도 써서 말하기를 "...하늘의 주** 하나님께서... **유다 예루살렘에 있는 전을 그를 위하여 건축하라 하셨도다... 예루살렘으로 올라가 예루살렘에 계신 이스라엘의 주** 하나님의 **전을 건축할지니라.**"』(스 1:1-4).

코레스왕의 이 포고령은 역대기하 36:22-23에서도 재확인된다. 그러나 이 포고령을 잘 읽어 보면 『**주 하나님의 전**』, 즉 "성전"에 대해서만 언급하고 있지 다니엘 9:25에서처럼 『**예루살렘을 복원하고 건축하라**』, 즉 "도성"에 대해서는 언급이 없다는 것을 발견할 수 있다. 그러나 혹자는 이에 대해서 이사야 44:28의 문맥과 맥락을 같이하여 해석해야 한다고 주장하는데, 이 구절은 코레스가 왕위에 오르기 176년 전에 코레스에 대해 언급하고 있는 구절이다. 『**코레스에 관하여 말하기를 "그는 나의 목자요, 나의 모든 기쁨을 이행하리라." 하며, 예루살렘에게도 말하기를 "너는 재건되리라." 하고 성전에게는 "네 기초가 놓여지리라." 하는 이라**』(사 44:28).

이방 나라의 왕 코레스로 하여금 이러한 포고령을 내리도록 촉구한 것은 과연 무엇이었을까를 여기서 알아보는 것도 흥미로운 일일 것이다. 예레미야는 유대인들이 바빌론에 칠십 년 동안 포로로 사로잡혀가게 될 것을 예언했었거니와(렘 25:11-14), 다니엘은 예레미야의 이 예언에 주목하지 않았을까? 그리고 이 기간이 끝나가자 코레스왕에게 유대인의 해방을 요구했거나 이사야 44:28을 환기시키면서 성령께서 코레스왕을 움직여 유대인을 바빌론으로부터 해방시키고 그들을 예루살렘으로 귀환시켜 성전을 재건하고 느부캇넷살이 탈취해 갔던 성전의 금, 은 기명들까지도 반환하도록 촉구했던 것은 아닐까? 그러나 아무튼 무엇이 코레스왕으로 하여금 그런 칙령을 내리도록 움직였든 간에 5만 명의 유대인 포로들은 바빌론으로부터 귀환했고(스 2:64,65) 이들이 제단을 다시 쌓았으며, 희생 제사를 드리고 절기를 다시 지키기 시작했으며 성전 재건을 시작했는데, 그러는 가운데서도 반대자들에 의해 그 공사가 지연되었음을 우리는 또 성경에서 읽는다. 이것은 다니엘에게 들려주었던 가브리엘의 말이 성취된 것일까? 코레스가 비록 자신의 포고령을 성전 재건에만 국한하고 예루살렘 도성의 복원에 대해서는 아무 말도 하지 않았지만, 실은 내용적으로 그의 포고령 안에 이것도 포함돼 있었던 것으로 간주해도 괜찮은 것일까? 아니면, 이사야의 예언이 있은 후 코레스왕의 칙령이 나오기까지의 176년 사이에 주님께서 생각을 바꾸셔서 코레스로 하여금 성전 재건만을 명령하도록 하신 것이었을까? 그러나 성경에 기록된 코레스왕의 포고령을 토대로 한다면 주님께서 그에게 성전 건축만을 명하도록 위임하셨던 것으로밖에는 다른 판단이 나오지 않는다.

“두 번째 칙령”은 B.C. 519년 다리오왕에 의해 내려졌다(스 6:1-12). 에스라 5:1-17에 보면, 성전 재건 공사가 빠르게 진척되는 것을 보고 누가 그것을 허락하였는지 뒤늦게 문제 삼은 자들이 다리오왕에게 편지를 보내어 코레스왕에 의해 과연 그런 칙령이 내려졌었는지 조사해 달라고 요구함으로써 성전 재건 공사가 한때 방해를 받았다는 사실과 다리오왕이 바빌론의 보물이 쌓여있던 서고에서 코레스왕의 칙령을 발견함으로써 그 명령이 사실이었음을 재확인해 주게 되었다는 사실을 우리는 읽는다. 그런데, 코레스왕의 칙령을 재확인해 주는 다리오왕의 이 칙령 역시 예루살렘 도성의 복원과 건축에 대해서는 한마디도 언급이 없고 다만 성전 건축에 대해서만 언급함으로써 코레스왕의 칙령이 성전 건축에만 국한하고 있었음을 다시 한번 재확인하고 있음을 우리는 주목할 필요가 있다.

“세 번째 칙령”은 B.C. 458년 페르시아의 아탁세르세스왕에 의해서 나왔다. 이 칙령은 에스라에게 건네준 왕의 편지에서 예루살렘 귀환을 허락하고 제사장들과 레위인들을 데리고 가며 자원하여 바치는 금과 은 및 제물을 가지고 가서 그 돈으로 수송아지라든지 숫양 및 어린양들을 사서 제단에 바치도록 할 뿐만 아니라 필요하다면 무엇이든 왕의 보물창고에서 가져다 드릴 것을 허용하고 은 100달란트까지와 밀 100말까지, 포도주 100밧까지, 기름도 100밧까지, 그리고 소금은 무제한으로 가져가도록 승인했다(스 7:11-22).

그러나 여기에도 예루살렘 도성의 복원과 재건에 대해서는 아무런 언급이 없었다. 아탁세르세스왕의 칙령은 하나님의 계명들과 규례들을 맡은 서기관으로서 이 모든 말씀들이 “하나님의 전”에서 수행될 수 있기를 소원했던 에스라에게 보낸 편지에 불과했다. 다시 말해서, 예루살렘 도성의 복원과 재건 문제와는 아무런 관련이 없는 문서였던 것이다.

"네 번째 칙령"은 B.C. 445년 페르시아 왕 아탁세르세스 롱기마누스 치리 제이십년에 내려졌는데, 느헤미야 2:1-8에 이에 대한 기록이 보인다. 이 칙령은 왕의 "포도주를 맡은" 관원이었던 느헤미야에게 내려진 것이었는데, 이런 직책은 왕의 신임을 받는 신하만이 맡을 수 있는 페르시아 궁정 내의 고위직에 속했다. 이런 직책을 맡고 있던 느헤미야에게 내려진 아탁세르세스 롱기마누스의 칙령은 예루살렘으로 돌아가 그 "성벽"을 재건토록 승인한 것이었다. 말하자면, 예루살렘 도성의 재건에 관련된 최초의 칙령이었던 것이다. 이것은 "성전" 재건과 같은 "종교적인" 성격을 넘어 "정치적인" 성격을 띤 임무였다. 그러하였기 때문에 산발랏과 토비야처럼 강 저편 외곽 지대에 나가 있던 페르시아의 총독들은 성벽을 재건하고 예루살렘 성읍을 요새화하는 것을 정치적 반역 행위로 간주하고 이에 대해 반대의사를 표명했던 것이다. 그 결과 느헤미야가 성벽을 수리하는 데에는 불과 52일밖에 걸리지 않았던 데 반하여 성읍을 재건하고 복원하며 율법을 다시 세워 『**그 거리와 그 성벽이 재건되리니, 곧 고난스런 때들이라.**』는 다니엘 9:25의 예언이 성취되는 데에는 12년이나 걸렸다. 느헤미야에게 맡겨진 사명은 정치적 도읍지로서의 예루살렘 도성의 복원과 유대인 국가의 재건에 그 목적이 있었던 것이다. 아탁세르세스 롱기마누스가 내린 칙령의 내용은 성경에 명기돼 있지 않으나 느헤미야가 전개한 복원 작업의 내용을 기술하고 있는 성경 기록의 성격으로 보아 이것이 입증된다. 느헤미야에게 주어진 왕의 편지들은 개인적인 서신이라기보다는 왕의 칙서 형식으로 되어 있었던 게 분명한데, 그렇지 않았다면 그러한 "정치적인" 의미를 띤 공사를 공식적으로 진행 할 수는 없었을 것이다. 이러한 도성의 복원과 재건을 공식 승인했던 칙령이 다른 경우에는 없었다는 점에서 아탁세르세스 롱기마누스의 이 칙령이야말로 가브리엘 천사가 다니엘에게 알려 주었던 바로 그 『**명령**』이었던 것이다.

이번에는 이 문제를 다른 각도에서 한번 살펴보기로 하자.

B.C. 536년에 있었던 코레스왕의 "첫 번째 칙령"을 『**칠십 주**』의 기산점으로 잡는다면, 『**칠 주와 육십이 주**』, 즉 69주는 "하루를 1년으로 보는 기준"에 따라 483년이 되는데, 그렇다면 이 기간은 B.C. 53년에 끝나게 되어, 그리스도의 탄생을 B.C. 4년으로 잡을 때, 이 시점은 그리스도의 탄생보다 49년 전이 된다.

둘째로 B.C. 519년 다리오왕에 의해 내려졌던 "두 번째 칙령"을 『**칠십 주**』의 기산점으로 잡는다면, 이 기간은 B.C. 36년, 즉 그리스도의 탄생 32년 전에 끝나게 된다. 그런즉, 우리가 현재 갖고 있는 연대 계산이 정확하다면, 『**칠 주와 육십이 주**』 사이 어딘가에 49년, 또는 32년이라는 시간적 공백기가 있었다고 가정하지 않고는 "첫 번째 칙령"이나 "두 번째 칙령" 그 어느 쪽도 다니엘의 『**칠십 주**』의 기산점은 될 수 없다는 결론이 나온다.

이번에는 B.C. 458년 아탁세르세스왕에 의한 "세 번째 칙령"을 『**칠십 주**』의 시발점으로 가정해 보자. 이렇게 하면 483년이라는 기간은 A.D. 25년, 즉 그리스도 탄생 29년 뒤에나 종료된다. 그리스도의 탄생 시점이 B.C. 4년이었다고 보았을 경우에 말이다.

마지막으로 B.C. 445년 아탁세르세스 롱기마누스에 의해 내려진 "네 번째 칙령"을 『**칠십 주**』가 시작되는 기점으로 잡을 때, 69주 483년은 그리스도의 십자가 처형 8년 뒤인 A.D. 38년에나 끝나게 된다. 이런 점에서 우리는 이 경우 역시 위의 경우처럼 『**칠 주와 육십이 주**』 사이에 어떤 "시간적 공백기"를 삽입하거나 아니면, 무엇인가 다른 계산 방법을 모색하지 않으면 안 된다는 결론이 나온다.

한편, 이 문제를 해결하기 위한 접근로로 생각해 볼 수 있는 고려 사항

중에는 또 다른 방식이 있을 수 있다. 우리는 위에서 『**칠십 주**』의 기산점이 될 수 있는 네 가지 "출발 시점"을 고려해 보았는데, 이번에는 거꾸로 "출발점" 대신 "69주"의 "종료 시점"을 한번 생각해보는 것은 어떨까 하는 것이 바로 그것이다.

다니엘 9:25은 『**메시아 통치자까지**』라고 언급하고 있는데, 이것은 무슨 뜻일까? 메시아 통치자라면 곧 그리스도를 지칭한다는 것은 두말할 나위가 없다. 그러나 『**메시아 통치자까지**』가 예수 그리스도의 지상 생애 중 어떤 특정한 기간 또는 사건의 종료 시점을 가리키는 것일까? 아니면 그분의 탄생 시점을 가리키는 것일까? 그것도 아니라면, 그분의 침례 시점을 가리키는 것인가? 또 그것도 아니라면, 그리스도께서 예루살렘으로 들어가셨던 "승리의 입성" 시점을 가리키는 것일까? 이러한 일들은 모두 그분의 지상 생애 33년이라는 기간에 걸쳐 일어났던 일들이기 때문에 우리의 시간 계산에 결정적인 영향을 미치는 요소가 된다.

자, 그럼 이 요소들 하나 하나를 살펴보기로 하자. 그리스도의 "탄생" 시점이 "69주"의 종료 시점이었을까? 우리가 그러리라고 가정하더라도 이것은 자연스러운 일이다. 가브리엘 천사가 다니엘에게 『**칠십 주**』에 대해 무엇인가 중대한 것을 알려주러 왔다면, "69주"가 종료됨과 함께 『**메시아 통치자**』가 탄생하리라는 사실보다 더 중대한 소식이 또 어디 있겠는가? 따라서 우리가 『**칠십 주**』의 "때가 찬"(갈 4:4) 시점을 생각할 때, 『**메시아 통치자**』께서 나타나셨던 시점이 바로 그때였다고 생각하는 것은 지극히 자연스럽다. 가브리엘 천사는 마리아에게도 나타나 그리스도의 탄생을 알렸었다(눅 1:30-33). 가브리엘이 마리아에게 예수 그리스도를 일컬어 비록 "메시아 통치자"라고 지칭하지는 않았지만, 그는 분명히 예수 그리스도께서 그의 조상 다윗의 보좌를 받게 될 것을 알려 주었던 것인즉, 이것은 그분께서 "다윗의 집"의 "통치자"로 탄생하게 될 것을 알려 주었던 것이나 마찬가지였다. “현자들”(마 2:1,2)도 그분을 두고 “왕”이라 불렀다.

그러나 그럼에도 불구하고 우리가 고려해야 될 점은 예수 그리스도께서 초림하셨을 때 그분의 탄생이 공개적으로 알려진 것이 아니었다는 점이다. 이런 상황으로 미루어 볼 때, 그분의 탄생 시점으로 이 예언이 과연 성취되었는가 하는 것은 여전히 의문이다.

예수님의 생애 중에 나타난 최초의 공개적인 사건은 30세의 나이가 되셨을 때 있었던 그분의 침례였는데, 그분께서는 이 당시 자신의 신성에 대한 아버지 하나님과 성령에 의한 이중 증거를 갖고 계셨다(마 3:13,14). 하나님께서는 이때 예수님에 대하여 이렇게 말씀하셨다. 『**이는 내 사랑하는 아들이요, 그 안에서 내가 매우 기뻐하노라**』(마 3:17). 그런가 하면 또, 누가복음 3:21,22에서는 성령께서 비둘기의 양상으로 나타나 주님께 기름을 부으신다. “메시아”란 단어가 “기름부음 받은 자”란 뜻일진대, 그리스도께서는 침례를 받으신 이래로 공생애를 시작하시고 또 “천국이 가까웠다.”고 선언하셨으므로, 이때가 바로 “69주”가 종료되는 시점일 수도 있는 것이다.

그러나 이렇게 결론을 내리는 데에도 문제가 없는 것은 아니다. 그분께서 제시하셨던 천국은 거부되었고, 그때로부터 예수님의 사역은 다른 양상을 띠게 되었으며, 자신께서 메시아시라는 주장이 공공연하게 인정받는 것을 스스로 피하셨을 뿐만 아니라, 심지어 제자들이 그분을 세상에 공개적으로 알리는 것조차 거듭거듭 제지하기까지 하셨다. 그런즉, 예수님의 침례가 “69주”의 종료 시점이었다고 보는 것은 타당치 않다.

“69주”의 종료 시점으로 볼 수도 있는 예수 그리스도의 생애 중 세 번째 사건은 십자가 처형 며칠 전, A.D. 30년 4월 2일 “종려 주일”에 예루살렘에 들어가셨던 "승리의 입성"이었다. 이에 대해서는 사복음서가 모두 기록하고 있다. 그분께서 얼마 안 있으면 "끊어질 것"(십자가 처형)을 알고 계셨지만(단 9:26), "메시아"라는 그분의 신분은 십자가 처형 이전에 공식적으로 선포되고 알려지지 않으면 안 되었다. 그래서 예수 그리스도께서는 친히 스카랴 9:9의 성취를 행동으로 옮기셨던 것이다. 『**오 시온의 딸아, 크게 기뻐하라. 오 예루살렘의 딸아, 소리지르라. 보라, 네 왕이 네게 오시나니 그는 공의로우시며 구원을 지니셨고, 겸손하시며 나귀를 타시리니 나귀의 새끼인 어린 나귀니라.**』

요한복음 12:13을 보면 올리브 산에서 나귀를 타고 내려오시는 그분을 맞으러 나갔던 사람들이 『**호산나, 주의 이름으로 오시는 이스라엘의 왕은 복이 있도다.**』라고 외쳤던 것을 알 수 있다. 이들 군중들은 어째서 예수 그리스도의 "왕이심"을 환호하며 선언했던 것일까? 예수 그리스도의 예루살렘 입성은 의미심장한 어떤 예언적 의의를 띠고 있었다. 예루살렘 입성 당시 예수님께서는 스스로 자신의 "왕이심"에 동의하셨을 뿐만 아니라 어디 어디에 가면 나귀가 한 마리 있을 터인즉 그것을 끌고 오라고 제자들에게 명하심으로써(마 21:1-3) 자신의 예루살렘 입성을 실현시키기 위한 조치를 적극적으로 취하셨다는 사실로 보거나, 제자들이 예수님의 모든 능하신 일들로 인하여 기뻐하며 『**주의 이름으로 오시는 왕은 복이 있도다. 하늘에는 화평이요, 지극히 높은 곳에는 영광이로다.**』(눅 19:38) 하고 큰 소리로 하나님을 찬양하기 시작했을 때, 바리새인들 몇 사람이 예수님께 그런 제자들을 꾸짖으라고 요구하자, 주님께서는 오히려 『**이 사람들이 침묵을 지킨다면 돌들이 즉시 소리를 지르리라.**』(눅 19:40)고 말씀하시면서 바리새인들을 면박했던 사실로 보거나 예수님께서는 자신이 『**왕**』이라 불리는 것에 적극적으로 동의하셨을 뿐만 아니라 그렇게 불려지도록 스스로 도모하셨던 것이 사실이었다. 이런 점에서 예루살렘으로의 "승리의 입성"은 확실히 깊은 예언적 의미를 띠고 있던 사건으로 보아 아무 무리가 없는 것이다. 그렇다면, 그 예언적 의미가 갖는 중대성이 무엇이었겠는가? "69주"의 종료를 알리고 『**메시아 통치자**』의 오심에 대한 선언만큼 중대한 의미가 또 어디 있겠는가? 다니엘 9:25과 스가랴 9:9의 예언들이 예수님의 예루살렘 입성이라는 사건으로 동일하게 성취되었다고 보지 못할 이유는 하나도 없다. 사람들이 예수님을 『**왕**』으로 받아들였던 그 행위 자체가 곧 그분을 『**메시아 통치자**』로 받아들이는 행위였던 것이다. 예수 그리스도께서 처음 오셨을 때는 "나귀"를 타신 채 겸손하고 낮은 자세로 예루살렘에 입성하셨지만, 장차 두 번째 예루살렘으로 다시 오실 때는 하늘의 군대를 이끌고 "흰 말"을 타신 당당하신 "왕"으로 오실 것이다. 사도 요한은 요한계시록 19장에서 이렇게 영광 중에 왕으로 오시는 예수 그리스도의 모습을 본다. 하늘이 열리고 흰 말이 나타나는데, 그 위에 앉으신 주님께서는 『**신실과 진실**』이라 불리는 가운데 의로 심판하고 싸우신다. 그분의 눈은 마치 불꽃 같고 머리에는 많은 왕관이 씌워져 있으며 피에 적신 옷을 입으셨고, 또 『**하나님의 말씀**』이라는 이름도 갖고 계신다. 또한 희고 정결한 세마포를 입은 하늘의 군대들이 흰 말을 타고 오시는 그분을 따르고 있다. 그분의 입에서는 예리한 칼이 나와서 그것으로 민족들을 치실 것이고, 또 철장으로 그들을 다스리실 『"**만왕의 왕, 또 만주의 주**"**라 하였더라.**』(계 19:11-16)고 성경은 적고 있다. 그러므로 예수 그리스도의 탄생이나 침례보다는 예루살렘으로의 "승리의 입성"이야말로 "69주"가 끝나는 종료 시점으로 받아들이는 것은 지극히 합리적인 결론이다.

그러나 이처럼 "69주"가 시작된 출발 시점이 아탁세르세스 롱기마누스의 칙령이 내려졌던 B.C. 445년 3월 14일이었고, "69주"가 끝난 종료 시점은 예수님께서 종려 주일에 예루살렘으로 "승리의 입성"을 하셨던 A.D.

30년 4월 2일이었다는 결론에 도달한다 하더라도, "69주"가 과연 출발 시점과 종료 시점의 두 날짜 사이에 걸친 483년이라는 "시간적 간격"에 정확하게 일치하는지 여부를 조사해 볼 필요성은 여전히 숙제로 남는다.

그러나 이 숙제를 풀기 전에 우리는 먼저 그리스도의 탄생일과 사망일을 둘러싸고도 견해가 엇갈리고 있다는 사실을 유의해 두는 게 좋겠다. 예수님께서는 헤롯왕이 죽기 전에 출생하셨거니와(마 2:1-23), 헤롯은 B.C. 4년 후반기에 사망하였던 것으로 미루어 예수님께서는 결코 A.D. 1년에 출생하신 게 아니었다. 그리고 그분께서 침례인 요한에게 침례를 받으셨을 때 그분은 『**약 삼십 세**』이셨음을 우리는 성경에서 읽는데(눅 3:23), 그렇다면, 이것은 A.D. 26년 후반기쯤이었을 것이다. 그리고 그분의 공생애가 3년 반 동안 계속되었으므로 이것은 A.D. 30년 봄까지 그분을 옮겨다 놓게 되는데, 그때의 "승리의 입성" 날짜는 처형 날짜 직전의 일요일인 A.D. 30년 4월 2일이었던 셈이다.

여기까지 우리는 365.25일을 1년으로 하는 율리우스력 또는 태양력을 기준으로 계산해 보았는데, 이것 말고도 다른 종류의 일력들이 있다. 365일을 1년으로 하는 양력이 있는가 하면, 360일을 1년으로 하는 유대력이 있고, 354일을 1년으로 하는 음력이라는 게 또 있는 것이다. 하나님께서는 이렇게 다양한 달력들 가운데 어떤 것을 성경에서 사용하고 계신 것일까? 이에 대한 대답은 창세기 7:11-24와 8:3,4에서 언급되는 홍수에 대한 설명에서 찾아낼 수 있다. 여기서 우리는 둘째 달 17일에서 일곱째 달 17일까지에 걸친 다섯 달이 150일에 해당한다는 이야기를 듣게 된다. 말하자면, 한 달은 30일이고, 1년은 360이라는 것이다. 바로 그러하기 때문에 우리가 "예언적 연대"를 다룰 때 360일을 1년으로 하는 달력을 사용하게 되는데, 이것을 우리는 "예언력," 또는 유대력이라 부른다. 여기에 또 우리는 이미 "하루를 일 년으로" 하고 또 "한 달을 30일로" 하는 하나님의 시간 측정 단위도 앞에서 찾아냈었다. 그런즉, 이번에는 이것을 다니엘의 『**칠십 주**』에 적용해 보도록 하자.

일반적인 연대표에 따라 B.C. 445년에서 A.D. 30년까지를 475년으로 계산한다면 이것은 1년을 365일로 하는 양력에 따른 것이다. 이 두 연대 사이는 473년(444년+29년)이지만 여기에 B.C. 1년과 A.D. 1년을 합쳐 2년으로 계산하여 이것을 합쳐야 양력으로 475년이 된다. 하지만 그 기간의 길이 자체는 473년이다. 양력으로 1년은 365일이므로 이것을 곱하면 473년은 곧 172,645일이 되는데, 여기에 또 B.C. 445년의 3월 14일에서 12월 31일까지 두 날짜를 포함한 293일과 A.D. 30년의 1월 1일부터 4월 2일까지의 92일을 가산하면, 172,645+293+92=173,030일이 된다. 여기에 또 윤년 때문에 더해진 116일이 있었을 터인즉 이것을 합산하면 총 173,146일이 된다. 이것을 "예언력"에 따른 360일로 나누면 14일이 부족한 481년이 되는데, 이것은 "69주"에 해당하는 483년보다 2년 14일이 부족한 길이다.

이러한 계산법은 로버트 앤더슨이 자신의 저서 〈비평가들의 굴에 던져진 다니엘, *Daniel in the Critic's Den*〉 134면에서 밝힌 내용과는 일치하지 않는다. 로버트 앤더슨은 예루살렘 입성이 A.D. 32년 4월 6일 일요일의 일이었다고 주장하는데, 누가복음 3:1-3의 기록을 근거로 한 것으로서, 침례인 요한이 『**티베리오 카이사가 집권한 지 십오 년째 되던 해**』(눅 3:1)에 사역을 시작한 것으로 성경에 기록돼 있거니와, 이교도들이 쓴 역사가 옳다면 이것은 A.D. 29년에 해당하기 때문이다. 그런데, 예수님께서 침례를 받으셨던 것이 요한의 침례 사역 첫해 기간 동안이었으므로 그 시점은 A.D. 29년이었다는 얘기가 된다. 게다가 로버트 앤더슨은 예수님의 사역 기간을 3년으로 제한하기 때문에 예루살렘 입성 날짜 또한 A.D. 32

년 4월 6일 일요일로 잡는다. 이것은 위에서 살펴본 것처럼, 예수님께서 헤롯이 죽기 전에 탄생하셨고, 그 해 후반기에 헤롯이 사망하였으므로 예수님의 출생은 B.C. 4년이었다는 주장과는 견해가 엇갈린다. 한편, 누가는 예수님께서 침례받으셨던 때가 『**약 삼십 세**』였다(눅 3:23)고 서술한다. 따라서 예수님께서 B.C. 4년에 출생하셨고 침례인 요한이 A.D. 29년에 사역을 시작하였다면, 예수님께서 침례받으셨던 때는 그분께서 33세셨고, 또 그분의 공생애가 3년 반에 걸쳤다면 그분께서 처형되신 것은 36세 반의 나이가 되셨을 때였다는 계산이 나온다. 결국, 헤롯이 과연 B.C. 4년에 사망한 게 사실이냐, 혹은 티베리오 카이사가 과연 A.D. 14년에 집권했다는 게 정확한 이야기냐 하는 데 문제의 초점이 모아지게 된다.

여기까지 길게 설명을 계속하고 있는 클라렌스 라킨은 로버트 앤더슨의 저서에 나와 있는 햇수 계산 방식을 인용한 뒤, 여기서도 문제가 있음을 지적하고 이교도들의 달력에 따라 B.C. 445년에서 A.D. 30년 혹은 A.D. 32년 사이의 기간을 계산 할 때 1,2년의 착오가 있었다고밖에는 설명할 도리가 없다고 말하고, 만약 그 착오를 찾아내고 그것이 1,2년 이상이라 할지라도 그것은 "칠 주"와 "62주" 사이에 어떤 시간적 공백이 있었으리라는 가정을 한층 더 뒷받침하는 것일 뿐 여기에 큰 의미를 부여할 필요는 없다고 결론을 내린다. 자신의 계산 방식이나 로버트 앤더슨의 계산 방식에서 약간의 시간적 차이가 나타난다 할지라도 그것은 B.C. 445년 아탁세르세스 롱기마누스의 칙령과 예수 그리스도의 예루살렘 입성 사이에 걸친 "69주"라는 긴 기간에 비하면 미미한 차이에 불과하므로 무시해도 좋다는 것이다. 나는 라킨의 이러한 견해에 동의한다. 483년이나 되는 긴 세월을 산출하면서 우리가 잘 알 수 없는 어떤 요인에 의해 한두 해쯤 오차가 생긴다고 해서 그것이 무슨 대단한 오류라고 단정할 수는 없기 때문이다.

이 정도의 오차라면 이것은 중요한 문제가 아니다. 예수 그리스도의 재림에 대한 예언을 공부하는 사람들이 정신을 차리고 이에 대해 비상한 관심을 갖고 『**칠십 주**』에 대한 다니엘의 예언의 성격을 잘 이해하기만 했다면, 누구나 그분의 오심을 기다리는 가운데 그분께서 『**메시아 통치자**』시요, "왕"으로 오시리라는 데에 일말의 의심도 없을 것이다. 중요한 것은 바로 이것이다. 오늘날 세상은 성경을 통하여 예수 그리스도의 재림에 대해 말씀하고 있는 예언들에 사람들이 주목하도록 촉구하는 성경 교사들과 학생들에게 수많은 비난과 조롱을 쏟아 붓고 있다. 그러나 이들의 비난과 조롱이 중요한 게 아니라 이런 자들이 다시 오시는 그분을 맞이할 준비가 돼 있지 않은 것이 우리에게는 중요한 문제다. 이런 사람들은 그분께서 초림하셨을 때 그분을 영접하지 않았던 유대인들과 똑같은 상황에 놓여 있는 것이다. 천사가 다니엘에게 또 『**악한 자들 중 아무도 깨닫지 못할 것이나 현명한 자들은 깨달으리라.**』(단 12:10)고 한 말이 바로 이것이었다. "성경적으로 명철이 있고 영적으로 깨어 있는" 사람들이 곧 『**현명한 자들**』이다.

클라렌스 라킨이나 로버트 앤더슨이 어떤 방식으로 어떻게 햇수를 계산하였든, 또 그들이 설사 햇수 계산을 잘했든 못했든, 그게 중요한 게 아니다. 우리가 주목할 점은 예루살렘을 복원하고 성전을 재건하라는 칙령이 내려진 그 역사적 사실에서 장차 어느 날, 어느 일요일에 영광 중에 왕으로 재림하시는 주 예수 그리스도를 클라렌스 라킨이나 로버트 앤더슨 같은 훌륭한 사람들이 정확한 눈으로 바라보고 있었다는 점이다. 예수 그리스도께서 탄생하셨을 때 역시 동방의 "현자들"만은 이를 알고 찾아왔었다. 이들은 아마도 다니엘의 예언을 익히 잘 알고 있었으리라. 다니엘은 바빌론의 모든 현자들의 우두머리였다. 따라서 그가 남긴 예언의 기록들은 현자들에 의하여 대대로 열심히 읽혀 내려왔을 것이 분명하다. 이것은 예수님의 탄생 당시까지도 이어져 내려왔을 것이다. 현자들은 부단히 예언의 연수를 계산해 내려온다. 그들은 오늘의 그 어느 성경 학도들보다도 예언들에 대해 더 잘 알고 있었을 것이고 연수를 계산하는 데도 더 정확한 방식을 알고 있었을 것이다. 그러던 어느 날 하늘에 나타난 별을 보게 된다. "가만 있자. 『**육십이 주 후에는 메시아가 끊어질 것**』이라 했는데, 그 메시아가 33세의 나이에 처형될 것인즉, 그렇다면 지금이 그분께서 탄생하실 해가 아닌가?" 그들은 이 정도까지 상세하게 예언들을 이해하고 있었는지도 모른다. 그들은 "69주" 483년을 놓고 계산해 보면서 거기서 33년을 빼고 나서 하늘을 올려다보니 거기에 이상한 별이 나타난 것을 보고 무릎을 탁 쳤을 것이다. 그들은 또 민수기 23장도 충분히 읽고 있었을 것이다. 『**주께서는 야곱의 죄악을 보지 않으시며 또 이스라엘의 패역을 보지 않으셨도다. 주 그의 하나님께서 그와 함께 계시며, 왕을 환호하는 소리가 그들 가운데 있도다. 하나님께서 그들을 이집트에서 데리고 나오셨으니, 그 힘이 유니콘의 힘 같구나**』(민 23:21,22). 이 구절에서 "유니콘"이라는 별 자리가 언급된다. 현자들은 이것을 기억하고 있었을 것이다. 그들은 별들의 운행을 예의 관찰하고 미래를 예측하는 사람들이었다. 그렇기에 그들은 예수 그리스도께서 탄생하시기도 전에 그것을 예측하고 있었고, 탄생하시던 바로 그 시점에 하늘에 나타난 별을 보고 정확하게 그 사실을 확인할 수 있었을 것이다.

옛 현자들이 주님의 초림 시점을 그렇게 세밀하게 예측하고 있었다면, 지금의 우리인들 그분의 재림 시점을 그만큼 가까이 느끼고 예측하지 못할 리가 없지 않은가? 예수 그리스도의 재림 이야기가 남의 나라 일처럼 느껴지는가? 그분의 다시 오심이 옛날이야기나 동화처럼 허황하게 들리는

가? 적어도 내가 알고 있기로는 그분의 재림은 매우 임박했다. 나는 그것을 성경을 통해서 예측하고 있을 뿐더러 피부로 그것을 느낀다. 나는 성경을 150회 이상 통독한 결과 이것을 느끼고 알게 되었다. 여기에는 내 사견이나 쓸데없는 나 개인의 인간적 견해나 추측을 개입시키지 않고 오직 성경 말씀만을 토대로 내린 결론이다. 당신도 성경을 읽으면 읽을수록 그분께서 아주 가까이 와 계시다는 것을 알게 될 것이다.

다니엘의 『**칠십 주**』 가운데서 "69주"가 그리스도의 예루살렘 입성과 함께 그 전체 기간을 다 채우게 되었다는 것을 알게 된 지금 우리에게 남은 문제는 "칠십째 주"가 "69주"에 곧바로 연속되느냐, 아니면 그 사이에 어떤 시간적 공백이 또 있게 되느냐 하는 것이다. 결론부터 이야기한다면, "칠십째 주"는 "69주"가 끝난 뒤 어떤 공백기가 있게 된 다음에 다시 이어질 것이다. 그리고 그 시간적 공백기가 바로 현재의 경륜 시대 전체, 즉 교회 시대인 것이다. 우리는 지금 69째 주와 70째 주 사이의 공백기에 살아가고 있는 것이다. 이것이 하나님의 경륜상 은혜 시대요, 또 교회 시대인 것이다.

다니엘의 『**칠십 주**』에서 마지막 "칠십 번째 주"에 도달할 때까지 시간적 공백기는 없다고 주장하는 사람들도 있다. 이들 중 혹자는 "69번째 주"가 그리스도의 출생과 함께 종료되었고 그분께서 "끊어지셨던" 십자가 처형 시점이 "70번째 주" 한 중간에 일어난 사건이었으며, 지금의 교회 시대는 그 "70째 주"의 후반기가 성취되고 있는 과정에 있다고 생각한다. 지금까지 우리가 살펴본 바와 같이 "69주"의 한 "주" 길이가 각기 7년 이상이 될 수 없다는 것으로 미루어 볼 때, 이러한 주장이 옳을 수 없다는 것은 그들이 "70째 주"라는 기간을 둘로 양분하되, 한 부분은 그리스도의 탄생 시점에서 십자가까지의 33년 반으로 잡고 다른 한 부분은 무려 1,900년 이상 거의 2,000년 가까이 길게 잡음으로써 양분한 두 부분이 턱없이 균등하지 않다는 데서 쉽게 알 수 있다. 이런 계산법은 "칠십 주" 자체를 사실적으로 다루지 않은 채 막연하고도 추상적인 시각으로 바라보거나 흔히들 하듯 애매모호한 "영적" 시각으로 접근한 데서 나온 생각이다. 다니엘의 "칠십째 주"는 그렇게 애매 모호하게 설정된 기간이 아니다.

시간적 공백기가 없다고 주장하는 사람들 가운데 일부는 또 "69번째 주"와 "70번째 주" 사이에 공백기를 두는 것은 성경이 다른 곳에서 언급하는 내용에 배치된다고 주장하면서 "70년" 바빌론 포로 기간이 전혀 공백기 없이 일사불란하게 70년 동안 곧바로 이어졌다는 사실을 근거로 내세운다. 그들은 또 아브라함의 후손들이 이집트에 머물렀던 기간 430년(창 15:13, 출 12:40, 갈 3:17) 역시 출애굽기 12:41,42에서 정확하게 430년으로 끝났고, 또 이스라엘 자손의 40년 광야 생활 역시 전혀 공백기가 없이 문자 그대로 40년으로 종결되었음(민 14:34)을 지적한다. 그러나 이들은 이에 대한 예언들 가운데 어떤 시간적 구획이 전혀 언급되지 않고 있다는 사실을 간과했다. 다니엘의 『**칠십 주**』에 대한 예언은 "7주+62주+1주"라는 시간적 구획이 분명하게 제시되고 있고, 구획된 기간마다 각기 제 나름대로의 특정한 의미를 갖고 있다. 이에 반하여 이집트 체류 430년이라든지, 광야 생활 40년이라든지, 바빌론 포로 생활 70년 등에 대한 예언에는 전체 시간을 이렇게 나누어 구분하는 언급이 전혀 눈에 띄지 않는다. 다니엘의 『**칠십 주**』를 성경이 언급하면서 "7주와 62주와 1주"처럼 전 기간을 세 부분으로 끊어서 언급한 데에는 직접적인 증거는 없지만, 각 기간 사이에 비록 시간적 "공백기"가 아니더라도 최소한 어떤 "휴지기"라든지, 어떤 "숨표" 같은 무엇인가가 게재돼 있음을 하나님께서 암시한 것으로 보아야 한다.

이것이 사실이라면 『**칠 주와 육십이 주**』 사이의 틈은 무엇이 메워주었던 것일까? 그리스도의 십자가 처형과 예루살렘의 파괴 등과 같이 성경은 "69번째 주"와 "70번째 주" 사이에 어떤 일이 일어날 것인가를 언급하고 있다. 그러나 『**칠 주와 육십이 주**』 사이에 있을 일들에 대해서는 일체 언급이 없다. 그럼에도 불구하고 『**칠 주**』와 『**육십이 주**』를 각기 구분해서 언급한다는 사실로 보아 양자 사이의 시간적 구획을 연결해 줄 어떤 사건이 있었을 것만은 아주 분명해 보인다. 비록 그 틈이 하루나 일 년밖에 되지 않을지도 모르지만 말이다. 『**칠 주**』가 49년에 해당한다는 것을 알고 있는 우리로서는 혹시 이 기간을 성전을 재건하고 성전 경배의 의식을 재개하는 데까지 걸렸던 시간에 대입해 볼 수도 있겠다. 그러고 보니 이것은 B.C. 445년 아탁세르세스 롱기마누스의 칙령으로부터 구약의 예언이 닫혔던 B.C. 396년까지의 기간과 정확하게 일치한다. 그 결과 『**육십이 주**』는 놀랍게도 구약이 닫혔던 B.C. 396년에서 그리스도께서 예루살렘으로 들어가셨던 A.D. 30년의 "승리의 입성"까지에 이르는 "침묵의 기간"에 해당한다는 사실이 더욱 선명하게 드러난다.

한편, 다니엘 9:26절은 "69번째 주"와 "70번째 주" 사이의 시간적 공백 기간에 일어날 일에 대해 우리에게 알려 주고 있다. 첫째, 『**메시아 통치자**』가 『**끊어질 것**』이다. 즉 예수 그리스도께서 처형되시는 것이다. 둘째, 예루살렘과 성전이 로마인들에 의해 파괴되는 것이다. 셋째, 예루살렘 파괴 이후 전쟁 등으로 더욱 황폐케 되는 일이 있게 될 것이다. 예수님께서 『**그들은 칼날에 쓰러질 것이며, 모든 민족들에게 사로잡혀갈 것이요, 또 예루살렘은 이방인들의 때가 찰 때까지 이방인들에게 짓밟히리라.**』(눅 21:24)고 말씀하셨던 일들은 이 마지막 기간 동안에 있을 일들이었다.

그렇지만 지금 그 『**이방인들의 때**』는 아직도 진행되고 있기 때문에 다니엘 9:26은 "70번째 주"가 "69번째 주"에 이어진다는 서술로 볼 수가 없다. "70번째 주"는 7년밖에 안되는 기간인데 반해 『**이방인들의 때**』는 거의 2,000년 가까이 이미 진행돼 왔고 지금도 진행 중이며, 앞으로 또 얼마나 더 진행될지 아무도 모르니까 말이다.

"69번째 주"는 이미 끝났고 "70번째 주"는 예수님께서 침례 받으시기 위해 요단 강 가에 나타나셨을 때 이미 시작되었다고 주장하는 사람들은 이 "70번째 주"의 후반기에 대해서는 전혀 설명하지 못한다. 그분의 십자가 처형으로 희생 제물을 드리는 제사가 종결되었으므로 이것으로 "피의 제사"가 모두 종료되었다고 주장하기도 하나, 성전에서 드리는 피의 제사가 유대인들 사이에서 실제적으로 종료된 것은 십자가 사건 40년 뒤 로마인들에 의해 성전이 완전히 파괴될 때에 이르러서였다.

우리는 여기서 마태복음 24장이나 마가복음 13장, 그리고 누가복음 21장에 나오는 예수 그리스도의 올리브 산 설교를 살펴볼 필요가 있다. 예수님께서 올리브 산에서 설교하셨던 시점은 "69주"가 이미 지난 뒤였고, "끊어질" 시점이 되었을 때 그분께서는 "69주"가 끝난 뒤 이틀 이내의 시점에 서 계셨다. 그분의 올리브 산 설교에서 나타나듯이 그분께서는 예루살렘의 파괴를 예언하셨고 이방인들의 때가 찰 때까지 예루살렘이 이방인들의 발에 어떻게 짓밟히게 될 것인가에 대해 예언해 주셨다. 이때가 바로 "70번째 주"에 해당하는 것이다.

뿐만 아니라 예루살렘이 파괴된 26년 뒤인 A.D. 96년에 기록된 요한계시록을 통해서도 알 수 있는데, 요한계시록은 예수 그리스도의 올리브 산 설교를 재확인해 줄 뿐만 아니라 다니엘의 "70째 주"에 어떤 일들이 일어날 것인가를 상세히 알려주고 있다. 우리는 다니엘 9장의 "70째 주"와 마태복음 24장의 올리브 산 설교, 그리고 요한계시록 6장부터 제시되는 각 봉인들과 나팔들 및 호리병들이 동일한 기간을 다루고 있고, 그것도 유대인들만을 다루며, 교회를 다루고 있지 않음을 분명히 본다. 다니엘이 "70째 주"에 대한 예언을 통하여 그 개략적인 내용을 전하고 있다면, 예수 그리스도께서는 올리브 산 설교를 통하여 그 대강의 그림을 윤곽으로 보여주고 계시고, 요한은 요한계시록을 아주 상세한 내용들로 가득 채우고 있는 것이다.

결론적으로 말해서 다니엘의 『**칠십 주**』는 유대인들에게만 정해진 기간으로서 "이방인들의 때"와는 별도로 도려내어진 기간이며, "교회"와는 아무 관련이 없다. 구약에서 "교회"는 계시되지 않았다는 사실을 잊지 말아야 한다. 다니엘이 26절에서 메시아의 "끊어짐"과 예루살렘의 파괴를 언급한 뒤 곧바로 27절에서 지금도 미래에 속하는 적그리스도의 언약으로 비약하는 까닭이 여기에 있다. 예수 그리스도의 십자가 처형과 『**장차 올 그 통치자**』(26절), 즉 적그리스도의 나타남 사이에 있게 될 "교회"는 다니엘의 백성과 도성에 대한 예언 가운데에는 낄 틈이 없었던 것이다. 이것이 "69번째 주"와 "70번째 주" 사이에 "교회 시대의 경륜"이라는 긴 시간적 공백이 가로놓일 수밖에 없는 이유인 것이다.

"69째 주"와 "70째 주" 사이에 가로놓인 교회 시대라는 시간적 공백기가 얼마나 될는지는 아무도 모른다. 성경에서 이에 대해 구체적인 언급을 하지 않았기 때문에 그 누구도 이 신비의 기간이 얼마나 지속될 것인가를 예측하기는 불가능하다. 오늘날까지 이 시간적 공백기가 언제 끝날지를 자신 있게 언급한 사람은 아무도 없었다. 혹자는 이 공백기를 두고 하나님의 시계가 멈추고 있는 기간이라고 평하였는데 아주 적절한 표현이다.

한편, 우리는 이 "490년"이라는 기간이 어떤 특별한 의미를 가지는 "단위"가 될 수도 있다는 점 또한 주목하지 않을 수가 없는데, 어째서 하필이면 "490년"이냐 하는 강한 의문이 생기기 때문이다. 성경을 잘 살펴보면 "490년"이라는 단위가 하나님께서 사용하시는 어떤 단위 기준이 된다는 것을 알 수 있다. 몇 가지 예를 들어보자. 한번은 베드로가 예수님께 이렇게 여쭈어보았다. 『**주여, 내 형제가 내게 죄를 지으면 몇 번이나 그를 용서해 주어야 하리이까? 일곱 번까지 하리이까?**』 이에 대해 예수 그리스도께서는 『**나는 너에게 일곱 번까지라고 말하지 않고, 일흔 번씩 일곱 번까지라고 하노라.**』고 대답하셨다(마 18:21,22). 말하자면 "490번까지" 용서하라는 말씀이었다. 어째서 하필이면 "490번"일까? 이것은 결코 우연한 표현이 아니었다.

성경에는 어떤 사건과 사건 사이에 걸친 시간적 길이가 490년, 즉 『**칠십 주**』를 단위로 한 경우가 여기 다니엘의 『**칠십 주**』 말고도 몇 가지 더 있다. 이에 대해 나는 다시 클라렌스 라킨의 다니엘 주석서를 참조하는데 주저하지 않는다. 자, 라킨의 이야기를 들어보기로 하자.

창세기 12:1-4 가운데서 우리는 이런 내용을 읽는다. 즉, 아브라함이 하나님께로부터 "약속"을 받았을 때 그의 나이는 75세였다. 그런데 바울은 갈라디아 3:17에서 『**하나님께서 그리스도 안에서 미리 확정하신 언약을 사백삼십 년 후에 생긴 율법이 폐기시킬 수 없으며 그 약속을 무효화할 수 없느니라.**』고 언급한다. 이로 미루어 아브라함의 출생에서부터 출애굽하기까지 505년(75년+430년)이라는 시간이 흘렀음을 알 수 있다(모세는 출애굽하던 해 시내 산에서 율법을 받았다). 그러나 이 기간 동안 이스마엘이 출생했던 아브라함의 나이 86세 때(창 16:16)와 이삭이 출생했던 100세 때까지(창 21:5)에 걸친 약 15년간은 "찬탈자"로서의 이스마엘이 차지하고 있던 기간이므로 이 기간은 고려할 필요가 없으므로 배제되어야 한다. 따라서 전체 505년에서 15년을 제하면 490년이 남는다. 이것은 아브라함의 출생(B.C. 2111년)에서 출애굽(B.C. 1606년)까지에 걸친 기간으로 사실상 성경에 나타난 최초의 『**칠십 주**』였던 것이다(어셔 주교[Archbishop Ussher]의 연대 구분은 개략적으로만 산출한 것이기 때문에 정확하지가 않아 그의 성경 연대 구분법에 따른 것이 아니라 그리스도로부터 소급하여 성경의 "칠십"을 기준으로 산출해 낸 것이라고 라킨은 언급한다).

성경에 나타난 두 번째 "칠십 주" 기간 구분은 출애굽에서부터 솔로몬의 성전 건축까지에 걸친다. 솔로몬이 치리 제4년에 성전을 건축하기 시작한 때는 출애굽으로부터 480년 뒤였음을 우리는 열왕기상 6:1에서 읽는다. 그러나 사도행전 13:18-21에서 바울이 안티옥에서 행한 설교 가운데서 이스라엘이 광야에서 행한 소행을 약 40년 동안 참으셨다고 언급한다. 그런 다음 카나안 땅의 일곱 민족을 멸망시키고 그 땅을 분할해서 유대인들에게 나누어주신 후 약 450년 동안에 걸쳐(정확하게는 448년) 선지자 사무엘 때까지(사무엘은 약 20년간 재판관으로 활약했다.) 재판관들을 주셨으며(여호수아와 그 뒤에까지 생존했던 장로들까지 포함한 듯하다.), 그 뒤를 40년간의 사울왕과 또 다른 40년간 다윗왕의 치리가 이어졌고 성전 건축이 시작된 솔로몬 치리 제4년에 이르게 되었다. 이렇게 볼 때, 출애굽에서 성전 건축까지는 총 591년이 흘렀다는 계산이 나온다. 결국 열왕기상의 기록과 사도행전의 진술 사이에는 111년의 차이가 나게 된다. 이것은 이스라엘 자손이 하나님의 보살피심 밖으로 밀려나 있었던 기간을 계산에서 빼지 않았기 때문에 나온 차이다. 출애굽에서부터 성전 건축에 이르기까지 이스라엘 자손은 다음과 같이 모두 여섯 번에 걸쳐 노예 상태에 놓여 있었다.

메소포타미아에게(판 3:8)	8년
모압인들에게(판 3:12-14)	18년
카나안인들에게(판 4:2,3)	20년
미디안인들에게(판 6:1)	7년
필리스티아인들 및 암몬인들에게(판 10:7,8)	18년
필리스티아인들에게(판 13:1)	40년
	111년

그들이 노예 상태에 놓여 있었다는 것은 그들과 하나님의 교제가 단절돼 있었다는 뜻이다. 하나님께서 이스라엘 자손을 이방 민족들에게 넘겨주셨던 이 111년을 591년에서 빼면 열왕기상에서 언급하고 있는 대로 정확하게 480년이 남게 된다. 이렇게 볼 때, 열왕기상 기록자는 출애굽에서부터 성전 건축에 이르기까지의 기간을 계산하면서 이스라엘 자손의 노예 기간 111년을 고려에 넣지 않았던 것이 분명해 보이는데, 이것은 하나님께서도 이스라엘 자손을 다루실 때 그들에게 직접 관련된 일들이 일어난 기간 중 하나님의 손길에서 벗어나 다른 민족에게 노예 생활을 했던 기간, 즉 하나님과의 교제가 끊겼던 기간만큼은 고려하지 않으신다는 것을 그 기록자가 알고 있었기 때문이었으리라.

그런데, 이 성전이 완공되는 데에는 7년이 걸렸음을 우리는 또 보게 되는데(왕상 6:38), 아마도 히람이 놋 기둥을 주조하고 성전 제사에 사용될 놋 기명들을 제작하는 데에는(왕상 7:13-51) 이보다 3년이 더 걸렸을지도 모른다는 점에서 성전 건축에 소요된 총 기간을 10년으로 보면, 출애굽에서 성전을 봉헌하기까지의 시간이 480년에 이 10년을 더해 총 490년이라는 기간이 소요되었다는 계산이 나온다. 이렇게 볼 때, 성전 봉헌은 B.C.

1005년이었던 것으로 추정해 볼 수 있다.

성경에 나타난 세 번째 “칠십 주” 기간은 솔로몬의 성전 봉헌이 있었던 B.C. 1005년에서 아탁세르세스 롱기마누스가 예루살렘을 복원하고 재건하라는 칙령을 내렸던 B.C. 445년까지에 걸치는데, 이 기간이 실제 계산으로는 560년이었지만, 바빌론 포로 기간 70년을 여기서 빼면 정확하게 490년이라는 “칠십 주” 기간이 남게 된다. 하나님께서는 여기서도 마찬가지로 이스라엘이 이방인들에게 넘겨졌던 기간을 고려에 넣지 않으셨던 것이다. 하나님께서는 이스라엘을 대하실 때 이스라엘의 자손이 자신과 교제하고 있던 시간만을 고려하신 것이다.

또한, 위의 사실들을 근거로 한 계산 결과로 미루어 보더라도 이것은 다니엘의 『**칠십 주**』가 B.C. 445년 아탁세르세스 롱기마누스의 칙령이 내려진 시점에서 출발했다는 또 하나의 증거가 된다.

성경에 나타난 네 번째 “칠십 주” 기간은 바로 우리가 지금까지 상세히 살펴보고 있는 다니엘의 『**칠십 주**』이다. 우리는 이미 앞에서 A.D. 30년 예수 그리스도의 예루살렘 입성으로 종료된 기간, 즉 하루를 1년으로 하는 기준에 따라 “70주” 중의 “69주” 혹은 “483년”에 대해서 살펴보았다. 예루살렘의 파괴와 유대인의 분산이 A.D. 70년에 가서야 비로소 시작되었지만, 그들의 운명은 그리스도께서 처형되시던 시점에 이미 봉인되고 말았다. 말하자면, 490년 가운데서 483년은 이미 소진되고 이제는 유대인에게 7년이라는 “한 주” 기간만 남아 있는 것이다. 이 “한 주”를 남겨 두고 이스라엘의 시계는 정지한 채 그 침묵의 기간은 신비 속에 감추어진 채 “교회” 시대가 지금까지 1,900년 이상 메워오고 있는 중이며, 유대인들은 1948년 국가 재건이 있기까지 그 긴 세월 동안 전 세계 방방곡곡에 흩어져 유랑생활을 해왔던 것이다. 그럼에도 불구하고 유대인들은 다른 민족에게 동화되지 않은 채 그 정체성을 유지해 왔거니와, 나라도 없고, 자체

정부도 없고, 자체 왕도 없으며, 자신의 땅도 없으면서도 거의 2,000년 가까이 한 민족의 정체성을 유지해 오다가 마침내는 자신의 땅 팔레스타인으로 귀환하여 국가를 재건할 수 있었다는 것은 다른 민족에게서는 그 유례를 찾아볼 수 없는 실로 놀라운 일이 아닐 수 없다. 유대인들이 A.D. 70년 예루살렘 파괴 이후 1,900년 동안 세계 곳곳에 흩어져 살면서도 우상을 숭배하거나 이교도들의 신들에게 경배하지 않았다는 사실 또한 구약 시대 그들의 모습과는 매우 대조되는 모습이었다. 이 모든 사실들이야말로 호세아 3장에서 언급되었던 예언의 성취였던 것이다. 『**이는 이스라엘 자손들이 많은 날들 동안 왕도 없고 통치자도 없고 희생제도 없고 형상도 없고 에봇도 없고 트라빔도 없이 거하다가 그후에 이스라엘 자손들이 돌아와서, 주 그들의 하나님과 그들의 왕 다윗을 찾아서, 훗날들에 주와 그의 선하심을 두려워할 것임이라**』(호 3:4,5). 바울은 로마서 11장에서 이렇게 언급하고 있다. 『**그렇다면 내가 말하노니 하나님께서 자기 백성을 버리셨느냐? 결코 그럴 수 없느니라... 하나님께서 미리 아신 자기 백성을 버리지 아니하셨느니라**』(롬 11:1,2). 이스라엘 민족의 보존은 바로 여기에 그 비밀이 있었던 것이다.

이상에서 살펴본 것처럼 하나님께서는 자신의 백성 이스라엘 자손과 관련하여 중요한 사건과 사건 사이를 잇는 기간은 항상 "일흔 번씩 일곱 번," 즉 490년이라는 시간 단위로 다루신다. 솔직히, 나더러 이런 계산을 해보라고 했다면, 나는 두 손을 들고 말았을 것이다. 나는 클라렌스 라킨만큼 숫자에 밝지가 못하기 때문이다. 이 점에서 나는 라킨의 노고에 감사한다. 그의 계산에 혹시 오류가 있고 약간의 오차가 있다 할지언정, 성경적 진리에 접근하는 그의 진지하고도 치밀한 자세에서 나온 그만의 시각과 계산 체계에 대해 누구라도 경의를 표하지 않을 수 없다.

자, 이제는 유대인들에게 마지막으로 한 기간이 남아 있다. 바로 다니엘이 9:24에서 『**칠십 주가 네 백성과 네 거룩한 도성에 정해졌나니**』라는 말씀으로 표현되고 있는 그 기간의 잔여기간 말이다. 그들은 이미 490년 가운데서 483년을 보냈다. 그들은 자신들에게 정해진 이 마지막 기간의 대부분을 이미 소진했다. 이제는 앞으로 남은 7년만 더 보내면 된다. 문제는 그 7년이 언제 시작되느냐 하는 것이고, 그들이 그 처절한 고난의 7년을 어떻게 견뎌 낼 것이냐 하는 것이다.

이스라엘 자손에게 이 7년이 시작되는 날, 그때까지 멈춰 서 있던 하나님의 시계는 다시 째깍째깍 움직이기 시작할 것이요, "교회"는 그 직전 휴거되어 지상에서 사라지고 말 것이다. 교회는 결코 7년 대환란을 지상에서 통과하지 않는다. 그것은 유대인들을 위한 기간이다. 그리고 구원받지 못한 채 죄 가운데 내던져져 있는 이방인들이 통과하게 될 기간이다.

『**그러므로 알고 깨달으라. 예루살렘을 복원하고 건축하라는 그 명령이 나오는 때부터...**』(25절) 앞에서 이미 살펴본 바와 같이 이 명령은 B.C. 445년 페르시아의 아탁세르세스 롱기마누스에 의하여 느헤미야에게 내려졌다(느 2:1-8).

『**육십이 주 후에는 메시아가 끊어질 것이나 자신을 위해서가 아니요**』(26절).

예수 그리스도께서 갈보리 십자가에서 "끊어지신" 것이 그리스도 자신을 위해서가 아니었음을 모르는 사람은 없다. 그분께서는 나를 위해서, 그리고 당신을 위해서 십자가에 달려 죽으셨다(벧전 2:24). 그분께서 죽으신 것은 자신을 위해서가 아니었던 것이다.

가브리엘 천사는 마리아에게 나타나 그분께서 다윗의 보좌를 하나님께로부터 받게 될 것이라 말했었다. 그리고 침례인 요한도, 예수님 자신께서도, 그리고 그의 제자들 역시 "천국이 가까이 왔다."고 선언했다. 그렇지만 그분께서는 왕국을 받지 못하셨고, 그분의 머리에는 왕관 대신 가시관이 씌워졌으며 또 죽으셨다. 다니엘은 이것을 내다보고 『**육십이 주 후에는 메시아가 끊어질 것이나 자신을 위해서가 아니요**』라고 예언해 두었던 것이다.

『**또 장차 올 그 통치자의 백성이 도성과 성소를 파괴하리니**』(26절).

여기서 『**통치자**』란 물론 마귀를 말하고 『**그 통치자의 백성**』이란 로마를 일컫는다. 로마의 티투스는 A.D. 70년 예루살렘 도성과 성전을 파괴했다. 예수 그리스도께서도 마귀를 "이 세상의 통치자"라고 언급하셨다(요 14:30; 16:11). 로마의 티투스는 역사적으로 실재했던 세계 제국의 통치자로서 다니엘 9:26의 예언을 부분적으로 성취했던 적그리스도의 예표이기는 했지만, 그의 예루살렘 파괴는 교리적으로 볼 때 예언의 전면적인 성취는 아니었다. 이것은 바빌론의 느부캇넷살에 의한 예루살렘 파괴도 마찬가지였다. 따라서 이 구절에서 언급하는 『**통치자**』는 로마의 티투스나 바빌론의 느부캇넷살이 아니라 마귀를 일컫는다. 이 『**통치자**』는 예루살렘을 파괴하러 A.D. 70년에 왔던 게 아니다. 그는 장차 대환란 때 나타나 예루살렘으로 들어가 그 거룩한 도성을 짓밟게 될 것이다(계 11:2). 적그리스도에 의한 이때의 예루살렘 파괴는 대환란 중간에 있게 될 것이다. 이로써 예루살렘 파괴는 바빌론과 로마에 이어 세 번째로 적그리스도에 의해 이루어질 것이다. 이런 점에서 대환란 기간 동안 적그리스도에 의해 이루어질 예루살렘 파괴는 느부캇넷살과 로마의 티투스에 의한 예루살렘 파괴의 결정체라고 말할 수 있다. 이런 점에서 장차 있게 될 적그리스도의 예루살렘 파괴는 전혀 새로운 일이 아니다(전 1:9). 그러므로 당신이 적그리스도가 어떤 존재인지 알고 싶다면, 느부캇넷살의 바빌론과 티투스의 로마가 복합된 존재를 연상하면 된다. 로마를 일컬어 성경에서 『**신비라, 큰 바빌론이라**』(계 17:5)고 일컫는 까닭이 여기에 있다. 로마가 『**땅의 창녀들과 가증한 것들의 어미라.**』고 불려지는 것 역시 로마가 『**신비라, 큰 바빌론이라**』는 언급의 연장 선상에 있기 때문이다.

『**그 끝은 홍수로 뒤덮일 것이요 그 전쟁의 끝에는 황폐함이 정해졌느니라**』(26절).

이것은 대환란과 그리스도의 재림을 말하는데, 여기서 "홍수"란 요한계시록 12장에서 언급되는 홍수를 말한다. 『**그 용이 자기가 땅으로 쫓겨난 것을 알고서 사내 아이를 출산한 그 여인을 박해하더라. 그때 그 여인이 큰 독수리의 두 날개를 받았는데, 이는 그녀가 광야에 있는 자기 처소로 날아가서 그곳에서 그 뱀의 낯을 피하여 한 때와 두 때와 반 때를 부양받으려 함이더라. 그 뱀이 여인 뒤에다 자기 입에서 물을 홍수같이 쏟아 그 여인을 홍수에 떠내려가게 하려 하되 그 땅이 그 여인을 도와 그 입을 벌려 용이 그 입에서 쏟은 홍수를 삼켜 버리더라**』(계 12:13-16).

대환란 기간 동안 이스라엘은 적그리스도의 박해를 피해 사해 남쪽 광야의 페트라에 피난하여 하나님의 보호를 받게 될 것이다. 이때 마귀는 입에서 『**물을 홍수같이 쏟아**』 유대인들을 모두 익사시켜 버리려고 시도하지만 성공하지 못한다. 천사는 이 『**홍수**』를 여기서 다니엘에게 예언해 주고 있는 것이다. 마귀는 인간의 형태로 적그리스도가 되어 출현하지만, 성경은 마귀를 『**용**』이라고도 부르고 『**비히못**』(욥 40:15)이라는 초자연적인 동물로도 부른다. 이 비히못은 어찌나 거대한 동물이었던지 『**그가 강을 마시되 서두르지 않으며 요단을 자기 입 속으로 빨아들일 수**』 있을 정도다(욥 40:23). 비히못이 사해 바다에 떡 누워서 요단 강으로부터 흘러들어오는 14억 갤런에 이르는 강물을 몽땅 입 속으로 빨아들이는 장면을 상상해 보라. 그리고 그 물을 한꺼번에 도로 내뱉을 때 사해 남부의 페트라 지역을 홍수로 뒤덮는 것은 조금도 문제가 안 된다.

그러나 『**그 전쟁의 끝에는 황폐함**』이 정해져 있다. 즉 대환란 끝 무렵에 『**만왕의 왕, 또 만주의 주**』(계 19:16)이신 예수 그리스도께서 재림하시면 아마겟돈 전쟁이 벌어져 적그리스도의 군대는 진멸되고, 그렇지 않아도 이미 황폐해진 팔레스타인 땅은 그 황폐함이 극에 달할 것이라는 말이다.

『**그가 많은 사람들과 더불어 한 주 동안 언약을 확정하고, 그 주의 중간에 그가 희생제와 예물을 금지시킬 것이요, 그는 가증함을 확산시킴으로 황폐케 하리니 진멸할 때까지 할 것이며, 정해진 것이 황폐케 한 자에게 쏟아지리리라." 하더라**』(27절).

여기서 『**그**』란 25절의 『**메시아 통치자**』가 아니라 26절의 『**장차 올 그 통치자**』, 즉 적그리스도를 일컫는다. 일부 정신나간 사람들은 여기서 "그"가 25절의 "메시아 통치자", 즉 예수 그리스도를 지칭한다고 가르치기도 하지만, 말도 안 된다. "그"를 예수 그리스도로 보게 되면 『**언약**』 역시 예수 그리스도의 언약으로 볼 수밖에 없게 되는데, 예수 그리스도의 언약이라면 그분께서 제자들과 마지막 만찬의 자리에서 말씀하셨던 "새 언약"인 셈이다. 그렇다면 이 언약은 "영원한 언약"(히 13:20)이어야만 한다. 그러나 여기 27절은 결코 그 언약이 "영원한" 것이라고는 언급하지 않는다. "영원"하기는커녕 『**그 주의 중간에 그가 희생제와 예물을 금지**』시킬 것이고, 『**가증함을 확산시킴으로 황폐케 하리니**』라고 예언한다. 『**그**』가 예수 그리스도를 지칭하는 것이라면 그분께서 어찌 『**가증함을 확산시킴으로 황폐케**』 하신단 말인가? 이것만 보아도 "그"는 25절의 "메시아 통치자"가 아니라 26절의 "장차 올 그 통치자", 즉 요한복음 14:30이나 16:11에서 언급되는 "이 세상의 통치자" 마귀를 지칭한다는 것을 확실히 알 수 있다.

『**한 주 동안 언약을 확정하고, 그 주의 중간에...**』 여기서 『**한 주 동안**』이 곧 7년간 지속될 다니엘의 "70번째 주" 동안을 말한다. 적그리스도는 대환란 초기 이스라엘과 한 주 동안의 평화 협정을 맺게 되지만, 대환란 중간에 들어오면서 3년 반만에 그 언약을 파기하고 "희생제와 예물을 금지"시킬 것이다. 이사야 28:15은 적그리스도와의 이 기만적인 협정을 두고 『**우리가 사망과 더불어 언약을 맺었고 우리가 지옥과 더불어 합의하였도다... 우리가 거짓을 우리의 피난처로 삼았고 허위 아래 우리가 우리 자신을 숨겼음이라.**』고 언급한다. 이 언약은 대환란 중간에 적그리스도에 의해 파기됨으로써 유대인들은 『**거짓을... 피난처로**』 삼은 꼴이 되고 『**허위 아래... 자신을**』 숨긴 꼴이 되고 말 것이다.

적그리스도의 이 『**언약**』은 유대인 "전체"와 맺는 게 아니라 『**많은 사람들**』과 맺는다. 열왕기상 19:18에서 『**내가 나를 위하여 이스라엘에 아직 칠천 명을 남겨 두었나니, 곧 바알에게 꿇지 아니한 모든 무릎과 바알에게 입맞추지 아니한 모든 입이라.**』고 말씀하셨던 하나님께서는 요한계시록 7장에서도 이마에 인장으로 표시한 유대인 144,000명을 남겨 두신다. 이들은 결코 적그리스도의 형상에 경배하지 않는다. 이처럼 적그리스도의 언약에 처음부터 동조하지 않는 유대인들이 있을 것인즉, 적그리스도와의 이 언약은 이스라엘의 "많은 사람들"과 맺을지언정 이스라엘 전체와 확정하는 것은 아니다.

적그리스도에 의하여 언약을 파기 당한 유대인들에게는 그 후로도 3년 반의 대환란 기간이 더 남아 있을 것이고, 그들에게는 적그리스도의 형상이 세워져 거기에 경배할 것을 강요당하고 "666"의 숫자를 가진 로마 교황으로 나타난 짐승의 표를 이마나 손목에 받아야만 생필품을 구매할 수 있는 극도의 한계 상황에 봉착하게 될 것이며, 최종적으로 마귀가 나타나 이스라엘을 극도로 박해하게 될 것이다.

적그리스도가 유대인과 언약을 파기하고 『**희생제와 예물을 금지**』한다는 것은 대환란 기간중 유대인들이 성전 제사를 드리고 있다는 명백한 증거이고, 성전 제사를 드린다는 것은 성전이 재건돼 있으리라는 강력한 증거다. 그러나 이 성전은 "70째 주" 동안에 다시 파괴되도록 정해져 있음을 우리는 위 26절에서 본다. 『**그 통치자의 백성이 도성과 성소를 파괴하리니...**』

적그리스도는 유대인들의 성전 제사를 금지시킨 뒤 자신의 형상에게 경배하도록 강요할 것이요, 이러한 "가증함을 확산시킴으로 황폐케" 할 것이다. 그러나 그에게는 결국 "정해진 것"이 쏟아질 것인데, 그것은 "유황으로 불타오르는 불못에 산 채로 던져지는 것"이다(계 19:20). 데살로니가후서 2:8은 『**주께서 그를 자기 입에서 나오는 영으로 소멸하시고 그의 찬란한 오심으로 제거하시리라.**』고 말씀한다. 이것이 바로 마귀에게 쏟아지기로 정해진 것이다.

여기서 『**가증함**』("abomination")이란 단어는 히브리어에서 "거짓 신"을 일컫는 데 흔히 사용되는 단어로서, 구약에서 "우상"과 깊은 관련을 갖는다. 열왕기상 11:5-7에 보면 솔로몬이 이교도 아내들이 들여온 우상 신들을 따르고 그들을 위해 산당을 지었던 것을 보는데, 성경은 여기서 『**암몬인들의 가증한 것인 밀콤**』이라든지, 『**모압의 가증한 것인 크모스**』, 『**암몬 자손의 가증한 것인 몰렉**』 등과 같이 서술한다.

『**정해진 것이 황폐케 한 자에게 쏟아지리라.**』 이로써 7년 대환란은 막을 내리고 다니엘의 『**칠십 주**』가 종료됨과 함께 예수 그리스도께서 통치하시는 천년왕국 시대가 마침내 그 장엄한 막을 올리게 될 것이다.

사실, 이스라엘이 통과해야 될 이 대환란 7년 기간은 창세기에서 이미 야곱에게 암시돼 있었다. 『**그녀의 이레를 채우라. 우리가 이쪽도 너에게 주리니, 네가 그녀를 위해서도 내게 칠 년을 봉사해야 하리라**』(창 29:27).

다니엘 10장

10:1 페르시아 왕 코레스의 제삼년에 벨트사살이라 이름하는 다니엘에게
한 일이 계시되었으니, 그 일은 참되나 정해진 때가 길었더라. 그가
그 일을 깨달았고 그 환상도 깨달았더라.
2 그 날들 동안에 나 다니엘은 꼬박 삼 주 간을 애도하고 있었는데,
3 삼 주 전체가 다 찰 때까지 먹고 싶은 빵도 먹지 아니하였고 고기
나 포도주도 입에 대지 않았으며 또 몸에 기름도 전혀 바르지 아니
하였더라.

『**페르시아 왕 코레스의 제삼년에 벨트사살이라 이름하는 다니엘에게 한 일이 계시되었으니, 그 일은 참되나 정해진 때가 길었더라. 그가 그 일을 깨달았고 그 환상도 깨달았더라**』(1절).

10장에서 우리는 이제 다니엘의 마지막 환상으로 인도된다. 페르시아의 코레스왕 치리 제3년이라면 B.C. 533년의 일이다. 이 당시 다니엘의 나이는 이미 90세가 넘었을 터였다. 다니엘은 일찍이 그 지혜를 인정받고 발

탁되어 고위직에 앉아 있었고, 그것은 "코레스왕의 첫해"까지 계속되었다(1:21). 그러나 다니엘이 마지막 환상을 보게 되었던 지금 이 시점은 코레스왕 치리 제3년이었고 문맥의 전후 사정으로 보아 그는 필경 공직에서 은퇴해 있었을 것으로 짐작된다.

이보다 3년 전, 즉 코레스왕 치리 원년이었던 B.C. 536년에 코레스왕은 유대인들의 예루살렘 귀환을 허용하는 포고령을 내렸었다. 『**페르시아의 코레스왕 제일년에... 왕국 전역에 포고하고 글로도 써서 말하기를 "...유다에 있는 예루살렘으로 올라가 예루살렘에 계신 이스라엘의 주** 하나님의 **전을 건축할지니라**』(스 1:1-3).

그러나 코레스의 포고령이 떨어졌을 때 예루살렘으로 귀환했던 유대인들은 불과 『**사만 이천삼백육십 명**』(스 2:64)에 불과했고, 『**그 밖에 그들의 남종과 여종이 칠천삼백삼십칠 명**』(스 2:65), 이것이 전부였다. 이 당시 대다수 제사장들과 백성의 지도자들은 바빌론이 비록 이국땅이었고 그것도 포로로 사로잡혀와 살고 있던 땅이었지만, 새로이 삶의 터전을 마련하고 70년 동안이나 정착하여 살아 왔던 곳이었으므로 이미 황폐케 되었을 뿐더러 농사짓는 밭으로 변해버린 지 오래된 예루살렘보다는 바빌론 땅을 더 선호했었던 모양이다. 아무튼, 수많은 유대인들이 귀환하지 않고 바빌론에 잔류했는데, 그 수가 얼마나 많았는지에 대해서는 에스더를 읽어 보면 능히 짐작할 수 있다. 다니엘도 이때 예루살렘으로 귀환하지 않았는데, 그 이유가 성경에 기록돼 있지 않으므로 우리로서는 알 수가 없다. 현실적 이유로는 90세 전후에 이른 그의 많은 나이 때문이었으리라고 상정해 볼 수도 있겠지만, 그보다는 어쨌든 모든 것이 하나님의 섭리였다고 보는 게 더 옳을 것이다. 특히 다니엘 같은 사람의 경우라면 하나님의 섭리가 아닌 한 그 늙은 나이에 어찌 고향으로 돌아가고 싶지 않았겠는가?

코레스의 칙령에 따라 예루살렘으로 귀환했던 유대인들은 곧바로 성전 재건에 착수했지만 그 공사가 뜻하지 않게 많은 방해를 받게 되었는데, 특히 『**유다와 베냐민의 대적들**』(스 4:1), 즉 사마리아인들이 자기네들도 성전 건축 공사에 동참할 것을 요구하였으나 유대인 귀환자들에게 거절당하자 자재 공급의 중단 등으로 『**유다 백성의 손을 약하게 하고 건축하는 그들을 방해하며 그들을 반대할 모사꾼들을 고용하여 그들의 목적을 좌절시키려**』(스 4:4,5) 하였다. 다니엘은 물론 이 모든 일들에 대해 소식을 접하고 있었을 터였고, 또 그 일로 인해 많은 우려를 하고 있었을 터였다.

어쨌든, 하나님께서는 예루살렘으로 돌아가지 않고 바빌론 땅에 그대로 남아 있던 다니엘에게 마지막 환상을 통하여 또 한 가지 계시를 보여 주셨다. 다니엘이 이 환상을 본 것은 앞서 8장에서의 환상을 통해 이스라엘의 미래 운명을 알게 되자 고뇌 속에서 기절하여 며칠을 앓고 난 뒤인 데다가 9장에서 긴 기도를 시작한 이래로 3주 동안이나 꼬박 기도에 매달려 있는 바람에 기력이 쇠할 대로 쇠하여졌을 때였다. 만약 이 기도 중에 천사가 나타나지 않았더라면 그의 기도는 더 계속되었을지도 모른다.

『**그 일은 참되나 정해진 때가 길었더라.**』 다니엘은 자신의 환상 가운데서 본 모든 일들이 단순한 환각이 아니라 하나님의 참된 계시인 것을 잘 알고 있었다. 그런데 계시된 내용에 나타난 『**정해진 때**』, 즉 하나님께서 이스라엘에게 정해 놓으신 수난의 기간은 결코 짧은 게 아니었다. 바빌론에서의 포로 생활 70년도 결코 짧은 세월이 아니었지만, 그들이 장차 겪게 될 고난의 세월에 비하면 그것은 아무것도 아니었다. 그야말로 "일흔 번씩 일곱 번"에 해당하는 490년의 장구한 고난이 그들을 기다리고 있었다. 바빌론 포로 70년은 이스라엘에게 『**정해진 때**』를 미리 예시해 주는 하나의 모형에 불과했던 것이다. 더구나 환상을 통해 본 이스라엘의 미래는 단순한 예언적 계시가 아니라 하나님에 의해 『**정해진**』 움직일 수 없는 필연이었고 피할 수 없는 운명이었다.

『**그가 그 일을 깨달았고 그 환상도 깨달았더라.**』 다니엘이 깨달았던 것은 비단 『**환상**』의 내용만이 아니었다. 그는 『**그 일**』, 즉 성경에 기록된 내용들이 자신이 본 환상의 내용들과 괘를 같이 한다는 것을 깨달았다.

역사는 하나님께서 운영하고 주관하신다. 이것은 전 인류나 민족들 내지 국가들뿐만 아니라 한 개인의 역사도 역시 마찬가지다. 하나님께서는 당신의 모든 개인적인 삶의 역사까지도 주관하신다. 그래서 당신이 행하는 일상적인 일거수일투족을 일일이 살펴보시고 당신이 입 밖에 내는 말들 한마디 한마디를 다 들으시며, 당신의 행동들을 하나도 빼놓지 않고 내려다보신다. 그리하여 당신이 내뱉은 말이나 자행한 행동, 머리 속에 떠올린 생각들과 마음속에 품은 감정들 하나 하나에 따라 그에 합당한 그 다음의 상황을 엮어 나가시고 그에 상응하는 조치들을 취하신다. 그런데, 이런 일들을 하나님께서는 성경을 통해서 진행하신다. 성경은 당신의 삶과 행로에 나란히 평행으로 달리면서 당신의 모든 것을 곁에서 가까이 살피고 그에 따른 다음 국면들을 합당하게 이끌어 나간다. 그래서 성경은 여느 책들처럼 무엇인가를 단순히 기록만 해놓은 "죽은 책"이 아니다. 하나님의 말씀은 살아 움직인다. 당신이 성경을 많이 읽는 사람이라면 벌써 일찌감치 이것을 깨달았을 것이다. 이것을 깨달은 사람은 성경을 읽으면서도 단순히 읽는 것에 머무르는 것이 아니라 성경 구절들과 대화하고 교감을 나누는 법이다. 그리고 때때로 이 대화에 한번 빠져들어 시간 가는 줄 모르고 밤을 새우게 되는 게 보통이고, 성경을 덮고 천장을 올려다보노라면 성경과 나눈 대화의 여운이 오래도록 천장에 어른거리는 것을 보게 되고 오래도록 메아리치는 속삭임소리를 듣는다. 그리고 있노라면 누가 옆에서 말을 걸거나 건드려도 알지 못한다.

밥 존스 1세가 그러했다. 한밤중 자정이 지나 새벽이 다가오는 시각인데도 그의 집무실은 등불이 켜져 있는 게 흔한 일이었고, 새벽녘에 창문으로 그의 방안을 들여다보노라면 그는 성경에서 눈을 떼지 않고 앉아 있는 것이었다. 학생들이 성경을 읽다가 무슨 뜻인지 잘 모르는 곳이 있으면 미리 여기저기 연필로 밑줄을 쳐놓았다가 그것을 들고 일부러 아침녘에 그에게 찾아가 그의 방문을 노크하곤 했는데, 그럴 때마다 응답이 없는 경우가 허다했다. 그가 피곤해서 아침잠에 빠진 게 아니라 밤새도록 읽은 성경 구절들의 여운에 깊이 휩싸여 다른 것을 의식하지 못하고 노크 소리도 못 듣고 있었던 것이다. 당신도 성경을 더도 말고 하루에 40여 페이지씩만 계속 읽어 보라. 그리고 나서 어느 날 성경에서 눈을 떼고 잠시 천장을 올려다보노라면 당신이 읽었던 성경 말씀들이 천장 주변에 기어다니는 것을 보게 될 것이다. 내 말이 믿어지지 않거든 한번 해 보라. 더도 말고 이삼 개월 동안만 하루에 40여 페이지씩 읽고 나면 내 말이 틀리지 않는다는 것을 알게 될 것이다. 적어도 두세 달 동안 하루도 빼지 않고 이 정도로 성경을 읽고 나면 당신은 그제야 내가 성경을 좀 읽었구나 하는 기분이 들 것이다. 성경을 읽었구나 하는 생각은 처음에는 "이게 뭐지? 그게 무슨 뜻이었지?" 하는 많은 의문들이 떠나지 않고 머리 속에 맴도는 것으로 시작될 것이다. 어떤 경우에는 그야말로 다니엘처럼 환상이 보이기도 할 것이다. 비록 그것이 다니엘의 경우처럼 어떤 영적 존재가 보여 주는 환상이 아니라 단순한 환각이거나 환영일지라도 말이다. 성령께서는 성경을 읽는 당신에게 처음에는 많은 의문들이 생기도록 만들어 주시고 당신으로 하여금 그 의문들을 풀기 위하여 시간만 나면 다시 성경을 펼치게 만드신 다음 그 의문들에 대한 해답을 하나하나 차근차근 제시해 나가신다. 그러다 보면 당신은 점점 더 성경에 매료되어 한시도 거기서 눈을 떼지 못하게 될 것이고, 잠을 청하기 위해 눈을 감더라도 당신의 눈앞에는 성경 말씀들만 어른거리고 맴돌 것이며, 설사 잠이 든다 해도 꿈속에서 성경 구절들만 간단없이 어떤 이야기가 되어 눈앞에 나타날 것이다. 이런 경지에 이르면 당신은 비로소 내가 성경을 읽고 있구나 하는 생각이 문득문득 들게 된다. 그리고 어느새 당신을 말씀 가운데서 조용히 인도하시는 성령의 손길을 뚜렷이 의식하고 감지하게 될 것이다. 이것은 체험해 보지 않은 사람은 모른다.

『그 날들 동안에 나 다니엘은 꼬박 삼 주간을 애도하고 있었는데』(2절). **『애도』**했다는 것은 다니엘의 기도가 자신과 자신의 백성 이스라엘의 죄들에 대한 끊임없는 "자백들"로 점철되었을 뿐만 아니라 하나님의 용서와 자비를 간청하면서 **『오 주여, 들으소서. 오 주여, 용서하소서, 오 주여, 경청하시고 행하소서.』**(9:19)라고 부르짖는 그의 울부짖음, 그리고 **『육십이 주 후에는 메시아가 끊어질 것... 장차 올 그 통치자의 백성이 도성과 성소를 파괴... 그 끝은 홍수로 뒤덮일 것... 그 전쟁의 끝에는 황폐함이 정해졌』**다는 사실 등에 대하여 고뇌하고 번민하면서 몸부림쳤던 상황을 표현한다. 다니엘은 그런 상태로 응답을 기다리며 **『꼬박 삼 주간을』** 기도했다. 다시 말해서, 그의 혼신을 다한 이 기도는 스무 하루나 지난 다음에야 마침내 응답되는데, 뒤에 보면 알게 되겠지만, 어째서 그의 간절한 기도가 이처럼 더디게 응답되었는지 그에게 나타났던 "주의 천사"가 설명하는 이유가 여간 흥미로운 게 아니다.

『삼 주 전체가 다 찰 때까지 먹고 싶은 빵도 먹지 아니하였고 고기나 포도주도 입에 대지 않았으며 또 몸에 기름도 전혀 바르지 아니하였더라』 (3절).

여기서 『**먹고 싶은 빵**』이란, "배가 고파서 빵이 먹고 싶었다"는 게 아니라 "맛있는 빵," 즉 보통 때 먹듯 누룩을 넣고 만든 부드럽고 향기 나는 빵을 말한다. 누룩을 넣지 않은 빵은 특별한 의미로 먹는 것이어서 보통 때 먹는 빵처럼 맛있는 빵은 못되었다. 그야말로 『**금식하며 기도와 간구로 구하고 굵을 베옷을 입고 재를 뿌리며**』(9:3) 시작한 기도였으니, 그 동안 누룩을 넣지 않은 빵만으로 연명하였을 터인즉, 『**고기나 포도주**』를 입에 대지 않았을 것은 또 너무나 당연한 것이었다.

10:4 첫째 달 이십사일에 내가 힛데겔이라 하는 큰 강변에 있었는데,
5 그 때에 내가 눈을 들어 보았더니, 보라, 어떤 사람이 세마포로 옷 입고 그의 허리는 우바스 정금으로 띠를 둘렀더라.
6 그의 몸은 녹보석 같고 그의 얼굴은 번개 모양 같으며 그의 눈은 횃불 같고 그의 팔과 발은 광채나는 놋 색깔 같으며 그의 말소리는 무리의 소리 같더라.

성경에 보면 이런 일은 다니엘뿐만 아니라 욥에게도 일어났고 이사야에게도 일어났고, 에스겔에게도 일어났었으며 바울에게도 일어났다. 이들은 다같이 예수 그리스도를 직접 만났거나 천사의 형태로 현현하신 그리스도를 직접 조우했던 인물들이다. 그리고 이들은 다같이 주님을 조우하는 순간 극도의 무력감을 느끼고 완전히 기진맥진한 상태로까지 쓰러졌던 인물들이다. 『**내가 나를 미워하고 티끌과 재 속에서 회개하나이다.**』(욥 42:6) 하고 고백하며 가슴을 쥐어뜯었을 때의 욥이 그러했고, 『**내게 화로다! 내가 끊어졌도다. 이는 내가 불결한 입술을 가진 사람이며, 내가 불결한 입술을 가진 백성 가운데 거하면서 내 눈으로 왕, 곧 만군의 주를 뵈었**

음이라.』(사 6:5)고 탄식하며 넋이 빠졌던 이사야가 또한 그랬다. 다니엘 역시 『**내게는 남아 있는 힘이 없었으니 나의 아름다움이 내 안에서 변하여 썩게 되었으며 내게 힘이 없어졌더라.**』(10:8)고 언급한다. 다니엘은 자리에서 일어날 기운조차 남아 있지 않았다. 바울은 다마스커스로 가는 길에 뜻하지 않게도 주님을 만나자 그 자리에 엎드러지고 말았다. 겨우 몸을 일으켰지만 장님이 되어버린 상태였고, 다마스커스에 당도하고 나서도 사흘 동안을 보지 못하고 먹지도 마시지도 못했으며, 주님께서 그에게 보내신 아나니아를 만나고 나서야 눈이 뜨였고 침례를 받고 나서야 음식을 먹고 겨우 기운을 차릴 수 있었다(행 9:3-19). 주님을 영 안에서 만나 뵈었던 요한 역시 마찬가지였다. 『**내가 그를 보자 죽은 것처럼 그의 발 앞에 엎드러지니**』(계 1:17).

이들이 겪었던 이러한 체험들은 사실은 대환란 중에 있게 될 그리스도와의 어떤 조우를 보여 주는 그림들이었다. 대환란 중간쯤이 될는지 또는 끝 무렵 가까이 될는지는 알 수 없으나, 주님께서는 지상에 재림하시기 전 그를 찾는 사람들에게 잠시 나타나실 것이다. 『**그리스도께서도 많은 사람의 죄들을 담당하시려고 한 번 드려지셨고, 두 번째는 자기를 바라는 자들을 구원에 이르게 하시려고 죄 없이 나타나시리라.**』(히 9:28)고 성경은 분명히 말씀하고 있다. 대환란 기간 동안 그 어려운 가운데서도 누군가 주님을 『**바라는 자들**』이 있을 것이다. 주님께서는 이들을 구원하시기 위해 지상 재림하시기 전 어느 시점에 한 번 나타나실 것이다. (이 부분에 대해서는 저자의 히브리서 주석 9:28 부분과 요한계시록 주석 10:1-3 부분을 참조하라.)

이것으로 우리는 대환란 기간 중에도 구원을 받게 될 이른바 "환란 성도"가 있으리라는 것을 분명히 안다. 성경에 따르면, 이들은 『**모든 사람과 더불어 화평함과 거룩함을 추구하라.**』(히 12:14)는 명령에 충실히 따른 사람들이다. 이들은 지금 이 은혜 시대에 믿음으로 말미암아 하나님의 은혜로 구원받는 신약 성도들과는 분명히 다른 방식의 구원 계획에 따라 구원받게 되는 것이다. 이들은 행위가 곁들인 믿음으로 구원받게 될 것이다. 욥이나 에스겔, 그리고 다니엘이나 바울이 주님을 직접 조우했던 상황은 바로 이러한 환란 성도들이 주님을 조우하게 될 상황을 예시해 주는 그림인 것이다.

『**그의 몸은 녹보석 같고 그의 얼굴은 번개 모양 같으며 그의 눈은 횃불 같고 그의 팔과 발은 광채나는 놋 색깔 같으며 그의 말소리는 무리의 소리 같더라**』(6절).

예수 그리스도를 조우했던 사도 요한은 『**그의 발은 용광로에 달군 듯한 빛나는 놋 같고, 음성은 많은 물 소리와도 같으며**』(계 1:15)라고 묘사해 놓았다. 또, 『**하늘에서 나는 소리를 들으니, 많은 물 소리와도 같고 큰 천둥 소리와도 같더라.**』(계 14:2)고도 서술한다. 또한 『**인자 같은 이가 있는데 발까지 닿는 옷을 입고, 가슴에는 금으로 만든 띠를 둘렀더라.**』(계 1:13)고 요한이 말한 것 등으로 미루어 보아, 여기 다니엘이 5절에서 언급하고 있는 『**세마포로 옷입고**』 허리에는 『**우바스 정금으로 띠를**』 두른 『**어떤 사람**』이란 다름 아닌 주 예수 그리스도를 지칭함이 분명하다. 혹자는 이가 천사장 미카엘이었다고 주장하지만, 그들은 성경 구절을 주의해 읽지도 않고 다른 구절들을 참조해 보지도 않은 채 성급하게 이 부분의 문단만 보았기 때문에 답답하게도 그런 단견을 피력한 것이다. 이에 대해서는 뒤에서도 언급되고 또 이에 대한 증거가 곳곳에서 엿보이므로 그때그때 다시 살펴보기로 하자.

10:7 나 다니엘이 홀로 그 환상을 보았으며 나와 함께 있었던 사람들은 그 환상을 보지 못하였고 오히려 큰 두려움이 그들에게 내리므로 그들이 숨으려고 도망치더라.

8 그러므로 내가 홀로 남아서 이 큰 환상을 보았는데, 내게는 남아 있는 힘이 없었으니 나의 아름다움이 내 안에서 변하여 썩게 되었으며 내게 힘이 없어졌더라.

9 그럼에도 나는 그의 말소리를 듣고 있었는데, 내가 그의 말소리를 들었을 때에 나는 깊은 잠이 들어 얼굴을 땅에 대었더라.

『**나 다니엘이 홀로 그 환상을 보았으며 나와 함께 있었던 사람들은 그 환상을 보지 못하였고 오히려 큰 두려움이 그들에게 내리므로 그들이 숨으려고 도망치더라**』(7절).

앞서 9장에서 다니엘은 이스라엘에게 정해진 『**칠십 주**』에 대한 환상 가운데서 메시아가 『**끊어질 것**』을 보았다. 그로 인하여 당황하고 근심에 싸여 있던 다니엘에게 이번에는 "영광의 주님"께서 모습을 드러내셨다. 다니엘은 주님께서 육신을 입고 이 땅에 초림하시기 이전에 벌써 예수 그리스도의 재림 광경을 목도했던 것이다. 사도 요한은 부활하신 예수 그리스도께서 승천하신 뒤에 그분의 재림을 보았다. 두 사람이 주님을 만나 뵈었던 시점은 각기 달랐지만, 그들은 다같이 동일한 장면을 보았던 것이다.

『**나 다니엘이 홀로 그 환상을 보았으며 나와 함께 있었던 사람들은 그 환상을 보지 못하였고...**』 이 상황은 바울의 경우와 똑같다. 다마스커스로 가는 여정에서 바울에게 주님께서 나타나셔서 『**나는 네가 박해하는 예수라. 가시채를 걷어차는 것이 네게 고통이라.**』고 말씀하시고 『**일어나서 성읍으로 들어가라. 그러면 네가 행해야 할 일을 네게 일러 주리라.**』(행

9:5,6)고 말씀하셨다. 이때 바울의 일행은 그 음성은 들었으나 아무도 보지는 못한 채 서 있기만 했다(행 9:7). 바울은 주님의 음성을 들었을 뿐만 아니라 그분의 모습까지도 보았다.

『**그러므로 내가 홀로 남아서 이 큰 환상을 보았는데, 내게는 남아 있는 힘이 없었으니 나의 아름다움이 내 안에서 변하여 썩게 되었으며 내게 힘이 없어졌더라**』(8절).

어떤 사람들은 다니엘처럼, 또는 바울이나 요한처럼 환상 중에 주님을 한 번 만나 뵈었으면 좋겠다는 말들을 가끔 하지만, 그래서는 안 된다. 우리는 "말씀" 안에서 그분을 뵐 수 있기 때문이다(요 1:1-4). 오히려 마귀가 "빛의 천사"로 다가온다는 사실을 잘 안다면 그런 위험한 환상은 경계하는 게 좋을 것이다.

"영적 체험"이라고 말할 때의 그 "영"이 주님의 영인지, 마귀의 영인지를 분간하려면 그 "영적 체험"의 결과를 보면 알 수 있다. 당신이 어떤 "영적 체험"을 했다고 생각될 때, 얼마쯤 세월이 흐른 뒤 당신의 삶 가운데서 어떤 혼란이 야기되고 교만이 엿보이며 남을 시기하고 분쟁을 일으키는 요소가 발견되며 의심이 마음속에 자리잡고 있지 않은지를 스스로 날카롭게 점검해 볼 일이다. 만약 이런 것들이 당신에게서 엿보인다면, 당신의 "영적 체험"은 마귀의 영과 접촉한 것이다. 주님의 영으로부터는 이런 요소들이 절대로 초래되지 않는다. 주님의 영은 첫째 당신을 순수하게 만들고 그런 다음 온전한 평강을 느끼게 해준다. 성경을 읽거나 기도할 때, 말씀을 묵상하거나 다른 형제들과 간증을 나눌 때, 그리고 죄인들에게 복음을 전하거나 갓 거듭난 그리스도인들을 진리로 양육할 때, 흔히 몰입하게 되는 "영적 체험"에서 거기에 임하시는 주님의 영은 고즈넉한 음성으로 속삭이신다. "그래, 계속하거라. 내가 곁에 있단다. 너희의 대화를 내가 듣고 있단다. 기도하여라. 내가 듣고 있단다. 더러운 것이 너희 곁에 얼씬거리더라도 겁내지 말고 침착하거라. 내가 곁에 있단다." 이렇게 말씀하시는 영은 결코 마귀의 영이 아니다. 소위 "영적 체험"을 한다면서 미친 사람처럼 방언을 지껄인다든지, 울고불고 법석을 떤다든지, 몸을 흔들어대며 춤을 추고 발광한 사람처럼 몸을 주체하지 못한다든지, 깔깔대고 웃는 등, 소란스럽고 무질서한 열광의 도가니가 연출된다면, 그 사람들은 마귀의 영에게 사로잡혀 있는 것이다. 같은 말이라도 "할렐루야, 주를 찬양하라! 주께 경배하라!"는 외침 소리가 주님의 영이 임한 장소와 마귀의 영이 관장하는 장소에서는 각기 다르게 들리는 법이다. 진리의 말씀으로 무장돼 있고 영적으로 성장해 있는 성령 충만한 그리스도인이라면 이것을 금방 분간해 낼 수 있다. 어떤 경우에는 그 자리에서 당장 분간이 안 되더라도 한참 시간이 지난 뒤 되돌아보면 그때 거기에 임했던 영이 어떤 영이었는지를 알게 된다.

다니엘은 주님의 영광스러운 모습을 대하고 힘이 빠졌다. 8절에서의 『**아름다움**』을 영어 〈킹제임스성경〉은 "comeliness"라는 단어로 표기하고 있거니와, 이것은 "건강함, 견실함"이란 뜻이다. 다니엘은 『**나의 아름다움이 내 안에서 변하여 썩게 되었으며 내게 힘이 없어졌더라**.』고 서술하고 있다. 주님의 영광스럽고 그지없이 장엄한 위력 앞에서 인간의 보잘것없는 『**아름다움**』이라! 그렇다고 해서 그가 건강을 잃고 병들어 죽게 된 사람처럼 생명력 자체가 약화되었다는 것은 아니다. 이것은 다음 절을 보아도 알 수 있다.

『**그럼에도 나는 그의 말소리를 듣고 있었는데, 내가 그의 말소리를 들었을 때에 나는 깊은 잠이 들어 얼굴을 땅에 대었더라**』(9절).

다니엘이 주님을 조우하는 순간 『**힘이 없어졌더라**』는 게 사실이었지만, 여전히 『**그의 말소리를 듣고 있었는데**』, 병들어 건강을 잃고 기진한 가운데 혼수상태에 빠져 있었더라면 주님의 말씀을 듣고 있을 기력조차 없었을 것이다. 다니엘은 『**그의 말소리를 들었을 때에... 깊은 잠이 들어 얼굴을 땅에**』 대고 있었을지언정, 여전히 의식만은 또렷하여 주님의 말씀을 명료하게 듣고 있었다.

10:10 ○ 그런데 보라, 한 손이 나를 어루만져 내 무릎과 손바닥으로 나를 세우고,

11 내게 말하기를 "오 큰 사랑을 받은 사람 다니엘아, 내가 네게 하는 말들을 깨닫고 똑바로 일어서라. 내가 지금 네게 보냄을 받았느니라." 하더라. 그가 내게 이 말을 했을 때 내가 떨며 일어섰더라.

12 그때에 그가 내게 말하기를 "다니엘아, 두려워 말라. 네가 깨닫고 네 하나님 앞에 스스로 겸손하기로 마음을 정한 첫날부터 네 말이 들린 바 되었기에 내가 네 말들로 인하여 왔느니라.

13 그러나 페르시아 왕국의 통치자가 이십일 일 동안 나를 가로막았도다. 그러나 보라, 최고 통치자들 중의 하나인 미카엘이 나를 도우러 왔고, 내가 페르시아의 왕들과 함께 거기 있었노라.

14 이제 내가 훗날들에 네 백성에게 닥칠 것을 너에게 깨닫게 해주려고 왔노라. 이는 그 환상이 아직도 많은 날 동안 남아 있기 때문이라." 하더라.

『**그런데 보라, 한 손이 나를 어루만져 내 무릎과 손바닥으로 나를 세우고**』(10절).

다니엘은 주님 앞에서 잠이 든 것처럼 되어 얼굴을 땅에 대고 쭉 뻗어 있었는데, 『**한 손**』이 그를 어루만지자 그 순간 그는 어여차! 하고 『**무릎과 손바닥**』을 짚고 벌떡 몸을 일으킬 만한 힘이 솟았다. 이 얼마나 놀랍도록 생생한 "영적 체험"이었던가! 『**무릎과 손바닥**』으로 일어섰으니 다니엘은 여전히 꿇어앉아 있는 자세이긴 했지만, 얼굴을 땅에 대고 있을 정도는 아니었다. 그것도 자기 자신의 힘으로 몸을 일으킨 게 아니라 주님의 『**한 손**』이 그를 세웠다. 주님 앞에서 그분의 음성을 듣고 있는 동안 누가 감히 그분의 영광 앞에 제 힘으로 꼿꼿이 서 있을 수 있겠는가?

『**내게 말하기를 "오 큰 사랑을 받은 사람 다니엘아, 내가 네게 하는 말들을 깨닫고 똑바로 일어서라. 내가 지금 네게 보냄을 받았느니라." 하더라. 그가 내게 이 말을 했을 때 내가 떨며 일어섰더라**』(11절).

『**큰 사랑을 받은 사람**』, 신약 어디선가 들어 본 말이 아닌가? 사도 요한을 일컬어 성경은 『**예수께서 사랑하시던 자**』(요 13:23), 또는 『**사랑하는 제자**』(요 19:26)라고 칭한다. 최후의 만찬 석상에서 요한은 마치 어린 아이처럼 『**예수의 품에**』 기대어 있었다(요 13:23). 십자가에서 숨을 거두시기 전 예수님께서는 모친 마리아를 사랑하는 제자 요한에게 당부하셨다. 이때 마리아에게 요한을 가리키시면서 『**여인이여! 당신의 아들을 보소서!**』라고 말씀하셨고, 요한에게는 『**네 어머니를 보라!**』고 말씀하셨다(요 19:26,27). 주님께서 요한을 얼마나 사랑하셨던가를 능히 알 수 있는 대목이다. 그런데 주님께서는 여기 다니엘 10:11에서 다니엘을 일컬어 『**큰 사랑을 받은 사람**』이라고 지칭하신다. 우리는 여기서 요한계시록 1장에서의 요한을 보고 있는 것 같다. 아닌 게 아니라 다니엘은 지금 요한계시록 1장에서의 요한이 처하고 있는 것과 똑같은 상황에 놓여 있는 것이다. 다니엘은 지금 요한이 보게 될 환상을 미리 보고 있는 중이다.

다니엘은 『**큰 사랑을 받은 사람**』이었다. 누구에게 큰 사랑을 받았던가? 영광 중에 계신 하늘의 주님께로부터 사랑을 받았다. 다니엘의 명성은 그러니까 하늘에까지 알려져 있었던 것이다. 앞서 9장에서 우리는 『**내가 네게 알려 주려고 왔느니라. 이는 네가 크게 사랑을 받음이니**』라는 구절을 읽은 바 있다. 성경에서 이처럼 영적 세계에까지 그 명성이 알려져 있던 사람들 가운데 또 누가 있는가?

하나님께서는 한때 바울의 손을 통해 비상한 기적들을 행하셔서 그의 몸에서 손수건이나 앞치마를 가져다가 병자에게 대기만 해도 질병이 낫고 악령들이 떠났는데, 이것을 흉내 내던 유대인들이 병든 사람들 안에 있는 악령들에게 바울이 전파하던 주 예수의 이름으로 엄명하여 쫓아냈다. 그 가운데 제사장들의 우두머리 스케바의 일곱 아들들이 같은 짓을 행하자 한 악령이 『**내가 예수도 알고 바울도 알지만 너희는 누구냐?**』고 힐난하고 악령들린 사람이 그들 위에 올라타 마구 짓누르는 바람에 그들이 혼비백산하여 벌거벗은 채로 도망치는 장면이 사도행전 19:11-16 부분에 서술되고 있다. 악령들이 『**예수도 알고 바울도 알지만 너희는 누구냐?**』면서 예수님의 이름을 팔아먹고 바울의 흉내를 내는 자들을 혼내주었던 웃지 못할 이 장면을 우리가 영적으로 해석할 때 바울의 명성이 지옥에까지 자자했던지라 마귀들도 바울이라면 잘 알고 있었음을 본다. 바울은 그 명성이 영적 세계에까지 잘 알려졌던 지옥의 원수였기에 더러운 영들이 다들 잘 알고 있는 사람이었다.

하나님께로부터 보내심을 받았던 가브리엘 천사는 마리아에게 와서 『**기뻐하라. 은총을 받은 자여, 주께서 너와 함께하시니 너는 여자 중에서 복받은 자로다.**』(눅 1:28)라고 말했다. 마리아는 하늘에까지 알려졌던 여인이었다. 또, 하루는 천사들이 하나님 앞에 서 있었는데 거기에 사탄도 그들 가운데 끼여 있었다. 그때 하나님께서 사탄에게 『**너는 내 종 욥을**

유의해 보았느냐? 세상에 그와 같은 사람은 아무도 없나니 그는 온전하고 정직한 사람으로 하나님을 두려워하고 악을 피하는 자니라.』(욥 1:8)고 말씀하신다. 욥은 그 명성이 하늘에까지 알려졌던 사람들 가운데 하나였다. 사탄 역시 욥에 대해 잘 알고 있었다(욥 1:9,10).

비단 이런 인물들만이 영적 세계에까지 알려졌던 게 아니다. 당신도 어떤 죄인의 혼을 구령하여 그리스도께로 인도하면 당신의 이름은 단박에 영적 세계에 알려져, 당신이 어떤 사람인지 마귀가 먼저 마음속에 챙겨둔다. 마귀는 당신을 조금도 달갑게 여기지 않는다. 마귀는 어떻게든 당신에게 보복하려고 기회를 엿본다. 한번은 아드 폴 목사가 다음과 같은 말을 했다. 나는 그가 한 말의 진의를 지금도 잘 이해하지 못한다.

"내가 만난 그리스도인들 가운데서 비교적 유복한 생활을 하는 데 별 어려움이 없는 사람들을 보니까, 그들은 기회만 있으면 복음을 전하고 전도지를 돌리며 죄인들을 그리스도께로 인도하기를 게을리 하지 않는 사람들이었다."

이 말을 듣자 그를 잘 알고 있던 한 그리스도인이 그에게 이렇게 물었다.

"만약 어떤 유괴범이 목사님의 자녀를 납치라도 해 갔다면 목사님의 심정이 어떻겠습니까?"

목사가 깜짝 놀라 되물었다.

"무슨 뜻이죠? 괴한이 내 아들을 유괴해 간다니요?"

"뭘 그리 놀라십니까? 누군가가 목사님 집을 뚫고 들어와 어린 아드님을 훔쳐갈 수도 있지 않습니까? 그럴 때 목사님의 심정이 어떻겠느냐 이겁니다. 당장 그 괴한을 붙잡아 혼을 내주고 싶으실 게 아닙니까?"

"그야 그렇죠. 그런 일은 일어나서는 절대로 안 되죠. 그건 절대 용납 못해요." 목사가 펄펄 뛰듯 대답했다.

"하지만 목사님께서는 틈만 나면 마귀의 자녀들을 훔쳐오는 일을 밥먹듯 자행하고 계시지 않습니까?"

이 말은 실로 명언이었다. 목사는 머리를 긁적이면서 웃을 수밖에 없었다. 그렇다. 구령자들은 마귀의 자녀들인 죄인들의 혼을 그리스도께로 탈취해 오는 사람들이다. 그러니 마귀인들 가만히 있을 리가 없지 않은가? 마귀는 필경 어떻게 해서라도 보복을 하려고 기회를 엿볼 것이다. 이것은 의심의 여지가 없다. 그렇기 때문에 구령을 열심히 하는 사람은 유복한 생활을 유지하는 데 별 문제가 없다고 말한 아드 폴 목사는 잘못 판단한 것이다. 하지만 겁먹을 필요는 없다. 주님께서도 이것을 잘 아시고 적절한 조치를 취하실 테니까 말이다. 당신이 신실한 그리스도인으로서 복음을 열심히 전파하고 죄인들의 혼을 이겨오는 일에 열심을 다하는 사람이라면 당신의 명성은 지옥뿐만이 아니라 하늘에까지 잘 알려지게 될 것이다.

『**"...내가 네게 하는 말들을 깨닫고 똑바로 일어서라. 내가 지금 네게 보냄을 받았느니라." 하더라.**』 주님의 말씀을 듣고 깨달은 사람은 『**똑바로**』 일어서야 한다. 주님의 말씀을 받고 그 진리를 깨달은 사람은 그대로 주저앉아 있을 수가 없다. 성경을 읽는 그리스도인들은 언제나 『**똑바로**』 일어선다. 진리를 실행하기 위한 행동이 요구될 뿐만 아니라 실행의 욕구가 내부에서 솟구치기 때문이다. 그리고 생명의 말씀을 전파하고 진리의 말씀으로 사람들을 가르치며 세상을 빛으로 인도한다. 진리는 당신이 독점할 수가 없다. 생명의 말씀은 살아 움직이기 때문에 그것을 소유한 사람은 가만히 앉아 있을 수가 없게 돼 있다. 진리를 수호하기 위해서라도 『**똑바로**』 일어서야 하고, 생명의 빛을 확산시키고자 하는 욕구 때문에라도 『**똑바로**』 일어설 수밖에 없다.

『내가 지금 네게 보냄을 받았느니라.』 여기서 **『내가』**라고 말하는 사람이 누구인가? "보냄을 받았다"는 말에서 모두들 "메신저" 역할을 하는 천사로만 여기지만, 이분은 분명 주님이시다. 우리는 앞서 다니엘이 주님의 영광 앞에서 몸을 가눌 수조차 없어 얼굴을 땅에 대고 엎드러져 있었던 것을 살펴보았다. 또 세마포로 옷 입고 우바스 정금으로 허리에 띠를 둘렀던 그 **『어떤 사람』**(5절)이 다름 아닌 요한계시록 1:13에서 요한에게 나타나셨던 그리스도이셨음을 확인해 보았다. 이 **『어떤 사람』**이 비록 천사였다 할지라도 그 천사는 단순한 하나님의 "메신저"가 아니라 하나님 자신의 현현이었다. 창세기에서도 그렇고, 출애굽기, 민수기, 재판관기 등에서도 그렇듯이 그리스도께서는 구약에서 흔히 "주의 천사"라고 지칭되신다. **『주의 천사가 가시덤불 가운데서 나온 불꽃 속에서 그에게 나타나시니라』**(출 3:2). 바울도 그리스도 예수를 "하나님의 천사"라고 불렀다. **『또 너희는 나의 육체 안에 있는 나의 시련을 무시하거나, 거절하지도 아니하였고 오히려 하나님의 천사같이 곧 그리스도 예수같이 나를 영접하였도다』**(갈 4:14). 사도행전 27장에서도 바울은 자신이 속해 있고 자신이 섬기는 주님을 일컬어 이렇게 불렀다. **『내가 속해 있고 또 내가 섬기는 하나님의 천사가 간밤에 내 곁에 서서 말하기를 '바울아, 두려워 말라...』**(행 27:23, 24). 그는 주 예수 그리스도를 **『하나님의 천사』**라고 불렀다.

『그가 내게 이 말을 했을 때 내가 떨며 일어섰더라.』 다니엘은 주님의 말씀에 따라 **『똑바로』** 일어섰는데, 몸을 **『떨며』** 일어선다. 이것은 단순한 공포가 아니라 하나님을 두려워할 줄 아는 사람이 존엄하신 하나님 앞에 설 때 자연스레 나타나는 현상이다.

『그때에 그가 내게 말하기를 "다니엘아, 두려워 말라. 네가 깨닫고 네

하나님 앞에 스스로 겸손하기로 마음을 정한 첫날부터 네 말이 들린 바 되었기에 내가 네 말들로 인하여 왔느니라』(12절).

『**다니엘아, 두려워 말라**』. 그리스도께서는 요한계시록 1장에서 요한에게도 이렇게 말씀하셨다. 『**내가 그를 보자 죽은 것처럼 그의 발 앞에 엎드러지니, 그가 내게 오른손을 얹고 나에게 말씀하시니라. 두려워 말라. 나는 처음과 마지막이요, 나는 살아 있는 자며...**』(계 1:17,18)

『**네가 깨닫고 네 하나님 앞에 스스로 겸손하기로 마음을 정한 첫날부터...**』, 그러니까 주님께서는 다니엘이 스무 하루 전 기도를 시작했던 『**첫날부터**』 그의 기도를 듣고 계셨던 것이다. 그러나 때에 따라서는 기도가 즉각 응답되는 것은 아니다. 다니엘은 스무 하루 전에 기도를 시작했었고, 그 첫째 날부터 주님께서는 그의 기도를 듣고 계셨지만, 스무 하루가 지난 다음에야 그에게 오셨다. 물론 주님께서는 그의 기도에 응답해 주시러 오셨다. 『**네 말이 들린 바 되었기에 내가 네 말들로 인하여 왔느니라.**』고 말씀하신다. 그러나 즉각 그에게 와 주셨던 것은 아니었다. 어떤 문제가 있었던 것이다. 주님께서는 다니엘에게 그 문제에 대해 설명해 주신다. "문제"는 역시 "13"이었다. 주님께서는 그 문제를 다음 "13절"에서 설명해 주신다.

『**그러나 페르시아 왕국의 통치자가 이십일 일 동안 나를 가로막았도다. 그러나 보라, 최고 통치자들 중의 하나인 미카엘이 나를 도우러 왔고, 내가 페르시아의 왕들과 함께 거기 있었노라**』(13절).

이것은 대단히 의아스럽고 놀라운 "문제"다. 『**페르시아 왕국의 통치자가... 가로막았도다.**』라니 도저히 상상키 어렵다. 일개 왕국의 통치자가 "주의 천사"요 "하나님의 천사"이신 예수 그리스도를 가로막다니! 그것도

『**이십일 일 동안**』이나! 당신은 이것을 상상이나 할 수 있겠는가? 그런데 더 놀라운 것은 『**미카엘**』이 주님을 도우러 왔다는 사실이다. 『**미카엘**』이 누구인가? 천사장이 아닌가? 그가 아무리 『**최고 통치자들 중의 하나**』기로서니 주님께서 그의 도움이 필요하셨단 말인가? 주님께서 『**페르시아의 왕들과 함께**』 계셨다고 말씀하신다. 말하자면, 그들과 맞닥뜨려 무엇인가 난관에 봉착하셨던 게 분명한데, 주님께서 난관에 봉착하셨다는 사실 자체도 그렇지만, 상대가 『**페르시아 왕국의 통치자**』에 불과했고, 그 난관을 타개하기 위해 천사장 미카엘이 주님을 도우러 와야 했다니, 이것은 아무리 머리를 굴려도 황당하기 그지없는 얘기가 아닌가? 20절에서는 주님께서 다니엘에게 이렇게 말씀하신다. 『**"너는 내가 어찌하여 네게 왔는지 아느냐? 이제 내가 페르시아의 통치자와 싸우려고 돌아갈 것이라. 보라, 내가 가면 그리스의 통치자가 올 것이니라."**』 당신은 이 말씀을 이해하고 수긍할 수 있겠는가? 주님께서 페르시아의 통치자와 『**싸우려고**』 하시다니! 더구나 그와 싸우시기 위해 『**돌아갈 것**』이라니, 어디로 말인가? 『**페르시아 통치자**』는 지금 여기 다니엘이 머물고 있는 바로 그 땅에 있지 않은가? 그런데, 주님께서 그와 상대하기 위해 어디론가 "돌아가신다"면, 그곳은 분명 이 지상이 아니라 하늘이 아니겠는가? 그렇다면, 『**페르시아의 통치자**』가 하늘에 있단 말인가? 그럼 지상에 있는 페르시아의 통치자는 누구란 말인가? 그러고 보니 미카엘 천사장을 두고 『**최고 통치자들 중의 하나**』라고 말씀하신 것부터가 심상치 않다.

이것을 이해하려면 먼저 천사들과 영적 세계에 대해 성경이 제시하는 몇 가지 진리들을 이해해야만 한다. 이것은 빌리 그래함이 쓴 〈천사 이야기〉라든지, 세상에 누가 쓴 천사에 대한 이야기들만을 읽어 가지고는 뭐가 어떻게 돌아가는 것인지 절대로 이해하기 어렵다. 어떤 책을 집어들어도 천사를 "메신저," 즉 "전령사"쯤으로밖에는 설명하지 않기 때문이다. 하지만, 정작 성경은 천사가 하나님의 "전령사"라는 인상을 풍기지 않는다. 가령, 예수 그리스도께서 겟세마네에서 기도하고 계실 때 천사가 나타났다. 주님께서는 늘 하시던 대로 올리브 산으로 가셔서 무릎을 꿇고 『**아버지시여, 원하시면 이 잔을 내게서 옮겨 주옵소서. 그러나 내 뜻대로 하지 마옵시고 아버지의 뜻대로 하옵소서.**』라고 기도하셨다. 그런데, 이때 한 천사가 주님께 나타났다. 『**그때 한 천사가 하늘에서 주께 나타나 힘을 돋우어 주더라**』(눅 22:39-43). 천사가 하나님의 "전령사" 역할을 하면서 무슨 "메시지"를 전달한 게 아니다. 천사는 주님께 왔으되, 『**힘을 돋우어**』 드렸다. 그때 주님께서는 땀이 큰 핏방울처럼 되어 땅에 떨어질 정도의 상태에서 『**고뇌 속에서**』 기도하고 계셨었다(눅 22:44). 메시지나 전달해 주는 일개 전령사에 지나지 않았더라면 고뇌 속에 계신 주님께 감히 『**힘을 돋우어**』 드릴 수 있었겠는가? 어떤 전투에서 악전고투하고 있는 부대장에게 상급 부대 야전사령관이 "전령"을 통해 작전 명령을 하달한다. 명령을 들고 온 전령이 와서 부대장이 고뇌에 빠져 있는 것을 보자 "부대장님, 기운을 내십시오." 하고 격려한다고 한번 가정해 보라. 이것은 상상도 할 수 없는 일이다. "전령"은 "전령"에 지나지 않는다. 메시지를 전달하는 것, 그것이 임무의 전부다. 그러나 겟세마네에서 주님께 나타난 천사는 분명히 주님을 격려했다. 천사는 일개 전령사가 아니었던 것이다.

마태복음 4장에서 주님께 나타났던 천사들은 또 어떠했던가? 주님께서는 40일간이나 금식하신 후 광야에서 마귀에게 시험을 받으셨다. 시험에서 마귀를 물리치신 주님께 천사들이 나타났다. 그러나 그들 중 누구도 하나님의 메시지를 주님께 전하지는 않았다. 『**마귀가 주를 떠나고, 보라, 천사들이 와서 주를 섬기니라**』(마 4:11). 천사들은 주님께 와서 그분을 섬겼다. 그들은 메시지를 휴대하고 왔던 게 아니었다.

열왕기하 19장에서 나타났던 천사는 또 어떤 일을 했던가? 유다 왕 히스키야가 앗시리아 왕 산헤립의 침공 위협 앞에서 주님께 간구했다. 『**그러므로 이제 오 주 우리 하나님이여, 내가 주께 간구하오니 그의 손에서 우리를 구해 주시어 땅의 모든 왕국들이 주, 오직 주만이 주 하나님이심을 알게 하소서**』(왕하 19:19). 히스키야의 이 기도는 선지자 이사야를 통하여 이렇게 응답된다. 『**내가 나 자신을 위하여 내 종 다윗을 위하여 이 성읍을 방어하여 그것을 구하리라**』(왕하 19:34). 그리고 하나님께서는 천사를 보내셨다. 그리고 그 천사는 앗시리아군 진영에서 하룻밤 사이에 185,000명을 죽여 버렸다. 『**사람들이 아침에 일찍 일어났더니, 보라, 그들이 모두 죽은 시체더라**』(왕하 19:35). 산헤립은 니느웨로 퇴각했고, 자신의 신 니스록의 신당에서 우상에게 경배하고 있는 도중 자신의 아들들에게 쳐죽임을 당하고 말았다(왕하 19:36,37). 이 천사는 히스키야왕에게 무슨 메시지를 들고 온 게 아니었다. 그 천사는 "죽음"을 가지고 왔다. 그는 앗시리아 군대를 무찌르고 성읍을 수호했다. 이 천사는 전령사가 아니라 엄청난 위력으로 이스라엘의 적을 물리쳤던 초자연적인 장군이었다.

이처럼 천사들은 성경에서 "메신저" 이상의 역할을 담당하고 있다. 따라서 천사들을 단순히 전령들 쯤으로 설명하는 것은 사람들로 하여금 그 존재에 대해 그릇된 인식을 갖게 할 뿐이다. 성경에서 "천사"가 등장할 때마다 그 천사의 속성을 이해하기 위해 당신 머리 속에 연상해야 할 가장 적절한 단어가 "현현," 즉 "나타남"("appearance")이라는 말이다. 천사는 하나님의 "현현"이다. "주의 어떤 천사"라고 말할 때, 이것은 "하나님의 어떤 나타나심"이란 뜻이고 "주의 그 천사"라고 말할 때, 이것은 "하나님의 그 나타나심"이란 뜻이다. 요한계시록에서 "일곱 교회의 천사"라고 언급한 것은 곧 "일곱 교회의 나타남"을 뜻한 것이다. 주님께서 『**하늘에 있는 그들의 천사들이 항상 하늘에 계신 나의 아버지의 얼굴을 뵙고 있느니라.**』(마 18:10)고 하신 말씀은 "그들의 하늘에서의 '나타남'이 하나님의 얼굴을 늘 마주 대하고 있다."는 말씀이다. 당신은 하늘에 당신의 "나타남"을 갖고 있다. 그것이 곧 당신의 천사인 것이다.

개천가 낡아빠진 다리 밑에서 꾀죄죄한 옷을 입고 노는 가난한 집 보잘것없는 아이들 같지만, 그들 하나하나를 대표하는 천사들이 하늘에 있다. 이 천사들은 보잘것없는 아이들 한 사람 한 사람을 하나님과 연결해 주고 있는 다리 역할을 하고 있는 것이다. 당신은 믿기 어렵겠지만, 나는 이것을 믿어 의심치 않는다. 성경이 그렇다고 말씀하기 때문이다. 그들의 천사들은 여기 이 땅이 아니라 저 높은 곳 하늘에서 그들을 대표하는 가운데 하나님의 얼굴을 마주 대하고 있다. 밧모 섬에 유배되어 있던 사도 요한은 셋째 하늘로 끌려 올라가, 거기서 『**일곱 금촛대**』 사이로 거니시는 주님을 만나 뵈었고 또 그분의 손에 『**일곱 별**』이 있는 것을 보았다. 성경은 이 『**일곱 별**』이 『**일곱 교회의 천사들**』이고 『**일곱 촛대**』는 『**일곱 교회**』라고 말한다(계 1:9-20). 이 "일곱 교회"는 지상에 있는 교회들이었다. 그러나 지상의 교회는 그들을 대표하는 "천사"를 하늘에 갖고 있는 것이다.

자, 어린아이도 자신을 대표하는 천사를 하늘에 갖고 있고, 교회도 자신을 대표하는 천사를 저 위에 갖고 있다. 그렇다면, 지상의 왕국들이나 민족들인들 자신들을 대표하는 천사들을 하늘에 갖고 있지 말란 법이 있겠는가? 가령, 지구상에는 이스라엘이라는 나라가 있고 민족이 있다. 그렇다면, 지상의 이스라엘을 대표하는 천사가 또 하늘에 있다. 성경은 분명히 그렇다고 말씀한다. 미카엘은 분명 영적 세계에서 활동하는 천사장이다. 미카엘은 지상에 있는 어느 왕국의 통치자가 아니다. 그런데 성경에 따르면, 미카엘은 하나님 앞에서 이스라엘을 대표하는 천사요, 영적 세계에서 이스라엘을 다스리는 통치자라는 것이다. 다니엘 12:1을 읽어 보라. 『**그때에 미카엘이 일어서리니, 이는 네 백성의 자손을 위하여 일어서는 위대한 통치자라.**』고 말씀한다. 『**네 백성**』, 즉 다니엘의 백성이라면 그것은 분명

이스라엘이다. 그러니까 미카엘은 이스라엘 자손을 위하여 일어서는 『**통치자**』라는 것이다. 지상에서가 아니라 영적 세계에서 활동하는 이스라엘의 『**통치자**』 말이다. 이렇게 볼 때, 여기 13절에서 언급되는 『**페르시아 왕국의 통치자**』 역시 이런 맥락에서 짚어보아야 그 존재의 정체를 이해할 수 있을 것이다. 주님께서 다니엘을 위해 용무를 마치신 다음 그 『**페르시아 왕국의 통치자**』와 싸우시러 하늘로 돌아가셔야 한다고 다니엘에게 말씀하신다. 그렇다면 이 『**페르시아 왕국의 통치자**』는 지금 다니엘이 살고 있는 지상의 페르시아 왕국의 통치자를 대표하는 영적 세계의 어떤 존재인 게 분명하게 드러난다.

이처럼 저 위 높은 곳들에서 지상의 권력을 대표하는 영적 존재들을 바울은 알고 있었고, 그의 싸움의 상대가 실은 이들 영적 존재들이라는 것을 알고 있었다. 그래서 바울은 에베소서 6장에서 『**우리의 싸움이 혈과 육에 대항하는 것이 아니라 정사들과 권세들과 이 세상 어두움의 주관자들과 높은 곳들에 있는 영적 악에 대항하는 것**』(엡 6:12)이라고 말했던 것이다. 여기서 『**정사들**』이라는 단어가 영어로 "principalities"라고 표기된다. 이것은 "통치자"라는 뜻의 영어 단어 "prince"와 어원을 같이 한다. 말하자면, "정사들"이라는 영적 존재들은 영적 세계에서 활동하면서 지상의 나라들이나 사람들을 대표하는 "통치자들"인 것이다. 마귀를 일컬어 『**이 세상의 통치자**』(요 12:31; 14:30; 16:11)라고 주님께서 언급하셨던 이유가 여기에 있다. 그렇기 때문에 다니엘 10:13에서 언급되는 『**페르시아 왕국의 통치자**』란 지상의 페르시아를 영적 세계에서 대표하는 일종의 악령으로서, 마귀의 수하에서 활약하는 "정사들" 중 하나임을 알 수 있다. 그런데 또 13절에서 주님께서는 『**내가 페르시아의 왕들과 함께 거기 있었노라.**』고 말씀하신다. 『**거기**』란 물론 지상을 말하는 게 아니라 저 높은 곳 하늘에 있는 영적 세계를 말한다. 그 영적 세계에 『**왕들**』(복수형), 즉 많은 "정사들"이 있음을 주님께서는 밝히신 것이다. "정사들"은 "고위급 통치자들"(hierarchies)을 말한다. 바울은 이들을 두고 『**이 세상 어두움의 주관자들**』(엡 6:12)이라고 부르기도 한다. 어떤 주석자들은 에베소서 6장의 『**높은 곳들**』이란 왕좌나 백악관이나 주지사 자리나 시장 자리 같은 권력의 높은 자리를 의미한다고 설명하지만, 그렇지 않다. 『**높은 곳들**』은 문자 그대로 『**높은 곳들**』, 즉 저 하늘 위인 것이다.

이사야 24장을 보라. 19절부터 23절 끝까지 한번 읽어 보라. 이 부분은 대환란을 묘사하는 서술이다. 『**땅이 완전히 헐리고 땅이 깨끗이 해체되며 땅이 심하게 움직였도다. 땅이 술 취한 사람같이 비틀거리며 오두막같이 흔들거리고 그곳의 죄악이 그 위에 무겁게 되리니 그것이 떨어져서 다시 일어나지 못하리라**』(사 24:19,20). 자, 그 다음 구절을 주의해서 읽어 보라. 『**그 날에 주께서 높은 곳에 있는 높은 자들의 군대와...**』, 그리고 『**땅 위에 있는 땅의 왕들을 벌하시리라**』(21절).

『**높은 곳에 있는 높은 자들**』이란 지상의 "높은 자리에 앉아 있는 높은 사람들"을 말하는 게 아니다. 『**높은 곳에 있는 높은 자들**』이란 『**땅 위에 있는 땅의 왕들**』의 머리 위 저 아득히 먼 하늘 높은 곳에 있는 영적 존재들을 말한다.

한 군데 더 보자. 에스겔 28장이다. 성경에 기록돼 있는 이런 구절들을 통해서 우리는 마귀가 인간 통치자의 모습으로 옷 입고 지상에 군림한다는 것을 분명하게 알 수 있다. 에스겔 28:14을 보라. 『**너는 기름부음을 받은 덮는 그룹이라.**』 15절에서는 『**창조된 날로부터 죄악이 네게서 발견되기까지 너는 네 길에 완벽하였도다.**』, 그런데 앞서 13절에서는 『**네가 하나님의 동산 에덴에 있어...**』라고 서술한다. 그리고 또 그 앞 절 12절을 보라. 『**애가를 지어 그에게 말하라.**』 누구에게 곡을 하란 말인가? 『**투로 왕**

에게』 곡을 하라고 말씀한다. 『**투로 왕**』이라면 인간이 아닌가? 인간이되, 마귀의 모형이다. 마귀의 "모형"이라고 말할 때, 이것은 마귀가 인간의 모습을 입고 인간으로 투영돼 나타나 있는 존재를 말한다. 『**투로 왕**』 자신은 인간이었으되, 『**애가를 지어 그에게 말하라.**』고 명령한 것은 인간 『**투로 왕**』에게 곡을 하라는 것이 아니라 사실은 『**기름부음을 받은 덮는 그룹**』, 『**완전한 규모를 확정하는... 지혜가 충만하고 아름다움이 완벽**』한 존재로 창조되었던 마귀, 그러나 장차 언제인가 하나님의 심판으로 최후를 맞게 될 마귀에게 애가를 지어 곡을 해 주라는 것이었다. 지상의 인간 『**투로 왕**』은 하나님의 동산 에덴에 있어 본 적도 없었고, 기름부음을 받은 그룹이었던 적도 없었으며, 완전한 규모와 충만한 지혜와 완벽한 아름다움으로 지어진 존재도 아니었다.

마귀는 구원받지 못한 죄인들만 조종하는 게 아니라 구원받은 성도들의 일들을 갖은 방법으로 방해한다. 당신이 하나님께 기도할 때, 하나님께서는 당신의 기도를 들으시고 그에 적절히 응답해 주신다. 그런데 그 응답이 당신에게 미치고 있는 것을 보고 마귀는 가만히 있지 않는다. 그는 자신의 수하에 있는 영적 존재들에게 "막아라! 막아라!" 하고 명령한다. 그래서 당신의 기도가 응답되기까지는 하늘에서 치열한 영적 싸움이 벌어지는 것이다. 이것이 바로 여기 다니엘 10:13에서 주님께서 다니엘에게 알려주신 내용이다. 『**페르시아 왕국의 통치자가 이십일 일 동안 나를 가로막았도다.**』 주님께서는 다니엘이 스무 하루 전 기도를 시작하던 순간부터 그의 기도를 듣고 계셨고, 그에 대한 응답을 해 주시려고 결정하셨었다. 그런데, 지상에 『**페르시아 왕국의 통치자**』로 투영돼 있는 하늘의 영적 존재, 바꾸어 말해서, 지상에 있는 『**페르시아 왕국의 통치자**』를 대표하는 하늘의 영적 존재에 의해 방해를 받으셨던 것이다.

미국이 되었건, 영국이 되었건, 프랑스가 되었건, 러시아가 되었건, 지상의 모든 통치자들은 마귀의 손아귀에 들어가 있다. 그들은 마귀에게 "콘트롤"된다는 말이다. 성경이 마귀를 일컬어 "이 세상의 통치자"라 칭하는 까닭이 여기에 있다. 물론 주님께서는 마귀의 방해를 얼마든지 극복하실 수가 있다. 다니엘의 경우, 주님께서는 이스라엘 백성의 대표 천사인 미카엘의 도움을 받아 그 방해를 물리치셨고, 그 결과 스무 하루 만에 다니엘에게 나타나셨던 것이다. 마귀가 감히 어찌 주님을 막겠느냐고 당신은 의아해 할 것이다. 무리가 아니다. 주님께서는 마귀를 꾸짖으실 수 있다(유 1:9). 그러나 그리스도께서 갈보리 십자가에서 사망의 권세를 물리치시고 마귀의 일들을 진멸하시기 이전의 구약에서는 영적 능력에 관한 한 마귀의 능력과 권세가 "주의 천사"(그리스도)의 그것과 거의 맞먹는 것이었다. 이렇게 말하면 당신은 불만스럽게 여기겠지만, 이것은 사실이다. 성도들의 일을 가로막고 방해하는 마귀의 권세가 구약 시대에는 신약 시대보다 더 강력했다. 신약 성도들은 하나님의 의로 의롭게 되고 거룩하게 된 하나님의 자녀들인 데다가 하나님의 영께서 그들 안에 들어와 계시기 때문에 성도들에게 구약 시대처럼 쉽게 그 영향력을 행사할 수가 없다. 그러나 그렇다고 해서 거듭난 그리스도인들 앞에서 마귀가 전적으로 무력해진 것은 물론 아니다. 구약 시대와 비교할 때 그렇다는 말이다. 마귀의 권세가 완전히 무력해지려면 주님께서 다시 오셔야만 한다. 지금도 마귀는 당신에게 막강한 영향력을 미칠 수 있고 당신을 강력하게 시험할 수 있으며 심지어는 당신을 배교하게 만들 수도 있다. 당신이 정신을 바짝 차리고 깨어 있지 않으면 당신은 마귀에게 열 번이면 열 번 다 당하게 돼 있다.

지금도 마귀는 당신의 기도를 아주 강력하게 방해한다. 당신이 무릎을 꿇고 하나님께 기도하기 시작하는 순간 하늘에서는 영적 전투가 벌어진다. 당신의 기도에 응답하시는 하나님의 천사와 당신의 기도를 막으려는 마귀의 천사들 사이에 전쟁이 벌어지는 것이다. 그야말로 하늘에서 양 진영 간에 "별들의 전쟁"이 벌어지는 것이다. 아무튼, 다니엘의 경우, 이 영적 투쟁이 스무 하루나 계속되었다.

10:15 그가 내게 그러한 말들을 했을 때 나는 내 얼굴을 땅에 대고 벙어리처럼 되었더라.

16 그런데 보라, 사람들의 아들들의 모습같이 생긴 이가 내 입술을 어루만지니 내가 내 입을 열어 내 앞에 서 있는 사람에게 말하기를 "오 내 주여, 그 환상으로 인하여 내 슬픔이 내게 임하여 내가 힘이 없어졌나이다.

17 나로 말하면, 내 안에 힘이 다 없어졌고 내 안에 호흡도 남아 있지 않으니 내 주의 종이 어찌 내 주와 더불어 말할 수 있으리이까?" 하였더라.

18 그러자 사람의 모습 같은 이가 다시 와서 나를 어루만져 내게 힘을 돋우어 주며

19 말하기를 "오 큰 사랑을 받은 사람아, 두려워 말라. 네게 평강이 있으라. 강건하라. 정녕, 강건하라." 하더라. 그가 내게 말했을 때 내가 힘을 얻고 말하기를 "내 주께서 내게 힘을 돋우어 주셨으니 말씀하소서." 하였더라.

20 그때 그가 말하기를 "너는 내가 어찌하여 네게 왔는지 아느냐? 이제 내가 페르시아의 통치자와 싸우려고 돌아갈 것이라. 보라, 내가 가면 그리스의 통치자가 올 것이니라.

21 그러나 내가 진리의 성경에 기록된 것을 네게 보여 주리라. 이러한 일들에 나를 지지해 줄 자는 너희 통치자 미카엘 외에는 아무도

없느니라."

『**그런데 보라, 사람들의 아들들의 모습같이 생긴 이가 내 입술을 어루만지니 내가 내 입을 열어 내 앞에 서 있는 사람에게 말하기를 "오 내 주여, 그 환상으로 인하여 내 슬픔이 내게 임하여 내가 힘이 없어졌나이다**』(16절).

그의 말이 얼마나 충격적이었는지, 다니엘은 말문이 막혀 벙어리처럼 될 정도였다(15절). 그런 다니엘의 입술을 『**사람들의 아들들의 모습같이 생긴 이**』, 즉 사람같이 생긴 분, 곧 주님께서 어루만져 주시니 다니엘은 드디어 말을 할 수 있게 되었는데, 이때 다니엘이 말문을 열고 한 첫마디가 『**그 환상으로 인하여**』 너무 슬퍼서 기운을 다 잃을 정도가 되었다는 호소였다.

『**그 환상**』이란 무엇을 말하는가? 앞서 8장과 9장에서 보았던 환상들, 즉 마지막 때에 이스라엘에게 닥칠 환란에 대한 환상들을 말한다. 그 끔찍한 환상도 환상이지만, 이런 것을 보여 주시고 그것이 나타내는 의미를 설명해 주시는 주님께서 다니엘에게 직접 찾아오셔서 그의 앞에 계시다는 사실 자체가 다니엘로서는 두렵고 떨려 몸을 가누지 못했다.

『**나로 말하면, 내 안에 힘이 다 없어졌고 내 안에 호흡도 남아 있지 않으니 내 주의 종이 어찌 내 주와 더불어 말할 수 있으리이까?" 하였더라**』(17절).

"주의 천사"와 조우한 사람이라면 누구나 이렇게밖에는 될 수가 없다. 이에 대해서는 앞에서 이미 살펴보았다. 흥미로운 점은 소위 UFO라는 미확인 비행물체를 타고 온 외계인들과 조우했다고 주장하는 사람들 역시 이와 아주 흡사한 증언들을 한다는 사실이다. 이걸 보면, "주의 천사"뿐만 아니라 『**정사들과 권세들과 이 세상 어두움의 주관자들과 높은 곳들에 있는 영적 악**』(엡 6:12)으로 표현되는 마귀의 수하에 있는 영적 존재들과 조우했을 때도 영적으로 무장되지 못한 사람은 몸을 제대로 가눌 수가 없는 모양이다.

『**오 큰 사랑을 받은 사람아, 두려워 말라. 네게 평강이 있으라...**』(19절)

이런 말을 들으면 누구라도 본능적으로 주 예수 그리스도를 연상하게 되는 것은 당연하다. 부활하신 주 예수 그리스도께서 문을 꼭 걸어 잠그고 방안에 은신하고 있던 제자들에게 나타나셔서 하셨던 첫 말씀이 『**모두 평안하냐?**』(마 28:9)였고 『**두려워 말라.**』(마 28:10)였으며 또 『**너희에게 평강이 있을지어다.**』(눅 24:36)가 아니었던가? 그러니까, 다니엘에게 나타났던 이 『**사람의 모습 같은 이**』는 구약적 표현으로 "주의 천사"이신 바로 주 예수 그리스도이셨던 것이다.

『**그가 내게 말했을 때 내가 힘을 얻고 말하기를...**』(19절)

다니엘이 힘을 얻게 된 것이나 말을 할 수 있게 된 것 모두가 주님께서 『**강건하라.**』는 말씀으로 된 것이었음에 주목하라. 이 세상에 존재하는 모든 것들과 이 세상에서 되어지는 모든 일들이 주님의 "말씀"으로 이루어진다. 이 세상에 빛이 있게 된 것도 『**빛이 있으라.**』(창 1:3)는 주님의 말씀에 의해서였고 창공이 생기고 이 창공을 사이에 두고 물들이 물들과 나뉘어지게 된 것도 『**물들 가운데 창공이 있으라. 창공으로 물들에서 물들을 나누게 하라.**』(창 1:6)는 주님의 말씀에 따라 된 일들이었다. 지상에 모든 생물들이 생기게 하는 데에도 주님께서 하셔야만 했던 일은 단지 『**땅은 생물을... 그 종류대로 내라.**』(창 1:24)고 말씀하시는 일이 전부였다. "별들이 있으라!"고 말씀하시니 광활한 우주 공간에 수십억 개의 은하계가 생졌다. 당신이 주님을 믿고 구원받아 하나님의 자녀가 되었다. 그런데 어느 날 갑자기 당신 이름을 부르시면서 "아무개야, 이리로 올라오라!"는 주님의 음성이 당신 귀에 들려온다. 그러면 당신은 하늘로 올라가야 한다. 어떻게 올라갈 것인지는 조금도 걱정할 필요가 없다. "올라오라!"는 주님의 말씀 한마디에 당신은 가만히 있어도 셋째 하늘로 순식간에 자리를 옮기게 된다. 설사 당신이 무슨 이유가 있어 가기 싫더라도 올라가지 않을 도리가 없다. 당신의 남편이 구원받지 못해서 당신과 함께 가지 못하는 바람에 차마 헤어질 수가 없어 그냥 지상에 남아 있고 싶을지도 모르겠다. 그러나 그렇게는 아니 된다. 당신은 주님의 말씀을 변경할 수도 없고, 거역할 수도 없으며, 번복시킬 수도 없다. "이리로 올라오라!" 그러면 당신은 올라가야 한다.

『그때 그가 말하기를 "너는 내가 어찌하여 네게 왔는지 아느냐? 이제 내가 페르시아의 통치자와 싸우려고 돌아갈 것이라. 보라, 내가 가면 그리스의 통치자가 올 것이니라』(20절).

다니엘에게 오시는데 『**페르시아 왕국의 통치자**』의 방해로 스무 하루나 다투셨던 주님께서는 다니엘에게 훗날 이스라엘에게 닥칠 일들을 알려주고 깨닫게 해 주신 다음 그 『**페르시아의 통치자**』와 싸우러 하늘로 『**돌아갈 것**』이라고 말씀하신다. 마치 다니엘에게 먼저 서둘러 오시느라고 자신을 방해하던 "정사들과 권세들과 이 세상 어두움의 주관자들과 높은 곳들에 있는 영적 악"을 미카엘 천사장에게 맡기고 오셨기 때문에 이제 다시 돌아가 미카엘을 도와 전쟁을 마저 끝장내야 하겠다는 듯이 말씀하신다.

이쯤 되면, 이 『**페르시아의 통치자**』라는 인물이 지상의 페르시아 왕국 보좌에 앉아 거드름을 피고 있는 존재가 아니라 저 높은 곳에 있는 어떤 존재를 지칭한다는 것이 한층 분명해진다. 지상의 왕좌에 앉아 있는 페르시아의 코레스왕 정도였다면 주님께서 이렇게 말씀하셨을 리가 없지 않은가? 열왕기하 19장에서 “주의 천사”는 밤사이 단 일격으로 앗시리아군 185,000명을 쓸어버리지 않았던가? 한번은 헤롯이 왕복을 입고 왕좌에 앉아 연설을 했는데, 사람들이 “저것은 신의 음성이지 사람의 음성이 아니다.”라고 말할 정도로 대단히 “감동적인” 연설을 했다. 하지만 성경은 그런 헤롯에게 당장 어떤 결과가 초래되었다고 말씀하는가? 『**그때 즉시 주의 천사가 그를 치더라. 이는 그가 하나님께 영광을 돌리지 아니하였기 때문이라**』(행 12:23). 그 결과 헤롯은 어찌되었는가? 『**그리하여 벌레들이 그를 먹으니 그가 숨을 거두더라**』(행 12:23). 이처럼 지상 왕국의 인간 왕들쯤이야 주님의 상대가 될 수 없다. 그러나 여기 다니엘 10장에서 언급되는 “싸움”은 그리 쉬운 싸움이 아닌 게 분명하다. “주의 천사”는 “페르시아 왕국의 통치자”라 칭하는 영적 존재에 의해 방해를 받으셨고 미카엘 천사장의 도움으로 그 방해를 물리치고 다니엘에게까지 오시기는 했지만 다시 돌아가 싸움을 계속하셔야 하는 것이다. 그 싸움이 어떤 양상으로 전개되고 진행되는지는 나로서는 알 길이 없다. 이것은 영적인 전투인 것이다. 사람들이 “별들의 전쟁” 같은 영화를 통해서 상상하듯이 그런 양상으로 나타나는지도 모른다. 아마도 그 이상으로 기기묘묘할 것이다.

주님께서 마귀의 세력에 대항해서 치르시는 영적 전쟁은 미수에 그치거나 중단되거나 휴전되는 것이 아니라 끝까지 지속되는 싸움이다. 그렇기 때문에 주님의 자녀들이 이 지상에서 수행하는 영적 전쟁 역시 마찬가지로 끝까지 지속되는 것이다. 이 싸움에서는 후퇴도 없고 정전도 없으며 평화 협상 같은 것도 있을 수가 없다. 그렇다고 애초부터 싸움을 피한다든지 중립을 지킨다든지 하는 것도 있을 수 없다. 이 싸움은 불가피한 전쟁이고 지상에서의 삶을 마감할 때까지 지속되는 투쟁이다.

모든 그리스도인은 누구라도 마귀와의 영적 전쟁을 피할 수가 없게 돼 있다. 그래서 바울은 『**믿음의 선한 싸움을 싸우라.**』(딤전 6:12)고 오히려 싸움을 촉구하였다. 그는 죽을 때까지 『**혈과 육**』을 상대로 싸운 게 아니라 『**정사들과 권세들과 이 세상 어두움의 주관자들과 높은 곳들에 있는 영적 악**』(엡 6:12)에 대항하여 『**믿음의 선한 싸움**』을 싸웠던 것이다.

『**그러나 내가 진리의 성경에 기록된 것을 네게 보여 주리라. 이러한 일들에 나를 지지해 줄 자는 너희 통치자 미카엘 외에는 아무도 없느니라"**』 (21절).

"주의 천사"로 나타나셨던 주님께서 다니엘에게 『**진리의 성경에 기록된 것**』을 보여 주겠다고 말씀하셨다. 그런데, 주님께서 다니엘에게 『**보여 주리라.**』고 말씀하셨던 내용이 다음 11장에서 개진되고 있다. 그러나 다니엘 11장이 다니엘에 의해서 훗날에 기록된 것이지 그 이전에 기록돼 있던 책이 아니었음은 두말할 나위가 없다. 그렇다면, 주님께서 언급하신 『**진리의 성경에 기록된 것**』의 『**성경**』이란 어떤 책을 의미하는 것일까? 하늘에 『**성경**』이라 불리는 어떤 책이 있지 않고서는 주님께서 이렇게 다니엘에게 말씀하실 수는 없는 노릇 아닌가? 다니엘에게 있어 지상에 있는 『**성경**』이라면, 창세기니, 출애굽기니, 민수기니, 신명기니 하는 모세 5경과 역대기 상·하에 이르는 역사서 내지 이사야 및 예레미야의 선지서들까지였겠지만, 그러나 주님께서 다니엘에게 말씀하신 내용들은 다니엘이 갖고 있던 이런 책들에서는 찾아볼 수 없는 내용들이었고, 다니엘로서는 평생에 처음 들어보는 내용이었다. 그러니까 주님께서도 그것을 특별히 보여 주시려고 오셨던 게 아닌가? 그렇다면, 여기서 주님께서 말씀하시는 『**성경**』이란, 나로서는 잘 모르지만 지상에 있는 책이 아닌 어떤 책을 의미한 것으로 보인다. 아마도 그래서 "주의 천사"는 다니엘에게 『**이러한 일들에 나를 지지해 줄 자는 너희 통치자 미카엘 외에는 아무도 없느니라.**』고 말씀하셨던 게 아니었을까? 어떤 책에 기록돼 있으되, 그 내용을 아는 사람은 지상에는 아무도 없었고, 하늘의 천사장인 미카엘이나 알고 있는 내용들이었으며 더구나 그 내용이 이스라엘의 미래에 관한 것이었으므로 『**너희 통치자 미카엘**』, 즉 이스라엘을 대표하는 하늘의 천사인 미카엘 외에는 알고 있는 존재가 없었던 것이다.

다니엘 11장

다니엘 11장은 길이도 길지만 그 내용 또한 이해하기 쉽지 않은 장인지라 나 자신도 그 내용을 완전히 이해한다고 자신 있게 공언하지는 못한다. C. I. 스코필드는 본 장의 30절까지를 우리가 볼 때 이미 과거에 해당하는 사실들을 언급하는 것으로 간주하고 지금으로서는 역사적으로 남김없이 성취된 예언들로 풀이하고 있지만, 나는 다 그렇다고 보지는 않는다. 부분적으로는 물론 스코필드의 생각처럼 과거의 사건들을 기술하고 있는 게 사실이지만, 이제 공부해 내려가다 보면 알게 되듯이 어떤 것은 과거에 이미 완전히 성취되었다고는 보기 어려운 것도 상당수 있는 게 사실이기 때문이다.

우리는 앞서 10:14에서 다니엘에게 나타난 주의 천사가 『**훗날들에 네 백성에게 닥칠 것을 너에게 깨닫게 해주려고 왔노라. 이는 그 환상이 아직도 많은 날 동안 남아 있기 때문이라.**』고 언급했던 것을 기억한다. 이것은 다니엘이 볼 때 이삼 년이나 칠팔 년, 또는 일이십 년 있으면 닥쳐 올 아주 가까운 미래의 일들을 말하는 게 아니라는 것을 확실하게 밝힌 언급이었다. 적어도 민족적·국가적 장래의 일들을 말하면서 『**훗날들에... 닥칠 것**』이라든지, 『**아직도 많은 날 동안 남아**』 있다든지 하는 표현을 사용했다면 이것은 상당히 "먼 장래"의 일들을 언급한 것으로 보는 게 자연스럽다. 그래도 스코필드는 11장의 앞부분 30절까지가 그렇다고 보았으므로 다른 사람들에 비하면 한결 나은 편인데, 다른 대부분의 주석자들은 11장 전체를 다루면서 알렉산더니, 이집트의 프톨레미(Ptolemies) 왕조니, 시리아의 셀레우코스(Seleucidaes) 왕조니, 안티오쿠스(Antiochus)니 하는 역사적으로 과거에 실재했던 왕들을 들먹거리면서 다니엘 11장에서 진술되고 있는 내용들이 모두 예수 그리스도의 초림 이전에 완전히 성취되었던 구약의 예언들이라고 간주해 버리는 게 보통이다. 그러나 그들의 견해가 틀린 것은 아니로되, 다 옳은 것은 절대로 아니다. 그들의 이런 견해는 부분적으로만 옳고 전체적으로는 아주 틀린 생각이다.

다니엘 9장이나 10장의 기록 연대는 B.C 534년이다. 그래서 대부분의 주석자들은 11장의 예언들이 B.C. 534년에서 시작하여 예수 그리스도의 초림 때까지는 다 성취되었다고 주장한다. 그러나 앞으로 11장을 공부해 가면서 차차 알게 되겠지만, 여기서 언급되고 있는 예언들이 모두 그리스도의 초림 이전에 성취된 게 아니라 어떤 것은 지금 우리가 살고 있는 이 교회 시대에 이루어지고 있기도 하고 또 어떤 것은 대환란 시대 내지 그리스도의 재림 때에 가서야 이루어질 일들인 게 분명하게 드러난다.

여기 11장에 기록된 내용들이 다니엘의 입장에서는 가깝든 멀든 모두 미래에 일어날 일들에 대한 예언이지만 지금의 우리 입장에서는 그 예언의 일부가 이미 지난날에 성취되었고, 일부는 지금 성취되는 과정에 있으며, 또 나머지 일부는 앞으로 그리스도의 재림과 함께 되어질 일들이다. 이미 과거에 성취된 예언의 정확성으로 미루어 우리의 관심은 마치 자로 잰 듯 한 치의 오차도 없는 예언의 신뢰성에 모아지지 않을 수가 없다. 클라렌스 라킨은 다른 누구보다도 이 예언의 정확성을 부각시키고 이것을 토대로 앞으로 되어질 일들에 대한 예언의 신뢰성에 초점을 맞추어 역설했던 사람이다. 비록 라킨이 다니엘에게 나타난 천사를 하나님의 단순한 "메신저"로서의 가브리엘로 못박는 바람에 구약에서 "주의 천사"로 불려지고 신약에서 "하나님의 천사"로 불려지는 예수 그리스도의 현현이라는 개념을 흐려 놓기는 하였지만, 어쨌든 다니엘에게 계시하고 깨닫게 해 주었던 예언들을 분석하고 그 정확성을 밝혀 놓은 부분은 다른 주석자들이 도저히 따르지 못한다. 그래서 나는 이미 역사적으로 성취된 예언 부분에 대한 고찰에서는 클라렌스 라킨의 이야기를 많이 참고하고자 한다. 그러나 미리 이야기 해두건대, 설령 과거에 이미 성취된 예언이라고는 하지만, 그 예언이 과거의 어떤 사건으로 종지부를 찍은 게 아니라 좀더 먼 미래를 지시하는 연속성 내지 반복성을 갖는다는 사실을 늘 유념하고 있어야 한다. 예언은 대개의 경우 과거의 사건들이나 인물들이 모형이나 예표가 되어 앞으로 되어질 일들의 그림으로 제시되는 경우가 많다는 것을 우리는 잘 알고 있다. 바로 이런 점에서 본 장의 예언들과 관련하여 클라렌스 라킨의 해석을 참고할 때, 과거의 사건들에만 고정시키고 있는 그의 시야에서 벗어나 좀더 넓은 시야로 예언들을 바라다보도록 해야 할 것이다.

본 장에서 우리는 "주의 천사"가 10:21에서 『**진리의 성경**』이라 일컬었던 그 책에 기록된 어떤 내용을 접하게 된다. 그것은 "남쪽 왕"인 이집트 프톨레미 왕조와 "북쪽 왕"인 시리아 셀레우코스 왕조간에 있었던 전쟁들을 주로 기록하고 있는 것으로서, 다니엘로서는 아직 미래에 속하는 "미래의 역사 기록"이다. 사건이 일어나기도 전에 미리 개진하고 있는 이 미래의 역사 기록이 어찌나 정확하게 맞아떨어졌던지 비평가들은 다니엘서가 일반적으로 주장하듯 B.C. 533년에 기록된 책일 수가 도저히 없고 빨라야 이집트의 프톨레미 왕조와 시리아의 셀레우코스 왕조간의 전쟁들이 종료된 이후, 즉 B.C. 160년경에나 기록되었다고 보아야 옳다고 주장한다. 그렇지 않고서야 다니엘이든 다른 어떤 사람이든 이런 전쟁들이 일어나기도 전에 그 전쟁들의 발발과 진행과정 및 결과에 대해 어떻게 이처럼 정확하고도 생생하게 기술할 수 있었겠느냐는 것이 그들의 주장인데, 그들로서는 이것이 절대 불가능한 일로 여겨질 수밖에 없었던 것이다.

바로 여기서 하나님의 말씀인 성경 자체의 성경관과 성경 비평가들의 성경관이 확연히 경계를 긋게 된다. 『**모든 성경은 하나님의 영감으로 주어진 것**』(딤후 3:16)이요, 성경의 『**예언은 예전에 사람의 뜻에서 나온 것이 아니요 오직 하나님의 거룩한 사람들이 성령으로 감동을 받아 말한 것**』(벧후 1:21), 바로 이것이 성경 자체가 성경에 대해 갖고 있는 관점이다. 말하자면, 하나님의 사람들이 기록하였으되, 사사로운 자기 생각을 임의대로 기록한 것이 아니라 하나님께서 기록토록 하신 말씀만을 기록한 하나님의 말씀이 성경이라는 것이다. 하나님께서 미래의 일들을 미리 말씀하시고 말씀하신 바를 그대로 성취시켜 나가시는 데에는 아무 문제가 없다는 것은 두말할 나위도 없다. 이것을 믿지 못하고 이것을 의문시한다면 그것은 하나님을 믿지 못하기 때문이요, 하나님의 일들을 보잘것없는 사람의 생각과 관점으로밖에는 볼 줄 모르는 편협하고 어리석은 생각의 한계를 벗어나지 못한 결과다. 성경의 예언이란 미리 써 놓은 역사 기록이다. 성령께서는 인간사가 실제로 있고 난 다음에 그 역사를 기록해 놓으실 수 있을 뿐만 아니라 있기 전에도 얼마든지 미리 기록해 놓을 수가 있으시다. "역사가 예언의 베일을 벗긴다."는 말도 있거니와, 이 말은 곧 "예언은 역사를 미리 이야기한다."는 뜻이다. 따라서 역사는 예언의 "확인" 과정이지 해석 과정이 아니다. 예언을 역사적으로만 "해석"하려는 태도는 흔히 역사적 사건들에 대한 "강요된 해석"으로 이끌리게 되어 예언을 놓고

"장난"치게 될 위험이 따르는 법이다. 예언에 대해 역사가 갖는 관계는 "확인"이지 "해석"이 아니다. 『**우리에게 더 확실한 예언의 말씀이 있으니, 날이 새어 샛별이 너희 마음에 떠오르기까지 너희가 어두운 곳에서 빛나는 빛에 주의하듯 이 예언의 말씀에 주의하는 것이 잘하는 것이니라.**』(벧후 1:19)는 성경 말씀대로 예언은 『**어두운 곳에서 빛나는 빛**』이다. 예언은 미지의 미래를 예측케 해주는 미래에 대한 조명인 것이다.

문제는 그 예언이 과연 『**확실한 예언의 말씀**』, 즉 성경에 기록된 하나님의 말씀이냐의 여부에 있다. 하나님의 말씀만이 『**확실한 예언의 말씀**』이기 때문이다. 우리는 본 장에서 이 예언의 말씀이 얼마나 정확한 말씀인지를 아주 구체적으로 확인해 보게 될 것이지만, 이것이 "확인"만으로 끝나는 것이 아니라 그 "확인"을 바탕으로 한 신뢰성을 근거 삼아 미래를 내다볼 수 있도록 시야를 한껏 넓힐 것이다. 본 장에서의 예언은 앞서 다니엘에게 나타났던 환상들처럼 어떤 형상들이나 상징성을 띤 모습이 아니라 다니엘이 서 있는 시점으로부터 예수 그리스도의 재림 때까지 다니엘의 백성, 즉 이스라엘 민족과 거룩한 땅, 즉 팔레스타인 땅에 실제 역사로 일어나게 될 사건들에 대한 사실적인 서술이기 때문에 우리는 이 점에 주목하여 읽어 내려감으로써 예언의 정확성을 확인할 기회를 충분히 갖게 될 것이다. 그리고 이미 지금까지 성취되었거나 지금도 성취 과정에 있는 사건들 하나 하나를 짚어 보면서 예언의 어느 부분까지가 지금까지 성취되었고, 어느 부분이 앞으로 되어질 일들인지를 나누어 보되, 지금까지 성취된 일들을 통하여 그 사실적인 서술들이 얼마나 정확하고 신뢰할 만한 기록인지에 대한 이 확인을 통하여 우리는 앞으로 되어질 일들에 대한 예언의 말씀들 또한 놀라움과 신뢰와 믿음으로 받아들이게 될 것이다.

성경에 기록된 예언의 말씀들을 대할 때 반드시 명심하고 있어야 할 점은 어떤 예언이 설사 과거에 역사적으로 성취되었으되, 그것으로 모든 것이 종료된 게 아니라 과거의 그 사건이 하나의 모형이 되어 지금 이 교회시대에 진짜로 실현되기도 한다는 점, 그리고 또 어떤 것은 앞으로 20년이 될지 30년이 될지 알 수는 없으나 대환란 기간이나 예수 그리스도의 재림 시기에 진짜로 이루어짐으로써 예언의 성취가 종결되리라는 사실을 믿는 것이다.

성경의 예언들을 다룰 때 특히 더 중요한 것은 애초에 그리스도의 초림과 함께 이루어질 뻔했던 일들이 어떤 이유로 해서 재림 이후의 훗날로 연기된 것들도 있다는 점을 결코 잊지 말아야 한다는 점이다. 이런 것들을 올바르게 찾아내고 분류하지 않은 채 모든 것이 그리스도의 초림 이전이나 초림 때 이미 실현되었다고 해석하는 억지를 부리게 되면 말할 수 없는 혼란에 빠지는 어리석음을 범하게 된다. 가령, 말라키로 구약이 끝나고 신약이 시작되기까지의 기간 동안에 이스라엘이 하나님에 의해 버림받았다고 해서 그것을 예언이 이미 실현되어 종료된 것으로 보고 이스라엘은 이제 영원히 버림받았고 교회가 이스라엘을 영적으로 계승함으로써 이스라엘에게 약속된 모든 것을 교회에 적용한다든지 하는 아전인수격인 어리석음 같은 것 말이다.

여기 그 대표적인 예가 있다. 침례인 요한이 팔레스타인 땅에 출현하였을 때 사람들은 "네가 엘리야냐?" 하고 그에게 물었다. 그러자 침례인 요한은 "아니다."라고 대답했다. 그런데 예수 그리스도의 제자들이 침례인 요한에 대해 주님께 여쭈어보았을 때 주님께서는 그가 엘리야라고 대답하셨다(마 11:7-15). 『**만일 너희가 그것을 받을 의향만 있다면, 오기로 되어 있는 엘리야가 바로 그 사람이니라**』(마 11:14). 침례인 요한은 "왕"이 오시기에 앞서 그 길을 예비하기 위해 "왕국복음"을 전파하는 매우 중대한 임무를 띠고 등장한 선지자였다. 이런 점에서 침례인 요한은 엘리야 선지자와 밀접한 관련을 갖는다. 밀접한 관련 정도가 아니라 주님의 말씀대로 침례인 요한은 엘리야 선지자, 바로 그 사람이었다. 구약은 예수 그리스도께서 오시기 전에 선지자 엘리야를 이스라엘에 보내겠다고 일찍이 약속해 놓은 바 있었다. 『**보라, 내가 내 사자를 보내리니, 그가 내 앞에서 길을 예비하리라**』(말 3:1).

이상하지 않은가? 침례인 요한 자신은 자기가 엘리야가 아니라고 밝히고 있는 반면에 예수 그리스도께서는 그가 엘리야라고 말씀하신다. 그러나 이것은 그리스도의 오심과 "왕국" 건설간의 관계를 이해하면 하나도 이상할 것 없이 쉽게 이해될 수 있다. 선지자가 주님보다 앞서 길을 예비하기 위해 온다는 것은 곧 주님께서 "왕"으로 오시는 길을 예비하러 온다는 뜻이었다. 말라키 4:5은 『**보라, 내가 주의 크고 무서운 날이 오기 전에 선지자 엘리야를 너희에게 보내리니**』라고 말씀한다. 『**주의 크고 무서운 날**』은 대환란 끝에 주님이 오셔서 행하실 무서운 심판을 말하는 것이다. 즉 엘리야는 예수 그리스도의 왕국, 즉 "천국"(the kingdom of heaven)이 임하기 직전에 와서 주의 길을 예비하도록 약속된 사람이었다. 그러나 예수 그리스도께서 초림하셨을 때 이 "천국"은 임하지 않았다. 『**천국이 가까이 왔느니라.**』(마 3:2)고 침례인 요한이 외쳤고, 또 예수 그리스도께서도 몸소 『**천국이 가까이 왔느니라.**』(마 4:17)고 외치셨지만, 그 『**천국**』은 임하지 않았다. 이것은 유대인들이 그들의 "왕"이신 주님을 거부했기 때문이다.

이것은 천국이 취소되었다거나 다른 형태로 바뀌었다는 말이 아니라, 미래로 연기되었다는 말이다. 즉 그리스도의 초림 때 천국이 임할 수 있었으나 유대인들의 거부로 임하지 못하고, 재림 때에야 임하게 된다는 것이다. 그래서 엘리야의 예언도 자연스럽게 연기되었다. 침례인 요한이 엘리야의 모습으로 왔으나 엘리야가 되지 못한 이유가 여기 있었던 것이다. 이제 엘리야는 요한계시록 11장에 등장하는 것처럼, 대환란 때의 두 증인 중 한 명으로 나타날 것이다. 성경의 저자이신 성령께서는 이를 미리 아시고, 누가복음 1:17에서 말라키 4:5,6을 인용하실 때 『**그는 엘리야의 영과 능력을 가지고 주 앞에 앞서 가서...**』라고 약간 변형해서 인용하고 계신 것이다. 그리스도 자신도 이 모든 사실들을 사전에 알고 계셨다. 그래서 침례인 요한에 대해 제자들에게 설명하시면서 『**만일 너희가 그것을 받을 의향만 있다면, 오기로 되어 있는 엘리야가 바로 그 사람이니라.**』(마 11:14)고 말씀하셨던 것이다. 말하자면, 유대인들이 주님의 왕되심과 이제 왕국이 가까이 임했다는 사실을 인정할 준비가 돼 있다면, 침례인 요한이 곧 구약에서 약속돼 있는 엘리야라는 말씀이었던 것이다. 즉 침례인 요한은 조건적이고도 제한적인 의미에서의 엘리야였다.

이처럼 구약의 어떤 예언이 초림 때 이루어지기로 돼 있었다가 어떤 이유로 재림 때로 연기됨으로써 초림 때나 그 이후 교회 시대에 성취되지 못한 채 재림 때까지로 유보돼 있는 것들이 있다는 것을 우리는 분명히 유의하고 있지 않으면 안 된다. 그렇기 때문에 다니엘 11장을 읽으면서 여기에 제시되고 있는 예언들이 모두 다 그리스도의 초림 이전이나 초림 때에 역사적으로 성취되었다고 간주하다가는 큰 혼란에 빠져 구절들을 왜곡하게 된다. 그리스도의 오심이 초림 한 번으로 끝나고 더 이상의 오심, 즉 재림이 필요없게 되었더라면, 구약의 예언들은 모두가 성취되었을 것이지만, 실은 그렇게 되지 않았기 때문에 일부 예언들은 구약 시대나 초림 때 성취되었으되, 또 일부는 지금 이 교회 시대로 성취 시점이 옮겨왔고 또 상당 부분이 재림 이후로 그 성취 시점을 옮겼던 것이다.

자, 그럼 이제 다니엘 11장을 공부하자. 한 절 한 절 읽으면서 어떤 것들이 구약 시대에 이루어졌고 어떤 것이 지금 이루어지고 있으며, 또 어떤 예언이 그리스도의 재림 때 이루어질 일들인지를 분별해보자.

11:1 "또 메데인 다리오의 첫째 해에 나, 곧 내가 서서 그를 지지하고 힘을 돋우어 주었느니라.
2 이제 내가 진리를 네게 알려 주겠노라. 보라, 페르시아에서 아직도 세 왕이 일어날 것이요, 넷째는 그들 모두보다 훨씬 더 부요하게 될 것이라. 그의 부로 인한 힘으로 그가 그리스 나라를 대적하여 모든 사람을 선동할 것이라.
3 한 막강한 왕이 일어나서 큰 권세로 다스리며 자기 뜻대로 행하리라.
4 그가 일어설 때 그의 왕국이 부서질 것이며 하늘의 네 바람으로 나뉘지게 되리니, 그의 후손에게 돌아가지도 아니할 것이며 또 그가 통치했던 자기의 권세대로 되지도 아니할 것이라. 이는 그의 왕국이 뽑혀서 그들 외에 다른 사람들에게로 돌아갈 것이기 때문이라.

『**"또 메데인 다리오의 첫째 해에 나, 곧 내가 서서 그를 지지하고 힘을 돋우어 주었느니라**』(1절).

여기서 『**그**』란 10장에서 이어지는 문맥으로 보아 미카엘을 말한다. 미카엘은 앞서 10:13에서는 페르시아 왕국의 통치자의 방해 가운데서 주의 천사를 도우러 왔던 자였다. 그런데 다리오왕의 첫째 해에는 그 미카엘이 주의 천사에 의하여 지지를 받고 격려를 받았었다.

『**이제 내가 진리를 네게 알려 주겠노라. 보라, 페르시아에서 아직도 세**

왕이 일어날 것이요, 넷째는 그들 모두보다 훨씬 더 부요하게 될 것이라. 그의 부로 인한 힘으로 그가 그리스 나라를 대적하여 모든 사람을 선동할 것이라』(2절).

이 시점은 아직 페르시아가 건재한 때이고 그리스가 아직은 세계 제국으로 등장하기 이전이었다. 더구나 앞으로 페르시아에 일어날 왕들 중에서 『**넷째**』는 그 이전 왕들보다 더 『**부요하게 될 것**』이요, 그 부에서 나오는 국력을 이용하여 그리스에 대한 압박을 더욱 강화하게 될 것을 예고한다. 페르시아의 이 『**넷째**』 왕은 아마도 다리오 대제를 일컫는 것으로 보인다. 페르시아의 네 왕들을 지칭하는 이름들을 보면 어떤 것은 개인의 고유한 이름이라기보다 "아하수에로"나 "아탁세르세스"처럼 왕을 가리키는 직위 명으로 표기된 경우가 흔하다. 벌링거의 〈컴패니언 바이블, *Companion Bible*〉 523면에 보면 페르시아 왕들 전체에 대한 계보를 개략적으로 보여 주고 있는데, 그 이름들 가운데 일부가 서로 모순되거나 겹쳐지고 상충하는 것으로 보인다고 설명하고 있지만, 실은 그게 아니라 그 이름들 일부가 개인 이름이 아니라 직위 이름이기 때문이다.

클라렌스 라킨은 "주의 천사"가 다니엘에게 예언을 설명해 주고 있는 지금 이 시점이 『**페르시아 왕 코레스의 제삼년**』(단 10:1), 즉 B.C. 533년이라고 보았다. 따라서 앞으로 일어날 세 왕, 즉 코레스에 이어서 그 뒤로 등장할 세 명의 페르시아 왕들은 아하수에로와 아탁세르세스, 그리고 다리오왕인데(스 4:1-24), 역사에서는 이들의 개인 이름을 캄비세스(Cambyses, B.C. 529-522), 위(僞)스메르디스(Pseudo-Smerdis, B.C. 522-521), 그리고 다리우스 히스타페스(Darius Hystapes, B.C. 521-485)로 명명한다고 소개한 뒤, 『**넷째**』를 다리우스 히스타페스의 아들 크세르세스(Xerxes, B.C. 485-465)로 보고 이 크세르세스가 엄청난 부를 축적하여 대규모 군대를 양성하고 전쟁에 내보낼 수가 있었다고 설명한다. 그러나 캄비세스가 죽은 뒤 혼란에 빠졌던 페르시아의 질서를 회복하였고 또 캄비세스의 동생 스메르디스의 이름을 참칭하고 반란을 일으켰던 마기승(僧) 가우마타를 죽이고 국내 여러 지방의 반란을 평정하였으며 북서 인도에까지 정벌하여 영토를 크게 확장하는 등 광대한 영토를 거느린 페르시아의 각종 행정 통치제도를 확립하였던 인물은 뭐니뭐니해도 다리오왕(다리우스 히스타페스)이었다. 따라서 다니엘 11:2에서 『**그들 모두보다 훨씬 더 부요하게 될 것**』이라 언급되는 『**넷째**』 왕이 다리오 대제를 지칭하는 것으로 본다. 성경에서도 코레스 이후에 등장하는 세 왕을 아하수에로, 아탁세르세스, 다리오로 언급하기 때문에 코레스 이후 『**넷째**』는 다리오에 해당하는 것으로 보는 게 마땅하다.

다리오왕은 수도 수사(Susa)에서 소아시아의 사르디스(Sardis)에 이르는 전장 2,400km의 왕도를 건설하고, 이른바 역전제를 채용하여 각 역에 역마(驛馬)를 상주시킴으로써 중앙 정부의 명령을 지방 전역에 신속하게 전달할 수 있는 체제를 갖춘 데다가, 평상시에는 이 도로가 상업 교역로로 이용되고 전시에는 군수 수송로로 이용되게 하였다고 한다. 또 화폐제도를 확립하여 금화를 주조하는 등 상품유통의 원활화를 꾀함으로써 그야말로 『**그들 모두보다 훨씬 더 부요하게 될 것**』이라는 성경의 예언을 성취했던 인물이었다. 다리오왕은 또 다뉴브강을 건너 스키타이인을 정벌하였고 B.C. 492년과 490년, 두 차례에 걸쳐 그리스를 원정하였다. 이 전쟁은 나중에 결국 페르시아 측의 실패로 끝나기는 했으나, 어쨌든 위정자로서의 다리오의 공적과 명성은 세계 제국으로서의 페르시아의 위세와 함께 널리 알려져 그는 대제(大帝) 또는 대왕으로 불리게 되었다. 다리오왕 이후로도 페르시아에는 여러 왕들이 계속 등장하였지만 성경에서는 중요한 사건들과 인물들만을 다루고, 특히 구약에서는 이스라엘에 관련되는 사건과 인물들만을 다루기 때문에 나머지 잡다한 인물들이나 사건들은 언급하지 않은 채 곧바로 그리스의 알렉산더 대왕 시대(B.C. 336-323)로 거의 150여 년 가까이 훌쩍 건너뛴다.

『**한 막강한 왕이 일어나서 큰 권세로 다스리며 자기 뜻대로 행하리라**』(3절).

페르시아의 막강했던 왕으로 말하면 코레스도 그러하였고 아하수에로도 그러했으며 특히 아탁세르세스가 『**막강한 왕**』에 속했지만, 위에서 언급한 것처럼 다리오 대왕이야말로 진짜 『**막강한 왕**』에 속했다. 그러나 여기서 언급하는 『**한 막강한 왕**』은 다음 절로 이어지는 문맥의 내용상 그리스의 알렉산더 대왕으로 보는 것이 옳을 것이다. 그러나 그리스는 알렉산더 대왕이 죽자 네 개의 왕국으로 분열된다.

『**그가 일어설 때 그의 왕국이 부서질 것이며 하늘의 네 바람으로 나눠지게 되리니, 그의 후손에게 돌아가지도 아니할 것이며 또 그가 통치했던 자기의 권세대로 되지도 아니할 것이라. 이는 그의 왕국이 뽑혀서 그들 외에 다른 사람들에게로 돌아갈 것이기 때문이라**』(4절).

위 3절과 함께 4절의 예언을 통하여 우리는 잠시 다니엘 8장에서 다니엘이 보았던 "숫양과 숫염소"의 환상으로 소급해 올라간다. 그리고 "숫염소"에게 장차 일어날 예언을 여기서 다시 복습하게 되는데, 『**그 거친 숫염소는 그리스의 왕이며 그의 양 눈 사이에 있는 큰 뿔은 그 첫째 왕이라. 이제 그 뿔이 꺾이고 그 대신 그 자리에 네 뿔이 났으니 네 왕국이 그 민족에서 일어날 것이나 그의 권세에는 미치지 못하리라.**』(8:21,22)는 예언이 바로 그것이었다. 알렉산더 대왕이 죽자 그리스가 네 부분으로 분열되었으되, 알렉산더의 후손 중 그 누구도 그리스(마케도니아), 소아시아, 이집트 및 시리아의 네 왕국 가운데 단 한 나라도 차지하지 못한 채 『**다른 사람들에게로 돌아갈 것**』이라는 예언대로 되었다는 것은 실제 역사가 증명한다. 『**그의 후손에게 돌아가지도 아니할 것이며**』라는 예언이 사실로 입증된 것이다. 알렉산더의 후손들은 알렉산더 사후 15년도 안 되어 모두 멸절되고 말았다. 알렉산더는 죽음과 함께 모든 것을 다 잃었던 것이다. 4절은 이러한 역사적 사실들을 미리 다니엘에게 예언해 주고 있다.

11:5 ○ 남쪽 왕은 강할 것이나, 그의 통치자들 중 하나는 그보다 더욱 강하게 되어 권세를 가지리니 그의 권세가 큰 권세가 되리라.

6 그 해들의 끝에 그들이 서로 연합하리니, 이는 남쪽 왕의 딸이 합의를 이루기 위하여 북쪽 왕에게 올 것이기 때문이라. 그러나 그녀가 세력을 지탱하지 못할 것이며, 그도 그의 세력도 서지 못하리니, 그녀와 그녀를 데리고 온 자들과 그녀를 낳은 자와 그 당시에 그녀에게 힘을 돋우어 주었던 자가 버림을 당하리라.

7 그러나 그녀의 뿌리들 가운데 한 가지에서 난 자가 그의 자리에 서리니, 그가 한 군대와 함께 와서 북쪽 왕의 성채로 들어가 그들과 싸워 이기리라.

8 또 그는 그들의 신들을 그들의 고관들과, 은과 금으로 만든 값진 기명들과 함께 이집트로 약탈하여 갈 것이요, 그가 북쪽 왕보다 몇 해 더 계속되리라.

9 그러므로 남쪽의 왕이 북쪽 왕의 왕국으로 왔다가 자기 왕국으로 돌아가리라.

『**남쪽 왕은 강할 것이나, 그의 통치자들 중 하나는 그보다 더욱 강하게 되어 권세를 가지리니 그의 권세가 큰 권세가 되리라**』(5절).

알렉산더 대왕 사후에 그리스는 산산조각이 나버렸거니와, 이제 예언은 그 가운데 두 왕국으로 초점이 모아지는데, 여기 5절에서 먼저 『**남쪽 왕**』에 대해 언급하기 시작한다. 이와 같이 다니엘에게 들려주는 주의 천사의 예언이 모든 나라들에 대해 언급하지 않고 단지 "남쪽"과 "북쪽"의 두 왕국에 대해서만 거론하는 데에는 그만한 까닭이 있을 터인즉, 주의 천사는 10:14에서 다니엘에게 『**내가 훗날들에 네 백성에게 닥칠 것... 깨닫게 해 주려고 왔노라.**』고 밝힌 바가 있다. 다시 말해서, 주의 천사는 이스라엘에게 장차 닥칠 일들만을 예언해 주기 위해서 왔던 것이다. 그리스가 분열되어 생긴 네 나라들 가운데서 "남쪽"과 "북쪽" 왕국만이 『**영광스러운 땅**』(16,41,45절) 팔레스타인과 장차 직접적인 관련을 갖게 되기 때문에 예언은 그리스 마케도니아나 소아시아의 트라키아는 다루지 않고 있는 것이다.

여기 5절에서 언급하는 『**남쪽 왕**』이 이집트의 프톨레미 왕조를 일컫는다는 것은 의심의 여지가 없다. 이집트는 팔레스타인의 남쪽에 위치한 나라이다. 이렇게 볼 때, 다음 6절에서 언급되는 『**북쪽 왕**』이 시리아의 셀레우코스 왕조를 일컫는다는 것 역시 의심의 여지가 없다. 팔레스타인 땅은 남쪽의 이집트와 북쪽의 시리아 사이에 위치한다. 그리고 이 두 나라가 패권을 다투는 사이에 끼여 있는 지정학적 위치 때문에 팔레스타인 땅은 이집트와 시리아 사이에서 말할 수 없는 소용돌이에 휘말리게 되었는데, 클라렌스 라킨은 이를 두고 위아래 맷돌 사이에 끼어 가루가 되는 신세라고 표현했고, 스코필드는 모루와 망치 사이에 놓인 꼴이라고 표현했다.

본문은 여기서 이집트 왕조가 강하게 될 것이고, 그 통치자들 가운데서 특히 어느 한 왕이 누구보다 더 강력한 권세를 갖게 될 것이라고 예언한다. 어느 왕국이나 어느 왕조이거나 상대적으로 강력한 권세를 가지게 되면 반드시 전쟁을 일으키기 마련이다. 이것은 인류 역사상 단 한 번의 예외도 없었다. 따라서 이 구절은 단순히 이집트가 강성해질 것을 예언한다기보다 이집트와 시리아간에 전운이 감돌게 될 것을 예고하는 말씀이다. 이집트와 시리아간에 전쟁이 터지면 그 전쟁터는 자연스레 팔레스타인 땅이 되기 마련이다. 이 두 나라 사이에 끊일 줄 모르고 빈발하는 전쟁들로 인하여 수난을 겪게 될 팔레스타인 땅, 다니엘의 백성은 아닌 게 아니라 위아래 맷돌 사이에 낀 신세요, 모루와 망치 사이에 놓인 처지가 아닐 수 없었다.

남쪽의 이집트는 원래 알렉산더 대왕 휘하의 장수 중 하나였던 프톨레미 소테르(Ptolemy Soter)에 의해 세워졌다. 한편, 그리스의 또 다른 장수 중 하나로 알렉산더 휘하에서 바빌론의 총독이었던 셀레우코스 니카토르(Seleucus Nicator)는 안티고누스(Antigonus)에게 쫓겨나 프톨레미 소테르의 이집트로 도망하였다. 여기서 그는 프톨레미로부터 환대를 받고 이집트에서 『**그의 통치자들 중 하나**』로 올라서게 되었을 뿐만 아니라, 프톨레미의 적극적인 후원을 등에 업고 과거 자신의 영지를 수복한 뒤 인더스강까지 국토를 확장하는 등 세력을 넓히더니, 마침내 앗시리아뿐만 아니라 시리아까지 합병함으로써 결국 이집트의 프톨레미 『**그보다 더욱 강하게 되어**』 그 권세가 마침내 『**큰 권세가 되리라.**』는 5절의 예언을 정확하게 성취하였던 것으로 라킨은 설명한다.

『그 해들의 끝에 그들이 서로 연합하리니, 이는 남쪽 왕의 딸이 합의를 이루기 위하여 북쪽 왕에게 올 것이기 때문이라. 그러나 그녀가 세력을 지탱하지 못할 것이며, 그도 그의 세력도 서지 못하리니, 그녀와 그녀를 데리고 온 자들과 그녀를 낳은 자와 그 당시에 그녀에게 힘을 돋우어 주

었던 자가 버림을 당하리라』(6절).

이 구절의 예언이 역사적으로 얼마나 정확하게 성취되었던가에 대해서는 클라렌스 라킨의 주석이 매우 상세하게 설명하고 있으므로 여기서도 역시 라킨의 주석을 다음과 같이 소개하는 게 좋겠다.

프톨레미 소테르와 셀레우코스 니카토르가 통치하던 시대에는 이집트와 시리아간에 평화가 유지되었다. 얼마 뒤 프톨레미 소테르가 자기 아들 프톨레미 필라델포스(Philadelphus)에게 자리를 양위하고 물러났는데, 필라델포스에게는 이복 형제 마가스(Magas)가 있었다. 이 마가스의 아내가 안티오쿠스 소테르의 딸이었는데, 안티오쿠스 소테르는 셀레우코스 니카토르에 이어 왕위에 오른 시리아의 왕이었다. 이 결혼관계로 맺어진 마가스와 안티오쿠스간의 인척관계가 이집트와 시리아간에 전쟁을 촉발하는 계기가 되었다. 마가스가 장인 안티오쿠스 소테르를 부추겨 자기 형 필라델포스가 치리하고 있는 이집트를 치도록 사주했던 것이다. 안티오쿠스 소테르에 뒤이어 그의 아들 안티오쿠스 테우스(Theus)가 시리아의 왕위에 오른 뒤에도 이 전쟁은 계속되었다. 시리아의 공격에 시달리던 이집트의 프톨레미 필라델포스는 마침내『**그 해들의 끝에**』안티오쿠스 테우스에게 화친조약을 제의하고 자신의 딸 베레니케를 막대한 지참금과 함께 안티오쿠스에게 아내로 제공하는 한편, 그 조건으로 시리아 왕 안티오쿠스는 왕녀 라오디케와의 결혼을 무효 선언함으로써 그녀에게서 난 두 아들의 왕위 계승권을 합법적으로 무효화시켜 줄 것을 요구했다.

필라델포스의 이 제안은 아주 교활한 것이었지만, 안티오쿠스 테우스는 그 제안을 받아들이고 이집트와 화친조약을 맺은 후 필라델포스의 딸 베레니케를 새 아내로 맞아들였다. 그러나 이집트의 프톨레미 필라델포스가 죽자 안티오쿠스 테우스의 아내가 되었던 그의 딸 베레니케의 처지는『**그**

러나 그녀가 세력을 지탱하지 못할 것이며』라는 예언대로 갑자기 무력해지지 않을 수가 없었고 시리아에 대한 이집트의 영향력 역시 『**그도 그의 세력도 서지 못하리니**』라는 예언처럼 극도로 위축될 수밖에 없었다. 시리아의 안티오쿠스 테우스는 정략적으로 이집트에서 아내로 맞아들였던 필라델포스의 딸 베레니케를 쫓아내고 강제로 이혼했던 전처 라오디케를 다시 왕비로 맞아들였다. 그러나 라오디케는 안티오쿠스 테우스에 의해서 다시 왕비의 지위를 회복하였으나 일찍이 정략적인 이유로 이집트 필라델포스의 요구대로 자기를 쫓아냈던 남편 테우스를 끝내 신뢰할 수가 없었다. 그래서 왕통을 이을 자기 아들의 지위를 확고히 하기 위해 남편 안티오쿠스 테우스를 아예 독살해 버리고 자기 아들 셀레우코스 칼리니코스(Seleucus Callinicus)가 왕위에 오르도록 하는 데 성공했다. 왕위에 오른 셀레우코스 칼리니코스는 어머니 라오디케의 권고를 받아들여 베레니케와 그녀의 아들, 그리고 베레니케를 이집트에서 『**데리고 온 자들과 그녀를 낳은 자**』, 그리고 『**그 당시에 그녀에게 힘을 돋우어 주었던 자**』들과 함께 모두 암살해 버렸다. 여기서 『**그녀를 낳은 자**』란 베레니케의 부모를 말하는 게 아니라 누구인지는 모르지만 베레니케가 시리아에 올 때 이집트에서 데리고 온 자를 말하는 듯하다.

『**그러나 그녀의 뿌리들 가운데 한 가지에서 난 자가 그의 자리에 서리니, 그가 한 군대와 함께 와서 북쪽 왕의 성채로 들어가 그들과 싸워 이기리라**』(7절).

여기서 『**그녀의 뿌리들**』이란 베레니케의 동기간들, 즉 사망한 이집트 프톨레미 필라데포스의 자식들을 말한다. 베레니케의 아버지 프톨레미 필라델포스는 이집트에서 병사했고 베레니케는 아들과 함께 시리아의 라오디케와 그녀의 아들 셀레우코스 칼리니코스에 의해 암살됨으로써 이집트의 프톨레미 왕조는 완전히 쇠락하는 듯하였지만, 필라델포스에게는 프톨레미 에우에르게토스(Ptolemy Euergetus)라는 아들이 또 있었고(베레니케의 남동생) 이 아들이 왕위를 계승했다. 프톨레미 에우에르게토스는 부왕이 죽자 자기 누이 베레니케가 시리아의 왕비 자리에서 축출된 데 분개하여 큰 군대를 일으켜 시리아로 서둘러 진군했으나 늦게 도착하는 바람에 누이 베레니케와 그녀의 아들은 이미 시리아의 셀레우코스 칼리니코스에 의해 암살 당한 뒤였다. 군대를 몰고 온 프톨레미 에우에르게토스는 누이의 죽음에 대한 복수로 시리아의 왕모(王母) 라오디케를 죽이고 시리아 왕 셀레우코스 칼리니코스를 사로잡았으며 시리아의 전략적 요충지들을 공략하여 모두 손아귀에 넣고 말았다. 이로써 6절의 모든 예언들 역시 한 치의 오차도 없이 정확하게 역사적으로 성취되었다. 그러나 에우에르게토스가 이집트를 비우고 시리아를 공략하고 있던 사이에 이집트에서 반란이 일어남으로써 그는 이집트로 서둘러 회군할 수밖에 없었는데, 만약 이런 일만 아니었더라면 이집트의 에우에르게토스는 시리아를 완전히 장악하고 그 왕국을 합병해 버릴 수도 있었을 것이다.

『또 그는 그들의 신들을 그들의 고관들과, 은과 금으로 만든 값진 기명들과 함께 이집트로 약탈하여 갈 것이요, 그가 북쪽 왕보다 몇 해 더 계속되리라』(8절).

본국 이집트를 비우고 시리아에서 원정하고 있는 사이에 반란이 일어나 다시 본국으로 회군할 수밖에 없게 되었던 프톨레미 에우에르게토스였지만, 빈손으로 돌아가지는 않았으니, 그는 시리아의 『**신들**』, 즉 우상의 형상들을 탈취했고 시리아의 『**고관들**』을 사로잡아 갔으며(시리아 왕 칼리니코스는 사로잡혀 죽임을 당했던 것으로 보인다.), 다량의 값비싼 금은 기명들을 신전과 궁전에서 약탈해 갔다. 이때 그가 시리아에서 탈취해 간

물품들 중에는 은 4만 달란트에 금 기명들 2,500점, 그리고 귀금속으로 빚어 만든 다량의 우상 신 형상들이 포함돼 있었던 것으로 역사는 적고 있는데, 특히 형상들 가운데 대부분은 일찍이 캄비세스가 이집트에서 페르시아로 탈취해 갔던 것들이었다고 한다. 프톨레미 에우에르게토스가 시리아에서 도로 찾아간 이들 우상 신들의 형상들을 원래 있던 자리였던 이집트 신전에 갖다 놓음으로써 이집트에서는 성대한 축제가 열렸고 이집트의 제사장들이 이 공적을 기려 자기네 왕에게 "은혜자"란 칭호를 봉헌했는데, 이것이 바로 "에우에르게토스"라는 이름이었다.

『**그러므로 남쪽의 왕이 북쪽 왕의 왕국으로 왔다가 자기 왕국으로 돌아가리라**』(9절).

프톨레미 에우에르게토스가 본국에서 일어난 반란을 진압하기 위해 시리아 원정을 마치고 이집트로 회군했다는 역사적 사실에 대해서는 이미 앞에서 설명했다. 프톨레미로서는 자국 내의 이 반란만 아니었더라면 시리아를 계속 장악함으로써 이집트를 세계 제국의 위치에 올려놓을 수 있는 절호의 기회를 놓쳐야 했던 뼈아픈 일이었겠으나 이 역시 하나님께서 정해 놓으셨던 역사의 틀이었고 그대로 예언해 놓았던 일이었기에 그로서도 어쩔 수가 없었던 것이다. 역사는 하나님께서 주관하신다.

11:10 그러나 그의 아들들이 부추김을 받아 많은 군대들의 무리를 모을 것이며 한 사람이 반드시 와서 홍수처럼 휩쓸며 진군하리라. 그후에 그가 돌아와 선동되어 그의 성채에 이르리라.

11 그러면 남쪽 왕은 화를 내고 나가서 그와 싸우리니 곧 북쪽 왕과 싸울 것이라. 북쪽 왕이 큰 무리를 일으킬 것이나 그 무리가 남쪽

왕의 손에 주어지리라.

12 남쪽 왕이 그 무리를 사로잡아갈 때에 그의 마음이 높아져서 수만 명을 넘어뜨릴 것이나 그가 그 일로 힘을 얻지는 못할 것이라.

13 이는 북쪽 왕이 돌아올 것이며 전보다 더 큰 무리를 일으키고 또 큰 군대와 많은 부를 거느리고 몇 년 후에 반드시 올 것이기 때문이라.

『**그러나 그의 아들들이 부추김을 받아 많은 군대들의 무리를 모을 것이며 한 사람이 반드시 와서 홍수처럼 휩쓸며 진군하리라. 그후에 그가 돌아와 선동되어 그의 성채에 이르리라**』(10절).

『**남쪽 왕**』 이집트의 프톨레미 에우에르게토스의 침공으로 『**북쪽 왕**』 시리아의 셀레우코스 칼리니코스가 사로잡히고 국토는 유린되었으며 많은 재물을 탈취 당한 시리아로서는 칼리니코스의 『**아들들**』이 분노로 『**부추김을 받아**』, 즉 "분노가 끓어올라" 이집트에 대한 복수의 기회를 노리게 되리라는 것은 당연한 것이었다. 때마침 이집트의 프톨레미 에우에르게토스는 본국에서의 반란 때문에 시리아에 더 이상 머물러 있지 못하고 회군했다. 그리하여 칼리니코스의 아들들이 이 기회를 틈타 『**군대들의 무리를**』 모으고 이집트에 대하여 대대적인 보복 공세를 감행하게 된다. 이것은 물론 역사적으로 실현되었던 사실이다. 시리아 왕 칼리니코스의 아들 셀레우코스 케라우누스(Seleuchus Ceraunus)는 부왕에 이어 왕위에 오르고 훗날 마그누스 대왕(Magnus the Great)이라 불리게 될 칼리니코스의 다른 아들 안티오쿠스(Antiochus)와 함께 대군을 모았다. 그러나 왕위에 오른 케라우누스는 소심하고 유약하여 자신의 군대를 강력하게 훈련시키고 지휘할만한 능력이 부족했다. 그리하여 그는 왕위에 오른 지 이삼 년밖에 안 되어 휘하 장수들에 의해 독살당함으로써 그의 형제 안티오쿠스(마그

누스 대왕)가 왕위에 오르게 되었는데, 안티오쿠스는 케라우누스와는 달리 유능하고 용감하여 강력한 군대를 양성하고 친히 싸움터에 나가 진두지휘했다. 이 안티오쿠스가 바로 여기 10절에서 『**한 사람이 반드시 와서 홍수처럼 흽쓸며 진군하리라.**』고 예언돼 있던 그 『**한 사람**』이었다. 안티오쿠스는 대군을 이끌고 이집트를 향하여 『**홍수처럼 흽쓸며 진군**』했는데, 이 당시 이집트는 프톨레미 에우에르게토스에 이어 그의 아들 프톨레미 필로파테르가 왕위에 올라 있었다. 안티오쿠스는 투로와 프톨레마이스를 점령하고 홍수처럼 팔레스타인 땅을 거쳐 이집트의 『**성채**』였던 가자(Gaza) 지방까지 밀고 내려갔다. 이것이 B.C. 218년의 일이었다. 이상과 같은 역사적 사실들에 대한 설명들 역시 클라렌스 라킨의 주석서에 개진된 사실들을 토대로 한 것이다.

『**그러면 남쪽 왕은 화를 내고 나가서 그와 싸우리니 곧 북쪽 왕과 싸울 것이라. 북쪽 왕이 큰 무리를 일으킬 것이나 그 무리가 남쪽 왕의 손에 주어지리라**』(11절).

이 당시 『**남쪽 왕**』 이집트의 프톨레미 필로파테르는 주색에 빠져 방탕한 생활로 세월을 보내고 있었던 것으로 역사는 전한다. 그러던 차에 『**북쪽 왕**』 시리아 안티오쿠스의 침략을 받자 크게 『**화를 내고 나가서**』 안티오쿠스의 군대와 싸움을 벌이지 않을 수 없게 되었는데, 그가 비록 방탕한 생활에 젖어 있기는 했지만 어찌된 영문인지 이집트의 군대는 안티오쿠스가 이끄는 잘 훈련된 시리아 대군을 맞아 가자(Gaza)에서 멀리 떨어지지 않은 라피아 전투에서 승리하여 시리아 군을 섬멸하고 수많은 군대를 포로로 사로잡게 되었다. 이때가 B.C. 217년이었다. 모든 전쟁의 배후에는 하나님이 계신 것이다. 따라서 싸움의 승패는 하나님께서 어떻게 계획하고 조종하시느냐에 달렸다. 팔레스타인의 가자(Gaza) 지역은 『**북쪽**

왕』에게 허용되었던 남진의 한계선이었는지라 제아무리 강력한 군대를 이끌고 온다 해도 그 한계를 넘을 수는 없게 되어 있었다.

『**남쪽 왕이 그 무리를 사로잡아갈 때에 그의 마음이 높아져서 수만 명을 넘어뜨릴 것이나 그가 그 일로 힘을 얻지는 못할 것이라**』(12절).

방탕한 생활을 일삼았는데도 시리아 안티오쿠스의 대군을 무찌르고 대승을 거뒀으니 『**남쪽 왕**』 이집트의 프톨레미 필로파테르가 『**마음이 높아져**』 우쭐했으리라는 것은 오히려 자연스러운 일이었으리라.

만약 필로파테르가 이때 우쭐하지 않고 끝까지 여세를 몰아 시리아를 밀어붙였더라면 시리아 군 수만 명을 넘어뜨리는 데 그치지 않고 계속 북진하여 시리아 영토 전체를 정복하고 세계 제국으로 올라설 수도 있었을 것이다. 그러나 이집트는 앞서 필로파테르의 교만과 안이한 태도로 인해서 프톨레미 에우에르게토스에 이어 또 한 번 절호의 기회를 놓치고 만다. 모든 것은 하나님의 계획에 따라 진행되고 결말이 나기 마련이라는 사실이 다시 입증된 셈이었다. 이집트의 필로파테르는 시리아에게 승리하고서도 『**그 일로 힘을 얻지는 못할 것이라.**』는 예언대로 결국 세력을 얻지 못하고 말았다.

『**이는 북쪽 왕이 돌아올 것이며 전보다 더 큰 무리를 일으키고 또 큰 군대와 많은 부를 거느리고 몇 년 후에 반드시 올 것이기 때문이라**』(13절).

이집트의 프톨레미 필로파테르와 시리아의 안티오쿠스 사이에 평화 협정이 체결되고 이 협정은 향후 13년 동안 지속되었다. 그러나 『**북쪽 왕**』 안티오쿠스는 이 기간 동안 『**전보다 더 큰 무리를 일으키고 또 큰 군대와 많은 부**』를 축적하여 이집트 공략의 힘을 길러나갔다. 한편, 그 사이 이집트에서는 프톨레미 필로파테르가 죽고 아직 젖먹이에 불과했던 그의 아들 프톨레미 에피파네스가 왕위를 계승하게 되었는데, 이 소식을 접한 시리아의 안티오쿠스는 드디어 때가 무르익었음을 알고 낙승을 확신하며 『**큰 군대와 많은 부**』를 앞세워 이집트로 물밀듯이 진군했고, 또 그의 예상대로 이 전쟁에서 대승을 거두었다.

그러나 이렇게 이집트와 시리아 두 왕국 사이에 전쟁이 끊일 날 없고 사건들이 꼬리를 물고 이어지는 동안 사태는 항상 새로운 국면으로 전개되고, 그때마다 역사의 무대 위에는 새로운 인물들이 끊임없이 등장하였다. 우리가 위에서 이집트와 시리아라는 두 왕국을 둘러싼 역사적 사실들을 살펴보는 동안 두 왕국 자체는 그대로 이집트와 시리아라는 『**남쪽 왕**』과 『**북쪽 왕**』이라는 이름에 변함이 없고 두 왕국의 왕들 역시 "프톨레미"니, "셀레우코스"니 또는 "안티오쿠스" 하는 그 공식 직위 명이 변함없었으되, 사실은 사건의 주역들이 시시각각으로 새로운 인물로 대체되었던 것을 보았다. 그럼에도 불구하고 앞에서도 언급하였듯이 왕국의 왕들이 개인 명보다는 공식적인 직위 명으로만 불려지는 것이 보통이어서 누가 누구인지 분간하기가 어려워 혼란스럽기 때문에 주의하지 않으면 안 된다. 이집트의 경우 알렉산더 대왕 사후에 네 나라로 분열된 그리스의 프톨레미 왕조에 장악 당하기 전까지 왕의 전통적인 공식 직위 명은 "파라오"였다. 성경에서는 이집트 왕의 새로운 명칭인 "프톨레미"라는 직위 명은 등장하지 않는다. "프톨레미"라는 명칭은 이집트를 지배한 그리스라는 외세의 왕조에 의해 생긴 이름이었다.

11:14 그 때 많은 사람이 남쪽 왕을 대항하여 일어설 것이며 네 백성의 강도들도 그 환상을 세우려고 스스로를 높일 것이나 그들은 넘어지리라.

15 그러므로 북쪽 왕이 와서 토루를 쌓고 가장 견고한 성읍들을 취하리라. 남쪽의 군대들과 그의 택한 백성도 저항하지 못할 것이며 저항할 어떤 힘도 없을 것이라.

16 그러나 그를 대적하러 오는 자가 자신의 뜻대로 행할 것이며 아무도 그 사람 앞에 설 사람이 없을 것이라. 그가 영광스러운 땅에 설 것이요 그 땅은 그의 손에 의하여 진멸되리라.

17 그는 또한 그의 온 왕국의 힘으로 진입할 태세를 갖추고 사람들로 그와 더불어 관계를 정립시키면 그가 그렇게 하리라. 또 그가 여인들의 딸을 그에게 주어 그녀를 부패시키려 할 것이나 그녀는 그의 편에 서지 못하고 그를 위하지도 못하리라.

『**그 때 많은 사람이 남쪽 왕을 대항하여 일어설 것이며 네 백성의 강도들도 그 환상을 세우려고 스스로를 높일 것이나 그들은 넘어지리라**』(14절).

부왕 프톨레미 필로파테르의 죽음으로 젖도 떼기 전에 왕위에 올랐던 『**남쪽 왕**』 이집트의 프톨레미 에피파네스에 『**대항하여**』 일어섰던 『**많은 사람**』들 가운데 마케도니아 왕 필립포스가 있었는데, 그는 이집트를 분할 지배할 욕심으로 시리아의 안티오쿠스와 손을 잡고 동맹체의 일원이 되었다. 한편 이집트는 이집트대로 내부적인 혼란과 소요로 인하여 그 자체가 하나의 "끓는 솥"이나 다름없었다. 그런가하면 또, 팔레스타인의 유대인들 중에는 안티오쿠스의 호감을 사려는 못된 자들이 있었는데, 말하자면 이들은 매국노인 것이다. 이들이 날뛰는 바람에 이스라엘 백성의 입지가 더욱 어렵게 되었으므로 이 구절에서 그 매국노들을 두고 『**네 백성의 강도들**』이라고 다니엘에게 일컫고 있는 것이다. 이 구절의 예언대로 이들은 『**환상을 세우려고**』, 즉 헛된 환상에 사로잡혀 스스로 높이고 우쭐댔지만, 시리아의 안티오쿠스는 이들 유대인 배신자들의 간교한 속셈을 간파하고 있었으므로 이들을 물리쳤다. 이로써 이들이 『**넘어지리라.**』는 예언을 안티오쿠스가 성취시킨다. 이 구절의 모든 예언들은 다음에 벌어지는 전쟁들을 통하여 역사적으로 성취되었다.

그러나 본 장 서두에서 언급한 바와 같이 성경의 예언들이 과거에 이미 역사적으로 성취되었다고 해서 그것으로 그 예언들이 종료되었다고는 말할 수가 없다. 다시 말해서, 고대 역사에서 실현되었던 이집트와 시리아간의 과거 사건들은 장차 언젠가는 "남쪽 왕" 이집트와 "북쪽 왕" 시리아가 아니라 터키와의 새로운 갈등 양상으로 다시 나타나게 되지 말란 법도 없기 때문이다. 왕국 간에 서로 밀고 당기는 투쟁의 역사는 항상 반복되기 마련임을 우리는 과거 역사에서 배운다. 민족 간의 그러한 대립과 갈등이 앞으로 다시 반복되지 않는다고 누가 장담할 수 있겠는가? 성경의 예언들은 흔히 역사의 연장선 위에서 반복성을 갖는 수가 많기 때문에 대환란과 그리스도의 재림이 있기까지는 종지부를 찍은 게 아니라는 것을 유의하고 바라보아야 한다.

『**그러므로 북쪽 왕이 와서 토루를 쌓고 가장 견고한 성읍들을 취하리라. 남쪽의 군대들과 그의 택한 백성도 저항하지 못할 것이며 저항할 어떤 힘도 없을 것이라**』(15절).

15절부터 19절까지는 『**북쪽 왕**』 시리아의 안티오쿠스 대왕이 일으켰던 나머지 다른 전쟁들을 한 묶음으로 다루고 있다. 이 구절들을 통하여 이들 전쟁들을 살펴보면서 한 가지 유의하고 있어야 할 것은 이 당시 『**영광스러운 땅**』, 즉 팔레스타인 땅이 계속 『**남쪽 왕**』 이집트의 지배하에 있었다는 사실이다. 그리고 이때는 이집트의 프톨레미 에피파네스가 왕으로 앉아 있던 시절이었다. 그렇기 때문에 『**북쪽 왕**』 안티오쿠스가 이집트를 치기 위해서는 『**영광스러운 땅**』 팔레스타인을 반드시 먼저 밟고 지나가지 않을 수가 없었고, 팔레스타인 땅에 발을 들여놓는다는 것 자체가 이집트에 대한 정벌이었다. 안티오쿠스는 이집트 공략을 위해서 팔레스타인 땅에 발을 들여놓는 순간 프톨레미 군대의 장수 스코파스(Scopas)와 조우하게 되었다. 스코파스는 제대로 싸워보지도 못하고 안티오쿠스의 군대에 쫓겨 도망하다가 시돈 성읍의 강력한 성채에 몸을 은신하게 되었다. 그러나 안티오쿠스가 이 성읍을 에워싼 채 『**토루를 쌓고**』 강력한 공격을 퍼붓는 바람에 이집트 군대는 이 성읍을 사수하려고 죽을힘을 다해 『**저항**』했으나 『**저항하지 못할 것이며 저항할 어떤 힘도 없을 것이라.**』는 예언대로 시돈은 결국 함락되고 시리아의 안티오쿠스에게 항복하고 말았다.

『**그러나 그를 대적하러 오는 자가 자신의 뜻대로 행할 것이며 아무도 그 사람 앞에 설 사람이 없을 것이라. 그가 영광스러운 땅에 설 것이요 그 땅은 그의 손에 의하여 진멸되리라**』(16절).

시돈을 함락시키고 스코파스가 이끌던 이집트 군을 분쇄하는 데 성공한 안티오쿠스는 마침내 『**자신의 뜻대로 행할**』 수 있는 지위를 확보하였고, 이제는 『**아무도 그 사람 앞에 설 사람이 없을 것**』이라는 예언이 또 성취되기에 이르렀다는 것이 이 구절에 대한 클라렌스 라킨이나 스코필드의 "역사적인 해석"인데, 이 역시 예언에 대한 "과거 성취" 관점에서 나온 해석이다. 물론 틀린 해석은 아니지만, 부분적으로만 옳지, 전체가 옳은 해석은 아니다. 앞에서도 누누히 말했지만, 예언들을 이렇게 과거의 역사로만 돌리고 나면 이것은 "반만 진실"인 이야기를 하는 것에 불과하게 된다.

우리는 이 구절에서 『**그를 대적하러 오는 자가 자신의 뜻대로 행할 것이며 아무도 그 사람 앞에 설 사람이 없을 것**』이라든지 『**그가 영광스러운**

땅에 설 것이요 그 땅은 그의 손에 의하여 진멸되리라.』는 등의 예언을 대하면서 어딘가 섬뜩한 느낌과 함께 장차 나타날 적그리스도를 연상하지 않을 수가 없다. 30절을 보라. 『**...그가 낙심하여 돌아가며 거룩한 언약에 대하여 분노를 품을 것이요**』라고 말씀한다. 그리고 34절을 보라. 『**많은 사람들이 술책으로 그들에게 밀착하리라.**』고 말씀한다. 그리고 또 32절에서는 『**또 그가 언약을 거슬러 악하게 행하는 그런 자를 술책으로 파멸시킬 것**』이라고 언급하고 있다. 이런 구절들에 등장하는 『**그**』라는 인물이 반드시 적그리스도라는 직접적인 증거는 없으나 성경을 많이 읽은 사람이라면 이 자가 적그리스도일 가능성이 큰 심증을 떨쳐버릴 수가 없을 것이다.

어쨌든 성경에 제시된 예언들이 우리가 볼 때는 이미 과거의 역사 속에서 이루어진 것으로 보이지만, 그것으로 그 예언들이 종결되었다고 단언할 수는 없는 것들이 한두 가지가 아니므로 우리는 이러한 예언들을 다룰 때, 과거뿐만 아니라 현재, 그리고 미래까지도 내다볼 줄 아는 안목을 가져야 한다.

『**그는 또한 그의 온 왕국의 힘으로 진입할 태세를 갖추고 사람들로 그와 더불어 관계를 정립시키면 그가 그렇게 하리라. 또 그가 여인들의 딸을 그에게 주어 그녀를 부패시키려 할 것이나 그녀는 그의 편에 서지 못하고 그를 위하지도 못하리라**』(17절).

안티오쿠스는 국력을 다하여 이집트로 『**진입할 태세를 갖추고**』 전쟁 준비에 박차를 가했지만, 그는 결국 계획을 변경하지 않을 수 없게 되었는데, 그것은 이집트의 어린 왕 프톨레미 에피파네스를 돕고 있던 섭정이 당시 세력이 강성해져 있던 로마에 도움을 요청해 놓았고 로마는 이집트에 지원을 약속하고 나섰기 때문이었다. 그리하여 시리아의 안티오쿠스는 이집트에 대하여 전쟁 대신 외교적인 공세를 펼치기로 방침을 바꾸었다. 이집트에 대한 외교적인 전략의 일환으로 안티오쿠스는 당시 일곱 살밖에 되지 않았던 자신의 딸 클레오파트라를 이집트의 어린 왕 프톨레미 에피파네스의 아내로 제공하겠노라는 제안과 함께 이집트에 대해 먼저 평화 공세를 취했다. 여기 17절에서 안티오쿠스의 딸 클레오파트라를 『**여인들의 딸**』이라 지칭하고 있는 것은 클레오파트라가 어린 나이였기 때문에 모친뿐만 아니라 유모와 보모들 같은 여인들에 의해 양육되고 있었던 사실에 근거한 것이라고 라킨은 설명하는데, 아주 그럴듯한 생각이다. 어쨌든 이집트는 결국 안티오쿠스의 제안을 흔쾌히 받아들였고, 클레오파트라와 프톨레미 에피파네스의 결혼은 결국 5년 뒤에 성사되었다.

『**그녀를 부패시키려 할 것**』이라는 언급은 안티오쿠스가 자신의 딸 클레오파트라가 프톨레미 에피파네스에게 시집가더라도 남편보다는 아비인 자기 편에 서서 친정인 시리아의 국익에 보탬이 되도록 의도했다는 사실을 의미한다. 아내가 남편을 배신하는 것은 당연히 『**부패**』한 짓이다. 안티오쿠스의 이 계획은 그러나 실패로 돌아갔다. 클레오파트라는 아버지 안티오쿠스의 기대와는 달리 남편인 프톨레미 에피파네스 편에 서서 이집트를 도왔던 것이다. 뿐만 아니라 로마가 자기 아버지 안티오쿠스와의 전쟁에서 승리를 거두자 그 승전을 경축하러 로마까지 가는 남편 에피파네스와 동행하기까지 했다. 이것은 안티오쿠스의 입장에서 보면 딸의 배신이었지만 남편인 에피파네스의 아내된 클레오파트라의 입장에서 볼 때는 아내로서의 당연한 도리였다. 이로써 자신의 딸을 『**부패시키려**』 했던 안티오쿠스의 간교한 계획은 수포로 돌아갔다.

11:18 이후에 그가 그의 얼굴을 섬들로 돌이켜 많이 취할 것이나 한 통치

자가 그에 의해 주어진 비난을 자기를 위하여 중단시킬 것이요 그 비난을 그에게로 돌려 자기에게는 없게 하리라.

19 그후에 그가 그의 본토의 요새를 향하여 그의 얼굴을 돌릴 것이나 그가 걸려 넘어지리니 다시는 보이지 아니하리라.

20 그러면 그 왕국의 영화 속에서 세금을 거두는 자가 그의 자리에 서게 될 것이나 그는 며칠이 못되어 분노함이나 전쟁도 없이 멸망하게 되리라.

『**이후에 그가 그의 얼굴을 섬들로 돌이켜 많이 취할 것이나 한 통치자가 그에 의해 주어진 비난을 자기를 위하여 중단시킬 것이요 그 비난을 그에게로 돌려 자기에게는 없게 하리라**』(18절).

시리아의 안티오쿠스는 로마와의 일차 전투에서 패배하자 이를 설욕하기 위하여 300여 척의 전함들을 건조하고 로마가 장악하고 있던 지중해 연안과 소아시아 지역을 공격하기 시작했다. 이 전쟁 초기에 안티오쿠스는 『**그의 얼굴을 섬들로 돌이켜 많이 취할 것**』이라는 예언대로 사이프러스라든가, 시칠리아라든가, 말타 같은 섬들을 정벌하는 등 많은 성과를 올렸던 게 사실이지만, 그러나 결국 B.C. 190년 마그네시아(Magnesia) 전투에서 로마의 『**한 통치자**』 스키피오 아시아티쿠스(Scipio Asiaticus)에게 패망한 채 본국으로 회군하고 말았다. 그 뒤 안티오쿠스는 안티옥에서 평화 사절을 보내 로마에 화친을 제안하게 되었는데, 그 대신 톡톡한 대가를 지불하지 않을 수가 없었다. 그는 유럽 지역의 영토를 포기해야 했고 유럽과 접해 있는 타우루스 지방의 아시아 영토까지 내주어야 했으며 2,550달란트에 달하는 막대한 전쟁 배상금을 지불해야 했고, 또 향후 12년 동안 매년 1,000달란트씩 조공을 바쳐야만 했다.

『**그후에 그가 그의 본토의 요새를 향하여 그의 얼굴을 돌릴 것이나 그가 걸려 넘어지리니 다시는 보이지 아니하리라**』(19절).

수개월 뒤 전쟁 배상금과 조공으로 바칠 막대한 재원을 마련하기 위하여 동방의 지방 도시들로부터 무거운 세금을 거두어 들여야만 했던 안티오쿠스는 나중에는 엘리마이스에 있는 벨 사원(Temple of Bel)까지 무리하게 수탈하려고 시도하던 끝에 분노한 백성들이 사납게 봉기하고 일어나는 바람에 격렬한 저항에 부딪치게 되었고, 결국 그 지방 사람들에 의해 죽임을 당하고 말았다. 이로써 『**그가 걸려 넘어지리니 다시는 보이지 아니하리라**.』는 이 구절의 예언 역시 문자 그대로 성취된 것이다.

자, 그런데 여기서 예언은 곧바로 적그리스도의 등장으로 비약하게 되는데, 다음 20절에서는 "죄의 사람"이 등장하여 막간을 이루다가, 21절에서 "멸망의 아들" 적그리스도가 본격적으로 언급되기 시작한다.

『**그러면 그 왕국의 영화 속에서 세금을 거두는 자가 그의 자리에 서게 될 것이나 그는 며칠이 못되어 분노함이나 전쟁도 없이 멸망하게 되리라**』(20절).

19절에서 시리아의 안티오쿠스가 죽자 그의 큰아들 셀레우코스 필로파테르가 왕위를 계승하였는데, 그 역시 부왕에게 부과되었던 무거운 전쟁 배상금과 조공의 의무를 고스란히 떠안지 않을 수가 없었는지라, 시리아의 왕이라는 허울좋은 자리에 앉기는 하였으나, 『**세금을 거두는 자**』라는 달갑지 않은 오명을 또 남기지 않을 수가 없게 되었다. 셀레우코스 필로파테르는 약 12년간 왕위에 있었던 것으로 보이는데, 말년에는 조공과 배상금을 충당할 돈을 마련하는 일에 시달린 나머지 나중에는 이 구절에서 『**왕국의 영화**』라 일컬어지는 예루살렘으로 재무관 헬리오도루스를 파견하여 성전의 보물들까지 징발토록 명령하기에 이르렀다. 그러나 그는 그 뒤 『**며칠이 못되어**』 의문의 독살을 당해 죽고 말았는데, 이것 역시 『**분노함이나 전쟁도 없이 멸망하게 되리라.**』는 예언의 한치 어긋남 없는 성취였다.

자, 이것은 클라렌스 라킨이 설명하는 예언의 역사적 해석이다. 그러나 우리는 이 구절에서 과거 역사보다는 예언의 미래 조망을 더 짙게 감지하게 된다. 이 예언이 암시하는 미래의 시점이 언제라고 꼭 집어서 예측할 수는 없지만 이 구절 이후로 다니엘 11장에 배어 있는 예언의 미래성에 더 관심을 갖지 않을 수 없고, 이 구절들의 진술자가 주의 깊게 시선을 집중하고 있는 어떤 미래의 대상을 향하여 우리 역시 그리로 시선을 돌리지 않을 수 없으며, 그러는 가운데 어떤 존재의 모습이 실루엣으로 분명하게 드러나고 있음을 보게 된다. 가령 『**세금을 거두는 자**』에 대해서 우리는 관심을 갖지 않을 수 없는데, 영어 〈킹제임스성경〉이 "a raiser of taxes"로 표기하여 『**세금**』의 뜻으로 "X"자가 유난히 부각되는 "tax"라는 단어를 사용하고 있음에 유의하게 된다. 예수 그리스도께서 탄생하실 무렵 세상은 조세 등록에 대한 칙령 때문에 떠들썩했다. 『**당시에 카이사 아우구스토로부터 한 칙령이 내려 온 세상이 조세등록을 하게 되었는데 (이 조세등록은 쿠레뇨가 시리아의 총독이었을 때 처음 실시된 것이었더라)**』(눅 2:1,2). 조세 등록 실시는 유대인의 팔레스타인 땅에서는 처음 있는 일이었다. 이것이 하필 예수 그리스도의 탄생 시점과 때를 같이 했다는 점 역시 우리의 관심을 끈다. 『**요셉도 갈릴리 나사렛 성읍에서 유대 다윗의 성읍, 즉 베들레헴이라는 곳으로 가니... 자기와 정혼한 아내 마리아와 함께 조세등록하러 갔는데, 그녀는 아이로 인하여 배가 불렀더라. 그들이 그곳에 있는 동안 날이 차서 그녀가 해산하게 되었더라**』(눅 2:4-6). 세금을 철저하게 거둬들이기 위한 이 조세 등록은 『**카이사 아우구스토**』, 즉 로마 황제의 칙령에 의한 것이었다는 사실도 예사롭지가 않다. 로마는 "바빌론"의 모형이다. 〈킹제임스성경〉은 『**온 세상이 조세등록을 하게 되었는데**』라는 말을 "all the world should be taxed"라고 기술하여 역시 "X"가 부각되는 "tax"(세금)라는 단어를 사용하고 있다. 그러나 모든 "현대판" 역본들은 이 단어를 제거하거나 다른 단어로 대체해 버렸는데, 이것 역시 우리는 예사롭게 생각할 수가 없다. 이것은 참으로 이상한 일이다. NASV나 NIV는 〈킹제임스성경〉의 "tax"라는 단어를 "census"("인구조사, 호구조사"라는 뜻)라는 단어로 대체해 버렸다. 부패한 가짜 역본을 만든 자들은 적그리스도의 표시 문자 "X"가 강하게 부각되는 단어가 마음에 걸렸던 모양이다. ASV나 NASV 같은 가짜 성경들은 다니엘 11:20의 『**세금을 거두는 자**』도 그냥 "압제자"("oppressor")로 바꾸어 놓았다. 모든 부패한 "현대판" 역본들은 이처럼 〈킹제임스성경〉이 밝히고 있는 로마 황제 카이사와 세금의 관계를 뭉개버림으로써 로마의 카이사가 "일곱 머리"의 하나라는 사실을 밝히는 성경의 맥을 끊어 버렸고 이에 대한 관련 구절들의 추적을 그만큼 어렵게 만들었던 것이다.

11:21 또 그의 자리에 한 비열한 사람이 서리니 사람들은 그에게 왕국의 명예를 주지 아니할 것이나 그는 평화롭게 와서 술책으로 그 왕국을 얻을 것이며,
22 넘쳐나는 군대로 그들이 그 앞에서 넘쳐 흐르게 될 것이나 멸망하게 되리니, 정녕, 언약의 통치자도 그렇게 되리라.
23 그와 연맹이 체결된 후에 그는 거짓되이 행할 것이니, 이는 그가 올라와서 적은 백성으로 강하게 될 것임이라.

24 그가 평화롭게 그 지방의 가장 기름진 곳까지 들어가서 그의 조상들이나 그의 조상의 조상들까지도 하지 않았던 짓을 행할 것이요, 그는 전리품과 약탈물과 재물들을 그들 가운데 흩을 것이며 또 그가 얼마 동안 요새를 공략할 음모를 미리 꾸미리라.

『**또 그의 자리에 한 비열한 사람이 서리니 사람들은 그에게 왕국의 명예를 주지 아니할 것이나 그는 평화롭게 와서 술책으로 그 왕국을 얻을 것이며**』(21절).

셀레우코스 필로파테르가 의문의 독살을 당해 죽은 뒤 그 뒤를 이은 북쪽 왕 시리아의 황제 자리는 이 구절에서 『**비열한 사람**』이라 일컫는 안티오쿠스 에피파네스(Antiochus Epiphanes)에게로 돌아갔다. 안티오쿠스 대왕의 둘째 아들로서 말할 수 없이 퇴폐적이고 비정상적인 성정을 지녔던 안티오쿠스 에피파네스는 악랄하고 잔인 무도하며 야만적인 성격의 소유자였으면서도 담력과 능력은 결여되어 있던 인물이었다.

정식 왕통으로 따지자면 셀레우코스 필로파테르를 이을 왕위 계승권자는 에피파네스의 조카 데메트리우스였기 때문에 에피파네스에게는 『**왕국의 명예를 주지**』 않았다. 말하자면, 에피파네스에게는 당연히 왕위 계승권의 정통성에 문제가 있었던 것이다. 에피파네스는 페르가뭄(Pergamum) 왕 에우메누스(Eumenus)와 자신의 형제 아탈루스(Attalus)의 도움으로 자신의 조카이고 정통 왕위 계승권자였던 데메트리우스를 밀어내고 자신이 『**술책으로 그 왕국을 얻을**』 수가 있었다.

자, 이 역시 클라렌스 라킨이 설명하는 예언의 역사적 실현이다. 그러나 우리는 앞에서도 언급한 바와 같이 안티오쿠스 에피파네스의 등장이 한낱 과거의 사건에 불과한 것으로만 치부하고 덮어둘 수가 없다. 비록 이것이 우리가 볼 때는 이미 과거 역사 속에서 성취되었다 하더라도 이 예언이 갖는 보다 긴 시간적 연장선상의 위치와 반복적 속성을 고려해 볼 때 과거의 사건이 과거에 그치고 만 게 아니라 그 실체의 그림자를 과거에 잠깐 보여 주었던 것에 불과하고 미래 사건에 대한 하나의 모형으로 받아들여야 한다.

『**한 비열한 사람**』이 『**평화롭게 와서 술책으로 그 왕국을**』 손에 넣을 것이라고 말씀하신다. 『**평화롭게**』 말이다. 24절에서도 그는 『**평화롭게**』 온다. 그는 평화롭게 일을 꾸미고 음모하는 『**술책**』(flatteries)의 대가다. 『**술책**』은 "아첨"으로 나타난다. "아첨"은 또 사람을 "장님"으로 만든다고 성경은 말씀하고 계신다. 『**자기 친구들에게 아첨하여 말하는 자는 그 자식들의 눈마저 멀 것이라**』(욥 17:5). 『**술책**』, 즉 『**아첨**』의 대가 적그리스도는 한쪽 눈이 붉고 시력을 상실한 애꾸이다. 이러한 모든 정황으로 미루어 앞서 20절부터 여기 21절에서도, 그리고 뒤로 22,23,24...,30,31,32..., 41,42절, 이렇게 마지막 45절까지 계속해서 적그리스도를 다루고 있음이 점점 더 분명해진다. 요컨대 과거의 사건들로 끝난 게 아니라는 얘기다.

안티오쿠스 에피파네스는 과거의 역사적 인물이었으되, 적그리스도를 예표하는 중요한 모형들 가운데 한 인물이었다. 성경 구절들을 해석함에 있어 그 내용을 역사적으로만 적용하고 나서 손을 털고 나면 우리에게는 남는 게 하나도 없게 된다. 반면에 성경 구절들을 읽으면서 영적 적용을 소홀히 하게 되면 실제적인 삶에 적용하고 실행할 수 있는 모든 교훈적 의미들을 깔아뭉개게 되어 성경에서 배울 것이 극도로 제한된다. 그러나 무엇보다 성경 해석에서 가장 중요한 줄기는 성경 말씀들을 어떻게 교리적으로 적용하느냐 하는 문제이다. 이것은 진리에 직결되기 때문이다. 하나님께서 성경에 진리를 계시하신 이유와 목적이 여기에 있다. 성경 구절들에 대한 교리적 적용을 무시하게 되면 하나님께서 계시하신 진리들은 모두 실종되고 만다. 성경의 진리가 가려지고 실종되면 그리스도인들은 모두가 암흑 속에 갇힌 소경 신세가 되고 만다. 진리가 없고 미래가 없어지는 것이다. 진리도 없고 미래도 없다면 이게 어디 그리스도인이라고 말할 수 있는가? 교리는 진리의 핵심이요, 예언의 말씀을 기록해 놓은 가장 중요한 이유와 목적이다. 성경에 무지한 사람들이나 마귀의 사주를 받고 성경적 진리를 의도적으로 가리려고 하는 악한 자들은 유난히 영적 적용에만 집착하고 제각기 자기의 개인적인 견해를 토대로 은유적이고도 임의적이며 자의적인 "영적" 해석 주변만 맴도는 것을 우리는 본다. 성경 말씀에 대해 교리적 적용을 기피하고 의도적으로 영적 적용만 부각시키려는 것 또한 『**술책**』에 능하고 『**아첨**』에 통달한 마귀의 속성이다. 성경 구절에 대한 교리적 적용을 떠난 영적 적용이란 아무 의미가 없다. 그것은 성경의 자의적인 해석만 낳게 하여 혼란을 초래하려는 마귀의 속셈이다. 성경을 영적으로만 적용하려고 시도하는 자들에 의하여 "심판"과 "지옥"과 "영원한 형벌"은 성경에서 사라지고 "사랑"과 "평화"와 "천국"의 환상만이 사람들의 환각 속에 뜬구름처럼 자리잡게 되었다. 성경의 영적 적용은 교리적 적용으로 먼저 뒷받침 될 때 그 의의와 목적이 충족되는 법이다.

『**넘쳐나는 군대로 그들이 그 앞에서 넘쳐 흐르게 될 것이나 멸망하게 되리니, 정녕, 언약의 통치자도 그렇게 되리라. 그와 연맹이 체결된 후에 그는 거짓되이 행할 것이니, 이는 그가 올라와서 적은 백성으로 강하게 될 것임이라**』(22,23절).

이에 대한 클라렌스 라킨의 역사적 해석 역시 해박하고 흥미롭다. 안티오쿠스 에피파네스는 자기 앞에서 『**넘쳐 흐르게**』 세력을 과시해오던 적들을 페르가모 왕 에우메네스와 자신의 형제 아탈루스의 도움을 받아 무찌름으로써 적의 『**넘쳐나는 군대**』를 패망시켰고, 『**언약의 통치자**』, 즉 유대인 대제사장 오니아스 3세 역시 몰아내는 데 성공했다.

그 뒤 안티오쿠스 에피파네스는 자기를 도왔던 에우메네스왕 및 자기 형제 아탈루스와 체결했던 연맹 관계를 파기했다. 그리고 로마에 접근하여 자신은 작은 무리밖에 거느리지 못한 허약한 존재에 불과하다고 몸을 낮추고 『**거짓되이**』 행함으로써 로마 당국으로부터 자신의 시리아 왕권을 인정받는 데 성공했다. 그러나 그는 머지않아 『**적은 백성으로 강하게**』 되었고, 그 여세를 몰아 『**평화롭게 그 지방의 가장 기름진 곳까지 들어가서**』(24절) 갖은 나쁜 짓을 자행했다. 여기까지가 22절과 23절에 대한 라킨의 역사적 해석이다. 그러나 우리는 다음 24절에서부터 보듯이 이 부분의 내용들이 적그리스도와 대환란에 관련되는 구절들이라는 것을 더욱 분명하게 알게 된다.

『**그가 평화롭게 그 지방의 가장 기름진 곳까지 들어가서 그의 조상들이나 그의 조상의 조상들까지도 하지 않았던 짓을 행할 것이요, 그는 전리품과 약탈물과 재물들을 그들 가운데 흩을 것이며 또 그가 얼마 동안 요새를 공략할 음모를 미리 꾸미리라**』(24절).

여기서부터 다니엘 11장의 후반부는 적그리스도를 본격적으로 다루게 되는데, 여기에 진술되고 있는 사항들 전체가 과연 대환란 기간에만 해당하는지는 분명치 않고 또 이 모든 사건들이 과연 남김없이 대환란 기간 동안에만 일어나게 될는지는 알 수 없는데다가 그 사항들 하나하나가 베일을 벗고 구체적으로 확실히 드러나려면 다니엘의 "70째 주"가 실제로 닥쳐 봐야만 하는 것들도 있는 게 사실이다. 그러나 우리는 이 문단에서 최소한 대환란의 "일반적인" 상황들만은 어렵지 않게 파악할 수가 있다.

이 구절에서 그는 『**평화롭게**』 군림하여 자신이 지배하는 백성에게 하지 못할 짓들을 자행하게 될 터인데, 『**그의 조상들이나 그의 조상의 조상들까지도 하지 않았던 짓**』을 자행하게 될 것이라 말씀한다. 도대체 적그리스도의 조상들이 누구이고 조상의 조상들이 누구란 말인가? 그러나 성경에서 『**조상들**』이라고 말할 때, 이것이 유대인의 계보와 관련이 있다는 것을 우리는 분명히 안다. 37절에서도 『**또 그는 자기 조상들의 하나님이나... 또 아무 신도 개의치 아니할 것이니**』라는 언급이 나온다. 『**조상들의 하나님**』이라면 유대인 조상들의 하나님을 일컫는 게 분명하다. 조상들이 하나님을 섬겼다면, 그것은 지구상에서 유대인밖에는 없으니까 말이다. 이처럼 『**조상들**』은 성경에서 언제나 유대인들의 조상들을 의미하고 『**조상들**』 내지 『**조상의 조상들**』이라면 언제나 아브라함과 이삭과 야곱을 지칭한다. 이방 민족들에 대해서 그들의 "조상들"이라 지칭할 경우에는 어찌 불러야 하고 어떤 사람들을 일컫는 것인지 나는 모른다. 이방인들의 "조상들"이라면 아마도 느부캇넷살 같은 인물들을 지칭하는 것으로 봐야 할 것이지만, 성경에서는 이방인들의 "조상들"에 대해서는 『**조상들**』이라든지 『**조상의 조상들**』 같은 표현은 일체 쓰지 않는다.

이 구절은 또한 『**그는 전리품과 약탈물과 재물들을 그들 가운데 흩을 것이며 또 그가 얼마 동안 요새를 공략할 음모를 미리 꾸미리라.**』고 예언하는데, 이 역시 무엇을 의미하는지는 확실치 않다. 적그리스도가 어떤 전쟁에서 『**전리품과 약탈물과 재물들**』을 취하고 『**그들 가운데 흩을 것**』에서 『**그들**』이 누구이며, 『**요새**』란 또 어떤 요새를 말하는지도 분명치 않다.

또 이 구절에서 『**얼마 동안**』을 〈킹제임스성경〉은 "for a time"으로 표기하고 있는데, 다니엘에서 "한 때"("a time")는 360일로 된 1년을 의미한다. 따라서 『**얼마 동안**』은 곧 "한 때 동안," 즉 "일 년 동안"을 뜻한다.

『**음모를 미리 꾸**』민다는 것은 "음모를 미리 계획하고 획책해 둔다."는 뜻보다는 앞으로 할 일들을 꾸민 뒤 그것을 "미리 예보한다."는 뜻을 함축한다. 〈킹제임스성경〉은 이것을 "forecast"라는 단어로 표기함으로써 이러한 뉘앙스를 살려 놓았다.

클라렌스 라킨은 이 구절 역시 안티오쿠스 에피파네스에 의해 실현되었던 과거의 역사적 사실들로만 설명한다. 안티오쿠스 에피파네스는 그의 "조상들"과는 달리 타고난 성격이 사치스러운 데다가 통이 크고 씀씀이가 컸다고 한다. 그리하여 전쟁을 치르고 나면 노획한 『**전리품과 약탈물과 재물들**』을 주위의 친구들에게 나누어주었고, 앞으로 할 일들을 획책한 뒤 그것을 주위 사람들에게 미리 알려주며 호언장담하기를 즐겼다는 것인데, 특히 펠루시움(Pelusium)과 나우크라티스(Naucratis), 그리고 멤피스(Memphis) 등과 같은 이집트의 『**요새**』들을 공략할 뜻을 세우고 그 계획을 호언했으며, 실제로 이들 요새들을 공략하여 손에 넣었지만, 알렉산드리아만은 로마의 저항에 부딪쳐 성공하지 못했다고 한다. 알렉산드리아도 공략하여 손에 넣긴 했지만, 겨우 『**얼마 동안**』만 차지하고 있다가 로마에게 쫓겨 도로 내놓고 말았다.

11:25 또 그가 그의 힘과 용기를 일으켜 큰 군대와 더불어 남쪽 왕을 대적할 것이요, 남쪽 왕은 심히 크고 막강한 군대로 전쟁을 일으킬 것이나 당하지 못하리니, 이는 그들이 그에 대항하여 음모를 미리 꾸밀 것임이라.

26 정녕 그의 음식의 몫을 먹는 자들이 그를 멸할 것이며 그의 군대가 넘쳐나리니 많은 자들이 죽어 넘어지리라.

27 이 두 왕의 마음이 서로 해칠 것을 생각하며 그들이 한 상에 앉아 서 거짓말을 할 것이라. 그러나 그 일이 형통하지 못하리니, 이는 그 종국이 정해진 때에 이를 것임이라.

28 그때에 그가 큰 재물을 가지고 자기 땅으로 돌아갈 것이요 그의 마음은 거룩한 언약을 거스를 것이며 그가 임의로 행동하고 자기 본토로 돌아가리라.

29 정해진 때에 그가 돌아와서 남쪽으로 올 것이나 그것이 이전이나 이후만 못하리라.

『**또 그가 그의 힘과 용기를 일으켜 큰 군대와 더불어 남쪽 왕을 대적할 것이요, 남쪽 왕은 심히 크고 막강한 군대로 전쟁을 일으킬 것이나 당하지 못하리니, 이는 그들이 그에 대항하여 음모를 미리 꾸밀 것임이라**』(25절).

『**남쪽 왕**』이라면 여전히 이집트 왕을 일컫는 것이다. 팔레스타인의 남쪽에 리비아도 있고 에디오피아도 있지만, 아직은 문맥상 이집트를 지칭한다고 보아야 옳다.

『**음모를 미리 꾸밀 것**』이라는 말은 앞 절에서도 언급하였듯이 어떤 음모를 미리 "예보한다"는 뜻이지만, 사실은 단순한 "예고" 이상의 뜻을 갖는다. 어떤 일을 "꾸미고" "예고하고" 또 예고되었던 일이 실제로 일어난 경우를 의미하는 것이다.

적그리스도는 『**큰 군대**』를 이끌고 『**남쪽 왕**』을 공격한다. 이에 대해 『**남쪽 왕**』 역시 『**막강한 군대**』를 일으켜 저항하지만 당해내지 못한다. 적그리스도의 음모는 "예고"로만 끝나도록 돼 있는 것이 아니라 그 음모가 예고한 대로 현실적으로 실현되는 계획이었던 것이다.

『**정녕 그의 음식의 몫을 먹는 자들이 그를 멸할 것이며 그의 군대가 넘쳐나리니 많은 자들이 죽어 넘어지리라**』(26절).

『**그의 음식의 몫을 먹는 자들**』이란 그와 한 밥상에 앉을 정도로 서로 신뢰하고 의기투합한 자들이란 뜻인데, 이들이 『**그를 멸할 것**』이란 한때 손을 잡고 머리를 맞댔던 자들이 배반하리라는 것이다. 다시 말해서, 『**남쪽 왕**』은 믿고 있던 사람들에게 배신당하고 죽임을 당하게 되리라는 것이다.

『**이 두 왕의 마음이 서로 해칠 것을 생각하며 그들이 한 상에 앉아서 거짓말을 할 것이라. 그러나 그 일이 형통하지 못하리니, 이는 그 종국이 정해진 때에 이를 것임이라**』(27절).

『**남쪽 왕**』과 적그리스도는 모종의 협약을 맺고 표면상으로는 화친관계를 유지하지만 속으로는 『**서로 해칠 것을 생각하며**』 식탁을 사이에 두고 마주 대한 채 앉아 있는 가운데서도 『**거짓말**』을 할 것이다. 식탁을 사이에 두고 동상이몽 하는 자들은 서로간의 기만이 어찌나 간교한지 식탁 밑으로도 은밀한 거래가 오가는 법이지만, 그런 교류의 이면에는 또 속임수와 거짓말이 도사리고 있기 때문에 서로 진정한 신뢰란 있을 수가 없는 법이다.

『**그때에 그가 큰 재물을 가지고 자기 땅으로 돌아갈 것이요 그의 마음은 거룩한 언약을 거스를 것이며 그가 임의로 행동하고 자기 본토로 돌아가리라**』(28절).

『**자기 땅**』이 어디인지는 두말할 여지가 없다. 모종의 협약을 맺고 식탁 밑으로 오간 은밀한 거래로 『**큰 재물**』을 챙기고 돌아가지만 적그리스도의 마음속에는 그 언약을 협정한 대로 지킬 뜻이 전혀 없다. 다니엘 9:27에서는 적그리스도가 『**많은 사람들과 더불어 한 주 동안 언약을 확정**』하는데, 여기서는 그 『**언약을 거스를 것**』을 처음부터 마음먹고 있음이 확인된다. 말하자면, 처음부터 거짓 평화조약인 것이다. 그가 하는 일들 가운데 거짓이 아닌 것은 하나도 없다.

『**정해진 때에 그가 돌아와서 남쪽으로 올 것이나 그것이 이전이나 이후만 못하리라**』(29절).

처음부터 지킬 뜻이 없던 기만적인 평화 협정이었던지라, 적절한 때가 되자 적그리스도는 『**남쪽**』을 친다. 그러나 25절의 경우처럼 성공적이지 못할 것이고, 28절 경우만도 못한 결과를 얻을 뿐이다.

나는 이 예언이 정확하게 장래에 어떤 구체적 사건으로 그 모습을 드러내게 될지 전혀 알지 못한다. 단지 적그리스도가 북쪽으로부터 남쪽으로 밀려내려 왔다가 일단 회군한 뒤 다시 남진하게 되리라는 것만 짐작할 수 있을 뿐이다.

25절부터 29절에 이르는 이 부분에 대해 라킨은 어떻게 역사적으로 적용하고 있는지 참고해 보자.

시리아의 안티오쿠스 에피파네스는 『**힘과 용기를 일으켜**』 『**남쪽 왕**』 이집트를 침공할 태세가 갖추어지자 『**큰 군대**』를 이끌고 진군해갔다. 『**남쪽 왕**』 이집트의 프톨레미 필로메테르(Philometer) 역시 만만치 않아 『**심히 크고 막강한 군대로 전쟁**』에 응전하여 대항해 왔지만 안티오쿠스 에피파네스의 군대를 당해낼 도리가 없어 대패하고 안티오쿠스의 손에 떨어졌는데, 이것은 아마도 『**그의 음식의 몫을 먹는 자들**』(26절), 즉 필로메테르 자신의 측근들이 배반하였기 때문인 듯하다. 필로메테르가 전쟁에 패하자 그의 동생 피스콘(Physcon)이 그를 대신하여 스스로 왕위에 오름으로써 전쟁에서 패한 형에게 반기를 들었다. 안티오쿠스 에피파네스는 자기에게 패한 이집트의 프톨레미 필로메테르를 극진히 배려하여 좋은 조건으로 그와 평화조약을 맺고 배반한 그의 동생 피스콘을 대적한다는 구실로 알렉산드리아를 포위 공격했다. 그러나 에피파네스는 알렉산드리아를 정벌하는 데에는 실패했다. 한편, 프톨레미 필로메테르는 안티오쿠스 에피파네스가 내심으로 품고 있는 진의를 믿지 못하여 자기 나름대로 음모를 꾸미고 오히려 자기를 배반한 동생 피스콘에게 손을 내밀고 그와 통치권을 서로 나누어 갖자고 공동 통치권을 제의하게 되었는데, 피스콘이 이 제안을 받아들여 필로메테르를 알렉산드리아로 맞아들였다. 그러고 나서 두 형제는 안티오쿠스 에피파네스에 대항할 것을 공동 선언하기에 이른다. 이렇게 해서 한때 밀착했던 안티오쿠스와 필로메테르 『**두 왕의 마음이 서로 해칠 것을 생각하며 그들이 한 상에 앉아서 거짓말을 할 것이라**.』는 27절의 예언을 성취하게 되었다.

앞서 이집트의 프톨레미 필로메테르와 화친조약을 맺었던 안티오쿠스는 이집트에서 취한 『**큰 재물을 가지고 자기 땅**』 시리아로 돌아갔다(28절). 한편 시리아 본국에서는 안티오쿠스가 전쟁터에서 죽었다는 거짓 보고가 들어와 대제사장직을 박탈당한 바 있었던 야손(Jason)이 예루살렘을 공격하고 무력으로 자신의 대제사장직을 회복하려고 안간힘을 썼는데, 시리아로 회군하던 안티오쿠스가 이 소식을 듣고 크게 분노하고 이 사건을 유대인들의 반란으로 간주하고 예루살렘으로 행군의 발길을 돌렸다. 특히 자기가 죽었다는 거짓 보고가 전해지자 유대인들이 크게 기뻐했다는 소식을 듣고 안티오쿠스는 분노하여 예루살렘에 대해 무참한 보복 공격을 가하였고 이때 4만 명에 이르는 예루살렘 거민들을 죽이고 또 그만한 수의 유대인들을 사로잡아 노예로 팔아 넘겼으며 예루살렘 성전을 노략질하여 1,800달란트 어치나 값이 나가는 보물들을 탈취하였다. 이처럼 안티오쿠스는 자신의 분노를 『**거룩한 언약**』, 즉 "예루살렘 성전"을 짓밟는 것으로

삭인 다음 내친 김에 안티옥으로 진군을 계속했다(라킨은 28절의 『**거룩한 언약**』을 이처럼 "예루살렘 성전"으로 해석했다).

B.C. 168년 봄 안티오쿠스는 자신과 맺은 화친조약을 깨뜨리고 피스콘과 연합해 버린 프톨레미 필로메테르를 응징하고 그 동생 피스콘을 정벌하기 위하여 다시 군대를 이끌고 이집트로 재침공해 갔다. 그러나 『**그것이 이전이나 이후만 못하리라.**』(29절)는 예언대로 지난번과 같은 승리가 그를 기다리고 있는 것은 아니었다. 이집트의 공동 통치자 프톨레미 필로메테르와 그의 동생 피스콘이 로마에 원군을 요청해 놓았기 때문이었다. 시리아의 유명한 왕도를 따라 진군하던 안티오쿠스의 군대를 처음에는 그 누구도 감히 가로막을 엄두를 내지 못하였는지라, 그는 마침내 알렉산드리아 4마일 지점에까지 진격해 갔지만, 그때 이미 로마의 전함들은 알렉산드리아만에 정박해 있었고 포필리우스 라에나스(Popilius Laenas) 장군의 군대가 안티오쿠스를 기다리고 있었던 것이다. 안티오쿠스는 로마군과 조우하자 기가 꺾이고 말았다. 로마의 포필리우스 라에나스 장군은 로마 시민의 우방(이집트)을 괴롭히지 말고 자신의 왕국 시리아만으로 만족하라는 로마 원로원의 명령서를 안티오쿠스에게 전달했다. 이것을 읽고 난 안티오쿠스는 자기가 어떻게 할 것인지에 대해 보좌관들을 소집하여 그들의 조언을 들어보고 싶으니 말미를 달라고 포필리우스에게 요구했지만, 포필리우스는 자신의 지휘봉으로 안티오쿠스가 서 있는 모래 땅 위에 원을 그리고 나서 "그대가 이 원을 벗어나기 전에 먼저 명령서대로 하겠다는 답변을 하라. 그리하여 본인이 원로원에 그대로 보고할 수 있게 하라."고 요구했다. 대단한 모욕이었지만, 이미 기가 꺾여 있던 안티오쿠스는 겁을 먹고 이렇게 대답했다. "그대의 원로원을 기쁘게 할 수 있다면 내가 여기서 물러나겠노라."

그 뒤 안티오쿠스는 이집트로부터 말머리를 돌려 퇴각했는데, 이때의 끓어오르는 분노를 삭이지 못한 채 『**낙심하여 돌아가며**』 회군하는 길에 『**거룩한 언약**』, 즉 거룩한 언약의 땅 예루살렘에 대하여 분풀이를 하면서 (30절) 『**군대가 그의 편에 서서 견고한 성소를 더럽히고 날마다 드리는 제사를 폐지하며 멸망케 하는 가증한 것을**』 세웠다는 것이다(31절). 이것이 바로 클라렌스 라킨이 말하는 이 부분의 역사적 해석인데, 유감스러운 점은 그는 이 부분에 대한 자신의 이러한 해석을 성경도 아닌 "마카비서"(the Book of Maccabees)의 기록에 근거하였다는 점이다. 라킨도 이 사실을 스스로 밝혔다.

내가 다니엘 11장의 이 부분을 공부하면서 이들 예언의 역사적 성취 사실들에 대해 다른 사람들에 비해 꽤 냉담한 태도를 취하는 까닭은 이처럼 자칫 성경 구절들을 성경이 아닌 다른 자료들을 근거로 해석함으로써 정작 성경이 제시하고자 하는 진리의 참된 방향에서 벗어나거나 그 진리들을 묵살해 버리는 위험에 빠진다는 것을 잘 알고 있기 때문이다. 나는 성경 말씀들을 참조하고 비교해 가면서 성경 말씀을 성경 말씀으로 이해하고 해석할 것을 고집하는데, 이렇게 하는 것이 성경의 진리들을 가장 정확하고 안전하게 이해하는 유일한 지름길이기 때문이다. 모르는 것은 어디까지나 모르는 것이기에, 이것저것 성경 외의 자료들을 가지고 두드려 맞추려고 애쓰는 것은 위험한 짓이다. 추측은 할 수 있으되, 추측을 단정적으로 이야기하는 것은 금물이다. 모르면 모른다고 말하면 된다.

11:30 ○ 이는 킷팀의 배들이 그를 대적하러 올 것임이라. 그러므로 그가 낙심하여 돌아가며 거룩한 언약에 대하여 분노를 품을 것이요 그가 그렇게 행하리니 그가 돌아가서 거룩한 언약을 버린 자들과 더불어 이해를 도모하리라.

31 군대가 그의 편에 서서 견고한 성소를 더럽히고 날마다 드리는 제사를 폐지하며 멸망케 하는 가증한 것을 세우리라.

32 또 그가 언약을 거슬러 악하게 행하는 그런 자를 술책으로 파멸시킬 것이나, 자기들의 하나님을 아는 백성은 강해져서 임의로 행동하리라.

33 백성들 가운데 깨달은 자들이 많은 사람을 가르칠 것이나, 그래도 그들은 칼과 불꽃과 사로잡힘과 약탈당함으로 여러 날 동안 붕괴되리라.

34 그들이 무너지면 그들은 적은 도움으로 도움을 받을 것이나 많은 사람들이 술책으로 그들에게 밀착하리라.

35 분별 있는 사람들 중 몇 사람이 넘어져 그들을 연단시키고 정화시키고 희게 만들어서 마지막 때까지 이르게 하리니, 이는 아직도 정해진 때가 있음이라.

『**이는 킷팀의 배들이 그를 대적하러 올 것임이라. 그러므로 그가 낙심하여 돌아가며 거룩한 언약에 대하여 분노를 품을 것이요 그가 그렇게 행하리니 그가 돌아가서 거룩한 언약을 버린 자들과 더불어 이해를 도모하리라**』(30절).

『**킷팀**』은 키푸로스 섬이라고 주장하는 사람들도 있고 또 로마를 일컫는다고 주장하는 사람들도 있는데, 어쨌든 지중해와 깊은 관련이 있는 어떤 지점일 것이다. 이 당시 지중해의 제해권은 이미 로마의 손에 들어가 있었다. 장차 적그리스도가 등장할 때 팔레스타인 땅뿐만 아니라 지중해 역시 중요한 사건들의 현장이 될 것이다.

『**남쪽 왕**』을 침공했던 적그리스도가 일단 회군했다가 다시 재침공하였으나 『**그것이 이전이나 이후만 못**』한(29절) 성과밖에 거두지 못하는 것은 뜻밖에도 『**킷팀의 배들이 그를 대적하러**』 오기 때문이다.

『**군대가 그의 편에 서서 견고한 성소를 더럽히고 날마다 드리는 제사를 폐지하며 멸망케 하는 가증한 것을 세우리라**』(31절).

이 구절은 9:27의 언급에 비견된다. 그리고 8:11의 예언과도 조화를 이룬다. 그러니까, 지금 이 상황은 대환란 중간 시점의 서술이다. 우리는 8장에서 대환란 중간 시점에 가서 적그리스도를 둘러싼 일들에 대해 상세히 공부한 바가 있다. 8:23은 『**난해한 문장들을 깨닫는 한 왕이 일어나리라.**』고 했고, 24절은 적그리스도가 『**마음대로 행하며 강한 자들과 거룩한 백성을 멸하리라.**』고 했으며, 25절은 또 『**자신을 높이고 평화로 많은 것을 멸하리라.**』고 했는데, 이 25절 서두에서는 특히 『**그의 지혜를 통하여**』라고 언급하고 있다. 〈킹제임스성경〉에서는 여기서 『**지혜**』를 "정책"이란 의미의 "policy"라는 단어로 표기해 놓았는데, 이것은 적그리스도가 어떤 "정책"을 통하여 많은 일들을 획책하리라는 것을 말하는 것으로 이 "정책"은 특히 외국들과의 관계를 통한 "외교 정책"을 의미한다.

『**성소를 더럽히고 날마다 드리는 제사를 폐지하며 멸망케 하는 가증한 것을 세우리라.**』 이것은 마태복음 24장에서 예수 그리스도께서 친히 하신 말씀과 정확하게 맥을 같이 한다. 주님께서는 마태복음 24:15에서 다니엘의 예언을 인용하신 것이다.

『**또 그가 언약을 거슬러 악하게 행하는 그런 자를 술책으로 파멸시킬 것이나, 자기들의 하나님을 아는 백성은 강해져서 임의로 행동하리라**』(32절).

적그리스도는 이스라엘과 맺은 평화 협정을 대환란 중간 시점에 일방적으로 파기하고 유대인들에게 적대적인 태도를 공공연하게 취하며 혹독하게 박해를 가해 올 것이다. 그러나 일부 유대인들은 적그리스도에 맞서

싸울 것이다. 대환란 기간 동안 나타날 모세와 엘리야("두 증인")가 적그리스도에게 저항할 것이고, 144,000명의 유대인들이 끝까지 저항할 것이다. 이들이 곤경에 처할 경우 하나님께서는 이들을 사해 남쪽 에돔 광야의 페트라에서 보호해 주실 것이다. 이들은 『**자기들의 하나님을 아는 백성**』이기에 강하고, 강하기에 적그리스도의 압력에 굴하지 않고 『**임의로 행동**』하여 적그리스도에게 대항할 것이다.

여기서도 라킨은 이들을 안티오쿠스 에피파네스에 대항해서 저항하는 유대인들로 해석을 한다. 당시 유대인들은 "악하게" 행하는 가운데 "언약"을 저버리고 조상들의 신앙을 버렸으며 우상들에게 경배했는데, 그러는 가운데도 "자기들의 하나님을 아는 사람들"이 있어 이들은 하나님께서 자신들을 구원하실 것이고 그 결과 자기네들이 "강해져서" 자신들의 뜻대로 행할 수 있으리라고 믿었다는 것이다. 그리고 "자기들의 하나님을 아는 사람들"이 바로 안티오쿠스 에피파네스에게 반기를 들고 봉기하였던 마카비가(家) 사람들이었다고 설명한다. [이 시대의 역사적 배경에 대해서는 C. I. 스코필드가 〈스코필드 주석성경〉에서 구약과 신약 사이의 막간에 곁들이고 있는 「말라키에서 마태복음까지」라는 제목의 해설을 참조하라. (말씀보존학회에서 출간한 〈스코필드 주석성경〉 말라키와 마태복음 사이의 삽입 부분 참조)]

그러나 여기서 "언약"은 하나님과 유대인과의 언약이라기 보다는 적그리스도와 유대인과의 협정이라고 볼 수 있다. 만약 이것이 하나님과 유대인과의 언약이라면 안티오쿠스 에피파네스는 하나님의 언약을 파기시킨 유대인들을 심판하는 도구가 되는 셈이다. 결국 이 예언도 미래 대환란에 대한 예언이라고 봐야 한다.

『백성들 가운데 깨달은 자들이 많은 사람을 가르칠 것이나, 그래도 그

들은 칼과 불꽃과 사로잡힘과 약탈당함으로 여러 날 동안 붕괴되리라』(33절).

대환란 기간 동안 일부 유대인들은 적그리스도에게 굴복하지 않고 끝까지 저항하며 나머지 다른 사람들에게도 그렇게 하도록 촉구하고 독려하겠지만, 적그리스도의 박해가 워낙 혹독한 것이어서 유대인들은 결국 『**여러 날 동안**』, 즉 1,260일에 이르는 3년 반 동안 대부분이 『**붕괴**』될 것이다.

『**그들이 무너지면 그들은 적은 도움으로 도움을 받을 것이나 많은 사람들이 술책으로 그들에게 밀착하리라**』(34절).

대환란 후반기에 접어들면서 유대인들이 『**무너지면**』, 유대인들을 도우려는 무리가 없지 않겠지만, 그들의 수가 극히 소수여서 그 도움은 『**적은 도움**』에 불과한지라 유대인들의 생존을 완전히 보장할만한 도움은 아닐 것이며, 오히려 『**술책으로**』 유대인들에게 접근하여 속이려는 무리가 훨씬 더 많을 것이라는 게 이 구절이 말씀하고 있는 바다.

우리는 마태복음 25장에서 재림하신 예수 그리스도께서 영광의 보좌에 앉아 『**모든 민족들을 모아 놓고 마치 목자가 양들을 염소들에서 갈라놓듯이 그들을 따로 갈라놓으**』시는 장면을 본다(마 25:32). 이때 그리스도께서는 양들로 분류된 사람들을 향하여 『**내가 굶주렸을 때에 너희가 먹을 것을 주었으며, 내가 목마를 때에 마실 것을 주었고, 내가 나그네였을 때에 대접하였고, 또 내가 헐벗었을 때에 입혀 주었으며, 내가 병들었을 때에 문안해 주었고, 내가 감옥에 갇혔을 때에 찾아와 주었음이라.**』(마 25:35, 36)라고 칭찬하시면서 『**나의 아버지의 복을 받은 자들아, 세상의 기초가 놓인 이래로 너희를 위하여 준비한 그 왕국을 이어받으라.**』(마 25:34)고 말씀하신다. 여기에 등장하는 『**양들**』은 대환란 기간 동안 극심한 고난에 처한 유대인들을 도와준 사람들을 말한다. 그러나 그 혹독한 여건 속에서 유대인들을 도와줄 사람들이 과연 몇이나 되겠는가!

라킨은 33절 후반부에서 34절에 이르기까지의 상황 역시 대환란이 아니라 예수 그리스도께서 유대인으로부터 거부당하시고 십자가에 처형되신 후 오늘에 이르기까지의 교회 시대에 유대인들이 겪어왔던 상황으로 국한시킨다. 메시아로 오신 그분께서 거부당하시고 십자가에서 처형당하신 뒤 40년이 지난 후 A.D. 70년 예루살렘은 로마의 티투스에 의해 파괴되고 『**그들은 칼과 불꽃과 사로잡힘과 약탈당함으로 여러 날 동안 붕괴**』(33절)되는 비극을 겪게 되었다는 것이다. 그리고 이것이 바로 누가복음 21:24에서 예수 그리스도께서 말씀하신 것이라고 설명한다. 『**또 그들은 칼날에 쓰러질 것이며, 모든 민족들에게 사로잡혀갈 것이요, 또 예루살렘은 이방인들의 때가 찰 때까지 이방인들에게 짓밟히리라**』(눅 21:24).

그러나 유대인들이 이방인들에게 짓밟히게 된 것은 벌써 바빌론의 느부캇넷살 시대에 시작된 일이며 그 이후 이스라엘이 팔레스타인으로 돌아가 1948년 독립 선언과 함께 국가를 회복할 때까지 계속된 일이었고, 이것은 대환란 때 마지막으로 다시 반복될 일이다. 이런 점에서 누가복음 21:24은 재림 관련 구절로서 대환란 때를 서술하는 구절이다. 그렇기 때문에 라킨이 다니엘 11:33을 누가복음 21:24과 결부시킨 것은 잘한 일이었으되, 그 시점을 대환란이 아니라 교회 시대로 지목한 것은 단견이었다. 예루살렘의 파괴는 비단 A.D. 70년 로마의 티투스에 의한 파괴로 끝난 게 아니다. 예루살렘은 대환란이 절정을 이루었을 때 다시 한 번 더 철저히 파괴될 것이다(마 24:15-28, 막 13:14-26).

『**분별 있는 사람들 중 몇 사람이 넘어져 그들을 연단시키고 정화시키**

고 희게 만들어서 마지막 때까지 이르게 하리니, 이는 아직도 정해진 때가 있음이라』(35절).

여기서 『**희게 만들어서**』란 요한계시록 16:15, 즉 『**보라, 내가 도둑같이 오리니 깨어 있어 자기 옷을 지켜서 벗은 채로 다니지 아니하고, 사람들에게 자기 수치를 보이지 않는 자는 복이 있도다.**』라는 말씀에서 『**자기 옷을 지켜서**』라는 어구에 관련된다. "자기 옷을 지킨다"는 것은 곧 "옷을 벗지 않는다"란 뜻인데, 옷을 벗지 않는 것은 옷이 깨끗하기 때문이다. 당신은 옷이 더러워지면 벗어야 한다. 옷을 벗어 던지지 않으려면 옷이 『**희게**』, 즉 깨끗하게 유지되어야 한다. 여기서 『**옷**』은 곧 세마포를 가리킨다. 세마포는 성경에서 "성도들의 의로운 행실"을 의미한다. 대환란 시대에는 교회 시대와 달리 믿음과 행위로 구원을 받기 때문에 『**세마포**』, 즉 "의로운 행실"이 절대 필요하다. 『**여기에 성도들의 인내가 있으며 여기에 하나님의 계명들과 예수의 믿음을 지키는 자들이 있느니라**』(계 14:12). 따라서 『**자기 옷을 지켜서**』란 곧 "의로운 행실을 지켜서"란 뜻이다.

『**이는 아직도 정해진 때가 있음이라.**』 유대인에게는 대환란이라는 『**정해진 때**』가 있다. 그들이 이 『**정해진 때**』를 다 거치기 전까지는 그들에게 정해진 하나님의 심판은 끝나지 않는다.

이처럼 여기 35절은 대환란 관련 구절이다. 32절도 그렇고, 33절도 그러하며 34절, 35절, 그리고 다음에 이어지는 구절들 모두가 다니엘의 칠십째 주 후반기 삼 년 반 기간에 해당된다. 이 기간 동안 유대인들 가운데에는 하나님의 계명들을 지키며 예수 그리스도의 증거를 가진 자들이 분명 있을 것이고 일부는 짐승의 표를 받고 적그리스도에게 굴복하거나 자발적으로 적그리스도와 그의 형상에게 경배하는가 하면, 또 144,000명은 이마에 하나님의 인장을 받아 보호받을 것이며, 적그리스도에게 저항하다가 순교하여 목이 잘리는 자들도 있을 것이다.

11:36 그 왕이 자기 뜻대로 행하고 자신을 높일 것이요 모든 신보다 자기를 높이고 신들의 하나님을 거슬러 이상한 일들을 말할 것이며 그 분노가 마칠 때까지 번성하리니, 이는 작정된 일이 이루어질 것임이라.

37 또 그는 자기 조상들의 하나님이나 여자들의 원하는 바를 개의치 않으며 또 아무 신도 개의치 아니할 것이니, 이는 그가 모든 것보다 자신을 높일 것임이라.

38 그러나 그의 자리에서 그가 군대의 신을 공경하리니 그의 조상들이 알지 못했던 신을 그가 금과 은과 보석과 보물들로 공경하리라.

39 그리하여 그는 가장 견고한 산성들 안에서 한 이방 신과 함께 행할 것이며, 그는 그를 인정하여 영광을 더하게 할 것이요, 그들로 많은 사람들을 다스리게 하며 값을 받고 그 땅을 분배하여 주리라.

『그 왕이 자기 뜻대로 행하고 자신을 높일 것이요 모든 신보다 자기를 높이고 신들의 하나님을 거슬러 이상한 일들을 말할 것이며 그 분노가 마칠 때까지 번성하리니, 이는 작정된 일이 이루어질 것임이라』(36절).

제멋대로 행하고 자신을 스스로 높이되 **『모든 신보다 자기를 높이고 신들의 하나님을 거슬러 이상한 일들을 말할』** "그 왕"이 누구겠는가? 이사야 14장을 보라. **『내가 하늘에 올라가서 내가 내 보좌를 하나님의 별들보다 높일 것이요, 내가 또한 북편에 있는 회중의 산 위에 앉으리라』**(사 14:13). 사탄은 항상 "자기 뜻대로" 행하는 자이다. 또한 데살로니가후서 2장도 보라. **『그는 대적하는 자며, 또 하나님이라고 불리는 모든 것과 숭배받는 대**

상 위에 자신을 높여 하나님의 성전에 앉아 하나님처럼 보여 자신을 하나님이라고 하느니라』(살후 2:4). 이것은 요한계시록 13장의 "짐승"에 대한 서술과 일치한다. 『**그 짐승이 큰 일들과 모독하는 말들을 하는 입을 받았으며... 입을 벌려 하나님을 대적하여 모독하되 그의 이름과 그의 성막과 하늘에 거하는 자들을 모독하더라**』(계 13:5,6).

적그리스도는 하나님의 『**분노가 마칠 때까지 번성**』할 것이다. 하나님을 대적하는 자들이 이 땅에서 번성하는 일은 이상한 일이 아니다. 특별히 앗시리아나 바빌론, 시리아, 로마 등은 번성하면서 하나님의 백성들을 괴롭혔는데, 이들은 이스라엘을 징계하기 위한 하나님의 도구이기도 했다. 그러나 하나님께서는 『**작정된 일**』을 이루실 것인데, 이처럼 악인들이 번성하는 것은 하나님의 오래 참으심이기도 하거니와, 또한 적그리스도의 멸망을 통해 하나님의 위대하심을 드러내려 하시는 큰 의도도 있는 것이다. 적그리스도가 이 세상에 등장할 때, 하나님께서는 그의 출현이 어마어마한 장관을 이루며 군림하는 모습을 사람들에게 일부러 보여 주고자 하시는지도 모른다. 그런 어마어마한 자가 재림하신 주님에 의하여 단칼에 거꾸러지는 장면을 한 번 상상해 보라. 그 광경이야말로 비할 데 없이 더 어마어마한 장관이 아니겠는가? 이러한 장관을 이루시는 주님의 영광은 또 얼마나 극적으로 부각될 것인가? 그리고 이것을 보는 사람들은 또 얼마나 주님의 장엄하신 위력 앞에 압도되어 무릎을 꿇을 것인가!

『**또 그는 자기 조상들의 하나님이나 여자들의 원하는 바를 개의치 않으며 또 아무 신도 개의치 아니할 것이니, 이는 그가 모든 것보다 자신을 높일 것임이라**』(37절).

이 구절에서도 역시 『**자기 조상들의 하나님**』이라는 말에서 유대인과 관련된다는 것을 강력하게 시사한다. 그렇다면 마귀가 사람으로 육화된 적그리스도는 유대인이라는 말이 아닌가? 하지만 놀랄 일은 아니다. 예수 그리스도께서는 유다 이스카리옷을 가리켜 『**너희 중에 하나는 마귀니라.**』(요 6:70)고 하셨던 말씀을 당신은 기억하고 있을 것이다.

이 구절은 또 마귀가 『**여자들의 원하는 바**』를 개의치 않으리라고 말씀한다. 그러면 여자들이 "원하는 바"(desire)가 무엇인가? 창세기 3:16은 다음과 같이 말한다. 『**내가 너의 고통과 너의 임신을 크게 늘리리니...너의 바람(desire)은 네 남편에게 있을 것이니**』. 즉 여자들이 바라는 것은 남편에게 있다는 것이다. 이 말씀은 두 가지의 의미를 갖고 있다. 즉 여자는 자기 남편이 자기를 주관해 주고 자기는 남편에 예속되기를 원할 것이라는 게 그 하나이고, 여자는 자신의 남편을 자기 스스로 택하기를 원하고 그럼으로써 자기가 남편을 주관하기를 원할 것이라는 게 다른 하나다. 이 구절을 전자의 의미로 받아들인다면, 다니엘 11:37의 『**여자들의 원하는 바를 개의치 않으며**』는 남편이 자기를 주관하고 자기는 남편에 예속되기를 원하는 여자의 바람(desire, "원하는 바")을 적그리스도가 묵살하고 나설 것이라는 뜻이 된다. 하기야 이런 현상은 이미 현재 우리가 보고 있는 바이기도 하다. 한편, 이 구절을 후자의 의미로 받아들인다면, 『**여자들의 원하는 바를 개의치 않으며**』는 여자가 자기 남편을 스스로 선택하여 자기가 남편을 주관하기를 원하는 여자의 바람을 적그리스도가 묵살해 버리고 자기가 여자들에게 남편들을 골라주게 된다는 뜻으로 이해하게 된다.

그러고 보니 요즈음 시대 조류는 여자가 남편에게 종속되는 것을 바라는 것을 케케묵은 관념으로 받아들이는지라 현대 여성들은 점점 더 자기네들이 남편을 골라잡고 싶어 하고 오히려 남편을 자기네들에게 종속시키고 싶어 하게 된 게 사실이다. 그러나 적그리스도가 나타나면 사정은 일변하게 될 것이다. 그때는 남자가 누구든, 검둥이든 흰둥이든, 포악하든 양순하든, 게으르든 근면하든, 추남이든 미남이든, 정직하든 부정직하든,

여자 마음대로 골라잡는 게 아니라 적그리스도가 상대를 골라주기 때문에 여자들은 선택의 여지가 없게 될 테니 말이다. 적그리스도가 그런 일을 일일이 어떻게 처리하겠느냐고 의아해 할 것 없다. 모든 일은 컴퓨터가 알아서 해결할 것이다. 컴퓨터가 이 남자와 결혼하라고 정해 주면 이 남자에게 시집가야 하고, 저 여자와 결혼하라고 지시하면 저 여자에게 장가가야 한다. 모든 배우자는 컴퓨터가 정해 주게 된다.

『**그러나 그의 자리에서 그가 군대의 신을 공경하리니 그의 조상들이 알지 못했던 신을 그가 금과 은과 보석과 보물들로 공경하리라**』(38절).

적그리스도는 결코 여호와 하나님을 공경하지 않는다. 그가 하나님을 공경한다고 해도, 그것은 "우주의 어떤 최고의 신" 정도의 개념으로 공경할 것이다. 사실 그 "최고의 신"이 하나님이신 것은 사실이지만(그래서 영어 성경에서는 "God"이라고 표기하고 있다), 적그리스도는 단지 위대한 신의 개념으로만 공경할 것이다. 여기서 "군대"(force)라는 것은 어떤 무력 집단만을 가리키는 것은 아니다. 모든 종류의 힘이라든지 에너지 등의 개념으로도 사용할 수 있는 말이다. 그렇다면 적그리스도가 공경하는 "군대의 신"이란 "우주 에너지를 관장하고 사용하는 최고 신"이라는 개념인데, 사실 오늘날 뉴에이지 운동에서 신봉하고 있는 최고의 신이 바로 이러한 개념이다.

이 신은 『**그의 조상들이 알지 못했던 신**』이다. 앞서 37절에서 언급했듯이 『**그**』란 유대인과 관련된 인물이다. 유대인 조상들은 일찍이 이런 신을 알지 못했다.

여기서 "군대"를 "에너지"의 개념으로 볼 때, 우리는 적그리스도가 어떤 최첨단 특수 전자 장치나 특수 자기파 에너지 기기, 또는 레이저 살인광선 기기 같은 초고출력 에너지 무기들을 이용할 것이라는 암시를 받는다.

『**금과 은과 보석과 보물들...**』 이것은 당신이 그리스도의 심판석에서 그분을 공경하는 데 쓰일 요소들과 똑같다. 적그리스도는 모든 점에서 예수 그리스도를 곧잘 흉내 낸다.

『**그리하여 그는 가장 견고한 산성들 안에서 한 이방 신과 함께 행할 것이며, 그는 그를 인정하여 영광을 더하게 할 것이요, 그들로 많은 사람들을 다스리게 하며 값을 받고 그 땅을 분배하여 주리라**』(39절).

이 구절에서 『**그들**』이란 다니엘 2장에서 언급되었던 "열 왕"을 지칭하는 게 분명하다. 적그리스도가 나타나면 팔레스타인 땅은 적그리스도의 수하에 있는 "열 왕"들에게 분배될 것이다. 이 "열 왕"은 요한계시록 17장의 언급처럼 왕국을 받지는 못하지만, 왕들로서의 권세만은 잠시 받게 된다. 『**또 네가 본 그 열 뿔은 열 왕이라. 아직 왕국을 받지는 못하였으나 그 짐승과 더불어 한 시간 동안 왕들로서의 권세를 받으리라**』(계 17:12).

11:40 마지막 때에 남쪽 왕이 그를 찌르며, 또 북쪽 왕이 병거들과 기병들과 많은 선박과 함께 와서 회오리바람처럼 그를 대적하리니 그가 그 나라들에 들어가서 휩쓸고 지나가리라.

41 그는 또한 영광스러운 땅에 들어갈 것이요 많은 나라들이 무너질 것이라. 그러나 이들 곧 에돔과 모압 그리고 암몬 자손의 우두머리는 그의 손에서 피하리라.

42 그가 또한 다른 나라들에게 그의 손을 뻗치리니 이집트 땅은 피하지 못하리라.

43 그러나 그가 이집트의 금 재물과 은 재물과 모든 진귀한 것들을 관장하는 권세를 가질 것이며 리비아인들과 에디오피아인들이 그

의 발치에 있으리라.

44 그러나 동쪽과 북쪽에서 오는 소식이 그를 번민케 하므로 그가 큰 분노로 나가서 멸할 것이며 많은 사람을 완전히 없애리라.

45 또 그가 자기의 궁전 장막을 바다들 사이에 있는 영광스러운 거룩한 산에 세울 것이라. 그러나 그가 그의 종국에 이르게 되리니 아무도 그를 도와주지 못하리라."

『**마지막 때에 남쪽 왕이 그를 찌르며, 또 북쪽 왕이 병거들과 기병들과 많은 선박과 함께 와서 회오리바람처럼 그를 대적하리니 그가 그 나라들에 들어가서 휩쓸고 지나가리라**』(40절).

여기서 『**마지막 때에**』란 대환란 중반기에서 마지막 시점에 다가간 시점을 말한다. 이때 『**남쪽 왕**』이 반기를 들게 되는데, 이 『**남쪽 왕**』은 아마도 이집트를 차지하고 있던 "열 개의 동맹국 왕들" 중 하나가 아닐까 하고 라킨은 추정한다. 그러나 이 『**남쪽 왕**』이 어째서 『**그를**』 찌르게 되는지 그 이유는 알 길이 없다. 그들 사이에서 발생한 일종의 내분일 수도 있겠지만, 그렇다해도 그 확실한 이유는 찾을 수가 없다.

그럼 『**북쪽 왕**』이란 또 누구를 말하는 것일까? 『**남쪽 왕**』이라면 이집트나 리비아를 지칭하는 게 분명해 보인다. 그러나 대환란 마지막 때의 『**북쪽 왕**』이라면 누구일까? 이것을 적그리스도로 지목하기도 하지만, 적그리스도는 이때 이미 북쪽에 있지 않고 팔레스타인 한 중간 지점인 예루살렘에 앉아 있을 것이다. 그렇다면 『**북쪽 왕**』은 위치상으로 보아 시리아나 그리스 정도를 가리키는 것이 아닐까?

『**그는 또한 영광스러운 땅에 들어갈 것이요 많은 나라들이 무너질 것이라. 그러나 이들 곧 에돔과 모압 그리고 암몬 자손의 우두머리는 그의**

손에서 피하리라』(41절).

『**북쪽 왕**』이 누구이건 간에 『**남쪽 왕**』을 공격하자니 『**영광스러운 땅**』, 즉 팔레스타인 땅에 들어가는 것은 당연할 것이다. 이때 『**많은 나라들이 무너질**』 텐데, 이상하게도 『**영광스러운 땅**』 바로 곁에 이웃하고 있는 『**에돔과 모압 그리고 암몬**』은 말짱할 것이다. 그러니까, 대환란 때 누군가가 팔레스타인 땅을 휩쓸고 지나가더라도 에돔이나 모압, 또는 암몬 땅에 피신해 있으면 무사할 것이다. 다른 데는 몰라도 에돔이 안전하리라는 것만은 우리가 안다. 대환란 기간 중 유대인들이 『**큰 독수리의 두 날개**』를 받아 『**광야에 있는 자기 처소로 날아가서 그곳에서 그 뱀의 낯을 피하여 한 때와 두 때와 반 때를 부양**』받게(계 12:14) 될 곳이 사해 남쪽 에돔 땅의 페트라 지역이라는 것을 성경이 말씀하기 때문이다.

『그가 또한 다른 나라들에게 그의 손을 뻗치리니 이집트 땅은 피하지 못하리라. 그러나 그가 이집트의 금 재물과 은 재물과 모든 진귀한 것들을 관장하는 권세를 가질 것이며 리비아인들과 에디오피아인들이 그의 발치에 있으리라』(42,43절).

적그리스도가 『**금 재물과 은 재물과 모든 진귀한 것들**』, 즉 돈과 재물에 관심이 있다는 것은 기본적인 사실이다.

43절에서 『**리비아인들과 에디오피아인들이 그의 발치에 있으리라.**』는 말씀이 문자적으로 무슨 뜻인지는 확실치 않다. 라킨은 이것을 "리비아인들과 에디오피아인들은 그의 발에 짓밟히게 되리라."고 해석했다.

『그러나 동쪽과 북쪽에서 오는 소식이 그를 번민케 하므로 그가 큰 분노로 나가서 멸할 것이며 많은 사람을 완전히 없애리라』(44절).

『**동쪽과 북쪽**』이 어디일까? 북쪽이라면 러시아일 수도 있겠고, 동북쪽이라면 아르메니아 지역일 수도 있겠으며, 특히 『**동쪽**』이라면 중국일 수도 있겠다. 라킨은 『**동쪽**』을 바빌론으로 지목했지만, 『**북쪽**』에 대해서는 특별히 언급하지 않았다. 요한계시록에서 "큰 바빌론"(로마)은 분명 팔레스타인의 "동쪽"이 아니다.

『**또 그가 자기의 궁전 장막을 바다들 사이에 있는 영광스러운 거룩한 산에 세울 것이라. 그러나 그가 그의 종국에 이르게 되리니 아무도 그를 도와주지 못하리라**』(45절).

『**영광스러운 거룩한 산**』은 시온 산이다. 이 산과 연관된 바다라면 사해와 지중해일 것이다. 적그리스도는 사해와 지중해 사이에 자기의 궁전을 세울 것이다.

『**그가 그의 종국에 이르게 되리니...**』 적그리스도의 갑작스러운 『**종국**』은 요한계시록 19:20에 서술돼 있다. 『**그러나 그 짐승이 잡히고, 짐승 앞에서 기적들을 행하던 거짓 선지자도 그와 함께 잡혔으니 그는 짐승과 더불어 그 짐승의 표를 받은 자들과 그의 형상에 경배한 자들을 속이던 자라. 이 둘이 유황으로 불타오르는 불못에 산 채로 던져지더라.**』

다니엘 12장

12:1 "그때에 미카엘이 일어서리니, 이는 네 백성의 자손을 위하여 일어서는 위대한 통치자라. 또 고난의 때가 있으리니, 그것은 민족이 생긴 이래로 그 때까지 결코 없었던 것이라. 그 때에 네 백성이 구제될 것이니, 곧 그 책에 기록되어 발견될 모든 자들이라.

보다시피 12장 첫 절은 『**그때에**』로 시작한다. 이것은 다니엘의 마지막 장인 12장이 앞의 11장과 연결되어 이어진다는 것을 말한다. 그래서 『**그때에**』란 11:40에서 언급되었던 『**마지막 때**』를 일컫는다. 즉 적그리스도가 매사를 『**자기 뜻대로**』(11:36) 행하는 대환란 중간 이후의 시점인 것이다. 이때 『**미카엘이 일어서리니**』라고 예고한다. 우리는 앞서 10장에서 미카엘에 대해 충분히 살펴보았다. 『**최고 통치자들 중의 하나인 미카엘**』(10:13)은 분명 영적 세계에서 활동하는 천사장으로서, 지상에 있는 어느 왕국의 실제적인 통치자가 아니라 이스라엘을 대표하는 영적 세계의 통치자다. 그 미카엘이 여기 12:1에서 『**네 백성의 자손을 위하여 일어서는 위대한**

통치자라.』고 서술됨으로써 하나님 앞에서 이스라엘을 대표하는 천사요, 영적 세계에서 이스라엘을 다스리는 통치자임을 분명하게 천명한다.

『**또 고난의 때가 있으리니, 그것은 민족이 생긴 이래로 그 때까지 결코 없었던 것이라.**』 예레미야 30:7에서 『**야곱의 고난의 때**』라고 지칭되는 이 대환란 기간이 여기서도 『**고난의 때**』라고 지칭된다. 이스라엘이 대환란 때 당하는 고난을 성경은 『**진통하는 여인**』(렘 30:6)에 비유한다. 성경은 또 이 기간을 유대인들이 『**막대기 아래로 지나가게**』(겔 20:37) 될 시기라고 언급한다. 이때의 고난이 어찌나 심각하던지 여기 1절에서 『**민족이 생긴 이래로**』 처음 있게 될 일이라고 서술한다. 예수 그리스도께서는 『**세상이 시작된 이후로 지금까지 없었으며, 또 결코 없을 것**』(마 24:21)이라고 말씀하셨다.

여기서 대환란에 대해 새삼스럽게 이야기할 필요는 없겠다. 중요한 것은 대환란은 반드시 온다는 사실과 구원받은 그리스도인들은 대환란을 겪지 않고 그 직전에 휴거된다는 사실, 그리고 주 예수 그리스도께서 재림하셔서 적그리스도의 세력을 진압하시고 대환란을 끝내신 다음 천년왕국을 세우시게 된다는 사실 등을 성경이 분명하게 말씀하고 있다는 것을 아는 일이다. 이것을 부인하거나 왜곡하거나 애써 외면하면서 인간의 힘으로 세계 평화를 이룩한다고 떠드는 자들은 모두 마귀의 앞잡이들이다.

『**곧 그 책에 기록되어 발견될 모든 자들이라.**』 이 구절에 대한 참조 구절을 우리는 말라키 3장에서 찾는다. 『**그때에 주를 두려워하는 자들이 종종 서로 말하니 주께서 경청하시고 그것을 들으셨으며, 주를 두려워하는 자들과 그의 이름을 생각하는 자들을 위하여 한 기념의 책이 그의 앞에 기록되어 있느니라. 만군의 주가 말하노니, 내가 나의 보석들을 만드는 그**

날에 그들이 나의 것이 되리라. 내가 그들을 아껴 두리니 사람이 자기를 섬기는 자기 아들을 아낌같이 하리라』(말 3:16,17).

12:2 땅의 흙 속에서 잠자는 많은 사람들이 깨어날 것이며, 얼마는 영원
한 생명을 얻겠고, 얼마는 수치와 영원한 모욕을 받으리라.
3 현명한 자들은 창공의 광명처럼 빛날 것이요, 많은 사람을 의로 돌
이키는 자들은 별들처럼 영원무궁토록 빛나리라.

『땅의 흙 속에서 잠자는 많은 사람들이 깨어날 것이며, 얼마는 영원한 생명을 얻겠고, 얼마는 수치와 영원한 모욕을 받으리라』(2절).

부활을 언급하는 구절이다. 사람이 죽어 땅에 묻혀 있는 상태를 "잠잔다."고 표현하는 것은 성경의 일반적인 서술법이다. 부활은 부활이되, 첫째, 『**영원한 생명**』을 얻는 부활이 있고, 둘째, 『**수치와 영원한 모욕**』을 받는 부활, 이렇게 두 가지 부활이 있다. 『**영원한 생명**』을 얻는 부활은 천년왕국 이전에 있을 것이고, 『**수치와 영원한 모욕**』을 받는 부활은 천년왕국이 끝난 직후 백보좌 심판에서 있게 될 것이다.

『현명한 자들은 창공의 광명처럼 빛날 것이요, 많은 사람을 의로 돌이키는 자들은 별들처럼 영원무궁토록 빛나리라』(3절).

이 구절 역시 문맥상 대환란 관련 구절이다. 그렇기는 하되, 영적으로는 이 시대에 그대로 적용할 수도 있다. 왜냐하면, 예수 그리스도께서는 "하나님의 의"이시기 때문에 당신이 이 시대에 복음을 전파하여 『**많은 사람을 의로 돌이키는**』 일을 부지런히 하게 되면 당신은 부활하여 『**별들처럼 영원무궁토록**』 빛나게 될 것이기 때문이다. 이런 사람들이 바로 『**현명**

한 자들』이다. 성경은 『**의로운 자의 열매는 생명의 나무니, 혼들을 이겨오는 자는 현명하니라.**』(잠 11:30)고 말씀한다. 『**혼들을 이겨오는 자**』, 즉 구령하는 그리스도인들이 현명한 사람들인 까닭은 당장 코앞의 것보다는 영원한 세상의 영원한 것을 생각하고 그날에 대비하여 장기적 안목으로 가장 효과적인 투자가 무엇인지 아는 사람들이기 때문이다. 구령은 곧 지혜를 써먹는 최선·최상의 방법이다. 당신이 하늘나라에 가면 거기서 당신이 그리스도께로 인도해 놓은 사람들을 만나 그들과 영원히 살게 될 것이다. 그렇기 때문에 이것은 영원한 투자인 것이다. 그리고 이것은 영원한 투자로서 유일한 것이다. 그 외의 여하한 투자도 당신이 떠나면 그것으로 끝나기 때문에 영원할 수가 없다. 나는 내 아들이 그리스도인이 된 다음 최초로 구령의 열매를 거두었던 날의 기쁨을 지금도 잊지 못한다. 내 아들 녀석이 영원한 투자를 하기 시작했으니 내가 어찌 아니 기쁘겠는가? 혼을 이겨오는 영원한 투자는 성경의 명령이다. 신실한 그리스도인은 명령에 순종하기 위해서라도 구령을 하지 않을 수가 없다.

존 R. 라이스는 그리스도인의 "7대 불순종의 죄"에 대해 설교한 적이 있었는데, 참 훌륭한 메시지였다. 그가 열거한 "7대 불순종의 죄"는 모두 구령과 관련되는 죄들인데, 그 첫째가 주요 계명에 대한 불순종의 죄다. 혼을 이겨오는 일에 게을리 하는 것은 바로 이 주요 계명에 대한 불순종의 죄를 범하는 것이다. 주요 계명은 주 예수 그리스도를 증거하는 것이요, 혼을 이겨오는 일이야말로 그리스도 증거의 핵심이기 때문이다. 당신이 주요 계명에 순종하려고 마음먹으면 당신은 그리스도를 증거하지 않고는 배겨나지 못하게 된다. 당신이 그리스도를 증거하려고 마음먹게 되면 혼을 이겨오는 일에 나서게 된 것은 필연적인 결과다.

라이스가 손꼽은 "7대 불순종의 죄" 가운데 둘째는 주 예수 그리스도에 대한 사랑의 결핍이다. 당신이 누구인가를 그리스도께로 인도하게 되는 것은 당신이 주님을 그만큼 사랑하기 때문이다. 당신에게 주님에 대한 사랑이 결핍되어 있다면 당신은 그분을 증거할 수도 없으려니와 그 누구의 혼도 이겨오지 못한다.

셋째 불순종의 죄는 예수 그리스도를 따르지 않는 죄다. 주님께서는 『**나를 따라오라. 내가 너희로 사람들을 낚는 어부가 되게 하리라.**』(마 4:19) 명하셨다. 당신이 그리스도를 따르는 목적은 사람들을 낚기 위해서다. 당신이 사람들을 낚지 않는다면 그것은 주님을 따르지 않는다는 뜻이다.

넷째 불순종의 죄는 그리스도 안에 거하지 않는 죄다. 『**육신으로 난 것은 육이요, 또 성령으로 난 것은 영이니라.**』(요 3:6)고 주님께서는 말씀하신다. 그리스도 안에 거한다는 것은 영 안에서 그분과의 교제를 유지하며 산다는 뜻이다. 주님께서는 『**나는 포도나무요, 너희는 그 가지들이라. 그가 내 안에 내가 그 안에 거하면 그 사람은 많은 열매를 맺느니라.**』(요 15:5)고 말씀하신다. 따라서 당신이 그리스도 안에 거하면 당신은 많은 사람들을 그리스도께로 인도하여 많은 열매를 맺게 된다. 당신이 죄인들을 그리스도께로 인도하는 일에 게으르다면, 그것은 당신이 그리스도 안에 거하고 있지 않다는 증거다. 혼을 이겨오지 못하는 사람은 아무것도 할 수 없는 사람이라고 주님은 잘라 말씀하신다. 『**나를 떠나서는, 너희가 아무것도 할 수 없기 때문이라**』(요 15:5).

"7대 불순종의 죄" 가운데 다섯째는 주님께서 당신에게 맡기신 "거룩한 위임"에 대한 부정직한 독직 행위 내지 태만이다. 주님께서는 당신을 구원해 주셨고 당신에게 이 세상 어디에서도 들어볼 수 없었던 실로 위대한 복음을 위임하셨다. 당신이 무덤에 들어갈 때까지 이 복음만큼 위대한 소식은 절대로 들어보지 못할 것이다. 이 위대한 소식이 무엇인가? 주님께서 나의 죄들을 위해 죽으셨고 장사지낸 바 되셨다가 사흘 만에 죽은 자들로부터 다시 살아나셨다는 것, 이것이 바로 그 위대한 소식이요 복음이다. 당신은 이 소식을 분명히 들었을 것이다. 그러나 이 소식을 기억하기보다는 망각하고 사는 시간이 더 많을 것이다. 설사 기억하더라도 이 복음이 얼마나 위대한가를 제대로 인식하지 못한다. 당신은 부활이 마치 당연한 것처럼 여기고 아무렇지 않게 생각한다. 그러나 부활이란 당신이 생각하듯 그렇게 예사로운 게 아니다. 어떤 사람의 장례식에 갔다가 그가 무덤에 묻히는 광경을 보았다면, 당신은 부활이 그렇게 평범한 일이 아니란 걸 인식하게 될 것이다. 며칠 전 우리 교회 자매 하나가 암으로 투병하다가 병원에서 숨을 거두었는데, 장례식에 모였던 교회 성도들이 그녀가 무덤에 묻히는 광경을 물끄러미 내려다보면서 부활의 중요성과 그 중대한 의미를 재삼 마음속으로 인식하고 확인했다. 땅속에 묻힌 그녀가 그 속에 그냥 영원히 남아 있는 게 아니라 언젠가는 다시 살아나 부활하게 되리라는 그 중대한 사실을 성경은 우리들에게 전해 주고 있었던 것이다. 세상에 이보다 더 놀랍고 멋진 소식이 또 어디 있단 말인가?

이 소식을 주님께서는 당신에게 위임하셨다. 다른 모든 사람들에게도 널리 알려주라고 말이다. 그런데 당신이 그 놀랍고 위대한 소식을 다른 사람들에게 알릴 생각은 않고 딴전을 부린다면, 당신은 주님의 위임 사항을 저버리는 비리를 범하고 있는 것이다. 세상 사람들은 마치 자기네들이 영원히 죽지 않을 것처럼 이야기한다. 그러나 그들은 죽는다. 죽어서 무덤에 묻힌다. 그리고 그들이 만약 거듭난 그리스도인이라면 영원히 무덤 속에 갇혀 있는 게 아니라 다시 살아난다. 이것을 그들에게 알려주어야 한다. 그들이 죽기 전에 말이다. 그들은 오늘 죽을지 내일 죽을지 아무도 모른다. 그래서 이 소식을 전해 주는 일은 아주 시급을 요한다. 이 소식은 무엇과도 바꿀 수 없는 귀한 보물이다. 이 보물을 주님께서는 당신에게 맡기셨다. 이웃에게 전해 주라고 말이다. 주님께서는 당신에게 매우 중대한 심부름을 시키신 것이다. 만약 당신 주인이 당신을 크게 신뢰하고 아주 값비싼 다이아몬드를 맡기면서 어느 보석상에게 갖다 주라고 심부름을 시키셨다고 가정해 보라. 당신이 그 다이아몬드를 아무렇지 않게 생각하고 길거리 쓰레기통에 던져버릴 수야 없지 않은가? 바울은 『**우리가 이 보물을 질그릇에 가졌으니**』(고후 4:7)라고 언급한다. 우리는 모두 주님께서 보물을 담아두신 질그릇들이다. 주님께서는 당신 안에 성령과 함께 위대한 복음의 소식을 넣어 주셨다. 그대로 넣어두고 있으라는 게 아니라 다른 사람들에게 전해 주라고 위탁하신 것이다. 그런데도 이것을 다른 사람들에게 전해 주지 않는다면, 당신은 주님의 "거룩한 위임"에 대하여 부정직한 짓을 자행한 것이다.

그 다음 여섯 번째는 영적 살인 행위를 범하는 죄이다. 『**그러므로 내가 오늘 너희에게 증거하노니 모든 사람의 피로부터 내가 깨끗하니 이는 내가 하나님의 모든 계획을 조금도 주저함이 없이 너희에게 전해 주었음이라.**』(행 20:26,27)고 바울은 말했다. 바울의 이 말은 에스겔 선지자를 통하여 『**네가 그에게 경고도 주지 아니하고 그 악인에게 그의 악한 길에서 떠나라고 경고하여 그의 생명을 구하라고 말하지도 아니하면 바로 그 악인은 그의 죄악 가운데서 죽을 것이나 나는 네 손에서 그의 피를 요구하리라.**』(겔 3:18)고 말씀하셨던 주님의 경고와 정확하게 맥을 같이하는 것으로 사실상 바울은 에스겔 3:18의 말씀을 그대로 인용하고 있었던 것이다. 예수 그리스도를 증거하지 않고 위대한 복음의 소식을 죄인들에게 전달하지 않는 행위는 곧 영적 살인 행위에 해당한다. 그렇기 때문에 하나님께서 『**네 손에서 그의 피를 요구하리라.**』고 아주 무서운 말씀을 하셨고, 이것을 알고 있던 바울은 사람들에게 복음을 전한 뒤 『**모든 사람의 피로부터 내가 깨끗**』하다고 선언했던 것이다. 주님께서 당신에게 위탁하신 기쁜 소식을 죄인들에게 전해 주지 않는 것은 일급 살인행위다.

그 다음 “7대 불순종의 죄” 가운데 마지막 일곱 번째는 어리석음의 죄이다. 맨 처음에 말했듯이 현명한 사람은 혼을 이겨오되 어리석은 사람은 혼을 이겨오지 않는다. 성경에 의하면 사람이 현명한지 어리석은지는 그가 혼을 이겨오느냐 여부에 달려 있다.

『**별들**』은 성경에서 천사들을 말한다. 예수 그리스도께서는 『**부활 때에는 그들은 장가도 시집도 가지 아니하고 하늘에 있는 하나님의 천사들과 같으니라.**』(마 22:30)고 말씀하신 바 있다. “하나님의 천사” 또는 “주의 천사”는 곧 예수 그리스도시다. 당신도 구원받고 죽었다가 부활하면 『**하나님의 천사들과 같으니라.**』고 말씀하신 대로 그리스도와 똑같게 될 것이다.

12:4 그러나, 오 너 다니엘아, 마지막 때까지 그 말씀을 닫고 그 책을 봉하라. 그 때에는 많은 사람이 이리저리 달릴 것이요 지식이 증가하리라.” 하더라.

내가 다니엘서에서 언급되고 있는 모든 사항들을 다 이해하고 설명할 수는 없다고 서두에서 고백했던 까닭은 바로 이런 구절들 때문이다. 『**오 너 다니엘아, 마지막 때까지 그 말씀을 닫고 그 책을 봉하라.**』 나는 이 구절이 정확하게 무엇을 말씀하는 것인지 알지 못하기 때문에 이에 대해 무어라고 설명할 길이 없다. 대환란 직전에 성도들이 휴거되고 나면 모든 것들이 지상에서 하나하나 밝혀지기 시작할 테지만, 그 때까지는 오로지 다니엘만이 그 열쇠를 쥐고 있는 셈이다. 다니엘이 『**그 책**』을 봉해 버렸으니까 말이다. 우리들이 휴거되고 나면, 그때 가서야 지상에서는 “남쪽 왕”이 누구이고, “북쪽 왕”이 누구이며, 갖가지 사건들이 어떤 양상으로 나타나고, "군대"(forces)가 정확하게 무엇인지 등에 관해 알게 될 것이며, "술책"이 어떤 것이고, "거룩한 언약"이 무엇이며, 그것을 누가 어떻게 저버리는지를 다 알게 될 것이다. 그러나 지금의 우리로서는 이런 것들을 다 알 수가 없다. 대환란이 시작되더라도 그리스도인들은 모두 셋째 하늘에 가 있을 터인즉, 지상에서 나타나는 이런 것들과는 무관할 것이다. 지금 우리 손에 성경이 들려져 있다고 해서 성경이 모든 것을 우리들에게 밝혀주고 있는 것은 아니다. 성경은 교회 시대 사람들만을 위해서 기록된 책이 아니기 때문이다. 성경은 모든 시대 사람들을 위해서 기록된 책이다. 이를테면, 마태복음 같은 책은 천년왕국 시대 사람들을 위해서 기록된 내용들이 많다.

이 구절에서 언급하고 있는 『**책**』은 요한계시록 10장에서 언급되는 『**작은 책**』인지도 모른다. 요한은 하늘에서 내려온 힘센 천사가 그 손에 『**작은 책**』이 펼쳐져 있는 것을 보았는데, 하늘로부터 그 『**작은 책을 가지라.**』는 음성이 들려서 천사에게 그 책을 달라고 요구하자 천사는 책을 건네주면서 『**집어서 먹어 버리라. 네 배에는 쓰겠지만 네 입에는 꿀처럼 달 것이라.**』고 말한다. 요한이 먹었더니 아닌 게 아니라 입에는 꿀처럼 달았고 배에는 썼다. 그때 천사가 요한에게 말하기를 『**네가 많은 백성들과 민족들과 언어들과 왕들 앞에서 다시 예언해야 하리라.**』고 말하는 것이었다(계 10:2-11). 요한이 먹었던 이 책이 바로 다니엘이 봉했던 그 책인지도 모른다. 다니엘이 봉했다가 대환란 때 가서야 개봉되는 것이다.

『**그 때에는 많은 사람이 이리저리 달릴 것이요**』. 이것은 지금도 사실이다. 현대인들이 얼마나 바쁘게 이리 저리 쉴새없이 달리고 있으며 교통수단들은 또 얼마나 발달했는가?

『**지식이 증가하리라.**』 이것이야말로 이 시대의 특징이다. 성경의 예언들 가운데서 21세기 오늘에 와서 성취된 최대의 예언이 바로 이것이다.

그러나 현대인의 지식이란 하나님을 아는 지식과는 거리가 멀고, 오히려 하나님을 부인하고 거역하는 데 이용되는 지식일 뿐이다. 디모데전서 6:20에서 벌써 『**과학**』에 대해 경계하라는 명령이 나오고 있고, 디모데후서 3:7에서 벌써 『**항상 배우나 진리의 지식에는 결코 이를 수 없느니라.**』고 언급해 놓았다. 지식의 증가야말로 마지막 때의 가장 큰 특징이지만, 그러나 인류가 이 지식을 통해 얻는 것은 아무것도 없다. 그런데도 『**지식**』은 증가하고 증가하고 또 증가하며, 사람들은 끊일 줄 모르고 증가하는 이 지식들을 듣고 배우고 또 배우기를 멈추지 않는다.

12:5 ○ 그때에 나 다니엘이 쳐다보았더니, 보라, 다른 두 사람이 서 있는데 한 사람은 강둑 이편에, 다른 사람은 강둑 저편에 서 있더라.
6 한 사람이 강물 위에 있던 세마포를 입은 사람에게 말하기를 "이러한 이적들의 끝이 언제까지겠느냐?" 하더라.
7 내가 들으니, 강물 위에 있던 세마포를 입은 사람이 그의 오른손과 그의 왼손을 하늘로 들어올리고 영원히 사시는 분으로 맹세하기를 "한 때와 두 때와 반 때가 되리니, 그가 거룩한 백성의 권세를 흩어버리는 것을 마치게 되면 이 모든 일이 끝나게 되리라." 하더라.

『**그때에 나 다니엘이 쳐다보았더니, 보라, 다른 두 사람이 서 있는데 한 사람은 강둑 이편에, 다른 사람은 강둑 저편에 서 있더라**』(5절).

다니엘이 여기서 보고 있는 환상은 10장에서 11장을 거쳐 여기 12장에까지 한 묶음이다. 그러니까 지금도 다니엘은 『**힛데켈이라 하는 큰 강변에**』(10:4) 계속 서 있는 중이다. 『**힛데켈**』이라는 큰 강이라면 티그리스 강을 말한다. 그는 이 강가에서 『**꼬박 삼 주 간을 애도**』(10:2)하고 있던 참에 『**세마포로 옷입고 그의 허리는 우바스 정금으로 띠를**』(10:5) 두른 "주의 천사"를 만났다. 다니엘의 기도를 듣고 그에게 『**진리의 성경에 기록된 것**』(10:21)을 보여 주기 위해 찾아왔던 그 "주의 천사"는 위 4절까지 다니엘의 백성에게 있을 장래의 일들을 계속 예언해 주었다.

그 예언은 4절에서 일단락되었는데, 이때 다니엘이 눈을 들어 쳐다보니 강둑 이편과 저편에 각기 한 사람씩 『**두 사람이 서 있는데**』 이들이 누구인지는 알 길이 없다. 물론 이들이 어떤 초자연적인 존재들로서 천사들이었다는 점은 짐작이 안 가는 바는 아니로되, 이 구절 자체는 이들에 대한 설명이 전혀 없으므로 그들이 어떤 임무를 띤 어떤 천사들인지는 알 수가 없는 것이다. 이처럼 다니엘서에는 우리로서는 알 수 없는 내용들이 여러 곳에 걸쳐 기술되고 있다.

『**한 사람이 강물 위에 있던 세마포를 입은 사람에게 말하기를 "이러한 이적들의 끝이 언제까지겠느냐?" 하더라**』(6절).

강둑 이편인지 저편인지는 모르지만, 아무튼 두 사람 가운데 하나가 세마포를 입고 『**강물 위에**』 서 있는 또 다른 사람에게 묻는다. 그러니까 지금 이 장면에서 다니엘은 세 사람을 보고 있는 중이다.

『**이러한 이적들의 끝이 언제까지겠느냐?**』 강물 위에 서 있고 세마포를 입은 사람이라면 십중팔구 주님이신 게 분명해 보인다. 또한 『**이적들의 끝**』에 대해 답변해 줄 수 있는 분이라면 주님밖에 또 누가 있겠는가?

『**내가 들으니, 강물 위에 있던 세마포를 입은 사람이 그의 오른손과 그의 왼손을 하늘로 들어올리고 영원히 사시는 분으로 맹세하기를 "한 때와 두 때와 반 때가 되리니, 그가 거룩한 백성의 권세를 흩어 버리는 것을 마치게 되면 이 모든 일이 끝나게 되리라." 하더라**』(7절).

주님께서 강물 위에 서신 채 말씀을 하시는데, 『**영원히 사시는 분으로 맹세**』하여 말씀하신다. 요한계시록 10장에서 요한에게 나타나신 주님께서도 『**하늘과 그 안에 있는 것들과 땅과 그 안에 있는 것들과 바다와 그 안에 있는 것들을 창조하신 영원무궁토록 살아 계신 그분을 두고 맹세**』(계 10:6)하여 말씀하신다.

『**한 때와 두 때와 반 때가 되리니**』. 『**한 때**』, 즉 360일을 단위로 하는 일 년, 『**두 때**』, 즉 일 년이 360일로 된 두 해, 그리고 『**반 때**』, 즉 반 년, 그러니까 모두 합쳐 삼 년 반이다. 이것은 다니엘의 "칠십째 주"의 후반기, 즉 대환란 중반기부터 대환란이 끝나기까지의 3년 반, 마흔두 달이다.

『**그가 거룩한 백성의 권세를 흩어 버리는 것을 마치게 되면...**』 『**그**』가 누구인가? 적그리스도다. 그리고 『**거룩한 백성**』이 이스라엘이라는 것은 두말할 나위도 없다. 적그리스도가 하나님의 백성 이스라엘의 권세를 흩어 버리는 것도 결국 3년 반 만에 종지부를 찍게 된다. 그리되면 『**이 모든 일이 끝나게**』 될 것이다. 이것이 『**이러한 이적들의 끝이 언제까지겠느냐?**』는 질문에 대하여 『**영원히 사시는 분으로 맹세**』하여 말씀하신 주님의 대답이다.

12:8 내가 들었으나 깨닫지는 못하였더라. 그때에 내가 말하기를 "오 내 주여, 이러한 일들의 마지막에는 어떻게 되겠나이까?" 하였더니,
9 그가 말씀하시기를 "다니엘아, 네 길을 가라. 이는 그 말씀들이 마지막 때까지 닫혀 있고 봉해져 있을 것임이라.
10 많은 사람들이 정결케 될 것이며 희게 되고 연단되리라. 그러나 악인들은 악하게 행하리라. 악한 자들 중 아무도 깨닫지 못할 것이나

현명한 자들은 깨달으리라.

다니엘은 주님의 설명을 이해하지 못한다. 그는 좀더 상세한 이야기를 듣고 싶다. 그래서 『**이러한 일들의 마지막에는 어떻게 되겠나이까?**』 하고 여쭈어 본다(8절).

『**그가 말씀하시기를 "다니엘아, 네 길을 가라. 이는 그 말씀들이 마지막 때까지 닫혀 있고 봉해져 있을 것임이라**』(9절).

좀더 구체적인 이야기를 듣고 싶었던 다니엘의 질문에 주님께서는 답변해 주지 않으신다. 『**그 말씀들이 마지막 때까지 닫혀 있고 봉해져 있을 것**』이라는 게 그 이유였다. 이처럼 많은 사실들이 다니엘의 "칠십째 주"가 시작될 때까지는 『**닫혀 있고 봉해져**』 있는 것이다. 그렇기 때문에 지금의 교회 시대가 끝나가고 마지막 때가 가까이 다가올수록 『**닫혀 있고 봉해져**』 있는 『**말씀들**』은 조금씩 조금씩 그 베일을 벗어가고 있는 중이다. 지난날에는 몰랐던 계시들이었지만 지금은 알게 된 것들이 많아진 까닭이 여기에 있다. 이렇게 해서 새로이 밝혀진 계시들을 우리는 편리한 대로 "향상된 계시"라고 부른다. 드와이트 무디 같은 지난날의 위대한 부흥사들이 다니엘서에 대해서 몰랐거나 잘못 알고 있던 것들을 클라렌스 라킨이나 C. I. 스코필드 같은 위대한 주석가들이 〈킹제임스성경〉만을 사용하여 알게 되었고, 지금 우리는 그보다도 더 많이 알게 되었거니와, 이게 모두 그만큼 흐른 시간 덕분이요, 시대의 마지막에 그만큼 가까이 다가와 있는 덕분이다. 그러니 마틴 루터나 존 칼빈 같은 사람들이 그렇게 많이 몰랐다는 사실이 오히려 당연하다. 어쩌면 지금 우리가 모르고 있는 계시들을 우리의 후세 사람들은 좀더 많이 알게 될 것이다. 그러나 이제 마지막 때가 워낙 임박해 있는지라, 우리 뒤에는 더 이상 "후세" 사람들이 있으리라고 기대하기 어렵다. 그래서 지금 우리가 모르고 있는 것들은 대부분 대환란이 닥치고 나서야 그 베일들을 완전히 벗게 될 것이다. 어차피 주님께서 닫아 놓으시고 봉해 놓으신 말씀들이라면 우리로서는 어쩔 도리가 없다. 모르면 모르는 것이요, 이해하지 못하면 또 이해하지 못한 채 다른 도리가 없다. 이것을 아는 척 할 필요도 없고 억지로 풀려고 무리할 필요도 없다. 다만, 하나라도 더 알기 위해 주님 오시는 그날까지 쉬지 않고 성경을 읽고 또 읽으면서 시대의 돌아가는 상황을 주시할 밖에. 그리 하노라면, 주님께서는 필요하다고 여기실 때마다 우리에게 무엇인가를 새롭게 밝혀주실 것이다. 그런데 우리가 성경 공부를 중단하게 되면 주님께서 보여 주시고자 하는 것이 있어도 영영 닫혀진 채 미궁 속에 가려져 있을 수밖에 없다.

『많은 사람들이 정결케 될 것이며 희게 되고 연단되리라. 그러나 악인들은 악하게 행하리라. 악한 자들 중 아무도 깨닫지 못할 것이나 현명한 자들은 깨달으리라』(10절).

『많은 사람들이 정결케 될 것이며 희게 되고 연단되리라.』는 말씀은 11:35에서 **『분별 있는 사람들 중 몇 사람』**까지 넘어지게 하시는 이유이기도 했다. 이것은 요한계시록 16:15의 **『보라, 내가 도둑같이 오리니 깨어 있어 자기 옷을 지켜서 벗은 채로 다니지 아니하고, 사람들에게 자기 수치를 보이지 않는 자는 복이 있도다.』**라는 말씀과도 맥을 같이하는 말씀이다. 여기서 **『자기 옷을 지켜서』**란 곧 "의로운 행실을 지켜서"란 뜻이다. "의로운 행실"을 지킨 자들을 성경은 **『여기에 성도들의 인내가 있으며 여기에 하나님의 계명들과 예수의 믿음을 지키는 자들이 있느니라.』**(계 14:12)는 말씀에 연결하고 있다.

12:11 날마다 드리는 희생제가 폐지되고 멸망케 하는 가증한 것이 세워질 때부터 일천이백구십 일이 될 것이니라.
12 기다려서 일천삼백삼십오 일에 이르는 자는 복이 있도다.
13 그러나 너는 그 마지막이 이를 때까지 네 길을 가라. 이는 네가 쉴 것이요, 그 날들의 마지막에 네 땅에 설 것임이라." 하더라.

『**날마다 드리는 희생제가 폐지되고 멸망케 하는 가증한 것이 세워질 때부터 일천이백구십 일이 될 것이니라**』(11절).

『**날마다 드리는 희생제가 폐지되고**』. 이것은 7절에서 『**거룩한 백성의 권세를 흩어 버리는**』 적그리스도의 압력 때문이다. 이것은 이미 11:31에서도 언급되었던 사실이다. 그리고 8:11에서도 언급되었던 바다. 적그리스도에 의하여 『**날마다 드리는 희생제가 폐지**』된다는 것은 그 자가 나타나기 전 대환란 전반부 3년 반 동안은 유대인들이 『**날마다 드리는 희생제**』를 실시하고 있다는 뜻이다. 그러자면 성전이 재건돼 있어야 한다. 이것은 대환란이 시작되기 전 어느 시점에 성전 재건이 이미 완료돼 있고 희생제가 다시 드려지기 시작했다는 것을 의미한다. 날마다 드리는 희생제는 대환란이 시작되기 이전의 어느 시점에 먼저 시행되었을 가능성이 농후하다. 이것은 대환란에 즈음하여 구약의 율법이 회복되리라는 예측을 가능케 하는 강력한 증거가 된다. 이스라엘이 현재 공식적인 성전 재건 위원회를 가동하고 성전 재건 작업을 활발하게 추진하고 있다는 소식에 대해 우리가 큰 관심을 갖고 예의 주시하는 까닭이 여기에 있다. 만약 가까운 장래에 예루살렘에 성전이 재건되고 날마다 드리는 희생제가 다시 드려지기 시작한다면, 이것이야말로 그리스도인의 휴거와 대환란, 그리고 예수 그리스도의 재림이라는 엄청난 사건들이 일어날 시간이 아주 임박했다는 강력한 징후가 되기 때문이다.

『**멸망케 하는 가증한 것**』. 두말할 것도 없이 적그리스도다. 11:31에서도 『**멸망케 하는 가증한 것을 세우리라.**』고 예언하고 있었다. 이 『**멸망케 하는 가증한 것**』이 8:12에서는 『**진리를 땅에 던지고 마음대로 행하며 번성하였더라.**』고 서술되었었다.

『**멸망케 하는 가증한 것이 세워질 때부터 일천이백구십 일이 될 것이니라.**』 이 구절 역시 이해하기 아주 어려운 구절이다. 대환란 후반기 3년 반이라면 1,260일이지 1,290일이 아니다. 그렇다면 이 차이는 어디서 비롯된 것일까? 9:27에 의하면 희생제가 폐지되고 가증함을 확산시키는 시점이 『**그 주의 중간**』, 즉 대환란의 중간 시점이다. 그렇다면 『**일천이백구십 일**』은 대환란 후반기 3년 반보다 30일이 더 긴 시간이다.

『**기다려서 일천삼백삼십오 일에 이르는 자는 복이 있도다**』(12절).

자, 이번에는 『**일천이백구십 일**』도 아니고 그보다도 45일이나 더 긴 시간, 즉 대환란 후반기 1,260일에 비하면 75일이나 더 긴 시간이다.

다니엘에서는 대환란 기간 동안에 관련되는 1,260일과 1,290일 및 1,335일이라는 세 가지 시간적 틀 외에도 2,300일이라는 시간적 틀이 하나 더 제시되고 있다(8:13,14). 2,300일이라면 대환란 후반기 3년 반보다 무려 1,040일이나 더 긴 시간이다. 나는 이 가운데 대환란 후반기 3년 반에 해당하는 1,260일이라는 시간적 틀 외에는 다른 것에 대해 정확하게 이해하지 못한다. 이렇게도 생각해 보고 저렇게도 생각해 보지만, 그것은 "내 생각"일 뿐 성경 구절에 의한 확실한 증거는 없다. 나만 그런 게 아니라 아직까지 이에 대해 명쾌하게 설명할 수 있었던 주석자는 아무도 없었다. 아직은 주님께서만 아시는 일이다. 클라렌스 라킨은 이 시간적 틀이 대환란 중간에서 시작하여 대환란이 끝나고 천년왕국이 시작된 뒤 각기

30일과 75일 및 1,040일이나 더 뒤로 연장되는 시간적 길이라고 설명하는 선에서 물러났다. 말하자면, 대환란 중간에서 그 끝까지만이 아니라는 얘기였다. 특히 2,300일의 경우에 대해서는 천년왕국으로 접어들고 나서도 『**성소가 깨끗하게**』(8:14) 되는 데 1,040일이나 더 걸릴 것으로 라킨은 판단했지만, 1,290일이라든가, 1,335일이라는 시간적 틀에 대해서는 천년왕국이 시작된 이후 어째서 30일 및 45일이 더 걸려야 하는지 성경에 설명이 없다고만 언급했다.

성경 어디에도 천년왕국이 시작된 이후 30일이나 45일 그리고 1,040일이 더 걸린다는 언급은 없지만, 2,300일의 경우만은 라킨의 추측이 상당히 일리가 있다. 성소를 깨끗하게 하여 주님께서 그 성소에 앉으실 수 있게 되기까지는 대환란이 끝나고 나서도 1,040일, 즉 거의 3년쯤은 시간이 더 소요될 수도 있으리라는 것은 성경적으로도 능히 상정해 볼 수 있는 근거를 그런 대로 찾아볼 수 있기 때문이다. 이에 대해 우리는 에스겔 39장을 참조해 볼 수 있다. 『**보라, 그 일이 이르고 그 일이 이루어지리니 이 날이 내가 말했던 그 날이니라. 주 하나님이 말하노라**』(겔 39:8). 여기서 『**그 일**』이나 『**그 날**』이란 "곡과 마곡"이 주님에 의해 이스라엘의 산들 위에 쓰러지는 대환란의 끝을 말한다. 그런 다음 말씀은 이렇게 이어진다. 『**이스라엘의 성읍들에 거하는 자들이 나가서 무기들에 불을 놓아 태우리니 큰 방패들과 작은 방패들과 활들과 화살들과 몽둥이들과 창들이라. 그들이 불로 이 무기들을 칠 년간 태우리라**』(겔 39:9). 아마겟돈 전쟁이 끝나고 무기들을 불태워 없애는 데에 무려 칠 년이나 걸린다. 그리고 곡의 무리들이 죽어 쓰러져 있는 시체들을 하몬곡 골짜기에 매장하게 되는데 여기에만도 무려 일곱 달이나 소요된다(겔 39:11,12). 심지어 곡의 무리들 가운데 지면에 남은 자들을 행인들과 함께 매장해버리고 『**그 땅을 깨끗게**』 한다. 『**참으로 그 땅의 모든 백성이 그들을 매장하리니... 그들이 사람들**

을 늘 하는 일에서 격리시켜 그들로 그 땅을 거쳐가면서 지면에 남은 자들을 행인들과 함께 매장하게 하여 그 땅을 깨끗게 하리니 일곱 달이 지난 후에 그들이 살펴보리라... 그들이 이같이 그 땅을 깨끗게 하리라』(겔 39:13,14,16). 에스겔 39장은 이렇게 전쟁의 잔재들을 쓸어내고 팔레스타인 땅을 깨끗이 청소하게 될 것을 먼저 예언한 다음 17,18,19,20절에서 다시 아마겟돈으로 소급하여 적그리스도의 무리들이 토벌되는 그 전쟁의 참상을 다루고 마지막 29절에 가서 『**내가 더 이상 그들로부터 내 얼굴을 숨기지 아니하리니 이는 내가 나의 영을 이스라엘 집 위에 부었음이라. 주 하나님이 말하노라.**』는 말씀으로 천년왕국의 도래를 선포하고 있다.

『**그러나 너는 그 마지막이 이를 때까지 네 길을 가라. 이는 네가 쉴 것이요, 그 날들의 마지막에 네 땅에 설 것임이라." 하더라**』(13절).

다니엘은 이미 90을 넘긴 나이다. 그는 바빌론에 포로가 되어 70년이 넘도록 이국땅에서 타향살이를 했다. 그러나 그는 바빌론 땅에서 한가하게 살아갔던 게 아니다. 그는 바빌론과 페르시아 두 제국에서 공직을 맡아 활동을 계속했다. 그러는 사이 그의 신앙은 심각한 시험을 받았지만 끝내 하나님에 대한 믿음과 섬김을 버리지 않았다. 하나님께서는 그러한 그에게 신뢰를 보내주셨고 "이방인들의 때"의 미래 역사 전반에 걸친 계시들을 보여 주심으로써 그를 높여주셨다. 그는 마지막으로 본 환상 가운데서 주님을 직접 만나 뵙고 그분의 음성을 직접 듣는 특권까지 누리는 복을 받았다. 이제 다니엘이 할 일은 거의 다 끝난 셈이다. 주님께서는 그에게 『**너는 그 마지막이 이를 때까지 네 길을 가라. 이는 네가 쉴 것이요**』라고 말씀하신다. 이제는 안식의 때가 그에게 다가왔던 것이다. 『**그 마지막**』이 이르면 이제 그는 바빌론을 벗어나 거룩한 땅으로 귀환하게 될 것이다. 여기서 『**네 길을 가라.**』는 말씀에 특별한 의미가 있는 것은 아니다.

라킨은 이것을 그냥 집으로 돌아가 쉬라는 뜻으로만 풀이한다.

『**그 날들의 마지막에 네 땅에 설 것임이라**』. 그리스도의 재림으로 대환란이 끝나고 천년왕국의 도래와 함께 "이방인들의 때"는 종료될 것이다. 그때 다니엘은 『**네 땅에 설 것**』이라고 주님께서 말씀해 주신다. 여기서 『**네 땅**』("thy lot")이 무엇을 의미하는지는 정확히 알 수가 없다. 이것은 "몫"이라는 말도 되는데, 다니엘의 "땅"이라면 당연히 팔레스타인의 이스라엘 땅이요, 거룩한 도성 예루살렘이겠으나, 여기서 단순히 다니엘더러 예루살렘 땅에 설 것이라 말씀하신 것만은 아닐 것이고 무엇인가 그에게 어떤 "몫"이 맡겨질 것을 예고하신 것으로 볼 수도 있을 것이다. 클라렌스 라킨은 이에 대해 『**나를 따르는 너희들은 인자가 자기 영광의 보좌에 앉을 새 세대에, 너희도 열두 보좌에 앉아 이스라엘 열두 지파를 심판하리라.**』(마 19:28)는 주님의 말씀을 근거로 하여, 열두 제자들이 이스라엘 열두 지파를 심판하는 자리에 앉게 된다면, 다니엘이라고 해서 거기에 참여하지 못하리라는 법이 있겠느냐고 추정한다. 다니엘은 천년왕국에서 국사에 참여하여 통치자들의 고문으로 추대될 것이라고 라킨은 추측해 본 것이다.

피터 럭크만의 주석서

다 니 엘

2001년 10월 25일 초판1쇄
2021년 10월 15일 개정판1쇄
지은이 피터 S. 럭크만
옮긴이 편 집 부
펴낸이 이 송 오
펴낸곳 말씀보존학회

서울시 강서우체국 사서함 제90호
전화 (02) 2665-3743 / 팩스 (02) 2665-3302
인터넷 / www.biblemaster.co.kr
출판등록 1988. 12. 12. 제16-223호

값 20,000 원